가족과 젠더 개정판

개정판

가족과 젠더

이규은 · 박용오 공저

동문사

머리말

가족은 인류역사상 가장 오래된 사회제도로 많은 사람이 가족생활을 통해 삶을 영위해 간다. 이러한 가족은 공동의 삶 안에서 구성원들 간에 서로 영향을 주고받을 뿐만 아니라 사회 공통의 행동 특성과 문화 규범을 습득하는 사회화 과정이 이루어지는 곳이기도 하다.

오늘날에 이르러 가족은 다양한 사회변화와 함께 가족 구성의 형태나 의식, 유형, 가치관 등에 있어서 많은 변화를 보이고 있을 뿐만 아니라, 가족에 대한 사고방식에 대해서도 대전환을 요구하고 있다. 특히, 가족과 관련된 다양한 문제들이 젠더의 이슈와 깊은 연관성을 지니고 있다는 점에 주목할 필요가 있다. 가족은 결혼이라는 여성과 남성의 결합으로 이루어지지만, 여성과 남성의 역할이나 지위에 따라 가치가 부여되는 일차적 장소이다. 따라서 가족 문제는 여성과 남성이라는 측면에서 가족구성원 간의 다양한 젠더의 이슈가 복잡하게 얽혀져 있을 수밖에 없다. 이러한 가족 문제를 해결하기 위해서는 가족과 관련된 다양한 주제와 문제를 젠더라는 관점에서 바라보고 인식하면서 가족에 대한 이해의 폭을 넓혀 나가야 한다.

이 책은 가족이라는 사회제도를 젠더라는 관점에서 새롭게 인식하면서 양성평등한 사회로의 전환과 함께 양성평등한 가족정책의 도입 방안을 모색해 보고자 하는 의도에서 집필하게 되었다. 이 책은 가족과 젠더에 대한 다양한 이론과 실제를 결합하여 최근의 사회변화에 따른 가족과 젠더에 대한 바른 이해와 미래의 발전적인 방안을 살펴보고자 하는 데 중점을 두었다. 또한 가족과 젠더의 문제를 해결해 나갈 수 있는 방안을 제시함으로써 관련 분야에서 종사하는 전문가로서의 전문적 소양을 갖출 수 있도록 전문적인 관련 지식과 기술을 담아내고자 노력하였다. 집필과정에서 활용되는 정보는 가급적 최신의 자료를 활용하여 기술하고자 노력하였으나 급변하는 사회현상과 정책을 담아내기에는 한계가 있었다. 부족한 부분은 앞으로 계속 수정 보완을 통해 발전시켜 나갈 것임을 밝혀 둔다.

이 책은 총 3부로 구성되어 있다. 제1부 가족과 젠더의 기초에서는 가족과 젠더에 대한 이해, 젠더와 성, 젠더와 성역할 사회화, 젠더와 생애발달 등을 살펴보았다. 제2부 관계적 차원의 가족과 젠더에서는 가족구성원 간의 인간관계, 젠더와 사랑, 젠더와 결혼문화, 결혼과 가족, 젠더와 대처기술에 대해 살펴봄으로써 원만한 가족관계와 양성평등한 가족문화를 위해 나아갈 방향을 찾고자 하였다. 제3부 사회적 차원의 가족과 젠더에서는 일과 젠더, 젠더와 다양한 가족, 젠더와 가족형태, 젠더와 가족 관련법 등을 살펴봄으로써 우리 사회가 안고 있는 가족과 관련된 다양한 젠더 문제의 해결방안을 찾아보고자 하였다. 이 책이 우리사회의 젠더 문제와 관련된 일에 종사하는 전문가와 건강가정사 관련 분야의 공부를 하는 많은 젊은이들에게 조금이나마 도움이 되기를 바란다.

끝으로 이 책이 나오기까지 도움을 주신 동문사 이중수 사장님을 비롯하여 유재영 상무님, 그리고 바쁜 일정임에도 불구하고 끝까지 꼼꼼하게 챙겨주신 편집부 직원 여러분께도 깊은 감사의 인사를 전한다.

2024년 8월

저자 일동

차례

CONTENTS

CONTENTS

CONTENTS

CONTENTS

제3부 사회적 차원의 가족과 젠더

CONTENTS

제1부

가족과 젠더의 기초

제1장 가족과 젠더에 대한 이해

오래전부터 전통과 역사에 따라 가족의 개념이 다르게 정의되고 가족관계의 형성에 있어서도 변화를 가져왔다. 그런 변화 속에서도 우리는 가족 속에서 태어나 가족 속에서 생활하다가 가족 속에서 삶을 마감한다. 그만큼 우리의 삶은 가족이라는 범위를 벗어나 생각할 수 없다. 가족이나 가족과 연관된 현상에 대해 매우 친숙하며 자연스러운 일로 받아들인다.

하지만 가족이라는 현상을 자세히 살펴보면 가족은 시대의 변화에 맞춰 변하고 있을 뿐만 아니라, 다양한 가족의 모습으로 나타난다. 특히 최근에는 가족의 범위가 확대되면서 가족구성원 간의 이해관계가 서로 상이하여 어려움을 겪고 있으며, 새로운 대응 방안을 모색해 나가기 위해 노력하고 있다.

1. 가족의 개념과 특징

전통적인 한국사회에서는 가족의 개념을 그 가족이 어떤 기능을 수행하는지에 중점을 두고 정의하였다. 하지만 최근에 와서는 가족이라는 개념을 제도적인 측면보다는 가족 구성원 간에 실질적으로 이루어지는 동반자로서의 상호작용에 더 큰 의미를 두고 있다. 즉, 제도적 측면의 가족개념보다는 동반자적 측면의 가족 개념을 더 중시하는 방향으로 변화하고 있다.

1) 가족의 개념

가족은 인간의 출현과 함께 나타나 오랜 역사 안에서 변화 발전해 왔으며 사회에서 존재하는 모든 제도 중 가장 강력한 제도이다. 가족이라는 말의 어원은 영어의 'Family'[1]로 본래 라틴어의 'Familia'에 그 어원을 두고 있다. 라틴어 파밀리아는 '익숙한 사이'라는 의미를 지니고 있다. 가족을 의미하는 주변 국가들의 언어를 살펴보면 중국에서는 가족을 '이지아(一家: 일가)'라고 부르고, 일본에서는 '가조꾸(家族: 가족)'라고 부르며, 한국에서는 흔히 가족을 '식구(食口)'라는 말로 지칭한다. 이런 면에서 보면 한국에서의 '가족'이라는 의미는 한솥밥을 먹고 사는 '식사공동체'라는 의미를 포함하고 있다.

가족이란 동일한 공간에서 공동으로 거주하면서 소비생활을 영위하는 친족공동체이다. 사전적인 정의를 살펴보면 가족은 "어버이와 자식, 형제자매, 부부 등 혈연과 혼인관계 등에 의해 한 집안을 이룬 사람들의 집단 또는 그 성원"이라고 정의하고 있다(신기철 · 신용철, 2000). 즉, 가족은 친족집단으로 혈연이나 인연, 입양 등으로 연결된 일정 범위의 사람들로 구성된 집단이나 성원을 말한다. 우리나라의 「민법」 제779조에서는 가족의 범위를 기본적으로 자기를 중심으로 배우자, 직계혈족(부모와 자녀 및 형제자매)으로 규정하고 있다. 또한 생계를 같이 하는 경우라면, 직계혈족의 배우자, 배우자의 직계혈족 및 배우자의 형제자매까지를 모두 가족으로 보고 있다.

가족의 크기나 형태, 가족의 유형 등은 사회구조적 요인에 따라 지속적으로 변화해 왔으며 오늘날의 가족은 외형적으로는 소가족화하는 경향이 뚜렷해지고 있고, 내적으로는 권위주의적인 가치로부터 벗어나 자유를 바탕으로 한 평등한 인간관계를 중요한 가치로 추구하고 있다.

가족의 의미는 사람마다 다를 뿐만 아니라 시간에 따라서도 달라진다. 어떤 사람에게 가족은 혈연관계로 묶인 인간관계이지만 또 다른 사람에게 가족의 의미는 친하게 지내는 친구까지를 포함하기도 한다. 특히 최근 들어서 가족의 형태는 매우 다양하게 변화하고 있고 구성원들의 경험도 다르게 나

1) 영어 'Family'의 어원은 "아버지, 어머니 나는 당신들을 사랑합니다."라는 의미의 문장인 "Father And Mother I Love You"의 첫 글자들을 따서 합성한 것이라는 해석도 있음

타나고 있다. 독신, 동거, 이혼과 재혼, 혼외 출생, 국제결혼 등의 증가는 가족의 의미를 더욱 다르게 해석하도록 만들고 있으며, 이 때문에 소위 '가족'이라고 생각했던 남녀 성인과 그 자녀로 이루어졌던 '정상적인 가족'의 의미와 형태는 점점 희미해지고 있고 '싱글 맘'이나 '골드 미스'와 같은 새로운 용어가 등장하고 있다(정혜정 외, 2018).

가족에 대한 정의는 학자마다 다소 차이를 보이고 있다. 머독(Murdock, 1975)은 가족이란 "부부와 그들의 출생 또는 입양된 자녀로 구성되며 공동거주와 경제적인 협력을 같이 하고 자녀의 출산을 특징으로 하는 사회집단이다"라고 정의하고 있다. 또한 레비스트로스(Levi-Strauss, 1958)는 "가족은 결혼으로 시작되며 부부와 그들 사이에 출생한 자녀로 구성되지만 이들 이외에 가까운 친척이 포함될 수 있고, 가족구성원은 법적 유대 및 경제적, 종교적인 것 등의 권리와 의무, 성적 권리와 금기, 애정, 존경 등의 다양한 심리적 정서로 결합되어 있다"고 정의하고 있다. 버제스(E. W. Burgess, 1953)는 "가족 구성원 간의 상호 애정이나 친밀한 관계를 발전시키면서 상호작용하는 인격들의 조화"라고 정의하고 있고, 올슨과 드프레인(D. H. Olson & J. DeFrain, 1993)은 "둘 또는 그 이상의 사람들이 서로 돕고 헌신하며 친밀감, 의사결정, 가치관, 그리고 자원을 공유하는 집단"이라고 정의하고 있다.

이들의 정의를 종합해 보면 가족은 부부와 자녀들로 구성되는 기본적인 사회집단이라고 볼 수 있으며, 인간발달의 근원 집단이고 동시에 동거와 애정을 바탕으로 하는 혈연집단이며 그 가족만의 고유한 가풍을 갖는 문화집단이라고 볼 수 있다. 뿐만 아니라, 부부관계를 기초로 하여 부모자녀관계, 형제관계 등 소수의 사람이 주요 관계를 형성하며 구성원들은 서로 깊은 정서적 끈으로 연결된 정서적 공유가 가능한 집단이라고 볼 수 있다. 가족은 구성원들과 거주를 같이하며 경제적, 사회적으로 상호교환 하고 음식, 성, 주거, 재화, 사회활동 등을 공유한다. 성인과 자녀는 부모자녀 관계를 맺고 자녀들 간에는 형제자매 관계가 존재하여 구성원 간에 서로 보호하고 돕고 함께 나누어 가질 의무를 가지는 집단이 바로 가족이다.

2) 가족의 특징

가족은 역사적으로나 문화적으로나 사회의 기본단위로 존재해 왔으며, 인간의 성장과 발달과정에 있어서 많은 영향을 미치고 있다. 가족에 대한 의미는 크게 두 가지 측면에서 바라볼 수 있다(박미은 외, 2020).

첫째, 가족이란 인류사회의 보편적인 제도로서 "자녀양육의 기능을 중심으로 특정한 가정이라는 공간과 사랑이라는 특정한 애정으로 연결된 특정한 사람들의 집합체"로서의 의미로 보는 관점이다.

둘째, 가족을 생물학적 욕구에 대한 보편적인 반응으로 바라보기보다는 특정한 사회질서 안에서 나타나는 도덕적, 철학적 그리고 이념적 구성단위로 파악하는 것이다. 따라서 가족이란 부부와 그들의 자녀로 구성되는 기본적 사회단위로서 구성원들은 이익관계를 초월한 애정에 기초한 혈연집단이며, 같은 장소에서 기거하고 취사하는 동거동재(同居同齋)의 집단이며 양육과 사회화를 통해 인격형성이 이루어지는 인간발달의 근원적 집단임과 동시에, 사회변동과 함께 의도적인 정치적 개입에 의해 변화하며, 그러한 변화에 대해서 역동적으로 적응할 수 있는 사회제도의 하나라고 할 수 있다(조흥식 외, 2010).

이러한 가족은 가족 구성원들 간의 상호의존성이 높고 자녀의 성장에 따라 자녀 성장기, 자녀 독립기, 노년기와 같은 생활주기를 거친다. 뿐만 아니라 가족 구성원과 함께 생활하면서 각자의 역할 체계에 따라 역할 수행방법을 학습하게 되고, 상호 간에 영향을 주고받는다. 가족의 특징에 대해 박귀영 외(2017)는 다음과 같은 점을 제시하고 있다.

첫째, 가족은 일차집단이다. 쿨리(C. Cooley)는 인간 간의 접촉 방식에 따라 감정적인 유대로 묶인 사람들을 지칭하는 말로 일차집단과 이차집단이라는 말을 사용하였는데, 가족은 일차집단이다. 일차집단이란 각 개인 상호 간의 친밀한 관계를 유지함으로써 일체감을 가진다는 것을 의미한다. 그 관계는 직접적이고 친밀하며, 항구적으로 지속되며 구성원들은 하나의 공통된 전체 속에서 융합되어 '우리'라고 하는 강한 일체감을 유지하는 것을 말한다.

둘째, 가족은 공동사회 집단이다. 퇴니스(F. Tönnis)는 가족은 구성원 상호 간의 사랑과 이해로 결합되어 있어 분열되지 않는 본질적인 결합관계를 가지는 게마인샤프트(Gemeinschaft)라고 하였다. 이는 가족구성원 간의 상호신뢰를 바탕으로 한 정서적, 감정적 관계를 기초로 성립된 집단이라는 의미이다.

셋째, 가족은 폐쇄적 집단이다. 가족은 그 구성원이 되기 위한 어떤 자격의 획득이나 포기가 용이하지 않은 집단이다. 가족의 일원으로 태어난 이상 그 관계를 단절하거나 포기할 수 없는 운명적으로 결정지어진 결과이다.

넷째, 가족은 형식적 집단이며 가족관계는 비형식적이다. 가족은 객관적 조직과 특정한 습관적 절차에 따라 통제되는 집단이다. 또한 가족은 가족집단 내에서 남편과 아버지로서 또는 아내와 어머니로서 지위가 자연스럽게 규정되고 그에 따른 역할이 기대된다.

다섯째, 가족은 상호 관계적 규칙을 지니는 집단이다. 양육, 보호, 그 외의 모든 활동에 있어서 상호 관계적 규칙을 지니고 있다. 하지만 가족에 있어서 어떠한 경우라도 동일한 규칙을 일관성 있게 적용하는 것은 어렵다. 관계적 상황에 따라 그에 맞는 규칙을 적용하게 된다는 것이다.

여섯째, 가족은 공동목표를 추구한다. 가족은 공통의 가치와 목표를 추구하는 공동체적 집단이다. 화합을 통해 공동의 목표를 이루어 내는 것을 중요하게 생각한다.

일곱째, 가족은 매우 이질적인 성원들로 이루어진 집단이다. 객관적으로 볼 때 가족은 남자와 여자, 성인과 아동 및 노인, 성장 배경이 같은 사람과 다른 사람 등 이질적인 성원들로 이루어진 집단이어서 성별이나 세대별로 가치관과 입장의 차이를 나타낸다.

3) 가족의 기능

가족의 기능이란 가족구성원이 수행하게 되는 역할이나 행동을 말하는데, 크게 대내적인 기능과 대외적인 기능으로 구분한다. 대내적인 기능으로는 가족구성원 간에 애정과 친밀한 관계를 통해서 정서적으로 안정감을 유지할 수 있도록 지원해 주고 성장과 성숙을 가능하게 하는 기능이며, 대외적으로는 자녀 출산과 양육을 통해서 사회가 필요로 하는 사회구성원을 충원해 주고 노인이나 장애인을 보살펴주는 사회복지 차원의 기능을 말한다. 가족의 기능은 대내적 기능과 대외적 기능뿐만이 아니라 고유기능, 기초기능, 부차적 기능으로도 나눌 수 있는데, 이는 대내적 · 대외적 기능과 동시에 수행하게 되며 그 내용을 표로 제시하면 다음과 같다.

표 1-1 가족기능의 분류

구분	대내적 기능	대외적 기능
고유기능	• 성적 · 애정 기능 • 출산 · 양육 기능	• 성적통제 기능 • 종족 보존 기능
기초기능	• 생산(고용, 수입획득) 기능 • 소비(기본적 문화적 욕구 충족) 기능 • 경제적 협동 기능	• 노동력 제공 및 분업 참여 기능 • 생활보장 기능 • 경제 질서 유지 기능
부차적 기능	• 교육(개인의 사회화) • 보호 · 휴식 · 오락 · 종교 기능	• 문화전달 기능 • 사회 안정화(심리적 · 신체적 · 문화적 · 정신적 안정) 기능

※ 출처 : 정영애 · 장화경(2012). 가족과 젠더. 서울: 교문사. p. 16.

올슨(Olson)은 가족이 구성원들 간에 지니고 있는 정서적 유대감을 가리켜 '가족 응집력'이라고 정의하고, 가족의 응집력은 곧, 가족구성원이 서로에 대해 갖고 있는 정서적 유대감이라고 보았다. 이러한 응집력이 강한 가족일수록 가족의 기능을 효과적으로 수행해 낼 수 있다고 보았다. 일반적으로 가족은 다음과 같은 기능을 수행해 낸다.

(1) 성적 욕구의 허용과 통제 기능

인간은 본능적으로 성적 욕망을 지니고 있다. 이러한 성적 욕망을 통제하거나 제어하지 않는다면 욕망으로 인한 갈등과 불화로 사회의 질서가 유지되기 어려울 것이다. 가족은 결혼을 통해 이러한 성적 무질서를 방지하고 사회적으로 인정되는 방법으로 성적 욕구를 충족하도록 하여 사회질서를 유지할 수 있도록 한다. 뿐만 아니라 가족은 근친상간을 금기로 하고 혼외 성관계를 제한함으로써 무분별한 성관계를 통제하고 사회질서를 유지하는 기능을 수행한다.

(2) 사회구성원의 충원 기능

전통적으로 자녀출산은 가족의 주된 기능이었다. 한 가정에서 자녀를 낳는 출산은 생물학적인 측면에서는 개인적인 차원의 일이지만, 국가나 사회적인 측면에서 바라보면 국가와 사회에 필요한 인력을 만들어내는 일이다. 즉, 출산은 사회의 구성원을 충원하기 위해 재생산하는 기능이다. 이처럼 가족은 출산을 통해 사회구성원을 충원해 내고 사회가 유지 발전될 수 있도록 하는데 기여하는 기능을 수행한다.

(3) 자녀양육 및 사회화의 기능

인간은 출생과 동시에 일정 기간 동안 누군가의 도움을 받아야만 생존이 가능하게 되는데, 이때 가족의 도움을 통해 양육과 사회화가 이루어진다. 즉 자녀가 성장하여 사회구성원으로서 사회에 적응하여 자신에게 주어진 역할과 임무를 수행할 수 있도록 돕는 기능이 자녀양육과 사회화 기능이다. 가족은 자녀의 인격형성에 큰 영향을 미치고, 건강한 사회인으로 성장할 수 있도록 하는 기능을 수행한다.

(4) 경제적 협동 기능

가족은 공동생활을 영위하면서 생산과 소비를 함께 수행하는 경제공동체로서 가족구성원의 욕구를 충족시킬 수 있는 공정하고 합리적인 재정 관리를 요구한다. 전통적인 농경사회에서는 가족구성원 모두가 생산자인 동시에 소비자로서의 역할을 수행해 왔지만, 산업사회에 이르러서는 남성은 주로 생산 활동을 전담하고 여성은 가사노동을 전담하여 가족 내에서도 성별에 따른 분업이 이루어졌다. 하지만 오늘날에 와서는 가족은 의식주와 같은 일상생활을 중심으로 하는 일차적인 소비단위가 되었다. 상품선택과 상품구매에 대한 소비자로서의 대처능력이 중요한 시대가 되었고, 가족은 성별에 무관하게 일을 나누어 맡는 경제의 협조단위로서 경제적 협동기능을 수행한다.

(5) 보호 및 정서적 안식처로서의 기능

사회가 발달하고 복잡해질수록 사람들은 가족 내에서 애정과 친밀함을 발견하려고 노력한다. 가족은 구성원들의 상호관계에 따른 복합체이므로 정서적 토대는 가족관계를 형성하고 유지하는 데 있어서 기초요인이 된다. 가족의 정서적 기능은 가족관계에서 친밀하고 지속적인 상호작용을 구체적으로 경험하는 것이다. 가족은 구성원들이 사회생활에서 경험하는 긴장감을 해소시켜주고, 애정을 바탕으로 친밀한 관계를 유지함으로써 정서적 안정과 심리적 만족감을 제공한다. 사회생활로 지친 몸과 마음을 가정에 돌아와 쉬며 피로와 긴장을 해소하고 일상적 노동력을 재생산한다. 복잡한 인간관계와 정신적 부담이 많아진 현대사회에서 가족이 제공하는 안정감은 과거보다 더욱 중요하게 되었다. 가족의 애정과 친밀한 관계는 개인을 정서적으로 지원해 주고 인간적 성장 및 성숙을 가능하게 한다. 경쟁적인 현대사회에서 가족은 개인에게 가족 밖의 사회적 관계와는 다른 의미에서 심리적 만족감과 보람을 부여한다(정영애 · 장화경, 2012). 이처럼 가족은 친밀한 관계의 근원을 제공함으로써 가족구성원을 보호하고 정서적 안식처로서의 기능을 수행한다.

(6) 오락 및 여가의 기능

가족은 사회생활로 인한 스트레스와 긴장을 해소하고, 몸과 마음이 쉴 수 있는 안식처로서의 역할을 해내기 위해 오락과 여가의 기능을 수행한다. 오락과 여가의 기능은 일상의 가족구성원에게 활력을 불어 넣어주어 건강한 생활을 할 수 있게 해준다. 특히, 가족은 복잡한 사회생활 속에서 발생하게 되는 다양한 스트레스와 긴장, 갈등으로부터 벗어나 몸과 마음을 쉴 수 있는 안식처로서의 역할을 다하기 위해 노력한다. 이러한 기능은 가족구성원에게 삶의 에너지를 재충전시켜 줌으로써 생활의 활력을 되찾고 건강한 생활을 할 수 있게 하는 데 도움을 준다.

(7) 종교의 기능

가족은 종교적 역할을 터득하게 하는 기능을 수행한다. 여기서 말하는 종교적 기능이란 조상에 대한 숭배, 유교, 무속신앙, 미신 등과 같은 종교적 의례나 형식만을 의미하는 것은 아니다. 가족구성원과의 생활 속에서 경험하게 되는 매일의 생활에 대한 감사나 삶의 진리를 깨닫게 하는 일, 인간능력의 한계를 겸허하게 인정하고 기도하는 자세 등과 같이 일상의 생활에서 경험하고 배움으로써 알고 실천하게 되는 생활태도까지를 포함하는 것을 말한다. 즉, 가족은 종교적 의례나 형식, 살아가는 생활태도에 영향을 미친다.

오늘날 우리 사회에는 가족의 형태와 구성이 다양해지면서 가족 기능에도 많은 변화가 이루어지고 있다. 가족기능이 약화되면서 일부 상실된 부분을 외부기관에 의뢰하여 도움을 받는 가족기능의 외부화, 즉 사회화가 이루어지고 있다. 또한 가족의 주요기능이었던 생산기능을 가정과 직장으로 분리시키고 있으며, 영유아의 보육과 자녀의 교육문제, 고령자의 부양문제 등도 가족 내부에서 벗어나 교육시설, 보육시설, 부양시설 등을 통해 전문적인 서비스를 활용하는 체제로 전환되고 있다. 가족기능의 변화 내용을 표로 제시하면 다음과 같다.

표 1-2 가족기능의 변화

가족기능	지난 한 세대의 변화 내용
경제공동체의 기능	• 생산기능 상실/약화 • 소비기능 강화
성행위와 출산통제 기능	• 성과 출산통제 기능 약화 • 부부간의 성생활 기능 강화
자녀양육과 사회화 기능	• 자녀양육 기능 강화 • 자녀양육 기능 국가와 공유 • 사회화 기능 왜곡
정서적 유대 및 여가기능	• 정서적 유대 및 여가기능 강화
사회보장 기능	• 기능 왜곡(핵가족 책임론) • 사회보장 기능 국가와 공유
지위 계승(계급 재생산) 기능	• 지위 계승 기능 강화

가족기능	지난 한 세대의 변화 내용
성역할 사회화 기능	• 성차별적 사회화
가사노동	• 가사노동의 사회화·상품화·기계화

※ 출처 : 박귀영 외(2017). 가족과 젠더. p. 17.

2. 젠더에 대한 이해[2)]

1) 젠더의 개념

성의 개념은 생물학적인 차원과 사회문화적인 차원의 두 가지를 다 내포한다. 성별 구분, 혹은 성관계는 생물학적인 차원에서 인식한 신체적인 성(sex)이고, 성역할이나 성문화 등은 사회문화적인 차원에서의 사회적인 성(gender)을 의미한다. 생물학적인 성은 한 인간이 태어날 때부터 타고나는 해부학적·신체적 조건을 말한다. 생물학적 결정론자들은 생물학적 차이가 인간의 능력을 결정한다고 보지만, 이러한 주장은 과학적으로 증명되지 않은 허구일 뿐이다(박귀영 외, 2017).

생물학적인 성을 의미하는 섹스(sex)는 타고난 성으로 신체적인 특성으로 구분된다. 생물학적 성인 남자와 여자는 남성 호르몬인 테스토스테론과 여성 호르몬인 에스트로겐(estrogen) 수치가 다르다. 이러한 호르몬은 태아 때는 남자와 여자가 다르게 생겨나는 생식기의 발현을 유도하고, 사춘기를 거치면서 1차 성징과 2차 성징을 통해 가슴과 털, 근육의 비중 등 남자와 여자의 몸의 차이를 만들어낸다. 남성 호르몬인 테스토스테론(testosterone)은 생물학적인 면에만 영향을 미치는 것이 아니라 공격성을 높이는 데에도 직접적인 역할을 한다. 뿐만 아니라 여성 호르몬인 에스트로겐도 혈관 벽을 보호하고 뼈가 단단해지는 작용을 돕는 등 우리 몸 안에서 거의 연관되지 않은 영역이 없다. 그런데, 중요한 것은 남자도 테스토스테론과 함께 여성 호르

2) 이규은·장상필(2021). pp. 77-83의 내용을 재구성함.

몬인 에스트로겐을 가지고 있고, 여자도 여성호르몬과 남성호르몬을 모두 가지고 있다는 점이다. 호르몬의 유무가 아니라 호르몬 양의 정도의 차이가 성에 대한 생물학적인 차이를 가져오는 것이다. 이러한 호르몬 양의 정도는 평생 지속되는 것이 아니라 사춘기 때 정점을 찍고 점차 줄어들다가 여성과 남성이 중년을 넘어가면서 급격히 감소한다. 중년기에 들어서 성호르몬의 비율이 바뀐 남자가 부쩍 눈물이 많아지거나, 여자가 목소리가 커지고 성격이 괄괄해지는 등의 변화도 이러한 호르몬의 변화와 관련이 있다.

생물학적 성인 섹스(sex)와 달리 젠더(gender)는 사회적인 성으로 남녀 사이의 사회·문화·심리적 차이를 말한다. 즉, 젠더는 생물학적 성을 근거로 사회·문화·심리적으로 학습된 행동과 훈련에 의해 남녀의 기질이 형성된다는 것을 강조한 용어이다. 따라서 젠더는 '남성다움'이나 '여성다움'처럼 사회적으로 구축된 개념과 연계되어 있다. 남성은 남성답게, 여성은 여성답게 길러져야 한다고 보는 것은 사회적인 성의 개념을 바탕으로 한 개념이다.

'젠더(gender)'와 '성(sex)'의 구별은 1980년대 초반 여성을 연구대상으로 삼은 학자들이 성적 차별화 구조가 남녀 모두에게 어떤 식으로 영향을 주었는지 논의하고 이를 묘사하기 위해 사용하면서 보편화 되었다. 그 후 1995년 북경에서 열린 제4차 여성대회 정부기구 회의에서 '성(性)'에 대한 영문표기를 '섹스(sex)'가 아닌 '젠더(gender)'로 표기하기로 합의하면서 통용되기 시작하였다. 이는 사회·문화적으로 형성된 성별의 차이와 이로 인해 야기되는 성불평등과 차별을 타파해야 한다는 문제의식의 표현이기도 하다. 따라서 사회·문화적인 구성물로서의 '성별'에 따르는 고정관념 및 역할에 대한 변화와 도전이 가능해졌다(한희선 외, 2016).

'남성다움'과 '여성다움'으로 표현되는 젠더의 개념에는 성차에서 비롯된 불평등한 사회모습이 내포되어 있다는 점에서 평등한 남녀관계의 실현이라는 과제를 안고 있다. 남성과 여성 간의 뚜렷한 성별의 차이는 남녀 간 불평등의 요인이 되고, 나아가 남성이 가진 권력을 유지하고 재생산하는 데 도움을 줄 뿐이다.

2) 젠더의 특성

성(sex)은 남성이나 여성의 신체를 규명하는 생물학적, 해부학적 차이를 일컫는 단어로써 일반적으로 생물학적인 남녀를 구분하는 신체적이며 유전학적인 용어라는 점은 앞에서도 기술한 바가 있다. 이와는 달리 젠더(gender)는 사회적 성으로 남녀 사이의 심리적 · 사회적 · 문화적 차이를 말한다. 이러한 젠더의 개념은 사회 · 문화적인 환경과 훈련에 의해 남녀의 기질이 형성된다는 것을 강조한 용어로 '남성다움' 또는 '여성다움'에 대하여 사회적으로 구축된 개념과 연계되어 있다. 그래서 세계보건기구(WHO)에서는 젠더를 특정한 성별의 행동, 활동, 역할에 대한 관념이 사회적으로 구성된 결과라고 정의하고 있다. 사회적 성 정체성과 관련된 젠더는 생물학적 속성 이외에 사회적 속성에 의해서도 형성된다는 점을 강조하기 위한 것으로 사회적으로 구조화된 남성 및 여성의 역할, 신념 체계 및 태도, 이미지, 가치, 기대 등을 의미한다.

여러 가지 사회에서는 정도의 차이는 있으나 생물학적인 성의 차이에 따라 사회학적 성의 차이, 성역할 등에 차이가 있으며 그에 따라서 각 개인은 성장과정에서 자신의 성별로 사회가 요구하는 고정관념에 따른 성정체성 및 성역할을 강요받게 된다. 우리가 살아가는 사회 안에서도 성에 대해 지니고 있는 보편적인 고정관념이 있다. 예를 들면 남자는 씩씩해야 하고, 여자는 얌전해야 한다든가, 남자는 바지를 입어야 하고 여자는 치마를 입어야 한다는 등의 생각은 특정한 성에 대해 지니고 있는 고정관념이다. 물론 이러한 성에 대한 인식은 사회적인 성과 관련되어 있지만, 이러한 사회적인 성은 생물학적인 성과 무관치 않다는 것이다. 우리사회의 성에 대한 고정관념을 정리해서 제시하면 다음과 같다.

표 1-3 보편적인 성적 고정관념

여성성에 대한 고정관념	남성성에 대한 고정관념	고정관념의 예
부드럽다 민감하다 따뜻하다 수동적이다 의존적이다 복종적이다 얌전하다 약하다	딱딱하다 둔감하다 차다 완고하다 적극적이다 공격적이다 야심적이다 강하다	• 성별에 따라 달라지는 장난감 - 인형은 여자아이 장난감이고, 총은 남자아이 장난감 • 아들은 강하게 키워야 한다. - 남자가 울면 바보야. • 여자아이는 얌전해야 한다. - 여자아이가 얌전하다는 것을 미덕으로 여김 - 여자아이니까 괜찮아. • 공격성이 강한 아이에게 남자답다고 칭찬하는 것 - 남자아이는 때리고 부숴도 그것이 남자다운 것이다.

이와 같은 젠더의 개념에는 심리학적인 측면에서 몇 가지 특성을 발견할 수 있다. 파푸아뉴기니의 아마존 정글 등과 같은 외딴곳에 사는 부족들의 삶을 연구한 문화인류학자들에 의하면, 남자의 역할과 여자의 역할은 그들이 속한 사회나 환경의 필요에 따라 다양하게 나타난다는 것이다. 아마존의 여전사 부족의 경우에는 여성이 활쏘기를 위해 한쪽 유방을 도려내고 전사로 활동하기도 하고, 모계사회의 여성들은 여성을 중심으로 리더십이 형성되기도 하는데, 이러한 생활 모습은 사회문화적 특성과 무관치 않다.

동물 심리학자 해리 할로우의 연구에 의하면 열십자로 된 침팬지 우리에서 열십자가 만나는 일종의 사회적 광장에 해당하는 곳에 가는 통로를 막았더니, 서로 이동이 제한되면서 각자의 집에서 암컷 침팬지 없이 새끼들과 고립된 생활을 하게 된 수컷 침팬지들에게서 행동에 변화가 나타났다는 것이다. 수컷 침팬지들의 모습에서 '여성적'인 행동이 보이기 시작했다는 것이다. 위협하는 행동이나 소리가 사라지고, 주변 침팬지들의 털을 골라주거나 다른 암컷 침팬지의 리드에 따르면서 헌신적으로 새끼를 돌보는 행동을 보였던 것이다.

이처럼 젠더는 사회문화적 특성과 관련성을 지니고 있다. 우리가 살아가는 사회 속에는 항상 여성과 남성이 함께 어우러져 살아가고 있으며, 여성이나 남성에게 성이라는 존재나 개념, 위치 등에 특별한 의미를 부여하지 않은 채 삶의 동반자로서 정체성을 형성해 나간다. 이러한 맥락에서 젠더의 특성을 다음과 같이 요약할 수 있다(허혜경 · 박인숙, 2020).

첫째, 젠더는 '만들어진다'는 특성을 함축하고 있는데 이는 남녀 간 구조적 불평등을 '자연스러운 것'으로 받아들이게 만드는 과정으로 해석할 수 있다. 이 과정에는 차등, 불평등, 위계화를 포함하고 있지만 일반적으로 이것을 자연의 질서, 신의 창조물, 전통이나 관습, 오랜 문화라고 생각하기 때문에 젠더를 권력의 문제로 연결하지 못하는 경향이 있다. 따라서 성차에 의한 불평등의 문제를 제기하면 남성은 자신의 자아가 도전받고 위협당한다고 느끼거나 여성의 경우에는 무슨 문제라도 일어날 것처럼 전전긍긍하거나 불편해한다. 젠더 정체성은 가족, 학교, 미디어, 정치 등 다양한 영역에서 다른 사람들과 관계를 맺고 성장하면서 구성된 정체성이기 때문에 남녀 모두 이 과정이 내면화된 억압의 결과라는 점을 보지 못하고 있다.

둘째, 젠더는 여자와 남자는 누구인가의 문제가 아니라 소위 여성성과 남성성, 이성애와 동성애 등의 이분법이 만들어지는 과정에 관한 문제이며 그 관계는 결코 중립적이거나 조화로운 과정을 통해 만들어지지 않는다는 것이다. 신체적 차이에 기반을 둔 본질적인 사고와 일상에 깊이 스며들어 있는 성역할 규범들 때문에 젠더 문제를 권력의 문제로 이해하는 것은 쉽지 않다. 이 때문에 젠더가 구성되는 방식에 따라 한 성이 사회 내에서 불이익을 받고 억압을 받을 수 있다는 점은 오랫동안 간과되어 왔다.

셋째, 성역할 고정관념에 사로잡히면 자신의 있는 그대로의 모습은 어디에서도 볼 수 없는 상태가 되고 결국 진정한 내가 아닌 다른 누군가의 모습으로 살아가게 된다.

젠더는 사회심리학적인 정의처럼 '내가 속한 사회의 기대에 따라 행동하는 방식을 달리하는 것'이다. 고정관념 속의 행동은 상황과 필요에 따라서 사회적 역할의 옷을 갈아입을 수 없게 만든다. 우리 사회는 전통적인 성역할처럼 한 가지 방식에 갇혀 있기에는 변화 속도가 너무나 빠르게 변모하고 있다. 특히 서로 협동해야 하는 파트너십, 출산과 육아 문제, 사회경제적 협력문제 등은 수동적이고 이해심 많은 여성상과 강하고 공격적인 남성상만으로는 모든 과업을 수행하면서 살아갈 수 없는 사회가 되었다. 모든 사람은 이성과 감성을 함께 가지고 있다. 즉, 강인함과 유약함, 공격성과 배려심을 함께 지닌 존재이다. 이러한 개별적 존재가 성역할 고정관념에 사로잡히면 내 안의 어느 부분인가는 질식당할 수밖에 없다. 그러한 질식된 나에게서 자신의 있는 그대로의 모습을 본다는 것은 불가능하다. 그렇게 되면 진정한 내가 아닌 다른 누군가의 모습으로 살아갈 수밖에 없다. 나 스스로 자신의 젠더 특성에 맞춰 있는 모습 그대로를 내보이면서 살 수 있을 때, 아름다운 공존의 삶은 가능하게 될 것이다.

3. 가족과 젠더의 갈등

1) 젠더 불평등

젠더라는 용어가 등장하면서 성에 대한 인식에 변화가 있었다. 남성성과 여성성이라는 차이가 생물학적인 성에 따라 주어지는 자연스러운 현상이 아니라, 실천에 따라 변화될 수 있는 삶의 일부분이라는 인식으로 전환되는 계기가 되었다. 즉, 여성과 남성의 차이나 성역할의 구분을 비판적인 시각으로 바라보면서 여성과 남성의 평등한 역할과 사회적 관계 형성을 위한 다양한 연구와 노력이 이루어지기 시작했다. 이러한 관점에서 젠더에 대한 불평등한 사회적 문제를 한 성이 사회의 특정 영역에 참여하지 못하도록 배제하거나 하는 일의 가치를 평가절하하여 사회적 기여도를 인정받지 못하도록 하는 것이라고 보고 젠더의 불평등에 대해 다음과 같은 점을 지적하고 있다(허혜경 · 박인숙, 2020).

첫째, 동일한 조건의 경우에 혜택이나 보상에 있어 차별을 받는 것이다. 비슷한 상황에 처한 남성에 비해 여성이 혜택을 받지 못하는 것을 의미한다. 교육 수준, 계급, 배경, 종교, 민족의 범주가 비슷한 경우 여성이 남성에 비해 사회적 지위가 낮고 혜택을 적게 받는다면 젠더 불평등의 경우에 해당된다. 동일한 상황이라도 판단의 기준이 다른 경우도 많다. 여성은 남성과 같은 일이나 유사한 일을 하더라도 남성보다 적은 임금을 받고 승진기회에 제약을 받는다. 흔히 성공한 남성은 그의 '능력'으로 평가받지만, 성공한 여성은 그녀의 성공을 '외모'나 집안 배경과 연관해 제대로 평가하지 않는 것 또한 젠더 불평등에 속한다. 같은 학력과 조건을 갖추었지만 남성은 정규직에, 여성은 계약직을 포함한 비정규직이나 임시직에 배정하는 경우도 마찬가지이다. 아내와 남편이 가정 밖에서 하는 임금노동의 시간이 같아도 남편에 비해 아내의 가사노동과 육아의 양이 훨씬 많은 것도 젠더 불평등이 일어난 경우이다. 같은 사회적 계급에 속한 딸이 아들보다 교육을 적게 받고, 그것을 당연하게 생각하는 경우도 마찬가지이다. 국가가 세금을 통해 확보한 재원을 어떻게 사용하느냐의 문제 또한 젠더 불평등을 지속시킨다. 미국에서는 생명에는 별다른 지장이 없는 남성 탈모와 대머리에 대한 연구가 유방암이나 자궁암처럼 생명과 직결된 '병'에 대한 연구보다 훨씬 많은 국가연구비를 지원받고 관심을 받는다. 이것 또한 젠더 불평등의 예이다.

둘째, 특정한 성에 속한다는 이유로 강요되는 억압과 착취의 문제이다. 젠더 불평등은 혜택이나 보상에서의 차별만을 의미하는 것이 아니라 젠더의 특징적인 억압과 착취의 형태로도 나타난다. 예를 들어 과거에는 남아선호사상 때문에 임신 중 여아로 밝혀지면 낙태를 하거나, 태어나도 여아 살해를 하는 경우가 많았다. '한 자녀 운동'을 벌인 중국의 경우 사회주의 양성평등 의식 덕분에 많은 변화가 있었지만, 한 자녀만 낳아야 한다면 남아를 낳아야 한다는 사상이 지배적인 지역에서는 여아 낙태의 비율이 매우 높은 것으로 나타났다. 남편이나 남자친구가 구타나 강간 등 폭력으로 여성을 지배하는 경우, 남성 중심의 지배적 쾌락을 위해 어린 소녀와 여성의 몸이 포르노와 성매매 같은 성 산업에 대규모로 이용되는 경우, 여성에게 치명적인 피해를 줄 수 있는 '할례' 의식 등이 전통이나 종교라는 이름으로 지속되는 경우, 그 사회는 젠더의 특징적인 차별을 지속시키는 사회라 할 수 있다. 남성의 경우, 흔히 남자보다는 여자, 엄마나 여자 형제 또는 여자 친구들과 잘 어울리면, 종종 '마마보이'라고 불리며 놀림과 의심의 대상이 된다. 이러한 여성 친화적인 관계는 비정상적인 것으로 여겨지고 빨리 남성의 세계로 진입해 남성과 어울리라는 압력을 받는다. 남성이 자신의 어머니나 다른 연장자 여성으로부터 심리적으로 독립해야 한다는 것은 사회적 동의가 이루어진 반면, 과도하게 남성끼리만 교류해서 생겨나는 초남성성의 획득은 오히려 자연스럽고 당연한 것으로 간주되었다.

셋째, 성에 따라 가치와 의미를 부여하는 방식이 차별적이면 젠더 불평등이 지속된다. 똑같은 일이라도 누가 행하느냐에 따라 다른 가치가 부여되기도 한다. 많은 사람들이 식당에서 남성이 주문을 받거나 서빙을 하면 그 식당을 '고급식당'으로 평가하고 남성 요리사는 여성 요리사와는 달리 전문 직종 조사자로 평가한다. 여성이 출산을 할 수 있다는 이유로 여성에게 육아와 양육의 고된 노동을 기대하지만, 사회적으로 가장 제대로 된 평가를 받지 못하는 일 또한 가사와 돌봄 노동이다. 가족 내에서 '무임'으로 행해지는 일들이 사회로 나와 '시장화' 되더라도 노동의 값어치가 낮게 책정된다.

이러한 젠더 불평등은 우리 사회 전반에 걸쳐 아직도 곳곳에 잔존해 있다. 세계경제포럼(WEF)의 2022년 '세계 젠더 격차보고서'에 따르면 한국의 성평등 지수는 146개국 중 99위로 하위권에 머무르는 것으로 나타났다. 이러한 결과는 우리 사회가 아직도 경제활동에 대한 참여 기회, 교육, 보건, 정치적 권한 등의 다양한 분야에서 성별에 따른 격차가 극심하다는 것을 보여주는 것이며, 젠더 불평등의 표상이라 할 것이다. 우리 사회의 극심한 젠더 격차를 줄이기 위한 더 강력하고 뚜렷한 조치가 필요하다. 젠더 불평등은 우리 사회의 발전을 저해할 뿐만 아니라, 우리 사회를 위협하고 있다는 점에서 남녀 성차별 해소를 위한 안정적인 정책 마련이 시급한 실정이다.

2) 가족구성원 간의 갈등

일상생활을 하다 보면 가족구성원 간에도 종종 충돌이 발생한다. 이는 남성과 여성이 느끼는 기본적인 욕구의 문제에서 비롯된다. 특히 가부장적인 사회에서 성장한 대부분의 사람들은 여성은 가족구성원의 욕구를 가장 우선시해야 한다는 의식으로 인하여 여성이 희생자가 되는 경우가 많다. 특히 자신의 발전보다는 가족이나 집단의 이익을 위해 희생하며 살아온 여성들의 경우에는 오늘날처럼 가족의 불안정성이 높은 체제에서는 취약한 존재가 되기 쉽다. 항상 남을 위해 배려하고 양보해야 한다는 생각이 자신을 위한 선택에서는 갈등을 초래할 수밖에 없고 그러한 여성들은 경제적, 정서적 측면에서 손실이 발생할 수밖에 없다.

대부분의 페미니스트들은 어떤 형태의 가족이든 여성의 자율성은 중요하며 모성에 몰두하는 전통적 핵가족을 이상으로 여기고 다른 생각은 더 이상 유효하지 않다고 믿고 있다. 그러므로 페미니스트들은 "모든 여성은 모성 본능이 있다.", "아이는 생물학적 엄마의 보살핌을 필요로 한다.", "남성은 자녀양육에 적합하지 않다."는 등의 잘못된 신념을 바꾸도록 주장한다. 아울러 여성과 남성이 자녀양육과 가사노동을 함께 나누는 것이 가족의 경제적, 사회적, 심리적 안정성을 유지하는데 훨씬 유리하며 평등한 젠더관계를 확립하는 토대가 된다는 것을 거듭 알리고 있다. 가족은 가장 강력한 사회화 제도이다. 가족 속에서 사람들은 성별 노동 분업, 성의 규제방식, 계급과 인종에 대한 편견 등을 구성한다. 또한 여성은 한편으로 가족 속에서 억압받기도 하지만 다른 한편으로는 적극적인 변화의 주동자로 역할을 하고 있다. 가족의 역동적인 변화와 더불어 가족구성원들의 다양한 경험과 목소리를 담아내는 데 한 가지의 이론만으로는 불가능하다. 가족 속에서 여성과 남성의 욕구는 똑같이 중요할 뿐만 아니라 가족구성원의 어느 누구도 착취당해서는 안 된다는 입장에 토대를 두고 있다(정현숙 외, 2021). 가족구성원 간의 갈등을 최소화하기 위해서는 가족과 사회의 구성원으로서의 역할을 수행함에 있어서 모든 일을 양성평등한 관점에서 바라보고 실천하여야 하며 다양한 차이가 존중되어야 한다.

4. 가족과 젠더의 변화

사회는 건강한 가족을 기반으로 하여 유지·발전한다. 전통적인 사회에서는 가족의 강한 응집력을 바탕으로 가족의 고유한 기능을 수행해 왔지만 오늘날에 와서는 급격한 사회 변동에 따른 생활 방식의 변화로 가족의 기능은 물론 가족 형태도 크게 변화하고 있다.

1) 가족의 다양화

전통적인 의미에서 가족은 결혼과 혈연 중심의 집단이었다. 즉 가족이라 함은 혼인 관계의 부부와 그들의 자녀로 구성된 집단이었다. 하지만 최근 들어 가족은 사회변화와 함께 다양한 형태의 가족이 등장하면서 그 의미도 달라지고 있다. 단순히 혈연관계라고 하는 범위를 벗어나 서로 간에 유대감을 가지고 함께 생활하는 공동체라고 한다면 가족으로 이해하는 범위까지 그 의미가 확대되었다. 이러한 변화에 대해 전통적인 가족의 의미를 강조하는 사람들은 확대된 가족의 의미를 다음과 같은 점에서 문제를 제기하고 있다(박귀영 외, 2017).

첫째, 전통적인 가족을 바라보는 관점에서는 강한 응집력을 강조하고 공동거주와 경제적 협동으로 인한 가족성립을 중시한다. 하지만 오늘날 한국 사회에서는 이런 정의에 포함되지 않는 가족형태들이 생겨나고 있다. 결혼한 자녀와 노부부는 따로 떨어져 살면서 하나의 가족이라는 강한 의식을 갖는 것, 주말부부의 경우 공동거주를 하지 않는 것, 법적 구속이 없는 동거생활, 부부간의 자율이 최대한 보장된 개방결혼 등의 문제이다.

둘째, 전통적인 가족에서는 법적 결혼, 자녀양육, 합법적이고 배타적인 성생활 등을 고유한 가족기능으로 간주한다. 그러나 동거가족, 자녀를 양육하지 않는 무자녀가족, 성생활을 부부관계에만 한정하지 않는 가족 등은 이에 포함하기 어렵다.

셋째, 전통적인 관점은 부모와 자녀로 구성된 핵가족을 보편적인 가족형태로 가정한다. 하지만 여전히 확대가족이 존재하고 독신가족, 동성애가족, 한부모가족, 재혼가족 등은 여기에 포함되지 않으므로 다양한 가족생활에 대한 인식의 필요성이 제기되고 있다. 따라서 가족에 대한 개념도 두 명의 성인과 그 자녀로 구성된 단일한 가족개념에서 두 명 이상의 인간관계를 모두 포함하는 가족개념으로 확대되고 있으며, 그 구성원도 동성, 공동체, 애완동물, 애완식물 등으로 다양해지고 있다. 최근에는 사이버 부부 등 다양한 가족형태가 나타나고 있어 새로운 변화 양상을 보이고 있다. 이처럼 과거에 비해 가족의 형태는 다양화되고 있지만 가족이 개인과 사회에 가지는 중요한 가치는 변함없이 유지되고 있다.

2) 가족에 대한 가치관의 변화

가족가치관이란 한 개인이나 사회가 가족의 형태 및 생활 방식 등에 대해 가지고 있는 가치 기준을 말한다. 이러한 가치 기준은 가족과 관련된 삶의 방식을 판단하고 선택하는 데 주요한 원리로 작용할 뿐만 아니라 판단과 행위의 기준이 되기도 한다. 가족가치관을 구체적인 요인에 따라 구분해 보면 가족역할과 관련된 가치관, 결혼관의 변화, 가사노동에 대한 참여, 세대차, 성 차이, 문화적 차이 등을 들 수 있다.

(1) 가족역할과 관련된 가치관

가족역할과 관련된 가치관은 세 가지 관점으로 구분할 수 있는데, 그것은 전통주의 가족가치관, 여권주의 가족가치관, 신전통주의의 가족가치관이다.

전통주의 가족가치관은 남녀 역할이 성별에 따라 성별의 특성에 맞게 분담되어야 한다는 관점으로, 여성에게는 여성성을 나타내는 표현적 역할을, 남성에게는 남성성을 나타내는 수단적 역할을 강조한다는 점이 특징이다.

여권주의 가족가치관은 여권 신장과 관련된 가족가치관으로 남녀 역할을 공유해야 한다는 점을 지적하고 있다. 일의 종류나 특성에 따라 성별로 구분하여 분담하는 것을 반대하는 입장으로 어떤 일이든지 남녀 간에 수행되어야 하는 역할을 성별에 따라 구분하지 않고 개인의 특성과 능력에 따라 구분해야 한다는 점을 강조하고 있다.

신전통주의 가족가치관은 전통주의와 여권주의의 절충안으로 남녀 간에 기본적인 역할을 유지하면서 필요에 따라서는 상호 협력하여 효율성을 증대시켜 나가야 한다는 점을 강조한다.

(2) 결혼관의 변화

결혼관의 변화는 혼인율의 감소나 혼인 연령의 상승, 이혼율의 급증 등에서 두드러지게 나타나고 있다. 결혼은 반드시 해야 한다고 생각하는 사람에 비해 결혼은 해도 좋고 하지 않아도 좋다는 사람의 비율이 점차 증가하고 있는 추세이다. 뿐만 아니라 딩크족(DINK)의 증가로 인하여 출산은 선택할 수 있는 것으로 생각하는 경향성이 증가하고 있는 추세이다.

특히 최근에는 황혼이혼의 증가 현상이 젊은 세대에서 뿐만이 아니라 전 세대에서 나타나고 있어 결혼생활의 안정성이 위협받고 있다. 이는 부부간의 애정적, 정서적 유대보다는 도구적, 자녀 중심적 가치를 우선시하고 있음을 보여주는 것이며 그로 인하여 개인의 희생을 감수하고 인내했던 세대에서도 개인의 권리 찾기와 같은 자유의사가 전통적 가족이념보다 더 중요한 의미로 받아들이고 있음을 보여주는 것이다(박귀영 외, 2017). 또한 노부모는 자녀에게 의지하지 않고 독립적인 생활을 추구하는 경향이 증가하고 있으며, 가족관계 또한 수직적인 관계에서 벗어나 수평적이고 민주적인 관계로 변하고 있다.

(3) 가사노동에 대한 참여

전통적인 가족형태에서는 가사노동의 대부분을 여성이 담당해 왔다. 하지만 최근 들어 젊은 세대를 중심으로 가사노동에 대한 분담이 일반화되면서 가사노동에 대한 공동 참여와 공동육아 등이 확대되고 있다. 하지만 최근 조사결과 의하면 맞벌이와 외벌이의 구분 없이 아직도 여성이 남성보다 훨씬 많은 가사를 분담하고 있는 것으로 나타났다. 특히 맞벌이의 경우에는 아내의 가사노동이 남편보다 7배나 많이 하고 있는 것으로 나타났다. 이와 같은 가족 내 가사노동 불평등은 여성의 취업 여부와 무관하게 여전히 남아있다(박귀영 외, 2017). 뿌리 깊은 가부장제에서나 볼 수 있었던 가사노동의 일방적 부여방식은 이제 사라져야 할 것이다. 여성에게는 가사노동이 '당연한 것'이고 남성에게는 가사노동이 '도와주는 것'으로 생각하는 인식부터 바꿔나가야 할 것이다.

(4) 세대차

사회변화와 함께 가족에 대한 인식에도 변화를 보이고 있다. 즉, 가족개념의 인식과 수용에 대해 세대 간에 차이가 발생하고 있다. 전통적인 가족 이념이나 가치관을 지키고자 하는 대가족 시대를 살아온 조부모 세대와 핵가족 형태로 생활하면서 근대적 가족 이념과 가치를 지닌 부모 세대 그리고 무자녀, 비혈연 관계, 별거, 입양 등 다양한 가족 형태를 받아들이고 탈근대적 가족 가치를 지향하는 자녀 세대 간에 점점 차이가 벌어지고 있다. 이러한 차이는 단순히 인식의 차이로만 끝나는 것이 아니라 세대 간의 가족에 대한 갈등으로 확산되어 간다는 점에서 더 큰 문제가 있다. 세대차로 인한 문제를 해결해 나가기 위해서는 다양한 소통과 공동체적 활동을 통해 가급적 세대 간의 격차를 줄이고 세대 간 이해와 수용의 폭을 넓혀 나가는 방안을 모색해 나가야 한다.

(5) 성 차이

가족에 대한 인식의 차이는 남녀 간의 성 차이에서도 나타난다. 일반적으로 남학생들은 전통적인 가족 가치관에 대해 유보적인 성향을 보이는 반면, 여학생들은 전통적인 가족가치관을 거부하는 경향을 보인다. 이러한 차이는 전통적인 남성중심의 사회에서 보여 왔던 가족가치관이 대부분 여성에게 불리한 측면이 강하게 나타났기 때문인 것으로 보인다.

오늘날의 사회변화에 맞춰 전통적인 가족가치관에서 벗어나 신전통주의에서 요구하는 가족가치관에 맞춰 남녀 간에 기본적인 역할을 유지하면서 필요에 따라서는 상호 협력하여 효율화를 증대시켜 나갈 수 있는 방안 마련이 필요하다.

(6) 문화적 차이

문화적 차이로 인한 문제는 대부분 상대의 문화를 인정하지 않는 데서 시작된다. 이러한 갈등을 줄이기 위해서는 다른 문화에 대한 가치를 이해하고 인정하는 태도가 필요하다. 우리나라 가족이 지향하는 가치관을 보면 전통주의적 가족가치관에서 보였던 집단중심의 가치관에서 벗어나 개인주의적 가치를 지향하는 가족가치관으로 변화하고 있다. 그런데 우리나라의 개인주의적 가족가치관은 가족 이기주의나 집단 이기주의와 같은 특성을 강하게 표출하고 있다. 즉, 가족이나 집단 내부의 구성원에게는 관용적인 반면 집단 외부의 구성원에 대해서는 지나치게 냉철한 모습을 보인다. 이러한 모습은 그 사회의 문화와 무관하지 않다. 집단 내부와 집단 외부를 동일한 시각으로 바라보고 동일한 관점으로 평가하여 공정한 가치를 추구해 나가야 한다. 공정이 문화적 차이의 문제 해결에 도움이 될 수 있다.

오늘날 우리 사회를 보면 급변하는 사회 변화에 맞춰 가족가치관도 변화하고 있다. 하지만, 아직도 우리 사회에는 전통적 가족가치관과 현대적 가족가치관이 혼재하고 있다. 뿐만 아니라 가족구성원들 사이에 있어서도 가족구성원의 세대나 연령, 성별에 따라서 가족에 대한 이해와 태도가 다를 수 있다. 서로 나른 차이가 보일수록 가족 내부 간에 자유롭고 민주적인 의사소통이 필요하다. 서로 간의 소통을 통해 다양한 가족가치관에 대한 상호 이해와 수용적인 태도가 필요하다. 그러한 소통이 원만하지 않을 때에는 가족가치관의 차이로 인한 가족 갈등을 경험하게 될 것이기 때문이다.

제2장 젠더와 성[1)]

1. 성의 본질적 특성

인간은 성적인 존재이다. 따라서 인간은 누구나 성과 관련하여 '나는 어떤 성별을 지닌 사람인가?', '내 몸은 어떻게 변할까?', '나는 누구를 만나 어떻게 사랑할까?' 등과 관련하여 끊임없이 생각하고 관심을 갖게 된다.

인간의 성은 삶의 전 생애에 걸쳐 관계성을 지켜나갈 뿐만 아니라, 전인적 인격형성과 연계되므로 성은 자신이 남성 또는 여성으로서의 자신을 표현하는 하나의 수단이기도 하지만 자신의 성장과 발달단계에 있어서 개인이 지니고 있는 성에 따라 성숙해야 함을 의미하기도 한다. 따라서 인간발달에 맞춘 성과 관련된 다양한 용어들이 등장하는데 순결이나 정결, 성적 자기의사 결정권 등이 그 예이다. 이처럼 인간의 성은 살아가면서 자연스럽게 다가오는 피할 수 없는 과정인 동시에 해결해 나가야 할 발달과업이다. 하지만 성은 은밀하면서도 부끄럽거나 위험할 수도 있다는 점에 유념해야 한다.

은밀한 성의 위험으로부터 벗어나기 위해서는 무엇보다도 자신의 성에 대한 성적 자기통제 능력을 지녀야 한다. 즉, 성에 대한 육체적 정결과 마음의 정결을 갖추는 일이 필요하다. 성적인 생각이나 욕망을 조절하고 통제해 나갈 수 있는 능력은 인간만이 지니고 있는 특성이다. 인간의 본성은

---

1) 이규은 · 장상필(2021). pp. 15-46의 내용을 재구성하였음.

성적인 존재임과 동시에 성적욕망을 조절하고 통제해 나갈 수 있는 능력을 지니고 있는 존재이다. 그럼에도 불구하고 오늘날 우리 사회가 성에 대한 왜곡된 모습을 부각시켜 청소년들의 정체성을 혼란으로 빠져들게 한다는 점은 매우 안타까운 일이다. 대중매체에서 보여주는 흥미 위주의 성은 잘못된 성 인식과 성 가치관을 갖도록 하는 주요 원인이 되고 있다. 젠더의 입장에서 올바른 성 인식과 성 가치관을 정립해 나가야 한다.

1) 생명의 성

성은 사랑과 생명을 포괄한다. 사랑은 성을 통해 새 생명을 낳는 것뿐만 아니라 생명을 낳지 못하는 문제와 새 생명을 기르는 문제까지를 모두 포함한다. 남녀 간의 성행위를 통해 새 생명을 탄생시키는 일은 너무나 중대하고 엄숙한 일이다. 인류의 역사가 시작된 이래 남녀의 중요한 역할은 새 생명을 낳아 종족을 번성시키는 것이었다. 사랑을 통한 인간의 성행위는 생식수단으로 출산에 목적을 둔 생명의 성이었다. 성행위는 출산을 통해 새로운 생명의 탄생과 함께 탄생한 인물에 대한 새로운 세상을 열어주는 역할을 한다. 따라서 성행위는 남녀와 함께 가정이라는 새로운 사회적 상황을 만들어 내고, 그들이 사회의 구성원으로서 사회와 연결하는 계기를 마련해 준다. 사랑하는 사이에서 생명을 소중하게 생각하며 서로 함께 즐겁게 나누는 성이 가장 가치 있는 것이며 이러한 성만이 소중한 '생명의 성'이 될 수 있다.

성행위는 인간의 자발적인 영역에 속하며 인간이 사랑한다는 것은 인간의 본질적인 모습이다. 사랑은 소유하는 것만이 아니라 주는 것이며 이해하고 자기희생을 통해 성취하는 이타적인 것이다. 인간의 성행위는 두 사람의 심리적·정신적 합일(合一)을 이루는 행동으로 특별한 만남을 의미한다.

2) 사랑의 성

진정한 성은 사랑하는 남녀의 관계를 통해서 완성된다. 사랑하는 사람을 소중하게 생각하고 성행위를 통해 사랑하는 사람에게 자신의 특별한 사랑을 표현한다. 인간은 언어로만 의사소통을 하는 것이 아니다. 언어적 요소 못지않게 비언어적 요소를 활용하여 자신의 의사를 표현한다. 사랑은 언어를 통해서 표현하기도 하지만 느낌으로 사랑을 표현하거나 온몸으로 사랑을 표현하기도 한다. 성행위를 통해 자신의 특별한 사랑을 사랑하는 사람에게 아름답게 표현하기도 한다. 하지만 오늘날 우리 사회는 아름다운 사랑의 표현이 되어야 할 성이 돈벌이의 수단으로 왜곡되어 가고 있어 안타깝기만 하다. 몇몇 사람들은 성을 사고파는 일에 참여하기도 하면서 사랑 없는 성관계가 얼마든지 가능하다고 말하기도 한다. 하지만 사랑 없는 성관계는 성폭행 등의 비인간적인 행위를 낳기도 한다. 공감대와 일치감이 빠진 성, 즉 사랑이 없는 성은 동물에게서나 볼 수 있는 동물적 행동으로 전락하게 된다. 상대방에 대한 관심, 감정의 공유, 배려, 책임 등이 사랑을 발전시킨다.

3) 쾌락의 성

사랑하는 남녀가 육체적 접촉을 통해 흥분과 즐거움을 느낀다. 육체적 성행위는 쾌락을 만들어내는 방법의 일환이다. 진정한 성적 쾌락은 남녀가 인간적인 관계 속에서 서로 사랑을 느끼고 나누며 상대방을 배려할 때 느낄 수 있다. 성은 인간에게 쾌락과 활기를 주기도 하지만, 고통과 수치, 환멸과 혐오를 겪게 할 수도 있다. 인간은 분명히 성을 '쾌락'의 한 요소로 활용하지만 성을 통해 지나치게 쾌락만을 추구하게 되면 사랑에서 오는 진정한 쾌락을 느끼지 못하는 불행을 겪을 수도 있다. 뿐만 아니라, 지나친 쾌락이 인간에게 고통과 혐오로 다가올 수도 있다. 우리의 삶은 쾌락만으로 이루어질 수 없다. 인간이 느껴야 할 다양한 감정들 속에는 필요에 따라 선택적인 행동을 위해 절제하고 배려하는 행동을 요구한다. 절제와 배려가 없는 행동은 환멸과 혐오를 수반한다. 쾌락보다는 성숙한 사랑을 바탕으로 한 행동일 때 결과에 대해 책임질 수 있으며 그러한 성적 행동만이 진정한 성적 존재로서의 소중한 삶으로 이어질 수 있다.

그럼에도 불구하고 성적 욕구는 통제될 필요가 있다. 성행위의 기능에서

처럼 성욕은 강한 힘을 지니고 있어서 성행위를 통해 우리가 삶의 의욕을 북돋우고 즐거움을 만끽할 수 있지만 성욕의 강한 힘이 잘못 사용되게 되면 우리의 삶을 파괴할 수도 있다. 우리 사회에서 성은 잘못된 시각으로 인식되어 있는 측면이 있다. 성은 본성적으로 자연스럽고 선한 모습인 데 반해 우리 사회 속에 알려진 성은 자극적인 문화 속에서 즉흥적인 성으로 인식되어 선한 성의 모습에서 많이 이탈되어 있다.

사람들이 사랑을 자율적 판단에 의해 선택적으로 할 수 있는 것과 마찬가지로 성도 능동적으로 선택할 수 있다. 성을 전적으로 인간의 본능에 따라 선택하고 행동한다면 그것은 동물의 사랑과 다를 바 없다. 사랑을 나누고 공유하는 것은 인간만이 할 수 있는 일이다. 사랑은 우리 인간의 현실적인 문제이며, 인간만이 선택적으로 결정할 수 있는 것이다.

성은 신비한 생명의 요람이고, 삶에서 성의 중요한 의미는 사랑의 표현이다. 인간은 성을 통해 사랑을 표현하고 생명을 영속(永續)한다. 각자가 자신의 생명에 대한 책임을 부여받고 있으며, 생명을 영속적으로 이어가기 위한 의무감을 부여받고 있다. 생명은 단순히 지속적인 영속의 단계를 넘어 확산하고자 하는 즉, 생명의 확산을 통해 영원한 상태를 이어가고자 한다. 생명의 영속은 성적인 결합을 통해 가능해진다. 이러한 인간의 욕구는 성적 결합에 대한 욕망에 사로잡히게 한다. 생명체의 성은 기본적인 생물학적 의미를 지니고 있다. 성은 인간의 기본적인 욕구로 남녀는 성적인 것을 포함하여 성적 교제를 통하여 몸과 마음이 하나 되며 새로운 생명을 탄생시킨다. 새로운 생명은 올바른 환경 속에서 축복과 보호를 받으며 자랄 수 있어야 한다.

성문제와 관련하여 정신적 혼돈의 세상을 살고 있는 사람들에게 가장 절실한 것은 성에 대한 올바른 정체감을 확립하는 일이다. 성은 생명의 문제를 떠나서 생각할 수 없다. 성은 생명을 탄생시키는 근원이며 생명을 이어주는 역할을 한다. 뿐만 아니라 앞에서도 언급한 바와 같이 성은 인간에게 쾌락을 가져다주는 역할을 한다. 하지만 성을 단순히 쾌락의 수단으로만 생각하는 것은 성에 대한 잘못된 인식이다. 쾌락 못지않게 중요한 것은 성에 대한 욕구를 조절해 나가는 일이다. 성욕에 대한 조절은 인간만이 가능하다. 따라서 성욕을 조절하기 위한 자기만의 해소 방식을 터득하는 일은 매우 중요하다. 일반적으로 성욕을 조절하기 위한 해소방법으로 운동을 권한다. 자신이 좋아하는 운동을 통해서, 혹은 자신이 좋아하는 음악을 듣는다거나, 취미활동을 하는 일, 동아리 활동에 참여하는 일 등의 다양한 방법을 통해 신체적, 정신적 긴장을 해소해 나가는 일은 성욕의 조절에 도움이 된다. 또한 우리 사회에 만연해 있는 성 착취물이나 야한 동영상과 같은 성욕을 자극하는 매체를 가급적 멀리하는 일도 자신의 성적 충동을 줄일 수 있는 방법이 될 수 있다.

2. 성을 바라보는 세 가지 관점

인간의 삶에 있어서 성(性)은 중요한 요소 중의 하나이다. 그럼에도 불구하고 대부분의 사람들은 인간의 성을 단편적이고 즉흥적인 판단에 따라 성을 인식한다. 성은 우리가 흔히 생각하는 성적인 유희나 쾌락의 대상만을 의미하는 것이 아니다. 물론 이성적인 사고로만 여겨지는 것도 아니다. 사회적인 관계 속에서 인간과 삶의 균형적인 조화를 통해 이루어지는 것이다. 즉, 육체적인 측면과 정신적인 측면, 그리고 사회적인 측면이 조화를 이루면서 인간이라는 개체 안에서 서로 어우러져 체계적이고 복합적인 과정을 통해 표출된다. 그래서 인간의 성을 크게 육체적인 성, 정신적인 성, 사회적인 성의 세 가지 측면으로 구분한다.

1) 육체적인 성

쾌락과 출산을 의미하는 성을 육체적인 성이라고 한다. 즉, 육체적인 성은 쾌락이라고 하는 즐거움을 동반하는 것을 말한다. 인간에게 쾌락이라는 경험은 감미롭고 감각의 흥분이 강렬한 상태이다. 이러한 쾌락은 삶의 목적이기도 하다. 인간은 성을 통해 서로의 기분과 감정, 생각을 나누면서 공감대를 형성하고 일치의 기쁨을 느낀다.

성에 있어서의 쾌락은 남녀의 관계 속에서 서로 사랑을 느끼고 감정과 생각을 나누며 즐거움을 찾는 것이다. 하지만, 육체적인 성은 쾌락만을 주는 것은 아니다. 성적 쾌락에는 성생활의 근본인 잉태의 본능이 동반한다. 따라서 육체적인 성에는 생명에 대한 배려와 책무가 있어야 한다. 육체적인 성을 통해 새로운 생명을 탄생시키고 건강한 생명체의 신비를 수용할 수 있어야 한다. 인간에게 성과 사랑은 쾌락과 출산을 동반하는 삶의 보약과 같은 존재이다. 생명을 생각하지 않는 육체적인 성은 커다란 후유증을 남길 수 있다. 생명을 생각하지 않는 육체적인 성으로 인해 수많은 낙태가 일어나고 미혼모가 발생한다는 것은 매우 안타까운 일이다. 수많은 사람들이 육체적인 성, 쾌락의 성이 남긴 상처를 안고 삶을 살아가야 한다는 현실은 매우 가슴 아픈 일이다.

최근 들어 우리 사회의 급격한 변화는 사회・경제・문화적인 측면에서 성 정보의 범람을 유발시켰고, 그로 말미암아 성 개방의 풍조와 다양한 성의식 및 가치관의 변화를 가져왔다. 이러한 가치관의 변화는 쾌락의 성을 부각시켜 인간의 성에 대한 편견을 갖게 하는 원인이 되고 있다. 육체적인 성이 쾌락만을 중시하는 성으로, 더 나아가 성적 자극만을 증대시키는 결과를 가져온다는 것은 매우 안타까운 일이다.

모든 이들이 육체적인 성만을 강조하는 것은 아니다. 우리 사회에서 독신으로 살아가는 독신주의자들은 육체적인 성보다는 정신적인 성을 더 중시한다. 그들은 정신적인 사랑이나 정신적인 성이 주체가 되는 삶을 추구한다. 육체적인 성은 보편적인 사고를 가진 모든 이들에게는 본질적인 삶의 방향이지만, 독신주의자들에게는 육체적인 성은 마음에 없는 사랑이며 공허한 몸짓에 불과하다. 사람마다 육체적인 성을 받아들이는 수용력에는 차이가 있다.

2) 정신적인 성

정신적인 성은 성적 정체감 또는 정신적 정체감을 말한다. 성적 정체감이란 생물학적 요인이나 생식, 해부학적 요인, 성장과정의 양육방식이나 경험 등에 의해 결정되는 성적 성장의 출발점으로 성장 촉진의 요소가 되며, 동성이나 이성 관계를 유지시키는 인간관계의 원동력이 된다. 따라서 성적 정체감은 성장과정에서 경험하는 생물학적, 사회・문화적, 윤리적 요인에 의해 영향을 받으며 자아를 여성이나 남성으로 인식하는 요인이 된다. 이는 유아기부터 발달하여 성인기에 이르러 완성된다.

성적 정체감을 말할 때 흔히 정신적 성별과 육체적 성별을 말한다. 정신적 성별은 일반적으로 정체성의 문제로 "나는 누구인가?"라는 질문에 대한 대답으로 자아와 연계되어 있다. 자아에 뿌리내려 있는 그 사람의 정체, 즉 그 사람의 성별이 무엇인가에 대한 문제가 정신적 성별이다. 이와는 달리 육체적 성별은 생물학적 요인과 관련이 있다. 그 사람이 어떤 성별을 가졌는가는 과학적 근거에 의해 판단된다. 외부의 성기 유무나 염색체의 종류 등에 의해서도 성별을 판단할 수 있다. 하지만 이러한 육체적 성별 또한 일종의 사회적 약속에 해당된다. 과학적 근거에 의한 판단이라고는 하지만 오늘날 우리가 알고 있는 과학적 범위 내에서 성별을 구분하는 최소한의 약속에 해당된다. 즉, 일반적인 사람들은 사회적으로 약속된 육체적 성별과 일치되는 정신적 성별을 갖는다. 이것은 태어날 때부터의 본능적인 것일 수도 있고, 사회화에 의한 것일 수도 있다. 사회적 약속 내에서 육체적 성별의 개념과 그에 따른 성별을 결정한다.

성적 정체감은 전통적으로 남성성(masculinity type)과 여성성(feminity type)으로 이분되어 왔지만 1974년 벰과 스펜스 등(Bem & Spence et al.)은 남성성과 여성성 이외에도 양성성(androgyny type)과 미분화(undifferentiated)의 차원이 존재한다고 주장 하였다.

남성성은 그 시대의 고정관념을 바탕으로 바람직한 남성 역할로 지칭되는 남성적 특성이 높게 나타나는 정체감 유형이다. 남성적 특성으로는 행위

주체성, 도구적 행동, 활동성과 지성, 객관성, 경쟁, 용감성, 자신, 리더십, 효능감, 확신, 자기신뢰, 통제, 감성의 제제, 적극성, 활동성, 성취지향성, 독립성, 공격성, 경쟁성, 주도력, 통솔력, 지배성, 권위 지향성, 야망성 등이 있다.

여성성은 그 시대의 고정관념을 바탕으로 바람직한 여성 역할로 지칭되는 특성이 높게 나타나는 정체감 유형이다. 여성적 특성에는 친교성, 표현적 행동, 미와 순종, 상냥함, 신앙심, 예술, 문자의 애호, 정결, 수동성, 의존감, 자기희생, 자기비하, 공포감, 자신감의 결여, 양육성, 순종성, 의존성, 민감성, 동정심, 변덕스러움, 애교심, 질투심, 말이 많음, 쉽게 울음 등이 있다.

양성성은 여성 운동의 확산으로 인해 오늘날까지 인식해 온 남자는 남성적인 사람이, 여자는 여성적인 사람이 심리적으로 건강하다는 전통적인 성 역할 모델의 주장에 대해 심리적 성 차이와 생리적 성 차이가 일치하는 것은 아니라는 새로운 문제제기로 등장한 성 정체감 유형이다. 이러한 필요에 부응하여 1970년대에 성 차이와 개인 차이를 포괄하는 '양성성'이라는 개념이 성적 정체감으로 도입되었다.

벰(Bem, 1974)은 남성성과 여성성을 서로 독립된 두 개체로 보고 이에 따라 성 역할 도구를 개발하여 피험자들에게 남성적, 여성적 특징들을 기술하는 문항에 반응하게 하고 그 차이에 따라 남성성과 여성성, 또는 양성성으로 구분하였다. 벰(Bem)이 이와 같은 문항을 통해 양성성을 개발한 목적은 항상 인간의 성격을 성역할 정형화라는 딱딱한 굴레에서 벗어나 정신건강 및 심리 특성상 좋은 개념을 개발시키고자 하는 데 있었다. 따라서 여성성과 남성성을 하나의 연속선상에서 서로 상반되는 두 개의 양극적인 개념으로 보던 종래의 관점에서 탈피하여 남성성과 여성성은 분명하고 상대적으로 독립된 차원으로 취급해야 한다고 제안하였다.

현대의 많은 연구들은 성 역할의 양성성 개념을 지지하는 경향을 보이고 있다. 성역할에 대한 전통적인 구분은 오히려 부적응을 나타내며 반대로 전통적인 방법처럼 구분하지 않고 유동적일수록 남성적 · 여성적 활동에 자유롭게 참여할 수 있어 정신건강과 자아의 활동에 도움이 되며 도덕성 발달에도 효과적이어서 높은 자아발달을 이룰 수 있다는 것이다. 이와 같은 유형을 양성성 인간 유형으로 정의하고 현대사회에서 바람직하면서도 효율적인 인간상으로 제시하고 있다.

정체성 검사에서 미분화 정체감은 남성적 특성, 여성성 특성 중 어느 한 쪽도 제대로 표현되지 않아 남성성 변인과 여성성 변인의 점수가 모두 낮은 경우이다. 현실적으로 남성성과 여성성이 모두 낮다는 것은 어디까지나 이론적 개념일 뿐 현실적으로는 존재하기 어려운 정체감 유형일 수 있다. 왜냐하면 성역할 정체감 유형은 연구 대상 집단 내에서 상대적으로 분류된 것으로 일부의 사람들은 중앙치를 중심으로 누군가는 반드시 미분화에 해당되기 때문이다(홍근혜, 2008).

3) 사회적인 성

사회적인 성은 육체적 성과 정신적 성을 바탕으로 인간관계에서 적용되는 성을 말한다. '생물학적으로 정의된 성'이 아니라 '사회적으로 정의된 성'이다.

사회적인 성은 자신에 대한 정체감을 바탕으로 다른 사람들에게 그렇게 보이게 표출해 내는 부분, 즉 남에게 보이는 부분이 크다. 우리가 어떤 장소에서는 어떤 옷을 입으려고 하는 것처럼, 상황에 따라, 기분에 따라, 보이고 싶어 하는 성적 특성이 있는데 이를 사회적인 성이라고 한다. 이런 사회적인 성은 대부분 성인들의 고정관념에서 나오는 것이다. 남녀의 옷차림, 머리 모양 등을 통해서 지속적으로 암시를 주게 되며 이를 통해 사회적인 성인으로 인식된다. 이렇게 형성된 한 사람의 사회적인 성은 변하지 않는다. 모든 사람들이 성별로 분류되어 있는 것, 남녀에 대한 성의 차이를 해부학적 사실에 기반하고 있다는 것 등이 사회적인 성으로 나타난 결과이다.

사회적인 성은 사회·문화적 요인에 의해 결정되는 후천적 성(gender)으로, 학습에 의하여 형성된다. 사회적인 성은 성역할을 통해 표출되는데, 사람이 말 또는 행동을 통해 자신이 남성 또는 여성인 것처럼 행동을 통해 드러낸다. 성에 따라 사회적으로 적합하다고 판단되는 일이 달라진다고 보기 때문이다. 사람의 '사회적인 성'은 외모나 음성, 행동양식, 또는 생물학적 성별과 무관한 변수를 포함한다. 사회적인 성은 사회적으로 만들어진 것이며 어느 정도까지 생물학적인가에 대해서는 논란이 있다. 시대의 흐름에 따라 사회적인 성은 문화의 영향을 받는다. 예를 들어 1900년대 초까지만 해도 분홍색은 남성적인 색으로 여겨졌다. 하지만 오늘날에는 분홍색은 여성적인 색으로 의미가 전이되었다. 사회적인 인식은 항상 변화 가능하기 때문이다. 사회적인 성이 바로 젠더적 관점에서 바라본 성이다.

3. 성에 대한 인식과 성욕

1) 성 인식의 개념과 요소

성 인식(性 認識)이란 스스로가 자신의 성생활에 대한 욕구, 태도, 중요도에 대해 어떻게 인식하고 있는가를 나타내는 정도를 말한다. 따라서 성 인식은 연령, 성별, 교육정도, 결혼상태, 대상자가 지각하는 건강상태, 질병유무, 운동 상태, 성생활 유무, 성생활 빈도, 성적 욕구, 종교 등의 다양한 요인에 의해 영향을 받는다. 올바른 성 인식은 성생활에 대한 긍정적인 태도와 욕구를 갖고 성생활의 중요성을 인식할 때 가능하다.

성 인식에 대한 요인으로 작용할 수 있는 내용에는 일반적인 성지식, 성욕구, 성행동, 성 관련 개인기술, 성과 사회문화, 성윤리 등을 들 수 있으며 구체적인 내용은 다음과 같다(최윤정, 2005).

(1) 일반적인 성지식

오늘날 현대인들에게 성 인식과 관련된 일반적인 성지식은 성교육의 기본구성 요소였던 해부학이나 생식의 '객관적 사실' 차원을 훨씬 넘어선다. 인간은 신체적, 정신적, 정서적 발달이나 인간관계, 그들이 직면하고 있는 성에 대한 사회적인 문제들 때문에 보다 광범위 하고 깊이 있는 성지식을 요구한다. 또한, 성에 대한 올바른 의사소통과 올바른 의사결정에 도움이 되는 것이어야 한다. 성에 대한 건전한 의사소통이거나 교육 서비스를 받을 때 인간은 성과 관련된 이야기를 자연스럽게 수용한다. 인간발달은 태아기부터 노년기에 이르기까지의 발달과정을 말하는데 특히 인간발달은 그 사람의 성 인식에 영향을 미친다.

(2) 성욕구

성욕구는 성교를 포함한 다양한 성적 표현과 성행동의 근원을 이루는 개인의 경험, 가치, 소망 등을 지칭하는 개념으로 이는 성기 중심적 의미로만 해석할 수 없다. 성욕구란 인간의 가치이며 본능적인 힘이고 또한 목적임과 동시에 개개인이 가지고 있는 특성이다. 성욕구는 즐거움을 증가시키고 활력을 얻는 능력을 신체적, 정신적, 정서적으로 함양시키며 자신을 수용하고 배움으로써 성숙되는 성정체감을 형성하는 과정이다. 인간은 성욕구를 충족함에 따라 감각적으로 기쁨을 느끼게 되고 심리적으로는 공감을 통해 일체감을 느끼게 되며 수태하여 생명을 탄생시키는 체험을 하게 되고 나아가서는 영적으로 둘이 하나가 될 수 있다.

(3) 성행동

성행동과 관련된 성 인식은 자위행위, 성관계, 이성교제 등으로 구성되어 있다. 자위행위는 자신의 성기관이나 음핵을 인위적으로 자극함으로써 성적인 쾌감을 느끼는 것이다. 자위행위와 성 인식의 변화를 보면 건강한 몸을 유지하기 위한 자위방법을 습득해야 하고 자위행위와 관련된 이해 및 오해에 대해 토의를 함으로써 건강한 방향으로 건전한 성 인식을 가질 수 있다. 성관계에 따른 성 인식은 성관계 이후 생명, 쾌락의 문제가 대두된다. 또한 성관계에 따른 남녀의 인식 차이와 인간의 바람직한 성욕구 및 성관계 표현에 대해 이해가 되어야 한다. 또한 성관계를 원치 않는 경우에 거절할 수 있는 방법과 행동방법에 대해서도 준비가 되어야 한다.

(4) 성 관련 개인기술

성과 관련된 개인적인 기술의 대표적인 것이 성폭력에 대한 대처 방법이나 예방법이다. 성폭력이란 개인의 자유로운 성적 결정권을 침해하는 범죄로 강간뿐만 아니라 성희롱 등 모든 신체적, 언어적, 정신적 폭력을 포함하는 광범위한 개념이다. 상대방의 의사를 침해하여 이루어지는 성적 접촉은 모두 성폭력이라 할 수 있다. 따라서 성폭력에는 성추행, 성희롱, 성기노출, 음란전화, 음란통신, 인신매매, 강제매춘, 성 착취물의 제작 및 판매 등이 모두 포함된다. 성 건강과 성 인식을 보면 피임에 관한 정보에 대해 정확한 지식과 방법 등의 제공을 설명한다. 피임 관련 정보를 전달함에 있어서도 피임방법의 선택에 대한 구체적인 설명이 있어야 하고 피임과 산아제한, 낙태에 대한 설명이 뒤따라야 한다.

(5) 성과 사회문화

성과 관련된 사회문화와 성 인식을 보면 우리 사회는 과거의 가부장적 남성주위 시대에서 벗어나 부부 중심의 핵가족 사회로 가족구조가 변화되면서 여성의 사회참여가 많아졌다. 여성의 지위도 상대적으로 성장하면서 성에 대해서 수동적이고 소극적이었던 전통적인 역할에서 벗어나 남성들에게 보이는 미모나 성적 매력을 강조하게 되었고, 그러한 사회 분위기가 여성들에게 새로운 의식과 행동을 자극하고 있다. 여성은 과거의 정조 관념에서 순종이나 정숙 등을 중시하는 경향이 퇴색해 가고 있는 반면, 성적 매력에 대한 과시에 대한 경향이 두드러지고 있다.

(6) 성윤리

성윤리 문제를 이야기할 때 많은 이들은 미성년자 윤락행위, 성폭력, 임신중절(낙태), 인터넷을 통한 성 착취물 중독, 잘못된 성의식의 확산, 근친상간, 이상 성행동, 스와핑(swapping), 게이나 레즈비언(Gay & Lesbian) 등 잘못된 여성 성문제를 그 예로 들고 있다. 성윤리 영역에서는 책임 있는 성행동에 대한 규범을 제시하고 성 관련 사회적 환경의 문제점에 대한 비판적 사고와 대처에 대한 내용을 포함한다. 성윤리의 보호는 그 사회가 처한 가치판단의 문제에 해당되지만 성윤리 보호가 인간사회에서 문란해서는 안 될 대단히 중요한 문제인 점은 부인할 수 없다. 그러므로 성윤리 보호가 중요하다는 점에 대한 반론은 타당하지 않다. 성윤리 문제를 존재시켜야 하는가, 아니면 폐지시켜야 하는가의 문제가 아니라 성윤리를 어떻게 보호할 것인가라는 방법론상의 문제라는 점을 놓쳐서는 안 된다.

2) 성에 대한 인식의 변화

인간의 성적 욕망은 쾌락이라는 측면을 벗어날 수 없다. 그럼에도 불구하고 중세를 거치면서 시대적 변화에 따라 다소 차이는 있었지만 윤리적·종교적 울타리 안에서 금욕을 강요받아 왔다. 금욕이라는 사회·문화적 통제는 인간의 삶 속에 새로운 성문화로 금욕주의를 형성시켰다. 그러던 성 인식은 19세기에 이르러서야 성과학적 접근을 통해 성을 인간의 생물학적·본능적 충동으로 파악하기 시작하였다.

프로이트(Sigmund Freud)의 주장에 의하면 인간의 양심은 발달과 함께 성적 본능을 억압하기 시작하였고, 동물과 구별되는 문명도 발달시켰다. 그러나 그 본능을 어느 정도 억압했는가는 시대와 문화에 따라 차이가 있다고 지적하였다. 우리가 인식하고 있는 현대인들의 성에 대한 태도나 행동은 대부분이 시대에 학습된 사회·문화적 현상들이다(윤가현, 2006). 성은 그 이후에도 끊임없이 사회·문화적 맥락에 따라 변화되어 왔다. 성에 대한 개방적 인식과 폐쇄적인 성가치의 사이에서 성에 대한 인식은 개방과 폐쇄 사이를 왕래하며 지속적인 변화를 추구해 왔다. 때로는 개방적인 성 인식을 '진보'라는 명칭으로 비난하기도 하고, 때로는 폐쇄적인 성 인식을 '보수'라는 명칭으로 비난하기도 하며 성에 대한 과거의 의식이나 풍습을 지키고자 하였다.

그러나 분명한 사실은 성에 대한 인식은 16세기에 주류를 이루었던 종교적 성의 억압 정책으로부터 벗어나 19세기 이후에는 전 세계적으로 성에 대한 자율화의 물결이 일어났고, 이러한 의식은 성에 대한 개방적 사고를 확산시키는 계기가 되었다. 특히 20세기에 들어서면서부터는 성에 대한 인식이 단순한 개방이나 자율의 단계를 넘어 사랑을 표현하는 하나의 자연스러운 수단이면서 방법으로 인식하게 되었다. 이러한 변화는 성을 단순히 출산이나 생식을 목적으로 하는 단계를 넘어서서 친근감과 사랑스러움을 표현하는 신체적 자기표출의 일반화된 수단으로 활용되기에 이르렀으며, 오늘날 사회의 사회・문화적 현상으로 받아들이게 되었다.

3) 인간 성욕의 이해

성욕은 인간의 본능적 욕구로 성적 행위에 대한 욕망을 말한다. 인간은 본능적인 성욕을 통해 남자와 여자가 만나 하나 되는 음양의 결합으로 가정을 이루고 후손을 생산하여 인류공영에 이바지하여 왔다. 하지만 인간의 성욕은 세대의 연결을 통한 인류 공영보다는 개인의 쾌락을 더 우선시하는 현상이 증폭되면서 인구는 폭발적으로 증가하였고, 탐욕과 이기심에 찬 성적 행동으로 분별력과 책무성이 약화되는 현상을 조장하게 되었다. 인간이 지니고 있는 본능적 욕구인 성욕은 천차만별로 사람마다 개인차가 있지만 스스로의 노력으로 욕망에 대한 억제와 조절이 가능한 점이 동물과 다르다.

인간의 성욕에 대한 연구는 여러 학문분야에서 다루어 왔으나 여기서는 심리학, 생물학, 사회학, 여성학적인 측면에서 살펴보고자 한다.

(1) 심리학적인 측면

성을 심리학적인 측면에서 접근한 대표적인 학자는 프로이트(Sigmund Freud)이다. 프로이트(Sigmund Freud)는 성은 생물학적인 측면에서 인간의 본능적인 욕구인 동시에 심리적 친밀감을 표현하는 행위로 상호 간의 관계에서 대상과의 유대를 강화하기 위한 방법으로 표현하는 애정 표현의 한 방식이라고 보았다. 특히 심리학적인 측면에서의 인간의 성은 그 사람의 정신 상태나 심리적인 상태와 밀접한 관계가 있으며, 성에 대한 의식이나 성행동이 그 사람의 인격형성 과정에서 발달한다고 보았다. 또한 사춘기의 성은 표면적이고 표출되는 성이나 성 의식에 높은 관심을 보이며, 한 사람의 성 의식은 유아기부터 싹트기 시작하면서 발달과정을 거치는데, 특히 사춘기 때에는 미분화되어 있던 성적인 요소가 표출되는 발달과정을 거친다. 프로이트(Sigmund Freud)는 아동기의 성적 본능에 대해 '리비도(Libido)'라는 개념을 도입하여 설명하고 있다. 리비도는 성충동을 의미하는 말로, 기본적으로는 인간이 지니고 있는 성적 욕구를 말한다. 프로이트는 리비도를 성 에너지로 보고 성본능(性本能), 성충동(性衝動) 등과 유사한 개념으로 설명하고 있다. 리비도는 라틴어의 '욕망'이라는 의미의 말로 인간이 태어날 때부터 갖추고 있는 본능에너지를 뜻한다. 우리가 흔히 이해하고 있는 성욕, 다시 말해 성기(性器)와 성기의 접합을 바라는 욕망과는 다른 넓은 개념의 성이다.

프로이트에 의하면 성적 본능의 에너지인 리비도(libido)는 인간이 태어나면서부터 서서히 발달하는 것이다. 사춘기에 어느 날 갑자기 나타나는 것이 아니다. 다만 사춘기에 성에 대한 성적인 요소가 적극적으로 표출되는 것이다. 이러한 발달과정을 프로이트는 구강기, 항문기, 남근기를 통해 발달하다가 잠복기를 거쳐 사춘기에 이르러 다시 성욕으로 나타난다고 보았다. 인간은 심리적 과정을 거치면서 자아에 의해 성욕구를 통제하고 조절해 나가기 때문에 상황에 따라 리비도는 억눌린다. 성욕도 상황에 따라 도덕성과 리비도가 대립하는 상황을 맞이할 수 있게 되는데 이러한 때에는 자아가 이를 조절하고 억제, 억압 등의 방어기제를 통해 해결해 나간다.

심리학적인 측면에서 성을 바라본 또 다른 학자로 헐록(Hurlock)을 들 수 있다. 헐록(Hurlock)은 개인에 따라 다소 차이가 있지만, 이성에 대한 관심과 태도의 발달은 비교적 명확하다고 보고 있다. 일반적으로 5단계의 과정을 거치면서 이성에 대한 관심과 태도가 발달한다고 보았는데 헐록(Hurlock)이 제시한 성의식 발달 5단계는 다음과 같다.

표 2-1 헐록(Hurlock)의 성 의식 발달 단계

<table>
<tr><th colspan="2">단계</th><th>시기</th><th>성 발달의 특징</th></tr>
<tr><td colspan="2">초기 무심한 단계</td><td>1~5세</td><td>• 상대방의 성에 무관심한 단계</td></tr>
<tr><td colspan="2">성적 반항기</td><td>6~11세</td><td>• 이성차를 의식하고 서로 대립하며 동성끼리 어울리는 시기</td></tr>
<tr><td colspan="2">성적 혐오기</td><td>12~13세</td><td>• 사춘기에 접어들어 이성에 관심이 있으면서 이성을 노골적으로 기피하고 놀리는 시기</td></tr>
<tr><td colspan="2">성적 애착기</td><td>14~15세</td><td>• 사춘기에 대한 적응력이 생겨 심리적 안정감을 찾고 애정을 넘어서는 강한 애착 대상자를 찾는 시기</td></tr>
<tr><td rowspan="3">이성애 단계</td><td>송아지 사랑 단계</td><td>15~16세</td><td>• 애정적 표현이 영웅 숭배와 같은 방식으로 표출
• 연애인, 교사 등을 연애대상으로 함</td></tr>
<tr><td>강아지 사랑 단계</td><td>17~18세</td><td>• 같은 또래의 이성에 애정이 싹트기 시작함
• 개인을 대상으로 하지 않고 주위에 있는 같은 또래의 이성에 대한 흥미를 갖게 됨</td></tr>
<tr><td>연애 단계</td><td>19~20세</td><td>• 애정이 한 사람에게 집중됨
• 책임감도 상실한 채 같이 있기를 요구하는 접촉갈구 형태를 보임</td></tr>
</table>

심리학자 매슬로우(Maslow)도 인간의 욕구와 관련하여 생리적 욕구로 성욕을 설명하고 있다. 매슬로우는 인간의 욕구를 5단계로 구분하여 제시하고 있다. 매슬로우는 인간은 무엇인가를 필요로 하는 결핍의 존재이며, 충족되지 못한 어떤 욕구를 충족시키기 위해 동기가 유발된다고 보았다. 따라서 인간의 욕구는 충족되지 않는 욕구는 행동을 일으키며, 욕구는 계층을 이루고 있다는 전제하에 인간의 욕구를 설명하고 있다. 만약 어떤 욕구가 충족된다면 더 이상 행동을 유발시킬 동기가 사라진다고 보았다. 인간의 욕구 5단계는 생리적 욕구, 안전의 욕구, 소속 및 애정의 욕구, 존경의 욕구, 자아실현의 욕구로 나누어지며 이러한 욕구들은 충족되어야 할 순서대로 계층화되어 있다는 것이다. 따라서 하위단계의 욕구가 충족되어야만 다음 단계의 욕구를 충족시키기 위해서 동기화된다고 보았다. 즉 하위단계의 욕구가 충족되지 않으면 상위단계의 욕구가 일어나지 않는다는 것이다.

매슬로우는 욕구단계는 단계적으로 일어나는 것이 아니라 동시다발적으로 일어날 수도 있다고 보았다. 하지만 매슬로우의 이러한 인간의 욕구에 대해 상황에 따라 끊임없이 변화하므로 일정한 형태로 파악할 수 있는 것이 아니라는 비판의 시각도 있다.

(2) 생물학적인 측면

생물학적인 측면에서 우리가 흔히 성(性, sex)이라 함은 남녀의 구분 또는 남녀의 육체적 특성을 가리키는 말이다. 즉, 생물의 많은 종(種)에서 볼 수 있는 암수의 형태에 대한 표현으로 인간의 경우에는 남성 또는 여성이라는 구분을 의미한다. 성은 이러한 두 개의 성에 대한 구분만이 아니라 각각의 성이 지니고 있는 성적 특질이나 행동도 넓은 의미의 성에 포함된다.

성에 대해서 사람들에게 가장 쉽게 접근할 수 있고, 또 가까이 파악할 수 있는 부분은 바로 생물학적인 측면에서의 성에 대한 이해이다. 인간의 생물학적 구조의 차이는 성을 명확하게 구분해줄 뿐만 아니라 성의 차이에 따라 발생하는 생리현상의 차이나 질병을 이해할 수 있게 해준다. 생물학적 성을 잘 이해하지 못하게 되면 성이나 신체에 대한 왜곡된 생각을 갖게 된다. 그러므로 인간의 생물학적 성에 대한 올바른 이해는 인간의 삶을 이해하는 데 중요한 역할을 한다. 생물학적인 측면에서 인간은 다른 동물과는 달리 여성은 다른 영장류들과 다른 가슴과 골반의 모습을 하고 있고, 남성 또한 다른 동물들처럼 화려한 모습을 가지고 있지 않다.

일반적으로 생물학적인 성은 다섯 가지 관점에서 성적 특성을 구분한다. 첫째는 성 염색질의 존재여부로 결정되는 염색체상의 성, 둘째는 신체의 내부나 외부에 나타나는 성징의 분화와 발달에 관여하는 호르몬상의 성, 셋째는 형태적으로 구분할 수 있는 생식소[2)]상의 성, 넷째는 성기의 형태에 따른 성, 다섯째는 성기의 외부형태에 따른 성 등이다. 이와 같은 성에 대한 구분의 관점과는 달리 성욕에 대한 생물학적 관점은 다르다. 성욕에 대한 생물학적 관점은 과정을 중시하는데 여기에는 성교행동이나 호르몬 방출, 배란, 사정, 임신과 낙태, 출산, 수정 등 생리적인 현상을 중심으로 다루는 것이 일반적이다. 개인의 성욕에 대한 차이는 뇌의 구조나 호르몬의 분비, 신경화학물질, 생리적인 이유 등에서 차이가 발생한다. 생물학적인 관점에서 성

---

2) 생식세포를 만드는 주요 생식선으로 수컷은 정소, 암컷은 난소를 말한다. 히드로충류와 같은 하등 척추동물의 생식소는 일시적인 기관이지만, 고등동물에서는 영구기관이다. 빈모류나 거머리류 같은 몇몇 무척추동물은 한 개체 안에 암・수의 생식소를 모두 갖고 있다.

을 바라보는 학자들은 성적 기능의 문제를 생리적인 원인에서 찾으며 성적 취향이나 성욕도 성 호르몬의 분비, 유전적인 측면, 뇌의 구조 등에서 해답을 찾으려고 노력한다.

(3) 사회학적인 측면

인간의 성적 행위는 그들이 속한 사회적 환경에 절대적인 영향을 받는다. 즉, 종교나 교육수준, 직업, 거주 지역 등의 여러 요소에 의해 그들의 성적 기준이 만들어지고, 설정된 기준의 범위 안에서 성적 행동이 표출된다. 인간의 성행위는 그 사회의 제도에 따라 차이가 있다. 한 사회에서의 정상적인 성행위가 다른 사회에서는 비정상적인 성행위가 될 수도 있다.

남태평양 망가이아(Mangaia) 섬에서는 여자가 성적인 활동을 주도하며 공개적인 자유로운 성의 낙원으로 알려져 있다. 망가이아 섬은 뉴질랜드 북동쪽으로 3,000km 떨어져 있는 뉴질랜드 자치령이다. 주민 대다수가 폴리네시아인이며 뉴질랜드의 마오리족과 비슷하지만, 푸카푸카(Pukapuka)인은 사모아인·토켈라우인과 유사하다. 이들에게 있어서 성은 사회생활이자 대인관계의 중요한 부분이고 오락이며 종교이다. 그들이 사용하는 언어에는 인간의 성행위와 남녀의 성기를 지칭하는 말들이 수두룩하다. 망가이아 주민들은 남성과 여성의 아름다운 육체를 찬미하고 부러워하지만 성기를 노출시키는 것은 매우 무례한 일로 여긴다. 이들은 어려서부터 자연스럽게 이성을 접하고 성적 관계를 갖는다. 부모들은 혼전 성관계를 정상적인 성인으로 자라는데 거쳐야 할 과정이라고 인식하고 있으며, 필요에 따라서는 혼전 성관계를 권장하기도 한다. 남녀가 성인이 되기 위해서는 반드시 성인식을 치러야 하는데, 성인식 기간에는 성에 관한 많은 지식을 배우고 실제 성행위를 시험해 보기도 한다. 망가이아 섬 주민들에게 혼외 성관계는 당연시되어 있어서 어느 누구도 남녀의 성관계를 죄의식으로 생각하지 않는다. 이들에게 가장 중요한 것은 성의 기쁨이다. 이들은 서구 사회 여성들의 억압된 성욕이나 의식을 이해할 수 없는 일로 받아들인다. 반면 아일랜드 이니스 비그(Inis Beag)에서는 여성들에게 오직 출산만을 위한 것으로 성욕을 가르친다.

이니스 비그는 아일랜드의 서부 해안에 위치한 조그만 섬마을이다. 이곳에 사는 주민들은 매우 엄격하고 통제된 성윤리 속에서 생활한다. 금욕적인 생활습관이 아주 어려서부터 몸에 배어 있어서 모유를 수유하는 일은 찾아볼 수 없으며 부모와 자녀 사이의 신체적인 접촉도 꺼린다.

성인들 사이에서 성에 관한 문제는 거론되지 않으며 물론 섹스에 관한 토론은 할 수 없다. 뿐만 아니라 오락이나 유희, 춤 등도 남녀가 함께할 수 없다. 이러한 생활태도는 결혼 전이나 결혼 후에도 마찬가지이다. 성교는 몸을 쇠약하게 만들기 때문에 결혼한 여자는 오로지 출산을 위해서만 모든 것을 받아들여야 한다고 믿고 있다. 이니스 비그의 여성은 절정감을 모른다. 성행위조차 남성 상위의 성교 체위만 허용되고 사정 후에는 곧바로 성교가 끝나야 한다. 이니스 비그의 남성들도 다른 문화권의 남성과 육체적으로 다를 바가 없다. 이들도 여성에 대해 강한 성적 욕구를 갖고 있으나 그것이 충족되지 않기 때문에 그 대상으로 자위행위와 술이 성행되어 있어 주민들의 대부분은 알코올 중독사라고 한다. 이와 같은 성에 대한 거부반응은 그들의 정신적인 정통성으로 인식하고 있는 가톨릭교의 신앙에 있다. 가톨릭교의 금욕주의에 기초를 두고 있기 때문에 이들의 성에 대한 금욕주의는 좀처럼 개선되기 어렵다. 성은 더럽고 저속하고 음란한 행위로서 다만 자손을 번식시키는 방편으로만 이해하려는 이들의 성에 대한 인식은 가톨릭교의 금욕주의 사상이 사회생활 전반을 지배하고 있는 한 계속될 것이다.

인간의 역사를 분석해 보면 시대와 문화에 따라 인간의 성욕을 이해하는 관점이 변해 왔다. 특히 중세시대 서구에서는 종교의 영향으로 금욕을 강조해 왔으며, 종교개혁 이후 매독이라는 성병이 창궐하면서 성은 여전히 절제의 대상이 되었다. 종교적 이념에 따라 합법적인 성관계는 부부 사이에만 인정되었으며 성은 여전히 절제의 대상이 되어 성적인 욕망은 극복해야 하는 과제로 인식되어 왔다.

산업혁명 이후 성에 대한 인식이 변화되어 연애와 성욕이 개방되는 듯했지만, 여전히 성적인 쾌락은 절제의 대상으로 남아 성적인 쾌락을 부정하였다. 빅토리아 시대에는 특히 남성과 여성에 대한 성적 차별도 존재하였다.

남성의 성욕은 자연스럽다고 생각했으나 여성은 성을 느껴서는 안 되는 존재로 인식하였고, 특히 아동이나 청소년은 성적 존재로 인정하지 않았다. 따라서 부모들은 자녀를 양육함에 있어서 성적 행동을 억압하는 양육방법을 선택하였고, 성에 대해 자녀들이 일찍 눈을 뜨지 못하도록 강압적인 통제를 시행하였다. 특히 자녀들의 자위행위는 강한 억압과 통제를 통해 사전에 예방하는 일에 주력하였다. 자위행위는 중세에 접어들면서 자연스러운 성적 욕구의 표현이라기보다는 종교적으로 죄악시 여기는 풍조가 만연하였으며, 피로와 극심한 신경과민, 분노, 암을 유발하는 원인 등과 같은 부정적인 영향을 준다고 하여 제한하였다. 아동과 청소년은 잠잘 때 이불 밖으로 손을 꺼내 놓고 자야 했으며 심지어 어떤 부모는 자녀가 자는 동안 자녀의 손을 묶어 놓기도 하였다. 이러한 자위행위에 대한 부정적인 이미지는 오랜 시간에 걸쳐 지속되었다.

1960년대 이후에 와서는 여성도 남성처럼 성욕을 가질 수 있는 존재로 여기기 시작하였다. 이러한 성에 대한 인식의 변화는 성을 가볍게 여기는 풍조로 전환되어 일부에서는 성을 가벼운 활동을 하는 정도로 인식하게 되었고 그 결과 남성과 여성 모두 혼전 성관계가 증가하는 양태를 보이기도 하였다. 이러한 결과를 놓고 성욕을 너무 억압해서도 안 되고 너무 자유로운 양태도 바람직하지 않다고 주장하는 이들도 있다. 오래전 자위행위는 영구적인 정신장애로 본 질병의 개념이었다면 오늘날 사회에서 바라보는 자위행위는 그 개념이 변화하였다. 자위행위의 옳고 그름을 떠나 분명한 사실은 인간은 남성, 여성 모두 성적인 존재이며, 인간으로서 성욕을 가지는 것은 지극히 자연스러운 현상이라는 점이다.

(4) 여성학적인 측면

성욕과 관련하여 여성학자들은 지나치게 의학적 · 생물학적인 견해에서 벗어나 사회적으로 성욕에 대한 불평등의 존재로서 여성이 남성들의 전유물이 되어 왔다는 점을 강조한다. 이러한 남성중심의 성을 지배하는 사회적 분위기는 남성중심의 성 사회, 성폭행, 성 학대, 성희롱 등으로 성적 공격이 다양화되고 강화되는 양상을 보인다는 것이다. 이러한 고정관념으로부터 변화를 주도하여 나타난 결과가 여성해방운동이다. 여성해방운동은 여성의 참정권 획득에서부터 시작되었지만 1960년대에 들어서서는 남성과 여성이 모든 면에서 동등한 평가를 받기를 요구하였고, 1970년대에 이르러서는 인간으로서의 여성들이 각자의 재능과 정당한 성적 욕구를 인정받고 그것을 수행할 수 있는 권리를 확보하자는 것으로 도약하였다. 이러한 최근의 여성해방운동에 대해 모든 이들이 찬성하고 있는 것은 아니다. 이러한 여성해방운동에 대해 많은 남성들과 일부의 여성들까지도 이러한 추세를 불안한 시각으로 바라보고 있다. 왜냐면 지나친 여성해방운동이 때로는 독신주의나 불성실한 자녀교육을 초래하지 않을까 하는 우려를 낳기 때문이다. 따라서 현재의 여성운동가들 사이에서도 여성해방이라는 개념이 다시 모호해지고 있는 바, 일부는 여자를 단순히 남자와 대별된다는 개념보다는 남녀의 구별을 떠나 완전한 인간적인 차원에서 모든 문제를 고려하는 동시에 성 그 자체를 중요한 쟁점으로 다루지 않으려고 한다. 하지만 또 다른 일부의 여성운동가들은 남성과 대별되는 의미로서 여성의 성 자체에 더 큰 비중을 두어 더욱더 자유로운 성생활과 여성의 성적 만족을 극대화시키는 방향으로 여성해방운동을 주도해 나가려고 한다. 따라서 이들은 남성의 도움이 필요 없는 여성들의 자위행위나 동성애를 권장하기도 한다(하재청 외, 1992). 이러한 여성해방운동은 여성에 대한 성의 해방을 일부나마 얻을 수 있었으나 그에 따른 부작용 또한 적지 않게 나타나고 있다. 즉, 성의 해방으로 혼전 성관계가 확산되고 동성애가 증가하고 있어 또 다른 사회문제화 되고 있다. 그렇다면 성의 해방이 갖는 의미는 무엇이라고 보아야 할지 고민하지 않을 수 없다. 물론 성의 자유를 통해 우리는 지금까지의 세대에서 느낄 수 없는 다양한 성적 행동의 부담으로부터 벗어나 부담 없이 받아들일 수 있게 되었다. 하지만 우리가 추구하는 성의 해방이 지금까지의 관습을 모두 버리고 새로운 형태의 관념으로 바꾸어야 한다는 의미는 아니었을 것이다. 지금도 많은 이들은 성의 자유가 성을 비인간적이고 반사회적인 주체로 전락시키는 것에 대한 두려움을 갖고 있다. 오늘날과 같은 소비 중심의 사회는 성에 대해서도 만족과 쾌락을 구하는 소비적 성향이 나타나게 될 것이고 이러한 성향은 성 자체를 일시적으로 한번 소비해 버리는 것으로 인식하게 될 가능성이 매우 높다. 이러한 인식은 사랑의 기쁨을 수반하는 즐거운 성을 인식하기 이전에 강한 자극과 충격적인 성을 찾게 되는 위험성을 수반하게 된다. 성에 대한 이러한 변화는 우리가 성을 통해 아무것도 이룰 수 없고 인간의 새로운 면도 찾을 수 없게 되어 결국 인간적으로 서로 멀어지는 결과를 양산하게 될 것이다. 물론 성의 해방을 반드시 부정적으로만 보는 것은 아니다. 성의 해방은 적절한 인간관계를 유지할 수 있게 해주고 정해진 범위 내에서 성을 즐기면서 성을 다양하게 표현할 수 있는 권리라고 긍정적으로 보는 견해도 있다. 성이란 본질적으로 인간의 기본적 가치와 인간성 그 자체의 한 부분이다. 그러한 점에서 성에 대한 자유를 갈구해 왔으며, 성에 대한 자유는 곧 적극적이고 개방적인 성 관념으로 이어져 온 것이다.

4) 성욕의 조절

성에 대한 인간의 행동은 어떤 한 가지 기준으로 분류하기 어렵다. 그것은 인간의 성이 그만큼 다양한 요인들에 의해 작용하기 때문이다. 성에 대한 목적만 보더라도 다양한 관점에서 성을 바라보기 때문에 성의 목적에 있어서 차이를 보인다. 어떤 이들은 성의 주된 목적을 생식에 두고 있다. 하지만 동성애나 생식을 목적으로 하지 않는 부부간의 성행위자 들은 이런 성의 생식적 목적에 동의하지 않는다.

성의 목적을 개인 간의 인간관계에 목적을 둔 사람들도 있다. 이들은 개인 간의 성적인 활동을 연인 사이의 자연적인 요소로 인식하고 성을 연인관계나 결혼 등과 같이 허용된 범위 안에서 자연스럽게 수용한다. 하지만 이들도 혼외 성교나 배우자에게 충실하지 않은 것, 연인에게 책무를 다하고 성실하게 대하지 않는 것 등에 대해서는 부정적이다. 또 한 부류의 사람들은 성의 목적을 쾌락을 추구하는 데 두고 있다. 이들은 서로 간의 합의를 통해 이루어지는 어떠한 성적 활동도 수용할 수 있다고 보는 관점이다. 따라서 이들은 낙태나 동성애에 대해서는 찬반이 공존하는 혼합된 의견을 제시한다.

이와 같이 성에 대한 인간의 태도는 다양한 양상을 보인다. 여기서 중요한 사실은 인간의 성행동은 그들이 속해 있는 사회가 어떤 성향을 지니고 있느냐에 따라 절대적인 영향을 받는다. 즉 사회집단의 영향을 강하게 받는다. 이처럼 성욕도 개인이 속한 사회집단의 환경과 무관하지 않다.

(1) 성욕이란?

성욕(性慾)의 사전적인 의미는 '성적 행위에 대한 욕망'이다. 성욕이란 남녀 간의 성행위에 대한 감정으로, 욕망의 일종이다. 인간의 본능적인 측면에서 성욕이란 자신의 종족을 보존시키고자 하는 욕구와 직결되는 욕망이지만, 우리가 일반적으로 인식하고 있는 성욕은 타인에 대한 육체적인 욕망까지를 포함한다. 즉 성욕은 이성에 대한 관심과 더불어 이성과 사귀고 싶어 하는 것, 더 나아가 육체적으로 접촉하고 싶은 욕구들을 포함해 성욕이라고 한다. 성욕은 흔히 조절 불가능한 것으로 이해하고 있으나 이는 많은 종교에서 부적절한 성욕을 죄나 번뇌로 인식하면서 갖게 된 잘못된 편견이다. 또한 성욕은 성적 자극을 받게 되면 성적 욕망이 생기게 되는데 이러한 성적 욕망을 일컫는 말이기도 하고, 성행위, 성충동, 성적 관심 또는 성적 흥분 감각을 모두 포함하는 의미로도 사용된다. 성욕은 인간뿐만 아니라 모든 생명체가 개체 보존을 위해 가지는 선천적인 욕구로 작용하였고, 인간 행동의 많은 부분을 움직이는 원동력으로 성욕이 사용되었다. 성욕은 인간의 본능이며 인간은 누구나 성욕을 지니고 있다. 우리는 몸을 통해 성욕을 표출하고 성을 경험한다. 몸이 성욕이나 성경험과 같은 성적인 반응을 하는 데는 마음의 영향이 크다. 그러나 결국 성을 직접 경험하는 것은 우리의 몸이다. 몸이 성을 경험함으로써 우리의 마음도 움직이기 마련이다.

성욕이란 성적인 자극이 결합된 욕망의 집합체라고 할 수 있다. 성충동을 통한 성욕의 발생과정을 보면 시각, 촉각, 청각, 후각, 미각 등 인간의 오감에 의한 외부의 자극을 인지하게 되면 신경계를 통해 중추신경계로 전달되고 중추신경계에 전달된 자극은 적극적 반응과 억제 반응을 통해 호르몬의 분비 상태를 결정하여 분비하게 된다. 이러한 호르몬의 분비 상태는 성반응으로 연결되며 성반응에 따른 행동으로 표출된다. 이러한 성욕과 관련된 모든 정신은 인간 두뇌의 전두엽에 있는 대뇌피질의 뇌세포에 의한 작용이다. 인간의 성욕은 사람의 뇌 중에서 대뇌 신피질에 따라 행동하기 때문에 나이가 들어도 인간에게 성욕이 사라지지 않는다. 따라서 완경기를 맞은 여성이나 정낭 제거 수술을 받은 남성도 성욕이 있으며 성을 즐길 수 있는 것이다. 성욕의 발생과정을 그림으로 나타내면 다음과 같다.

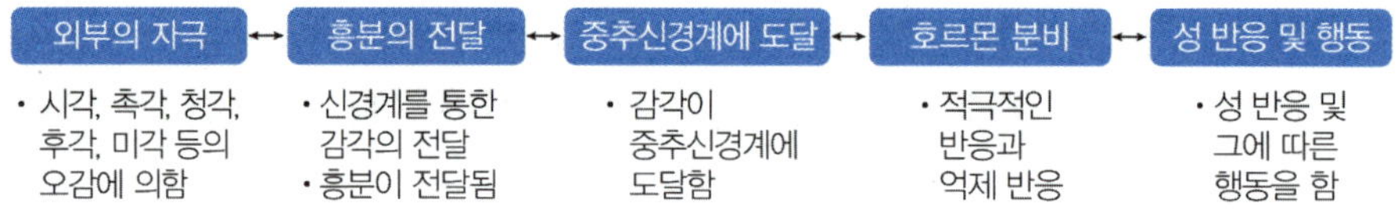

그림 2-1 성욕의 발생과정

(2) 뇌와 관련된 성욕구

남성과 여성의 생리적 차이는 매우 뚜렷하다. 뿐만 아니라 성행위에 대한 쾌감을 인식하는 정도에도 차이가 있다. 남성은 사정하면서 쾌감을 느끼지만 여성은 배란하면서 쾌감을 느끼지 않는다. 즉 여성의 성욕은 난자의 배출과는 무관하다. 여성은 파트너와의 정신적 일체감에서 성욕을 느끼고 그의 애무나 성적 행위로 피부 · 점막 등에 자극을 받으면 여성의 성을 즐기려는 뇌가 이완되어 편안한 상태에서 활동하게 된다. 배란 시의 호르몬 변화로 성욕 중추가 약간의 자극을 받기는 하지만 미세한 수준이다. 남성은 오르가슴이라는 쾌락의 한 순간을 위해 모든 방법을 동원한다. 반면 여성은 성행위를 통한 만족을 남성보다 덜 중요하게 생각한다. 이러한 것의 비밀은 바로 인간의 뇌에 있다. 공격성과 지배욕을 조절하는 테스토스테론은 남성과 여성 모두가 성욕을 느끼도록 하는 핵심적인 역할을 맡은 성호르몬이다. 남성들은 태내에서부터 뇌가 테스토스테론에 반응하도록 조직되어 그 영향을 더 많이 받는다. 게다가 사춘기 이후에는 여성보다 201개나 많은 테스토스테론에 노출되어 남성들이 성에 있어 뇌의 영향을 더 많이 받게 되고 성에 대해 더 적극적으로 반응하게 된다. 남성의 뇌만큼 민감하지는 않지만 여성도 월경에서 테스토스테론의 양이 가장 많을 때 성욕이 절정에 달한다. 하지만 여성은 사랑하는 사람과의 성관계에서 자극을 받는다(천성문 외, 2013).

남녀의 성적 특성은 남성 호르몬의 작용 여부와 밀접한 관계가 있다. 흔히 남녀의 성별은 어머니의 X염색체와 아버지의 X 또는 Y염색체에 의해 결정되는 것으로 알려져 있다. 그러나 최근의 연구 결과에 의하면 성별을 결정하는 데 있어서 남성 호르몬의 작용 여부와 관련이 있다는 사실이 밝혀졌다. 비록 XY염색체를 가지고 태어난 아이라고 하더라도 남성호르몬이 작용하지 않으면 여자아이처럼 태어날 수 있고, XX염색체를 가지고 태어난 아이라고 하더라도 남성호르몬이 작용하면 남자아이처럼 태어날 수 있다는 것이다. 이렇게 성별이 바뀌어서 태어난 아이들은 반대인 성의 성기가 발달하게 되고 뇌 또한 반대의 특성을 띠게 된다는 것이다. 일반적으로 태아는 엄마의 뱃속에서 6주가 되면 성별이 결정되는데 이 시기에 남자아이가 남성 호르몬에 충분하게 노출되지 못하거나 여자아이가 남성 호르몬에 지나치게 많이 노출되면 반대의 성적 특성을 갖게 된다는 것이다. 그럴 경우 성욕구와 성행위에 대한 반응도 다른 뇌의 구조 때문에 반대의 성에 대한 특성으로 나타나게 된다.

(3) 성욕구와 중추 신경

두뇌는 성적인 사고와 행위가 시작되는 중심기관이다. 남성과 여성의 성과 관련된 생리적 반응은 모두 두뇌에서 의식적이고 무의식적인 과정을 조작하여 작용시킨 복합적 결과들이다. 두뇌는 오감을 통해 수용한 정보를 받아들이면서 그 정보를 기억, 연상, 정서, 의식적인 사고들과 조합하여 행동을 통제하는 기능을 한다. 즉 이러한 정보를 처리하면서 두뇌는 화학적인 전달물질을 내보내며 성적인 흥분으로서 지각된 감각들을 금지시키거나 자극시킨다. 이와 같이 인간의 두뇌에서 쾌락의 감각과 가장 관계가 깊은 부위는 대뇌 속의 변연계이다. 변연계는 감각자극의 지각, 욕구와 관련된 행동, 성 반응과 같은 불수의근의 반응 그리고 정서표현 등을 통제한다. 이는 정보를 받아들이지 않았을 때에도 기억, 연상, 사고 등에 의해 강한 정서반응을 일으키는 기능을 발휘한다. 그러나 최근의 연구에 의하면 실제로 성적인 자극이 없이 변연계의 일부를 전기로 자극하게 되면 성적으로 흥분이 되거나 자위행위를 하고 싶다는 반응을 하게 되는 것으로 나타났다. 이는 성적인 흥분은 환경에 대한 지각에 따른 두뇌의 반응임을 짐작하게 하는 것이다(김혜원, 2011).

성욕이란 성적인 자극이 결합된 욕망의 집합체이다. 이러한 인간의 성욕을 신경생리학자들은 뇌의 기능과 작용에 기반한 뇌 과학으로 설명한다. 인간의 뇌는 크게 소뇌를 포함한 간뇌, 대뇌변연계, 대뇌피질의 세 부분으로 나눈다. 일반적으로 간뇌는 인간의 호흡, 혈압, 체온 등의 생명을 유지하는 중추적 역할을 담당하며 변연계는 인간의 감정을, 대뇌피질은 인간의 이성적 판단을 주관한다.

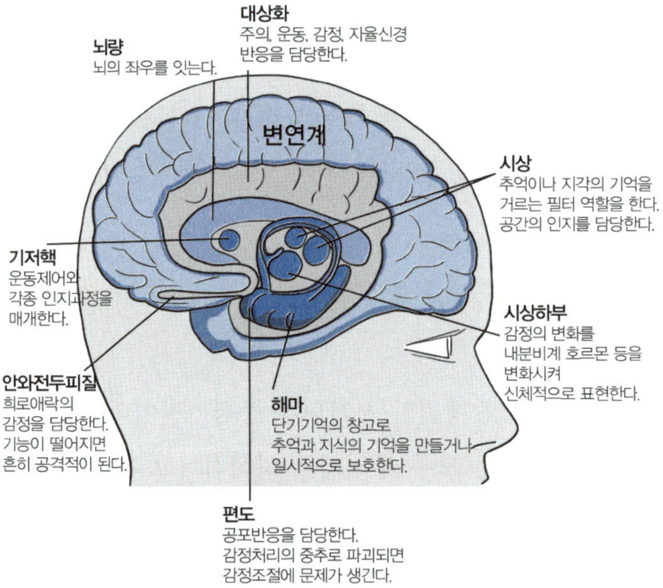

그림 2-2 뇌 변연계의 구조

뇌 과학과 관련한 많은 연구들은 그동안 인간의 대뇌피질에 관심이 많았으나, 최근 들어 인간의 비합리적인 감정표현과 직관 능력을 관장하는 변연계에 많은 학자들이 주목하고 있다. 변연계는 감정 전반을 조절하는 '편도',

기억의 임시 저장창고인 '해마', 감정변화에 따라 행동이나 내분비계를 변화시키는 '시상하부', 운동을 제어하는 '기저핵', 희로애락의 감정을 담당하는 '안와전두피질' 등으로 구성되어 있는데, 이러한 변연계에서 인간의 욕망인 식욕, 성욕, 사회적 욕구와 쾌감, 불쾌감, 분노, 공포 등의 정서적 지배를 관장한다. 이와는 달리 약 140억 개의 뇌세포로 구성된 대뇌피질은 인간의 기억과 여러 가지 감각, 판단, 사고 작용, 외부변화에 대한 적응, 창조 행위 등을 관여한다. 변연계와 피질이 서로 다른 역할을 수행한다고 해서 반드시 이분법으로 대립되어 있는 것은 아니다. 대뇌피질은 감정을 생산하지 않지만 변연계에서 느끼는 여러 가지 느낌을 조정하고 통합하는 역할을 한다. 또한, 인간의 성욕이 일어나는 곳이 비록 변연계이기는 하지만 그 성욕을 조절하는 곳은 대뇌피질이다. 따라서 인간의 성욕은 변연계와 대뇌피질 모두에서 관여하고 있는데 이러한 점이 인간이 동물과 다른 점이다. 즉 대뇌피질과의 상호작용 없는 변연계만의 감정은 존재할 수 없으며, 변연계의 감정처리는 대뇌피질의 의사결정과 밀접한 연관성을 지니고 있고 인간의 성욕 또한 변연계와 대뇌피질의 관련성에 의해 조절된다.

인간의 성욕구는 동물과 차이를 보인다. 동물은 성호르몬에 직접 영향을 받지만 인간은 성호르몬의 작용조차 일정 부분의 의식과 인식의 영향권에 있다. 일반적으로 인간의 성욕구는 뇌의 연상 작용을 통해 의식과 인식의 과정을 거쳐서 시작된다. 인간의 대뇌피질은 구피질과 신피질로 구분된다. 구피질은 식욕이나 성욕, 쾌, 불쾌, 분노, 공포 등의 감정을 지배하는 역할을 하고, 신피질은 여러 가지 감각, 기억, 판단, 사고 작용, 외부 변화에 대한 적응 등 대뇌의 본능을 조절하는 역할을 한다. 인간은 보통 신피질을 통해 본능적으로 느끼는 성적 감정을 조절하고 자제한다. 인간의 성욕구가 동물과 다른 점은 동물의 성욕구는 구피질에 의해 지배를 받지만 인간의 성의식이나 성행동은 신피질의 학습에 의하여 이루어지기 때문에 동물과 달리 성욕구의 조절이 가능한 것이다. 신피질의 발달은 동물에서는 볼 수 없고 인간에서만 볼 수 있다. 인간의 신피질은 학습을 통해 발달되고 교육에 의해 완성된다. 따라서 환경이나 교육에 의해 영향을 받고 학습이나 훈련에 의해 발달이 촉진된다. 즉 인간의 신피질은 사용하면 사용할수록 발달하게 된다. 이러한 신피질의 발달은 인간이 동물과 달리 성 본능대로 행동하는 것이 아니고 신피질계의 학습에 의하여 성행동이 나타나게 되는 것이다. 인간의 대뇌가 의식을 통해 본능을 지배하므로 본능적으로 느끼는 성욕 또한 자제할 수 있고 성행동의 조절이 가능한 것이다. 따라서 인간의 성행위를 본능적인 측면으로만 바라볼 수는 없는 것이다. 인간의 성행동을 동물과 다르게 인식해야 하는 까닭은 동물의 성행동이 '욕구에 따르는 행동'이라고 한다면 인간의 성행동은 '욕구를 이성적으로 통제하는 행동'으로 보아야 하기 때문이다.

4. 성행동과 성 건강[3)]

1) 성행동의 세 측면

인간의 성행동은 인간의 성적 욕망을 충족시키기 위한 목적으로 행하는 모든 행동을 말한다. 따라서 인간의 성행동에는 성적 흥분을 위해 시도하는 행위로부터 시작하여 성적으로 흥분한 후에 일어나는 성교에 이르기까지에 관련된 모든 성적 행동을 포함된다. 이러한 성적 행위는 개인의 욕망 차원을 넘어선 인간의 성 행동뿐만 아니라 인간이 성에 대해 가지고 있는 태도, 사고, 감정, 가치관, 이해심, 환상, 성의 존재 의미 등 그 사회가 지니고 있는 사회제도나 규범과 관련되어 표출된다. 이러한 인간의 성행동은 일반적으로 사랑, 쾌락, 생명(책무성)이라고 하는 세 가지 측면의 요인과 관련되어 있다.

(1) 사랑

인간은 외롭고 고독하기 때문에 사랑에 빠진다고 한다. 사랑에 빠지면 우리는 흔히 '눈에 콩깍지가 씌었다'라는 말을 하는데 이러한 표현처럼 사랑

3) 이규은 · 장상필(2021). pp. 257-284의 내용을 재구성하였음

은 서로 간에 죽고 못 산다는 것을 포함한다. 이와 같이 두 사람 간에 서로 사랑에 빠지게 되면 어떠한 방법으로라도 자신들이 사랑하는 마음을 표현하고 싶어 하는데 그 표현의 일환으로 성행위가 발생한다. 따라서 사랑은 성교를 비롯한 인간의 성행동에 대해서 '오로지 당신만을 사랑하기 때문이다'라는 관점으로 성행위를 바라보는 시각이 있는데 이러한 관점은 사랑을 전제로 한 측면으로 본다. 성적 표현이나 성행위가 당신을 사랑한다는 뜻이고, 또 그런 관계는 당신하고만 갖기를 원한다는 의미로 인식하는 측면이 사랑의 측면이다.

(2) 쾌락

쾌락은 인간의 기본적인 욕구 중의 하나이다. 즉 인간의 본성은 '불쾌함'보다는 '유쾌함'을 추구한다. 인간의 성행위도 이러한 '유쾌함'을 바탕으로 한 쾌락적인 측면의 요소가 강하다. 그래서 성행위를 즐기기 위한 시각으로 바라보는 이러한 관점을 쾌락적인 측면의 요소로 본다. 즉 인간이 성행위를 하는 목적 중에서 중요한 하나의 요소가 쾌락이고 즐거움이라고 보는 관점이다. 우리는 흔히 성행동을 쾌락적인 측면으로 바라보는 것을 부정적으로 인식하는 경향이 있다. 이러한 인식은 성을 숨겨야만 하는 사실로 인식하고 있기 때문이며 이는 바람직하지 않은 현상이다. 누구나 쾌락을 위해서 성을 즐기고 사랑을 나누는 데 거리낌이 없도록 해야 한다.

(3) 생명(책무성)

인간의 성행위에는 생명의 탄생이라고 하는 출산의 신성함을 포함하고 있다. 성행위를 하는 많은 사람들은 출산이 성행위의 목적이라는 사실에 동의한다. 성행위의 결과로 새로운 생명이 탄생하는 출산을 신성한 일로 바라보지 않는 사람은 없을 것이다. 그런데 성행위에 대한 인식에 있어서 쾌락과 생명(책무성)의 가치는 종종 충돌의 대상이 되기도 한다. 가장 대표적인 사례가 혼전성관계이다. 상호 간에 사랑을 바탕으로 성행위를 하면서 쾌락을 느끼지만, 문제는 그 결과로 나타나는 임신을 신성한 일로 바라보지 않는다는 점이다. 두 사람 모두 준비되지 않은 상태에서 맞이하는 임신에 대해 이를 신성한 가치로 바라보지 않기 때문이다. 사랑하는 사람과의 성행위를 성의 쾌락으로만 한정 지을 때 나타날 수 있는 현상이다. 따라서 성행위에는 반드시 책무성이라는 가치가 동반된다는 점을 간과해서는 안 된다. 쾌락적인 성행위의 결과에 동반하는 책무성에 대해서도 항상 유념해야 한다.

최근 들어 성은 쾌락만이 목적이 되고 생명은 아이를 낳을 사람들 만이 중요시 여기는 것으로 분리하려는 경향이 있는데 이는 가치 충돌로 인하여 보다 혼란스럽고 복잡한 또 다른 상황을 야기하는 원인이 될 수 있다. 성을 쾌락과 책무성을 분리하기보다는 성행위에 대한 책무성을 다할 수 있도록 하는 성행동이 우선되어야 한다.

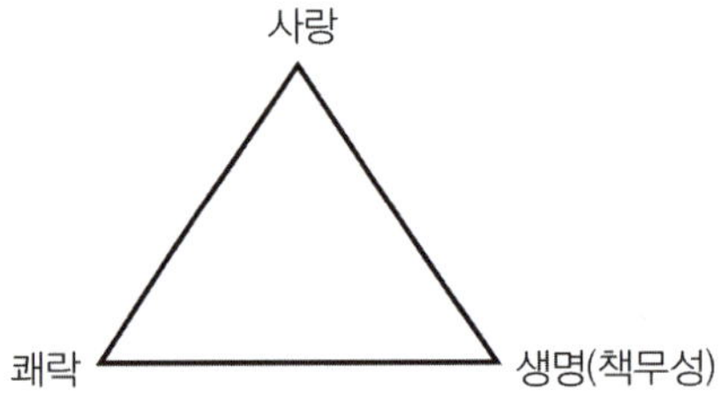

그림 2-3 성행동의 세 측면

2) 성 건강

(1) 임신과 출산

임신은 남성의 고환에서 생산되어 배출되는 정자와 여성의 난소에서 나오는 난자가 만나 수정된 수정란이 자궁에 내려와 착상된 것을 말한다. 임신은 통계상으로 280일, 10개월이 임신 기간이 되는데 이를 3단계로 나누어 초기(1~3개월), 중기(4~6개월), 후기(7개월 이후)로 구분한다.

① 임신의 성립

임신은 정자가 여성의 질의 내부로 들어가 난자의 외피를 뚫고 결합하여 수정된 후 세포분열을 하면서 나팔관을 통해 자궁 쪽으로 이동한다. 수정 후 약 일주일 정도 지나면 자궁 내막에 들어가 달라붙게 되는데 이를 착상이라고 하며 이렇게 착상이 되면 임신이 된다. 착상은 수많은 세포로 이루어진 배반포(blastocyst)가 자궁벽 내에 파묻히게 되는 현상을 말한다. 배반포 상태에 있는 수정란은 나팔관을 통과하여 자궁에 이르러 자궁내막에 뿌리를 내리고 점차 건강한 아이로 자라게 된다.

② 임신의 증상

임신이 되면 신체에 변화가 나타나기 시작하며 신체변화에 따라 증상이 표출되고 심리적인 변화도 동반한다. 임신으로 인하여 나타나는 증상에는 다음과 같은 것들이 있다.

첫째, 월경이 정지된다. 임신을 하게 되면 월경이 정지된다. 임신으로 인한 중지를 청소년들의 불규칙한 월경과 혼돈해서는 안 된다. 배란일에서 약 2주일 후에는 임신진단시약으로 임신여부의 진단이 가능하다. 보다 더 확실한 진단은 도플러 검사와 초음파 검사를 통해 진단할 수 있다.

둘째, 입덧이 나타난다. 임신을 하고 나면 위장활동이 둔해져서 소화가 잘 안 되고 변비가 생기기 쉬우며 구토 등과 같은 입덧 증상이 나타난다. 종종 머리가 무겁고 오한이 나는 것을 감기로 착각하는 경우도 있다. 보통 임신 3개월에서 4개월 정도가 지나야 입덧이 사라진다.

셋째, 빈뇨 현상이 나타난다. 임신으로 인하여 방광을 압박하게 되어 소변을 자주 보아야 하는 빈뇨 현상이 나타난다.

넷째, 체중 증가와 신체 변화가 나타난다. 임신 5개월이 되면 체중이 눈에 띄게 증가하고, 뱃속의 태동을 느낄 수 있게 된다. 이 시기가 되면 임산부도 체중이 늘어남을 직감할 수 있다.

임신이 진행되어 감에 따라 나타나는 모체의 변화과정을 그림으로 나타내면 다음과 같다.

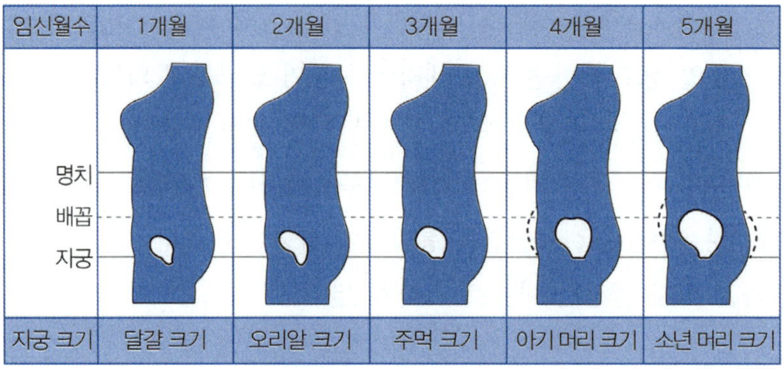

그림 2-4 모체의 변화과정

③ 출산의 신호

출산하기에 앞서 나타나는 전조증상으로는 태아가 아래로 내려오는 듯한 느낌(하강감), 이슬[4], 파수[5], 잦은 소변, 태동 감소, 가진통[6] 등이 있다. 출산하기에 앞서 분만 예정일을 네겔레의 법칙(Negele's rule)으로 산출할 수 있다.

참고 | 네겔레의 법칙(Negele's rule)

- 분만 예정일(EDC : Expected Date of Confinement) 계산법
- EDC = LMP + 7일 - (3개월 + 1년) (혹은 + 9개월)

  마지막 월경(LMP)의 첫날에 7을 더하고, 달에서 3개월을 빼고 1년을 더한다. (9개월을 더해도 된다.)

④ 출산의 과정

출산의 과정은 진행과정에 따라 출산 1기(개구기), 출산 2기(만출기), 출산 3기(후산기)로 구분한다. 출산 1기에는 자궁 수축으로 규칙적인 진통이 오고 자궁 입구는 태아가 나올 정도로 열리고 태아는 밖으로 나갈 수 있도록 머리를 회전한다. 초산의 경우에는 10~12시간이 소요되고, 경산일 경우에는 4~6시간 정도 걸린다. 출산 2기는 태아가 완전히 열린 자궁 입구를 통해 모체

---

4) 출산의 첫 징후로 태아가 쳐지면서 난막의 일부가 자궁벽에서 떨어져 나와 생김
5) 양수가 흐르는 현상
6) 분만이 가까워질수록 진통 간 간격이 10분에서 5분으로 좁아짐

밖으로 나오는 시기이다. 이때 태아는 많은 양의 양수가 함께 자궁 밖으로 나오게 된다. 초산일 경우에는 2~3시간, 경산일 경우에는 30분 정도가 걸린다. 출산 3기는 태아가 나온 후 자궁에 남아있는 태반과 탯줄, 양막이 나오는 시기이다. 보통 이 시기는 10~20분 정도 걸리며 가벼운 진통이 있다. 출산과정을 그림으로 도식화하면 다음과 같다.

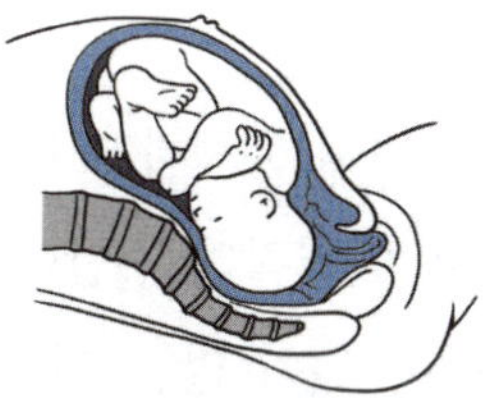
1. 자궁경부가 완전히 벌어진다.

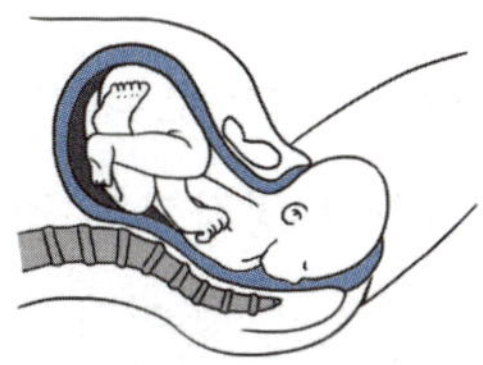
2. 태아의 머리가 질을 향해 나아간다.

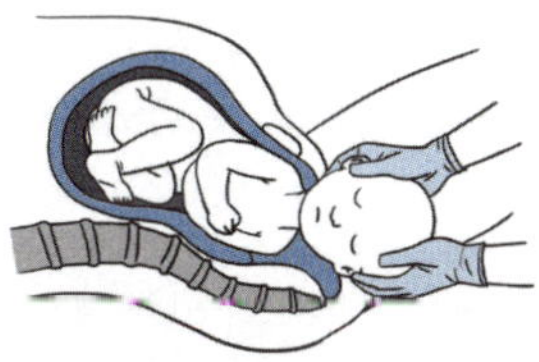
3. 태아의 머리가 질 밖으로 나온다.

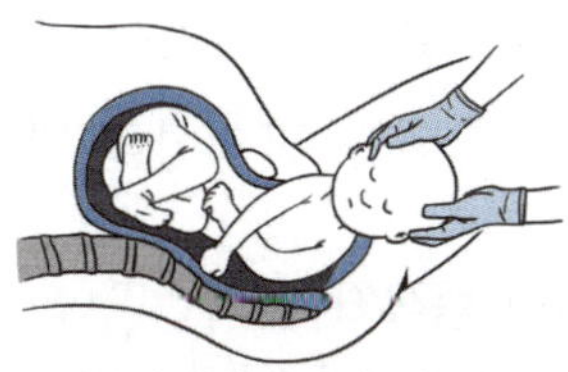
4. 태아의 어깨가 딸려 나온다.

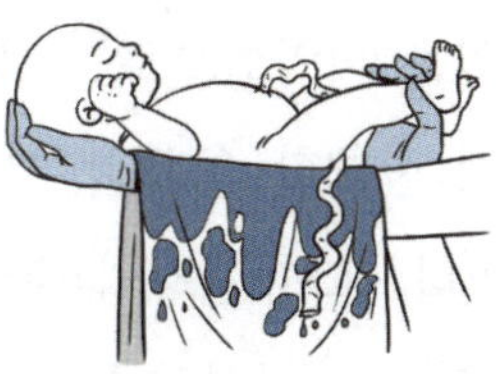
5. 태어난 아기는 복부에 탯줄을 달고 있다.

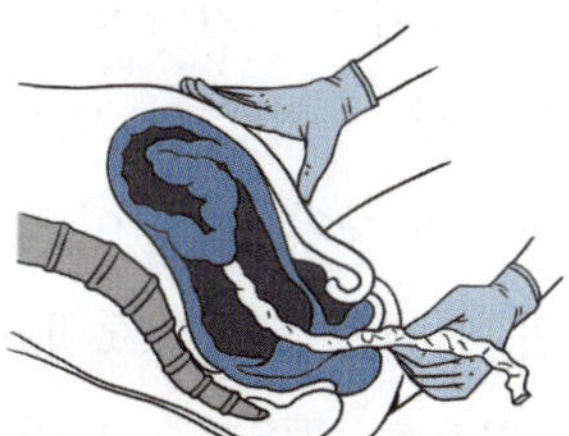
6. 아기가 태어나고 조금 지나 태반을 꺼낸다.

그림 2-5 출산 과정

⑤ 산욕기와 출산 후의 몸조리

산욕기란 출산 후 산모의 몸이 임신 전의 상태로 회복할 때까지의 기간을 말한다. 일반적으로 산욕기는 6~8주 정도가 걸리는데 이 시기에는 산후조리를 잘해야 출산 전의 건강한 몸으로 돌아갈 수 있으며 후유증을 방지할 수 있다. 출산 후에는 훗배앓이와 같은 증상이 나타날 수 있다. 이는 자궁이 수축되는 과정에서 약한 진통이 오기 때문에 나타나는 증상이다.

출산 후에는 몸조리를 위해서 충분한 휴식을 갖는 것이 중요하다. 가벼운 운동으로 신진대사를 원활하게 하고 영양섭취를 충분히 해서 약해진 뼈와 이를 재건하고 혈액 손실을 보충하여야 한다. 항상 청결 유지에도 신경을 써서 산도로 인해 생긴 상처가 감염되지 않도록 주의해야 한다.

(2) 피임과 낙태

피임은 성행위의 결과로 야기되는 생명에 대해 존중하고 책임을 지기 위한 행동으로 난자와 정자가 수정되지 않도록 인위적인 수단이나 방법을 사용하여 임신을 막는 방법이다. 피임의 목적은 원치 않는 임신을 막아주는 것이 주된 목적이지만 인간의 온전한 성을 실현하는 데 있다. 진정한 성적 즐거움은 생명을 책임지면서 얻어지는 것으로 생명과 사랑과 쾌락은 성에 있어서 뗄 수 없는 관계성을 갖고 있다.

① 피임의 종류와 원리

피임방법은 성별에 따라 다르다. 남성이 할 수 있는 피임법으로는 난자와 정자의 접촉 기회를 차단하고 방해하는 원리를 적용한 피임법으로 콘돔, 난관 및 정관 수술 등이 있다. 여성이 할 수 있는 피임법으로는 페미돔, 살정제, 월경 주기법 등이 있다. 이 밖에도 남녀가 함께할 수 있는 피임법으로는 자연주기법, 점액관찰법, 기초체온법 등이 있다. 또한 난자의 생산을 방해하는 원리를 활용한 피임법으로 먹는 피임약, 붙이는 피임약 등이 있다. 이 밖에도 자궁 내 수정란이 착상하는 것을 방해하는 원리를 적용한 피임법으로는 자궁 내 장치(루프)가 있다.

② 피임법의 종류와 유의점

현재 통용되고 있는 피임법에는 여러 가지가 있다. 이렇게 피임법의 종류가 많은 까닭은 완벽한 피임법이 없기 때문이다. 즉 피임법마다 실패할 가능성이 항상 상존해 있고 피임법의 이용에 따른 부작용이 있을 수 있다는 것이다. 피임의 종류에 따른 원리와 이용방법, 이용 시 유의할 점 등을 요약하여 표로 제시하면 다음과 같다.

표 2-2 피임의 종류와 유의점

종류	원리	이용법	유의할 점	구입방법
먹는 피임약	• 에스트로겐과 프로게스테론이 함유된 것으로 난자의 성장을 막고 배란되지 않도록 한다. • 자궁 경부의 점액을 끈끈하게 하여 정자가 자궁 내로 이동하는 것을 방해한다.	• 월경이 시작되는 첫날부터 먹기 시작한다. • 하루에 1알, 매일 비슷한 시간에 먹는다. • 21정 먹고 7일간 쉰다.	• 약 먹는 것을 한 번이라도 잊었다면 다음 날 2정을 한 번에 먹는다. 2번 이상 안 먹었다면 피임 효과가 없으므로 다시 계획한다. • 무월경, 월경 과다 등 월경에 변화가 생길 수 있다. • 오심, 두통, 유방 울혈 등을 느낄 수 있다. • 식욕 변화로 체중 과다 혹은 감소, 여드름이 생길 수 있다.	약국에서 구입 가능
붙이는 피임약	먹는 피임약과 비슷하다	• 월경 시작일 정해진 부위(등, 허벅지 등)에 붙인다. • 매주 새로운 패치를 같은 요일에 교체한다. • 3주간 붙이고 4주째는 쉰다.	• 붙인 패치가 느슨해지거나 떨어졌다면 24시간 내에 새로 붙인다. • 24시간 이상 지나면 피임 효과가 없으므로 다시 시작한다. • 먹는 피임약과 비슷한 부작용이 있을 수 있다. 그러나 체중의 변화나 여드름 등의 부작용은 거의 나타나지 않는다. • 최근 혈액 응고 등의 부작용이 밝혀지고 있다.	산부인과 진료를 받고 처방전을 받는다.
살정제	정자가 자궁과 난관으로 이동하기 전에 질 내에서 정자의 활동성을 약화시키거나 죽인다.	• 성관계가 있기 15분 전에 질 내에 삽입한다. • 1시간 정도의 효과가 있다.	• 시간을 잘 지켜서 사용해야 하기 때문에 실패율이 제일 높다. • 알레르기 반응이 있을 수 있다. • 1회용이다.	약국에서 구입 가능
자궁 내 장치 (루프)	자궁 내 정자의 활동을 방해하거나 수정란의 착상을 막아 준다.	• 산부인과에서 진료를 받는다. • 자궁 내 삽입 시술을 받는다. • 6개월에 한 번씩 진료를 받는다.	• 6개월에 한 번씩 진료를 받아야 한다. • 무월경, 월경 과다 등 월경에 변화가 생길 수 있다. • 월경통이나 요통 등을 느낄 수 있다. • 자궁 외 임신의 가능성이 있다. • 불임의 가능성이 있다.	산부인과 진료를 받아야 한다.

종류	원리	이용법	유의할 점	구입방법
정관 수술	정자가 나오는 통로를 차단하여 정자가 밖으로 나오지 못하게 한다.	• 비뇨기과 진료를 받는다. • 수술 요법으로 정관을 찾아 자르거나 묶는다. • 수술 소요 시간은 약 15분이다.	• 수술 상처가 나을 때까지 상처 치료를 한다. • 회복은 약 1주일 정도 걸린다. 구 피임법이다.	비뇨기과 진료를 받아야 한다.
난관 수술	• 나팔관에서 난자가 정자를 만나지 못하도록 한다. • 난자가 난소에서 자궁으로 나오지 못하도록 막는다.	• 산부인과 진료를 받는다. • 복강경 수술요법으로 나팔관을 찾아 자르거나 묶는다. • 복부에 복강경 기구 구멍 3군데를 봉합한다. • 수술시간은 약 20~30분이다.	• 봉합 상처가 나을 때까지 상처치료를 한다. • 출혈이 생기는지 주의 깊게 관찰하고 출혈증상이 있으면 즉각 병원진료를 받는다. • 영구 피임법이다.	산부인과에서 진료를 받는다.
콘돔	• 음경을 고무막으로 덮어씌워 정자가 여성의 질 내로 들어가 는 것을 막는다. • 성병 및 에이즈를 예방해 주는 유일한 피임법이다	• 음경이 발기되었는지 확인한다. • 콘돔의 유효기간과 찢어진 부분이 있는지 확인한다. • 음경이 질 입구에 닿기 전에 씌운다. • 콘돔의 끝부분, 정액받이 부분을 비틀어 공기를 빼고 음경 끝까지 씌운다. • 사정 후 음경이 작아지기 전에 콘돔을 잡고 뺀다.	• 유효기간 및 찢어진 곳을 확인한다. • 성관계 중 콘돔이 찢어졌을 경우 임신의 가능성이 있다. • 사정 후 콘돔을 잡고 빼지 않을 경우 콘돔이 틈이 생겨서 정액이 여성의 질 안으로 들어갈 수 있다. • 1회용이다.	지하철, 약국, 편의점, 대형할인 마트 등 다양한 곳에서 판매한다.
월경 주기법	난자는 배란 후 24시간, 정자는 성관계 후 72시간이 넘으면 죽기 때문에 여성의 월경주기에 따른 배란일을 계산하여 난자와 정자가 만나지 않도록 성관계를 하지 않는다.	최근 6개월간의 월경주기를 계산하여 다음 월경 일을 계산한다. 월경예정일에서 -14일을 하고 ±5일을 임신이 가능한 기간으로 보고 그 기간 동안 성관계를 하지 않는다. 월경 전 12~19일 사이의 8일간이 임신 가능 기간이다.	월경주기가 일정하지 않은 경우 효과가 없다. 청소년의 경우 아직 월경주기가 명확하지 않기 때문에 위험하다.	

※ 출처 : 교육부(2015). 중학교 성교육 교수학습 과정안. 경기: 도서출판 들샘. pp. 193-194.

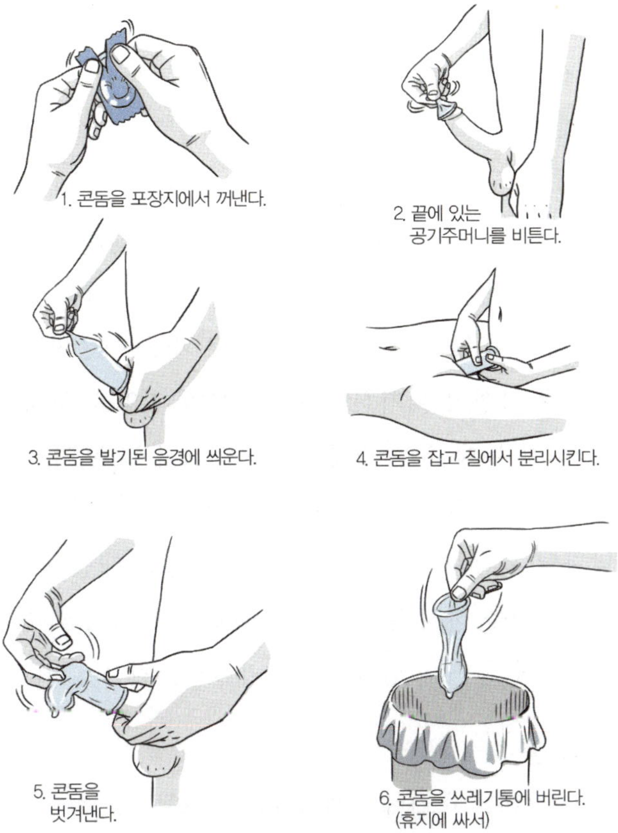

그림 2-6 콘돔 사용법

③ 피임을 하지 않거나 실패하는 원인

남성들은 성교에 있어서 피임을 꺼리거나 적극적으로 피임에 임하는 여성들을 부정적인 시각으로 바라보는 경향이 있다. 그러한 잘못된 인식은 피임을 기피하거나 피임에 수동적으로 참여하도록 하여 피임을 실패하게 하는 요인이 된다. 청소년들이 피임을 하지 않거나 실패하는 원인에는 다음과 같은 요인이 있다(이해경 · 방기연, 2016).

첫째, 피임에 대한 남성의 이중성 때문이다. 남성들은 여성이 피임에 적극적이면 '경험이 많은 여자'로 의심하면서 막상 임신을 하게 되면 임신이 여성의 몸에서 일어난 일이라고 그 책임을 여성이 져야 한다고 생각하는 남성들의 이중성이 원인이다. 남성의 이러한 이중성이 결국은 피임에 적극적으로 참여하지 않게 하는 요인이 되고 있다.

둘째, 잘못된 피임 지식이 원인이다. 질외 사정법과 질 세척법을 효과적인 피임방법으로 잘못 알고 있는 경우에는 잘못된 지식이 피임에서 실패하는 원인이 된다. 또한 성교 후 임신이 되더라도 인공임신중절을 통해 피임을 할 수 있다고 생각하는 것은 태아의 생명을 죽이려는 비도덕적이고 비윤리적인 행위이며 여성의 육체적, 정신적 고통을 전혀 고려하지 않은 무책임한 처사이다.

셋째, 남성의 이기심이 그 원인이다. 남성은 콘돔을 사용함으로써 성감이 떨어진다는 이유로 피임을 기피한다. 임신으로 겪을 여성의 육체적, 정신적 고통을 외면한 채 남성의 이기심만을 고집하며 피임을 하지 않는다.

넷째, 책임의식의 부재 혹은 잘못된 책임의식이 그 원인이다. 임신은 여성의 몸에서 이루어지므로 당연히 여성이 책임을 져야 한다는 남성의 책임의식 부재, 남자의 책임은 인공임신중절수술 비용만 대면된다는 남녀의 잘못된 책임의식, 피임을 하지 않는 남자에 대해서 적극적인 주장을 펴지 못하는 여성의 수동성 등이 피임을 실패하게 하는 원인이 되고 있다.

④ 낙태의 후유증

어떤 방법을 사용하든지 간에 낙태를 하고 나면 크고 작은 부작용과 합병증이 따르기 마련이다. 태아가 크면 클수록 부작용은 더 크게 나타난다. 이와 같은 부작용 이 외에도 정신적 불안과 죄의식도 심리적 고통의 일환이 된다. 낙태로 인한 후유증에는 다음과 같은 점이 있다(조아미 외, 2013).

첫째, 육안으로 보지 않고 하는 수술이기 때문에 합병증을 유발하는 경우가 많다.

둘째, 시술 전 자궁경부염, 질염 등이 발견되면 치료와 함께 세균배양검사를 받아야 한다.

셋째, 마취할 때 기도폐쇄 등 위험이 따른다.

넷째, 인공유산 이후에 다시 임신을 할 경우 유산, 미숙아, 저체중아 출산, 신생아 사망과 관련이 있다.

다섯째, 유산 경험이 있는 여성은 유산 경험이 없는 여성에 비교하여 임신 실패율이 높다.

여섯째, 인공유산을 경험한 여성으로부터 태어난 아기의 사망률은 2배로 높고, 선천성 기형아의 빈도도 높다.

(3) 성매개 감염병

성매개 감염병은 성적인 접촉을 통해서 전파된다. 이러한 감염병에는 임질, 매독, 클라미디아가 있고, 바이러스에 의해 발생하는 음부포진, 콘딜로마, 에이즈(AIDS) 등이 있다. 그러나 다른 성매개 감염병은 칸디다증, 세균성 질염, 트리코모나스 질염과 같이 진균류에 의해 또는 사면발이(public lice)와 같이 옴 같은 기생충에 의해 감염된다.

성매개 감염병에 감염되었을 때에는 즉시 병원을 방문하여 의사에게 문의하여 적극적인 치료를 받아야 한다. 또한 감염 사실을 배우자(파트너)에게 숨기지 말고 알려야 하며, 의사가 안전하다고 할 때까지 성관계를 가져서는 안 된다. 생식기 위생에 유의하고 속옷도 자주 갈아입도록 한다. 성매개 감염병의 원인과 증상 및 치료에 대한 내용을 표로 나타내면 다음과 같다.

표 2-3 성매개 감염병의 원인 및 치료

<table>
<tr><th>감염경로</th><th>질병</th><th>원인</th><th>증상</th><th>치료</th></tr>
<tr><td rowspan="2">세균에 의해 전파되는 병</td><td>임질</td><td>박테리아
(임질균)</td><td>• 성기에서 고약한 냄새가 나는 분비물이 나옴
• 소변 볼 때에는 타는 듯한 따가운 통증
• 성기에서 고름이 나옴
• 지속되면 균이 전립선과 방광, 콩팥, 고환까지 퍼짐
• 여성의 경우 50~80% 는 임질에 감염되어도 초기에 알아차리지 못함
• 치료를 받지 않을 경우 골반 염증을 일으켜서 불임과 관절염, 심장병을 유발할 수 있음</td><td>항생제 치료
(세프트라이악손 또는 스펙티노마이신)</td></tr>
<tr><td>매독</td><td>박테리아
(트레포네)</td><td>• 초기에는 구진이 생겨 곧 붉은색의 궤양으로 변함
• 궤양은 3~6주 정도 사이에 상처를 남기고 자연적으로 치유됨
• 여성의 경우 질과 경부에 염증이 생김
• 남성의 경우 성기에 고통이 없는 염증이 생기는데 이 시기에는 매독균에 감염된 사실을 몰라 배우자에게 감염시키는 경우가 많음</td><td>항생제 치료
(페니실린)</td></tr>
</table>

감염경로	질병	원인	증상	치료
	클라미디아	클라미디아 트라코마티스균	• 여성의 요도와 직장, 경부에 감염을 일으키는 증상 • 소변 시 따가움을 느끼고, 성기 근처에 가려움과 질에서 비정상적인 분비물을 방출함 • 자궁의 윗부분까지 확산된 경우 골반 염증을 일으킴	항생제 치료 (아지스로마이신 또는 독시사이클린)
바이러스에 의해 전파되는 병	에이즈 (AIDS)	HIV(인간면역 결핍 바이러스)	• 초기에는 감기에 걸린 것처럼 피곤하고 발열, 근육통, 식욕상실, 구토증, 목이 부어오르는 등의 증상이 나타남 • 평균 10년 정도의 잠복기를 지나 증상이 나타나고 치료하지 않을 경우 평균 50% 이상이 환자로 발병된다. 치료는 아직 완벽한 치료약이 개발되지 않았음	바이러스 증식 억제제(3가지 이상) 복용으로 바이러스 수치를 낮춤
	음부포진	헤르페스 바이러스	• 생식기에 수포, 궤양을 형성하고 발열이나 근육통이 나타남 • 완전히 치료하지 않으면 부분 재발함	아시클로버 같은 항바이러스제 사용
	콘딜로마 (곤지름)	HPV(Human papillomavirus)	• 성기 사마귀라고도 불리는 사마귀성 질환 • 성적 접촉을 통해 전파됨 • 생식기나 항문 주위 피부 점막 사이에 사마귀 형태로 나타남	약물 요법이나 전기소작법, 탄산가스 레이저 등의 외과적 수술로 가능
외음질 감염	세균성 질염 (칸디다증)	박테리아 (칸디다 알비킨스)	• 질 내의 정상 산성 세균이 없어지고 염기성 세균이 증식함 • 누런색이나 회색을 띠고 비린내 나는 분비물이 나옴 • 비지 같은 분비물, 가려움증	항생제 (메트로니다졸 및 클린다마이신)
	트리코모나스 질염	박테리아 (질 트리코모나스)	• 황록색의 분비물 • 성교 시 불편감, 배뇨통 등이 음	항생제 치료 (메트로니다졸)
기생충에 의한 병	사면발니	기생충 (이)	• 피부에 발진을 일으키고 가려움	도포제 치료

성매개 감염병의 예방을 위해서는 평소 생식기 위생관리를 잘하고 속옷을 자주 갈아입어야 한다. 생식기에 이상이 있을 때에는 즉시 전문가의 진료를 받고 성교를 할 때에는 반드시 콘돔을 사용해야 한다. 또한 성관계가 문란하거나 잘 알지 못하는 사람과의 성관계, 불건전하거나 안전하지 않은 성과의 접촉 등은 피하도록 한다. 성매개 감염병과 관련한 정보를 수집하여 질병에 대해 정확하게 알고 질병으로부터 자신을 보호하도록 노력하며 임신 전이나 결혼 전에는 성매개 감염병에 관한 전문가 진료를 반드시 받도록 한다.

제3장 젠더와 성역할 사회화[1)]

1. 성 차이와 성 인식

1) 성 차이와 성차별

남자와 여자는 태어날 때부터 서로 나른 신체 구조를 가지고 태어나는데 이를 성 차이라고 한다. 이러한 성 차이는 남자와 여자에게 서로 다른 신체 구조에 맞춰 서로 다른 기능과 역할을 요구해 왔다. 뿐만 아니라 시대나 문화의 변화에 따라서 남자와 여자에게 기대하는 역할도 서로 다르게 나타났으며 이러한 요구는 잘못된 고정관념으로 고착되어 성에 대한 차별로 이어져 왔다. 남자와 여자 간의 성적 차이는 분명히 있게 마련인데, 이러한 차이가 차별로 이어지는 것을 성차별이라고 한다. 즉 성 차이로 인해서 가정이나 학교, 사회에서 기회를 제한받거나 불이익을 받게 되는 것이 성차별이다. 이러한 성차별은 양성평등한 사회 구현이나 개인의 자아실현에 방해가 되는 일이다. 여자는 월경, 임신, 출산을 할 수 있고 남자는 남성 호르몬의 영향으로 지방층보다 근육이 발달하여 힘이 셀 수 있다는 것은 성 차이의 예이다. 하지만 성 차이로 인한 차별은 잘못된 것이다. 따라서 우리는 성 차이를 '다름'으로 인정하고 '다양성'을 수용할 수 있는 사회문화적 인식에 대한 전환이 필요하다. 양성평등한 사회를 실현하기 위해서는 남자와 여자의 다름,

1) 이규은(2018). pp. 104-147의 내용을 재구성하였음.

즉 차이는 인정하되 차이가 차별로 이어지지 않도록 하는 일이 중요하다.

(1) 태내에서의 성 차이

난자와 정자가 만나 수정란이 되는 순간 한 사람의 생물학적 성은 결정된다. 하지만 수태와 함께 결정되는 성별은 수태 후 6주에 이를 때까지 남녀 발달에 차이가 나타나지 않는다. 6주가 지나고 나서야 내부 생식기관이 남녀에 따라 다르게 발달한다.

태아의 성은 생식선 세포에 의해 결정된다. 생식선 세포가 난소 또는 고환 중에서 어느 한쪽으로 선택하여 발달해 감에 따라 성이 결정된다. 특히 생식선 세포에서 Y성염색체는 태아의 생식선을 고환으로 발달시키는 데 결정적 역할을 한다. 태아의 고환은 안드로겐이라는 남성호르몬을 만들어내기 시작하여, 임신 3~4개월경에 이르면 음경이 생기게 된다. 반대로 여성의 경우에는 안드로겐이 분비되지 않아 생식선이 발달하지 않다가 12주가 되면 생식선이 난소로 발달하기 시작하여 임신 6~7개월이 되면 난소 발달이 완성된다. 이와 같이 정상적인 생식의 발달과정에 안드로겐은 결정적인 역할을 한다.

(2) 출생 후의 생물학적 성 차이

사람들의 성별은 태어날 때부터 외부의 생식기관을 통해 여성인지 남성인지를 구분한다. 이를 제1차 성적 특성이라고 하는데 출생 후 사춘기에 이르기까지에는 남녀 간의 생물학적 특징의 구분은 1차 성징 외에는 나타나지 않는다. 유아기에서 아동기까지의 성 발달의 차이는 여아가 남아보다 더 빨리 성장하고 사춘기에 도달하는 시기가 여아가 더 빨리 도달한다. 즉 여아의 성장이 남아보다 빨리 도달한다.

남녀 간의 뚜렷한 신체적 차이는 사춘기를 지나면서 두드러진다. 사춘기 이전에는 성호르몬의 분비량이 남녀 간에 별 차이가 없어 성별 차이가 거의 나타나지 않지만 사춘기가 시작되면 성호르몬의 분비량과 농도에 있어서 차이가 크게 나타나 여성과 남성 간의 신체적 차이가 뚜렷하게 나타난다. 남성은 고환에서 테스토스테론이라는 성호르몬을 생산하여 분비함으로써 변성이 되고 근육이 발달하며 체모의 증가와 정자가 생산되고 성욕이 증가하게 된다. 이와는 달리 여성은 난소에서 에스트로겐과 프로게스테론이라는 호르몬을 분비하여 유방발달과 월경을 돕고 자궁발달을 촉진시킨다. 이러한 성호르몬의 분비에 따른 남녀 간의 신체변화를 제2차 성적 특징이라고 한다. 사춘기에 시작된 이러한 성 차이는 성인기 동안 그대로 유지되다가 노년기에 이르러 남성은 테스토스테론 호르몬이, 여성의 경우에는 에스트로겐 호르몬의 양이 급격하게 감소하면서 노화와 완경기를 맞이하게 된다.

(3) 성차별

생물학적으로 남자이거나 여자, 서로 다른 신체구조와 기능을 가지고 태어난 성 차이를 가지고 합리적인 이유 없이 특정한 성에 대해 부정적인 정서를 나타내거나 부정적인 생각이 행동으로 표출되는 것은 성차별이다. 예를 들면 '암탉이 울면 집안이 망하지', '남자는 여자 하기 나름이다', '여자가 셋이면 접시가 깨진다', '여자가 너무 알면 팔자가 세다' 등이 성차별에 해당한다. 이러한 성차별적 표현들은 성에 대한 불평등한 사회 구조를 말해주는 일면들이다. 성 차이에 따른 성차별은 이뿐만이 아니다. 사람은 누구나 발달과정에서 성 차이가 나타나기 마련인데도 불구하고 그동안 우리 사회는 일률적으로 남자는 경제활동을 해서 가족을 부양해야 했고, 여자는 생물학적 신체구조와 기능으로 인해 가사와 양육을 전담해야 했다. 또한 남자는 능동적이고 적극적이며, 여자는 수동적이고 소극적이므로 중요한 정책과 결정은 남자가 전담해야 한다는 고정관념으로 인하여 여자의 사회진출과 공적인 영역의 진입을 방해해 왔다. 이는 명백한 성차별에 해당한다.

성차별은 남자와 여자에 대한 평등적 사상을 침해하는 일로 바람직하지 않은 일이다. 부부가 취업해도 아기가 아프면 엄마가 결근을 해야 한다거나, 동일노동을 하고도 여성은 남성보다 낮은 임금을 받게 되는 경우는 대표적인 성차별 사례이다. 성차별은 남녀를 차별하는 형태로 나타나는데, 일반적으로 직접차별과 간접차별로 구분한다. 성차별에서의 직접차별이라 함은 비교 대상 사이에 서로 같거나 실질적으로 차이가 없음에도 불구하고 서로 차이를 두어 다르게 대우하거나 불이익을 주는 경우를 말한다. 예를 들면 직원을 채용하는 데 있어서 '군필자'를 우대한다거나, 여성에게는 지원기회를 박탈하는 경우를 말한다. 성차별에서 간접차별이라 함은 남자와 여자에게 동일한 조건과 기회를 주어 표면상으로는 차별이 없는 것처럼 보이지만 주어진 조건이나 기회가 특정한 성에게 불리하게 작용하여 실질적으로는 특정한 성이 불이익을 받게 되는 경우를 말한다. 예를 들면 남자와 여자 모두에게 동일한 기회를 주되 '키 180cm 이상인 자'를 채용 조건으로 제시하게 될 경우인데, 이런 조건의 경우 여자보다는 남자에게 실질적인 기회가 더 많이 주어지게 되므로 간접 성차별에 해당된다.

우리나라는 1984년에 'UN 여성차별 철폐 협약'[2)]에 비준하였고, 이를 통해 여성의 차별을 허용하지 않고 있으며, 하나의 성이 우월하거나 열등하다는 개념, 성역할 고정관념에 기반을 둔 관습이나 관행도 없애기 위해 노력하고 있다. 유리 천장(glass ceiling)이라는 용어는 여성의 사회적 차별을 대변하는 말로 다음과 같은 의미를 담고 있다.

표 3-1 '유리 천장(glass ceiling)'이라는 용어의 도입과 의미

구분	내용
개념	• 유리 천장은 직장에서 충분한 능력을 갖춘 여성들이 성차별 등의 이유로 고위직을 맡지 못하는 상황을 비유적으로 이르는 경제적 용어 • 현대 사회에서 개인이 능력과 자격이 충분함에도 불구하고 성차별이나 인종 차별 등의 이유로 직장에서 고위직을 맡지 못하고 보이지 않는 장벽에 부딪히게 되는 현상을 비유하는 말

2) UN 여성차별 철폐 협약은 정치적, 경제적, 사회적, 문화적, 시민적 또는 기타 모든 영역에서 결혼 여부에 관계없이 남녀가 평등의 기초 위에서 인권과 기본적 자유의 인식, 향유, 행사에 지장을 초래하거나 그럴 목적을 가지는 성에 기반을 둔 모든 구별, 배제, 제한을 의미 한다(제1조). 여성차별 철폐 협약은 전 세계의 여성차별 타파를 목적으로 1979년 유엔총회에서 채택된 것으로, 모든 형태의 차별을 포괄적으로 금지하고 있다. 사회적 관습이나 문화적 전통에 의한 여성차별도 허용하지 않으며, 하나의 성이 우월하거나 열등하다는 개념, 성역할 고정관념에 기반을 둔 관습을 없애도록 하고 있다. 이 협약에 가입한 국가는 4년마다 법률, 정책, 계획 등에 대한 협약 이행 보고서를 제출해야 한다.

구분	내용
문제의 근원	• 성차별과 더불어 청각 장애, 실명 등의 장애가 있거나 나이가 많아 승진에서 차별당하는 문제
용어의 유래	• 1970년대 미국의 한 경제 일간지에서 미국 여성이 직장에서 승진하는 데 보이지 않는 차별을 당한다는 점을 강조하기 위해 처음으로 사용됨 • 유리처럼 눈에 보이지 않는 장애물인 천장이 존재하여 여성의 사회적 성공을 막는 현상을 비유적으로 표현한 말 • '천장'은 승진을 방해하는 상황을 표현한 것이고, 이때의 차별은 회사 규율 등에 공식적으로 드러나지 않아서 존재하지 않는 것처럼 보이기 때문에 '유리 천장'이라고 일컫는 것임
문제해결을 위한 노력	• 여성의 사회 진출을 막는 불평등 요인을 제거하기 위한 법률 제도, 제도 도입 등 유리 천장을 없애기 위해 노력함 • 유리천장의 가장 큰 원인인 남성 중심의 조직 문화와 출산 및 육아문제를 해결하기 위한 정책을 마련해야 할 것임

2) 성 인식과 성적 지향

개인의 성에 대한 인식은 발달과정에서 경험하게 되는 다양한 요소들에 의해 영향을 받는다. 성장과정에서 개인이 어떠한 학습경험을 했고 어떠한 양육환경에서 자랐으며 어떠한 인간관계를 경험했느냐에 따라 다르게 나타난다. 이와 같이 성장발달과정을 통해서 각 개인이 갖는 성에 대한 인지(認知)나 생각, 경험, 견해, 느낌 등과 같은 성과 관련된 전반적인 정서와 행동양식을 성 인식이라고 한다. 올바른 성 인식을 하는 사람은 남자와 여자의 신체적 특징을 이해하고 그에 맞는 역할과 행동이 무엇인지를 알고 있는 사람이다. 일반적으로 성 인식이 높은 청소년은 건전한 이성교제를 추구하고 성충동에 대해 적절히 통제하고 제어할 줄 알며 성폭력에 대한 올바른 태도를 가지고 있는 것이 특징이다.

성적 지향(sexual orientation)은 한 개인이 느끼는 성적 충동이나 애정 욕구의 대상이 어느 성으로 향하는가에 관한 것을 말한다. 즉 성적 끌림이나 성적 욕망이 어디로 향하는 것과 관련된 것이다. 대부분의 사람들은 성적 끌림(attraction)이나 성적 욕망이 이성을 향해 있는데 이를 이성애(heterosexuality)라고 한다. 하지만 소수의 사람들에게서는 성적 끌림이나 성적 욕망이 동성의 사람에게 향하게 되는 경우가 있는데 이를 동성애(homosexuality)라고 말한다. 대부분의 사람들은 이성애의 특성을 지니고 있어 성적 끌림이나 성적 욕망이 이성을 향하고 있다. 이 밖에도 양성애(bisexuality), 무성애(asexuality) 등도 있다.

동성애 중에서 남자 동성애자를 '게이(gay)'라 하고 여자 동성애자를 '레즈비언(lesbian)'이라고 한다. 이성애나 동성애와 달리 성적 욕망이나 끌림이 동성과 이성 모두에 향하는 경우가 있는데 이를 '양성애(bisexuality)'라고 한다. 소수의 경우에는 성적 끌림이나 성적 욕망이 향하는 대상이 전혀 없는 경우도 있는데 이러한 경우를 가리켜 '무성애(asexuality)'라고 한다. 최근에는 게이, 레즈비언, 양성애자 그리고 트랜스젠더를 통틀어 LGBT(Lesbian, Gay, Bisexuality, Transgender)라고 부른다.

이와 같은 성적 지향은 태어날 때부터 신체적으로 결정된 생물학적인 성(Sex)이나 사회적 성의 개념으로 사용하는 젠더(Gender) 등과는 구별되는 개념이다. 예를 들어 생물학적으로 남자인 사람이 자신을 여성이라고 여기고 동성인 남성에게서 에로틱한 성적 욕망을 느끼는 상황이라고 한다면 여기에는 트랜스젠더와 동성애의 개념이 모두 포함되어 있는 것이다.

표 3-2 성 특성에 따른 유형 분류

성 특성	유 형	비 고
생물학적 성별 (sex)	• 남성, 여성, 인터섹스	
성 정체성 (gender identity)	• 트랜스젠더(MTF, FTM, 트랜스 섹슈얼), 시스젠더(cisgender)[3], 제3의 성	
성적 지향 (sexual orientation)	• 이성애, 동성애(게이, 레즈비언), 양성애, 무성애, 범성애	범성애(凡性愛)
연애 지향 (romantic orientation)	• 이성연애, 동성연애, 양성연애, 비연애	
성적 특성 질문 (question)	• 퀘스처너(questioner)[4]	

3) 자신이 사회에서 지정받은 '신체적 성별(sex)'과 본인이 정체화하고 있는 성별 정체성(gender identity)이 '동일하다' 혹은 '일치한다'고 느끼는 사람을 말한다.

4) 성 정체성이나 사회적 성, 성적 지향을 확립하지 못하고 스스로 질문하는 사람으로 퀘스쳐너리라고도 한다. 성 정체성이나 사회적 성, 성적 지향을 확립하지 못한 경우뿐만 아니라 확립하고 싶지 않은 경우에도 사용하며, 이러한 현상은 일시적일 수도 있고 영구적일 수도 있다.

2. 성 차이에 대한 관련 이론과 특성

사회 구조 안에서 남자와 여자라는 성은 관습적으로 정해진 행동과 과업에 차이가 있어 왔다. 이러한 차이가 모여서 남자와 여자라는 성에 따른 역할을 달리하는데 이것을 성역할이라고 한다. 이러한 성역할은 사회화 과정을 통해 학습되면서 자신의 태도와 가치로 형성된다. 성인으로 성장하여 자신의 태도와 가치로 형성하기까지에는 여러 가지 환경적 요인을 비롯하여 다양한 변인에 의해 영향을 받게 되는데, 이러한 변인은 크게 생물학적 관점, 정신분석학적 관점, 인지발달론적 관점, 사회학습론적 관점 등으로 구분한다.

1) 성 차이에 대한 관련 이론

(1) 생물학적 관점

남자와 여자는 태어날 때부터 서로 다른 신체 구조를 가지고 태어나는데 이러한 차이를 성 차이라고 한다. 생물학적 관점에서 본 성 차이는 신체구조적인 측면에서 여성과 남성이라는 서로 다른 성으로 태어나 구분되는 것은 자연적이고 필연적인 것으로 인식한다. 우리가 흔히 인식하는 성이란, 태어날 때부터 태생적으로 남성은 생물학적 남성이라는 성에 근거하여 남성으로서의 삶을 영위하고, 여성은 생물학적 여성이라는 성에 근거하여 여성으로서의 삶을 영위하게 된다는 의미이다. 따라서 생물학적인 관점에서의 성은 사회화라는 경험적인 수업의 도움 없이 여성화 또는 남성화된다는 것은 불가능하다는 입장이다. 일반적으로 여성화 또는 남성화라고 하면 남성은 힘이 세고, 강인하고, 지배적이고, 적극적인 반면 여성은 나약하고, 감성적이고, 감각적이고, 소극적이고, 순종적인 이미지를 지닌 특성으로 인식한다. 남녀가 태어날 때부터 신체적으로 다른 특징으로 태어나는 것은 생물학적으로 유전적인 호르몬에 의한 것이라고 본다. 남성과 관련된 수뇌 호르몬으로는 안드로겐(androgen)과 테스토스테론(testosterone)이 있고, 여성과 관련된 주된 호르몬에는 에스트로겐(estrogen)과 프로게스테론(progesterone)이 있다.

안드로겐(androgen)은 남성 호르몬의 작용을 나타내는 모든 물질을 총칭하여 일컫는 말로 남성의 고환에서 생성되어 남성 생식기의 발달에 필수적이다. 뿐만 아니라 테스토스테론 또한 남성의 성 발달과 밀접한 영향을 미치게 되는데, 남성 얼굴의 수염, 굵은 목소리와 같은 남성적 특징, 남성의 성기관 발달에 있어서 테스토스테론은 필수적이다. 남성에게 테스토스테론 호르몬의 분비가 이루어지지 않으면 사춘기와 성적 성숙기 초기에 성인의 생식기관으로 발달하지 못한다. 연구 결과에 따르면 성숙한 남성을 거세시키면 기관이 축소되거나 기능이 중지되는 현상이 나타나는 것으로 알려져 있다.

에스트로겐(estrogen)은 여성 생식기관의 발달, 성숙, 기능 등에 영향을 주는 호르몬의 총칭이다. 에스트로겐은 난소, 질, 나팔관, 자궁, 젖샘 등에 영향을 준다. 이들은 난소에서 난자의 성장을 촉진시키며 뇌에 있는 뇌하수체를 자극하여 난자의 발육을 돕는 호르몬을 분비하게 된다. 난자는 일단 배란이 되면 나팔관을 통해 자궁에 도달하는데 나팔관에서 에스트로겐은 두꺼운 근육벽을 발달시키며 수축을 일으켜 난자 및 정자를 운반하는 역할을 한다. 에스트로겐이 결핍되면 여아의 자궁은 성인의 자궁형태로 발달하지 못하며 에스트로겐이 부족한 성인의 자궁은 조직이 퇴화되기 시작한다. 에스트로겐은 자궁의 내벽을 덮고 있는 점액성 막인 자궁내막(子宮內膜)을 만들고 유지하는데 필수적이다. 즉 이들은 자궁 속의 크기와 무게, 세포수, 세포형태, 혈액의 흐름, 단백질 함량 및 효소의 활성 등을 증대시킨다.

프로게스테론(progesterone)은 주로 자궁 속의 환경을 조절한다. 프로게스테론은 난소, 태반, 부신(副腎)에서 생성되는데 난소에서는 황체(黃體)조직에서 생성된다. 프로게스테론은 배란되기 전부터 생성되며 난자가 여포(濾胞 : 난자 주위 주머니 모양의 조직)를 빠져나간 후 속이 빈 여포를 채운다. 여포에서 배출된 난자가 정자와 결합하여 수정되면 이 수정란이 자궁에 착상하여 태반을 형성하고 태반은 임신기간 동안 계속해서 프로게스테론을 생성한다.

에스트로겐은 남성과 여성 신체 구조적인 차이에 영향을 준다. 보통 여성의 골격은 남성보다 작고 짧으며, 골반은 넓고 어깨는 좁다. 여성의 신체는 근육, 유방, 둔부, 허리, 대퇴 등을 덮고 있는 지방 조직 때문에 곡선을 이룬다. 체모는 가늘고 그리 뚜렷하지 않으며 머리카락은 대체로 남자에 비해 영구적이다. 후두(喉頭)는 작고 성대가 짧아 더 높은 음을 내며 에스트로겐이 지방성 물질을 분비하는 피지선(皮脂腺)의 활성을 억제하기 때문에 여드름 따위가 적다. 실험동물에게 에스트로겐을 없애면 교미에 대한 욕구나 기타 성적행위가 줄어든다. 남성에서는 미량의 에스트로겐이 혈액이나 소변에서 나타나는데 사춘기나 고령층의 남성에서 더욱 뚜렷하다.

이러한 남성과 여성에게 나타나는 호르몬의 차이가 이차 성징 발달의 차이를 가져온다. 뿐만 아니라 호르몬의 차이가 여성의 불안, 우울 등과 같은 정서적 변화에도 영향을 미치고 남성의 공격성 변화에도 호르몬의 분비 수준과 관련이 있는 것으로 알려져 있다. 그러나 남성과 여성 간의 정형화된 행동은 생물학적인 영향이라기보다는 다양한 요인에 의한 것으로 보아야 할 것이다. 남성과 여성 간의 특성을 생물학적 특성으로만 보고 있는 연구들, 즉 테스토스테론 수준이 곧 공격성과 관련된다는 연구, 여성의 정서적 변화가 호르몬 때문이라는 연구 등은 이러한 관점에서 비판을 받고 있다. 인간의 성 발달은 전체적인 삶 속에서 이루어지는 변화 과정의 일환으로 성장, 성숙, 학습의 의미를 포함하며 유전적이고 환경적인 요인의 상호작용으로 이루어진다.

(2) 정신분석학적 관점

성 역할과 관련된 이론을 정신분석학적인 측면에서 바라본 대표적인 학자는 프로이트(Sigmund Freud)이다. 프로이트는 인간의 성역할은 생물학적인 요인에 의한 것이라기보다는 남성과 여성이라는 해부학적인 신체 차이에 대한 반응을 통해서 표출되는 것이라고 보았다.

프로이트는 남성과 여성의 근본적인 차이는 심리 성적 발달 과정에서 나타나는 남근기의 경험에 의해 형성된다고 보았다. 남근기에 경험하게 되는 남아의 오이디푸스 콤플렉스(Oedipus complex)와 여아의 엘렉트라 콤플렉스

(Electra complex)를 통해 접하게 되는 문제를 해결하기 위한 방안으로 동일시를 통해 성역할을 학습하게 된다는 것이다. 즉 남아의 경우에는 이성의 부모에 대한 근친상간적 성적 욕망을 갖지만 현실적으로 불가능한 일이라는 것을 알고 동성의 부모를 두려워하게 된다. 이때 남아의 경우에는 심지어 아버지로부터 거세의 불안을 느끼고 이를 방어하기 위한 수단으로 아버지를 동일시하게 된다는 것이다.

프로이트는 오이디푸스 콤플렉스를 약 3~5세 아동의 특징으로 보았다. 그는 보통 이 단계가 되면 아동이 자기 자신을 동성 부모와 동일시하고 자기의 성적 본능을 억제하게 되었을 때 마무리된다고 했다. 부모와의 이전 관계가 비교적 애정이 깊고 심리적 외상이 없으며 부모의 태도가 지나치게 강압적이거나 자극적이지 않았다면 이 단계는 조화롭게 지나간다. 그러나 심리적 상처가 있었다면 '소아 노이로제'가 일어나며, 이는 아동이 성인기가 되어서도 비슷한 반응을 보일 수 있는 중대한 전조가 된다. 성인의 의식 있는 정신을 지배하는 도덕적 요인인 초자아(super ego)도 오이디푸스 콤플렉스를 극복하는 과정에 그 근거를 두고 있다. 프로이트는 오이디푸스 콤플렉스에 대한 반작용을 인간정신의 가장 중요한 사회적 성취라고 생각했다(박주현 · 최덕경, 2013).

이 시기 여아의 경우에는 어머니를 동일시하는 과정을 통해 여성성이 강화된다. 프로이트에 의하면 이 단계의 여자아이는 자신의 성기(clitoris)에 관심을 두는데, 남자아이의 성기(penis)에 비해 열등감을 느끼고 그것을 선망하게 된다. 그러나 남자와 같아지려는 희망을 포기하고 거세(castration)된 사실을 받아들이면서 아버지를 사랑하고 어머니에 대해 반감을 품게 된다. 엘렉트라 콤플렉스는 어머니와 자신을 동일시하고 초자아를 발전시킴으로써 해소되어 다음 단계인 잠복기로 넘어가는데, 이것이 이루어지지 않을 때에는 노이로제의 주요 원인이 된다. 그러나 거세 불안이 없는 만큼 동일시하고자 하는 동기가 남아보다 약하다고 한다. 여아는 자신이 갖기를 바라는 남근을 결코 가질 수 없다는 것으로 남근선망을 가지게 된다고 하였다. 이로써 여성은 남아보다 약간 초자아의 형성, 열등감, 수동성, 공허감, 질투 등을 형성하게 된다고 설명한다. 그런데 이 점이 프로이트의 이론 중 가장 비판을 받고 있는 부분이다(박주현 · 최덕경, 2013). 왜냐면 학자들은 남근선망이라는 개념은 결코 존재하지 않으며, 남근보다는 오히려 남성의 권력이나 지위를 여성들이 부러워하는 것이라고 보기 때문이다. 뿐만 아니라 많은 남성들이 오히려 여성의 임신과 출산, 양육에 대한 선망을 가지고 있다는 주장을 펼치고 있다. 분명한 것은 성적 선망이나 적대감, 긴장, 불안감 등이 단지 해부학적인 차이에서 오는 것만은 아니다. 다양한 요인의 영향이 있겠지만 남녀관계를 바라보는 시각에서 해부학적인 차이도 하나의 요인이 될 수 있는 것만은 분명한 사실이다.

정신분석학적 측면에서 바라본 성 차이는 성역할의 사회화 과정에서 아동이 동성(同性)의 부모 행동을 무의식적으로 본받는 데서 성 정체감이 형성된다고 보는 이론으로 이러한 이론을 '동일시론(同一視論)'이라고 한다.

(3) 인지발달론적 관점

인지발달론적 관점에서는 성 차이에 따른 성인지를 남성이든 여성이든 간에 인간이 성장해 나가면서 스스로 사회와의 상호작용을 통해서 스스로 성에 대한 인지능력을 발달시켜 나가며 이에 따라 자신만의 사회적 성을 확립시켜 나간다고 보는 것이다. 인지발달론적 관점에서 개인의 성차를 설명한 대표적인 학자는 피아제(Jean Piaget)[5]와 콜버그(Lawrence Kohlberg)[6]이다. 이

---

5) 스위스의 심리학자(1896~1980). 임상 진단 방법으로 아동의 정신 발달, 특히 논리적 사고 발달 과정을 설명하고 과학적 인식의 역사적 발전에 대하여 공동 연구를 추진하였다. 피아제는 어린이가 자신의 독자적인 현실 모형을 끊임없이 창조하고 재창조하면서, 한 단계가 지날 때마다 단순한 개념들을 통합해 좀 더 높은 수준의 개념으로 조직화함으로써 정신적으로 성장한다고 보았다. 피아제는 어린이에게는 선천적으로 정해져 있는 사고력 발달의 시간표가 있다는 '유전인식론'을 주장하였고, 그 발달과정으로 4단계를 밝혀냈다.

6) 콜버그(Lawrence Kohlberg, 1927~1987)는 미국의 심리학자이다. 장 피아제의 인지발달 이론에 영향을 받아 도덕성 발달에 대한 이론을 제시하였다. 도덕성은 인간이 사회생활을 해나가는 데 있어서 바람직하다고 생각하는 행동특성의 규범이라고 보고 피아제의 도덕성 발달이론을 더욱 발전시켜 체계화하였다. 피아제는 도덕성 발달을 인지발달과 관련시켜 도덕성 발달이 외부의 규칙에 의존하는 타율적 도덕 단계에서 스스로 평가하는 자율적 도덕 단계로 진행된다고 보았으나, 콜버그는 피아제가 타율적 도덕성과 자율적 도덕성으로 양분한 것을 도덕성 발달을 지나치게 단순하게 본 것이라고 간주하고 도덕성 발달 단계를 도덕적 딜레마를 담은 여러 이야기를 피험자들에게 제시하여 상황에 따른 아동들의 반응을 기초로 도덕성 발달의 단계를 구성하였다.

들은 성역할의 발달은 성차이에 따른 인지발달의 부산물로 자신이 여성인지 남성인지를 인식하고 자신의 성에 적합한 행동으로 수정하여 남성 또는 여성으로서의 성 정체감을 일관성 있게 유지해 나가는 것이라고 보았다. 하지만 피아제는 성역할 개념은 사회적 훈련에 의해서 얻어지는 것이 아니라 자기 자신의 경험을 능동적으로 구조화한 것이라고 보았다. 이와는 달리 콜버그는 개인의 성역할은 발달단계를 거치면서 세상에 대한 인지적 조작화[7)]를 통해 형성된다고 보았다. 즉, 성역할의 발달에 있어서 중요한 것은 어머니와 자녀와의 관계가 아니라 자녀가 갖는 인지적 발달에 의한 것이라고 보았다. 남아 또는 여아라고 하는 인지적 판단에 의해 남성적 또는 여성적 가치관을 발달시켜 나간다는 것이다.

콜버그에 의하면 아동은 2~3세부터 자신의 성을 인식하기 시작하지만 이 시기의 성적 자기개념은 애매한 상태라고 보았다. 성역할 발달이 2~3세에 시작되지만 5~6세까지는 성은 변하지 않는 것이라는 것을 인식하지 못한다. 그러다가 7세 이상이 되어야 성은 변하지 않으며 영속적인 것이라는 성의 연속성 개념을 인식하게 된다. 또한, 아이가 다른 사람을 통해 자신의 성별에 적합한 행동을 배우기는 하되 이것은 보상 때문이 아니라 여자 혹은 남자로서 자아정체감을 유지하기 위해서이며 인지적인 일관성을 추구하기 위해서라고 본다. 즉 '나는 여자(혹은 남자)이다'라는 식의 인식이 먼저이고, 그에 맞는 적합한 행동에 가치를 부여하는 것은 다음 단계이다. 이런 입장에서는 성역할의 학습을 일종의 지적 성숙의 결과라고 본다(이성희 · 한희성, 2009).

인지발달 이론의 특이한 점은 아동이 기본적인 남성적 또는 여성적 가치관을 스스로 획득해 나간다는 점이다. 아동의 욕구가 남성적이기 때문에 성인 남성과 모델로서의 다른 남아를 동일시하며 욕구가 여성적이기 때문에 성인 여성과 다른 여아를 동일시한다는 것이다(김정옥, 2001). 이와 같은 아동들의 성역할은 문화적으로 정해져 있는 성역할을 지적 성숙을 통해 습득해 나가는 것이지만 그것이 부모나 타인에 의한 교육을 통해서라기보다는 신

7) 조작화(操作化, operationalization)는 존재나 다른 현상에 의해 인지되지 않지만 직접 측정이 불가능한 현상의 측정을 정의하는 과정을 말한다. 조작화는 그러한 개념을 현실세계에서 직접 관찰하여 경험적인 자료를 구할 수 있도록 하는 구체적 절차의 개발과정이다.

체적 구조와 능력에 대해서 일반적으로 인식한 성차에서 비롯된다는 것이다. 자신의 성에 부합되는 행동을 함으로써 자신에 대한 인정의 감정을 느끼고 성 관련 행동에 대한 체제를 발달시켜 나간다.

(4) 사회학습론적 관점

사회학습론적 관점은 행동주의자들의 입장과 유사한 입장으로 행동을 통제하는 데 있어서 보상과 처벌을 활용하여 행동에 변화를 주고자 하는 관점이다. 즉 개인이 처한 특정 상황에서 특별한 방식으로 행동에 영향을 주어 변화를 유도하고자 하는 방식이다. 따라서 아동은 주변의 많은 인물과 매체의 관찰을 통해 사회적·문화적으로 인정된 행동과 역할을 모방하고 적절한 방식으로 강화해 나가는 학습방식을 활용한다.

사회학습론적 관점에서의 성역할은 아동이 관찰학습이나 직접학습을 통해서 성역할을 학습한다고 보는 입장이다. 즉 성역할이란 사회적 학습을 통해 형성되는 경험적 변화라고 보는 것이다. 사회학습론에서는 부모를 비롯한 주변인 이외에도 주변 환경이나 문화적·제도적 요소들이 성 정체감을 형성하는 데 중요한 역할을 한다고 본다. 아동은 사회화 과정에서 모델링(modeling)과 관찰학습 등을 활용한다. 성역할의 발달도 사회적으로 수용되는 행동양식을 모델링이나 관찰학습, 모방 등과 같은 방법을 통해 성인으로 내면화해 가는 것이다.

사회학습이론에서 성역할은 개인이 속한 문화에 따라 달라지며 아동들이 또래집단, 기타 관찰이나 모방, 교육을 통한 다른 것들에 의해 사회화되어 갈 때 그들 자신에 의해 학습되는 것이라고 설명한다. 이러한 과정은 일생 동안 계속되며 가족과 개인적 경험 등 특별한 환경에 의해 영향을 받는다. 초기의 사회학습 이론가들은 아동들이 그들의 문화권에서 성과 관련하여 요구하는 것들을 수동적으로 받아들여 같은 성을 가진 성인들의 행동을 모방하거나 관찰하는 것으로 표현하는 경향이 있었다. 그러나 현대의 이론가들은 이 역동적인 과정에서 아동 자신이 능동적인 역할을 하고 있음을 강조하고 있다(김정옥, 2001). 아동이 관찰과 모방을 통해 학습하는 것에 영향을 미치는 요인으로는 다음과 같은 것들이 있다.

첫째, 아동의 행동에 가장 영향을 미치는 요인은 보상과 벌이다. 아동은 보상과 벌 중에서 벌을 유발하는 행동은 회피할 것이고 보상이 유발되는 행동에 대해서는 보다 더 모방하는 행동을 강화해 나간다.

둘째, 성인의 유형에 따른 영향이다. 아동은 성인 중에서도 더 권력이 있으며 따뜻하고 지적인 사람을 더 모방하며 자신과 유사하다고 느끼는 어른을 더 모델링한다.

셋째, 부모의 태도와 반응에 따른 영향이다. 실제 자녀가 여성성(혹은 남성성)을 학습하는 데 밀접하게 관련되어 있는 것은 부모의 실제적인 여성성(혹은 남성성)보다 자녀를 대하는 부모의 태도와 반응이다. 이 관점에서는 개인의 생득적인 성차나 성역할의 경향성은 무시되며 성역할 행동을 이해하고 판단하는 제반 인지적 능력도 전적으로 학습된 것으로 생각한다(박주현 · 최덕경, 2013).

모델링(modeling) 과정은 아동마다 너무 개별적이어서 행동이 성별에 의해 크게 영향을 받는다고 생각할 수 없을 정도이다. 반면 부모의 성역할 교육은 자녀의 성역할 인지에 효과가 있는 것으로 알려져 있다. 2세 자녀에 대한 아버지와 어머니의 상호작용 방법이 남성적 행동과 여성적 행동에 대한 사회적 기대를 강화하는 것으로 보고된 바도 있다(김정옥, 2001). 사회학습론적 관점에서의 성역할은 말 그대로 남성 혹은 여성에게 그 성에 따른 어떠한 역할을 기대하는 것이다. 이는 오늘날의 세계관의 관점에서 보면 적절한 성역할기제로 남성이 여성적 사고관이나 생활관을 몸에 익히면 여성적이 되고, 반대로 여성도 남성적 사고관이나 생활관을 몸에 익히면 남성적이 된다는 의미를 포괄한다. 사회 구성원으로서의 성역할이란 생물학적인 성을 바탕으로 인간이 사회화의 결과로 형성된 익숙한 성역할사회화이다.

2) 성 차이에 따른 특성

우리 사회는 전통적으로 남자와 여자의 생물학적 측면에서의 차이를 남녀의 심리적 특성과 사회적 역할을 결정짓는 유일한 준거로 활용해 왔다.

하지만 이와 같은 생물학적 차이가 남녀의 인성과 사회적 역할을 구분하는 준거가 될 수 있으며, 그러한 준거는 과연 타당한 것인지에 대한 논의가 필요하다. 이러한 문제의 해결은 남녀의 생물학적, 심리적, 인성적 차이에 대한 올바른 이해로부터 시작되어야 한다.

남성과 여성 간의 능력 차이는 사실상 생물학적 측면에서 오는 차이라기보다는 사회 기능에 따라 발생한 변화의 차이이다. 우리가 일상 중에 경험하게 되는 문제들은 여성과 남성이라는 차이를 떠나 얼마나 관심을 가지고 접근하느냐에 따라, 또는 얼마나 절박한 필요성에 의해 접근한 것이냐에 따라 결과가 달라지는 것이 대부분이다. 따라서 성별 능력에 대한 차이는 여성과 남성이라고 하는 생물학적 차이점 만을 가지고 해석하기보다는 개개인의 능력과 개인차에 따른 독창성, 성장을 위한 도전과 노력 등을 고려하여 설명되어야 한다.

(1) 생물학적 측면에서의 성차

남자와 여자의 생물학적 성은 난자와 정자가 만나 수정란이 형성되는 순간 결정된다. 일반적으로 정상적인 사람의 경우에는 23쌍의 염색체를 가지고 있는데, 그중에서 한 쌍의 염색체가 성을 결정하는 성염색체(sex chromosome)이다.

생물학적인 측면에서의 성은 성염색체가 XX 또는 XY에 의한 유전적인 성, 성호르몬이 안드로겐 또는 에스트로겐에 의한 것인지에 의한 호르몬의 성, 난소와 고환에 의한 생식선의 성, 그리고 음경과 음핵에 의한 생식기의 성으로 분류할 수 있다. 성의 결정과 분화는 일련의 연속적인 과정으로 성염색체에 의해 결정된다.

여성의 XX염색체가 남성의 XY염색체와 만나 XX염색체를 형성하면 여성의 성별로, XY염색체를 형성하면 남성의 성별로 결정된다. 결정된 유전적 성(genetic sex)은 성선(gonad)의 분화를 통해 성장한다. 성선의 분화로 내부생식기와 외부생식기가 발달하게 되는데 태아기 전반부에 각각의 성에 따라 외부생식기의 모양이 결정되며 이러한 과정은 이차성징이 발현되는 사춘기에 이르러 완성된다. 생물학적 성과 달리 정신적 성의 확립은 출생 전

호르몬의 영향과 함께 출생 후의 사회적인 영향에 의해 결정된다.

성별의 차이는 수태 후 6주가 지나야 알 수 있다. 그 이전까지는 남녀 발달에서 차이가 나지 않는다. 6주가 지나면 내부 생식기관이 남녀별로 다르게 발달하게 되는데 생식선의 세포에 의해 난소 또는 고환 중에서 어느 한쪽으로 선택하여 결정된다. 이 경우 Y염색체는 태아의 생식선을 고환으로 발달시키는데 결정적 역할을 한다. 태아의 고환은 안드로겐이라는 남성호르몬에 의해 임신 3~4개월이 되면 음경이 생기게 되는데 만약 이 시기에 안드로겐이 생산되지 않으면 여아의 생식선은 발달하지 않고 지내다가 12주에 이르게 되면 생식선이 난소로 발달하기 시작하여 임신 6~7개월이 되면 난소 발달이 완성되게 된다. 이와 같이 성의 분화에 있어서 안드로겐은 결정적인 역할을 한다. 정상적인 사람의 남녀 성별에 따른 생물학적 성차의 특성은 표 3-3과 같다.

남성과 여성 간의 특징적인 생물학적 차이는 일차 성징 이외에는 나타나지 않는다. 영유아기와 아동기 동안 가장 두드러진 성차는 여아가 남아보다 더 빨리 성장하고 사춘기에 더 빨리 도달한다. 남성과 여성 간의 뚜렷한 신체적 차이는 사춘기와 더불어 나타나기 시작한다. 사춘기는 성호르몬의 활동에 의해 시작된다. 사춘기 이전에는 성호르몬의 분비량이 성별로 거의 차이가 없거나 전혀 없다. 그러나 이 시기에 여성과 남성은 모두 세 가지의 기본 호르몬, 즉 에스트로겐과 프로게스테론(여성 호르몬), 테스토스테론(남성 호르몬)을 상당량 가지고 있다. 호르몬에 의한 성차는 각 호르몬의 존재 유무에 의한 것이 아니라 각 호르몬의 분비량이나 농도의 차이에 의한 것이다. 사춘기가 되면 성선에서 해당 성호르몬의 분비를 자극하여 여성과 남성 간의 신체적 차이가 뚜렷해진다. 남성은 고환에서 테스토스테론을 분비하고, 이로 인해 변성이 되고 근육이 더욱 발달하며 체모가 증가하고 정자를 생산할 수 있게 되며 성욕이 증가하게 된다. 한편 여성은 난소에서 에스트로겐과 프로게스테론을 분비한다. 에스트로겐은 유방발달을 돕고 월경을 시작하도록 하며 자궁발달을 촉진시킨다. 프로게스테론은 수정란의 착상을 돕고 임신을 유지해 주며 임신이 되지 않으면 월경을 하도록 한다. 이와 같이 성호르몬의 분비와 더불어 나타나는 남성과 여성 간의 신체적 특징을 제2차 성적 특징이라고 한다(임정빈 · 정혜정, 2000). 이와 같이 남성과 여성 간에는 분명한 성차가 있다. 남성과 여성 간에는 신체구조적 차이와 함께 재생산의 기

표 3-3 남녀의 생물학적 성차와 특성

구분		성 차		특 성
		남 성	여 성	
염색체와 호르몬	염색체	XY 염색체	XX 염색체	성별은 여성 염색체의 X, 남성 염색체의 Y에 의해 결정됨
	성호르몬	안드로겐 (테스토스테론)	에스트로겐 (프로게스테론)	음경과 음핵의 생식기와 관련
생식기와 생식기관	음낭과 음문	고환과 한 쌍의 음낭	대음순과 소음순의 음문	예민하고 부드러운 외부 생식기
	고환과 난소	한 쌍의 생식선 고환	골반 내 한 쌍의 생식선 난소	남성과 여성의 성 세포에 의해 사춘기에서 성인에 이르기까지 성장함
	정액과 난자	사춘기부터 지속적으로 정액이 생산됨	사춘기에서 완경기까지 28일을 주기로 난자를 생산함	유전학적 성질을 결정하는 DNA와 RNA 분자를 포함하는 성세포임
	정관과 난관	고환에서 전립선과 다른 생식기관으로 정자를 이동하는 관을 정관이라 함	자궁과 난소를 연결하는 긴 관으로 나팔관이라고도 하며 배란된 난자와 정자, 수정란의 이동 통로로 제공됨	정액과 난자가 통과하는 한 쌍의 튜브
	내분비선	소변과 정액의 통로 역할을 하며 요도관을 둘러싼 전립선	음문과 질을 매끄럽게 하는 바스톨린 내분비선	남성과 여성의 외부생식기를 매끄럽고 윤활하게 하는 내분비선
	생성물	정액을 분출하는 사정	월경, 배란, 출산, 젖의 분비 등	남성과 여성의 성 기관으로부터 생성물 방출
신체적 특성	체모	얼굴과 몸의 털	겨드랑이와 음부의 털	남성과 여성의 피부와 털 모양이 다름
	체형	넓은 어깨와 좁은 두부	좁은 어깨와 넓은 둔부	남성과 여성이 사춘기부터 서로 다른 몸의 형태를 보임
	근육	강하고 무거운 근육	적은 근육과 두꺼운 피하지방층	남성과 여성이 사춘기부터 서로 다른 근육의 형태를 보임
	후두	사춘기부터 확장되는 후두	남성에 비해 상대적으로 적은 후두	남성의 목소리는 저음인 반면 여성은 상대적으로 높은 고음임
	신장	신장이 여성보다 크고 힘이 센 편임	신장이 작고 체중이 가벼움	몸무게, 신장, 완력 면에서 성차가 나타남

능에 차이가 있다. 이러한 남성과 여성 간의 차이는 생물학적 기능과는 별도로 인간의 사회생활에서 중요한 의미를 가진다.

(2) 인성에서의 성차

남성과 여성은 우리 사회에서 인성 측면에서 분명히 다르다는 인식이 지배적이다. 여성은 대개 수동적이고 의존적인 반면 남성은 능동적이고 활동적이며 독립적이라고 인식하고 있다. 남성과 여성에 대한 이러한 고정관념은 종종 우리 사회에서 사회적 역할과 지위, 권리와 의무 등을 결정하는 데 있어서 사회적인 남녀차별의 정당화를 위한 근거로 활용되기도 한다. 그렇다면 남성과 여성은 인성 측면에서 어떤 차이를 보이는지에 대해 지금까지 연구된 내용을 바탕으로 인성 구성요소별로 내용을 비교하여 제시하면 다음과 같다.

표 3-4 남성과 여성의 인성에 대한 고정관념과 성차

인성요소	고정관념	남녀의 성차
사회성	• 남자는 대상이나 조작에 더 큰 흥미를 보임 • 여아는 사람이나 대인관계에 더 큰 관심을 보임	• 여성이 사람에 대한 관심이 남성보다 높으며, 특히 가족이나 집단에서 좋은 관계를 유지하는 데 우선순위를 둠
성취동기	• 남성이 여성보다 성취동기가 더 강함	• 여성의 성취수준이 남성보다 뒤떨어진다는 증거는 없음
감정이입	• 여성은 남성보다 사람들의 감정이나 행동에 더 민감하다.	• 남성과 여성 모두가 정서적 반응을 이해하는데 거의 차이가 없음
공격성	• 사회적 상황에서는 남성이 여성보다 더 공격적인 성향을 나타냄	• 유아기와 학동기에서의 공격성은 여아가 더 공격적임 • 남성은 신체적 공격성이 높고 여성은 언어적 공격성이 더 높음 • 여성은 개인적이고 수용적인 상황이나 간접적인 방법으로 공격적인 반응을 함
의존성	• 여성이 남성보다 더 수동적이고 의존적이며 더 쉽게 영향을 받음	• 아동의 경우 의존성의 성차는 거의 없음 • 성고정관념적 기대로 인하여 실제보다 여아를 더 의존적으로 평가할 가능성 • 어떤 연령에서도 여성이 남성보다 더 의존적이라는 고정관념은 입증되지 않음

인성요소	고정관념	남녀의 성차
자아개념	• 남성이 여성보다 자신감을 더 많이 가지고 있음	• 자존감에서 남성과 여성 간의 전반적인 차이를 발견할 수 없음 • 여아는 원만한 대인관계에 대해서 자존감을 느꼈고, 남아들은 주로 운동을 잘하는 것과 남을 통제하는 힘에 대해서 자존감을 느낌

(3) 지적능력에서의 성차

남성과 여성은 신체발달에서 분명한 차이를 보인다. 신체발달은 언어능력을 촉진시키기 때문에 신체발달의 차에 따라 언어능력의 차도 발생하게 된다. 이러한 남성과 여성 간의 지적능력의 차를 언어능력, 공간지각능력, 수학능력으로 구분하여 비교해 보면 다음과 같다.

표 3-5 남성과 여성의 지적 능력에 대한 고정관념과 성차

지적능력	고정관념	남녀의 성차
언어능력	• 여자아이가 남자아이보다 말하는 시기가 빠르고 말을 더 유창하게 함	• 학령기가 시작되기 전까지는 어휘의 차이가 없음 • 10~11세에서는 여아의 언어능력이 남아를 능가하기 시작하여 고등학교와 대학교까지 계속됨 • 언어적 추론 및 의사소통 기술과 같은 언어능력 형태에서는 어떤 연령에서든 성차가 발견되지 않음
공간지각 능력	• 남성이 여성보다 공간지각능력이 우수함	• 청년기까지는 공간능력에서 남녀 차이가 없고 청년기 이후가 되면 남성의 공간능력이 여성보다 우수함 • 이는 남성이 성장과정에서 공간지각능력이 적어도 부분적으로 학습된 능력이기 때문으로 봄 • 만약 공간지각능력과 관련된 과제에 대한 연습을 많이 하면 성차는 무의미할 정도로 줄어들 수 있음
수학능력	• 여성은 사실이나 수 개념에 큰 관심을 두지 않음 • 사실이나 수 개념은 남성에게 어울리는 것임	• 어린 시기(2~3세경)에는 수학능력에서 성차가 나타나지 않음 • 10세경부터 남성은 수학능력에서 여성보다 우수하게 나타남 • 수학능력에서 성차는 남성이 우수하다기보다는 문화적 규범 때문이라고 믿음 • 여성은 일찍부터 수학은 남성 일이고 여성은 수학공포증이 있다고 여기고 수학을 잘하면 여성적이지 못하다는 두려움 때문

(4) 의사소통에 따른 성차

여성과 남성 간에 발생하는 다툼의 요인 중에 하나로 의사소통 방식의 차이가 있다. 여성들은 남성들의 의사소통 방식에 거부감을 느끼고 남성들은 여성들의 의사소통 방식을 제대로 이해하지 못하여 종종 남성과 여성 간 다툼의 원인이 되고 있다. 대화를 통한 의사소통에 있어서 여성들은 남성들이 '말수가 너무 적고 대화 중에도 경청하지 않고 딴청을 부린다'라고 하소연을 하는가 하면, 남성들은 여성들에게 '쓸데없는 말을 많이 하고 문제에 대해 도움을 요청하여 해결책을 제시해 주었더니 오히려 나에게 화를 낸다'라고 하면서 하소연을 한다. 이러한 문제는 남성과 여성 사이에 대화를 통한 의사소통에 있어서 발생하는 차이에 그 원인이 있다. 의사소통에 있어서 남성들은 자기 마음대로 결정하고 일방적으로 자신의 뜻을 따르도록 강요하면서 소통하려는 경향이 있다. 이에 반해 여성들은 사소한 일이라도 남성과 상의하고 싶어 하고 위로받고 싶어 하는 경향이 있어 남성과 차이를 보인다.

사람들은 어려움에 봉착하거나 문제가 생기면 다른 사람에게 도움을 요청하게 된다. 그런데 도움을 요청하는 의사소통 방식에 있어서도 남성과 여성 간에 성차가 있다. 만약 운전 중에 길을 모르는 경우라고 한다면 여성들은 쉽게 다른 사람에게 도움을 요청한다. 하지만 남성들은 도움을 요청하는 것을 달가워하지 않고 혼자 길을 찾으려고 노력한다. 이러한 남성들의 행위는 남성들이 중요하게 생각하는 독립적 성향을 추구하는 특성 때문이다. 그렇다면 남성과 여성 중에는 누가 더 말을 많이 할까? 그것은 대화가 공적인 것인지 아니면 사적인 것인지에 따라 다르다. 남성들은 대부분 공적인 대화를 즐겨 하지만 여성들은 사적인 대화를 좋아한다.

남성들은 친구들과 만나 주로 하는 대화가 개인적인 사생활보다는 정치적인 것, 권력이나 회사문제 등을 주로 얘기한다. 남성들은 자신의 개인적이고 비밀스러운 부분을 친구에게 이야기하는 것을 좋아하지 않고 주식시장의 이야기나 정치 문제, 축구와 같은 스포츠 이야기를 즐겨한다. 대부분의 남성들은 누가 '별일 없니?'라고 물으면 대부분의 남성은 '별일 없어'라고 대답한다. 심지어 어제 애인과 심하게 다투고 이별을 하고 나서도 누가 별일 없냐고 물으면 별일 없었다고 대답한다. 이는 남성들이 사적인 대화를 좋아하지 않기 때문이다. 그러나 여성들은 가까운 사람들끼리 사적인 대화를 나누는 것을 즐겨한다. 여성들끼리의 우정관계는 자신의 비밀을 말해주고 유지하면서 발전해 간다. 자신이 생각하고 느낀 것과 그 날 있었던 사건들을 서로 대화를 통해 공유하면서 우정을 발전시켜 나가는 것이 여성들의 의사소통 방식이다. 여성들의 경우에는 대부분 서로 대화를 많이 나누는 사람이 가장 친한 친구이다.

남성들은 사적인 대화를 좋아하지 않으며 사적인 대화는 대화가 아닌 잡담이라고 여기는 데 반해 여성들은 사적인 관계에서 더 소소한 이야기들을 나누고 싶어 한다. 이 밖에도 남성과 여성의 의사소통 방식의 차이를 표로 제시하면 다음과 같다.

표 3-6 남성과 여성의 의사소통에 따른 성차

구분	여성	남성
대화의 장소	• 사적인 자리의 대화에서 편안함을 느낌	• 공적인 자리의 대화에서 편안함을 느낌
대화방식	• 다정다감한 것이 특징적	• 사회적 지위를 유지하기 위한 수단
선호하는 대화 내용	• 다른 사람의 사생활에 관한 내용 • 은밀한 정보공유가 상호 간에 친밀감을 높여주는 데 결정적인 역할을 함	• 개인적인 사생활보다는 정치적인 것, 권력이나 시사문제에 관심
비언어적 표현	• 상대방과의 관계를 중시하므로 비언어적 표현을 많이 사용함	• 말 자체에 의미를 두기 때문에 비언어적 표현을 덜 사용함
상대방과의 교류	• 눈을 마주 보면서 자신의 감정을 표현하며 교류함	• 상대방의 얼굴을 정면으로 보지 않으면서 말을 하는 것을 편안하게 여기고 교류함
대화 중 표출 방식	• 자신이 많은 것을 알고 있다는 사실이 드러나면 질투나 좋지 못한 감정을 불러일으킨다고 보고 감추려는 경향이 있음	• 상대와의 대화에서 대화를 주도하기 위해 자신이 상대방보다 지식과 정보를 많이 가지고 있을 때 이를 상대에게 알리려고 적극적으로 노력함

3) 성 차이에 따른 성적 편견

우리 사회에는 보이지 않게 성 차이에 따른 성차별이 존재한다. 성 차이는 남녀 간에 나타나는 실제적인 차이에 대한 인식이다. 하지만 성차별은 남녀 간의 차이에 대하여 사회적 인식에 기초하여 다르게 구분하고 차별하는 현상을 말한다. 성차별은 많은 경우 우리 사회에 남아있는 성역할 고정관념이 그 원인이다. 성역할 고정관념이란 남성과 여성을 구분하여 성별로 다른 사회적 역할이 해당된다고 인식하는 고정관념으로 성차별을 만들어내는 원인이 되고 있다. 물론 우리 사회구성원들에게 기본적으로 생물학적 성차가 존재하는 것은 사실이다. 하지만 이러한 차이는 태어나면서부터 결정된 것이 아니라 우리 사회가 가지고 있는 기대나 가치로 인해 형성된 것이다. 따라서 성역할 고정관념을 바탕으로 한 성차별은 사회적 편견에 따른 것으로 반드시 사라져야 한다.

이와 같이 우리 사회에는 사회문화적인 영향에 의해 또는 잘못된 정보나 성 지식에 의해 성 차이에 대한 성적 편견이 남아 있다. 이러한 편견은 대부분 과학적으로 검증되지 않은 채 보급된 잘못된 정보이거나 사회문화적 배경이 그 원인이다.

우리 사회의 대중매체나 언론에서는 여성에게도 성을 즐길 수 있는 기회가 증가하고 성적 자유가 있는 것처럼 말하지만 대부분의 여성은 남성에게 의존적이고 종속적인 성관계에서 벗어나지 못하고 있다. 이러한 현상은 성 차이에 따른 성적 편견이 주된 원인이다. 오히려 잘못된 성적 편견으로 성에 대해 무지하거나 왜곡된 지식만을 갖고 있다면 남녀 간의 낭만적이고 과장된 묘사는 실제 성생활에서 실망을 느끼는 원인이 된다(정민자 외, 2005). 아직까지 우리 사회는 성에 관한 올바른 지식이나 정보를 교육을 통해 제공하는 일에 소홀하고 접근이 용이하지 않기 때문에 성적 적응문제나 성적 표현의 문제가 발생한다. 따라서 이러한 문제를 해결하고 잘못된 편견을 바로잡기 위해서는 정확한 성지식과 정보를 성인들에게 제공하고 사회적 인식을 전환해 나가기 위한 노력이 지속적으로 이루어져야 한다.

표 3-7 성에 대한 남성과 여성의 고정관념

구분	남성의 관념	여성의 관념
성과 사랑에 대한 인식	성, 사랑, 결혼은 분리될 수 있다.	성, 사랑, 결혼은 분리되기 어렵다.
성적 매력	성과 사랑은 사회적 성공의 종속물이다.	존경할 만한 점에 대해 매력을 느낀다.
성관계에서 중시하는 점	성관계에서 주도적이고 공격적이어야 한다.	성관계에서 친밀감과 결속감이 중요하다.
성적 욕구	야한 여자는 성적 만족을 요구한다.	여자가 성적 욕구를 느끼는 것은 정숙하지 못한 부끄러운 일이다.
성행위에 대한 인식	언제라도 성행위를 거절할 수 있다.	여성은 결코 싫다고 해서는 안 된다.
부부 사이의 성관계	남편이 원할 때 언제나 성관계를 요구할 수 있다.	여성은 고통스러울까 봐 또는 임신에 대한 걱정 때문에 성관계를 두려워한다.
피임에 대한 책임	피임이나 임신은 여성의 몸에 직접 관계되는 일이므로 여성이 책임져야 한다.	남편 위주의 성관계로 자녀를 출산하는 일은 여성의 당연한 의무이다.
성에 대한 만족도	남성의 오르가슴이 중요하다.	남녀는 항상 동시에 오르가슴에 도달해야 한다.

3. 성 정체성과 성역할

1) 성과 성 정체성

성과 관련하여 사용되는 용어에는 '섹스(sex)', '젠더(gender)'가 있다. 그런데 많은 사람들은 성(sex)과 젠더(gender)를 혼용해서 사용한다. 성(sex)은 생물학적인 측면에서의 남자와 여자를 말하는 것으로 성별의 의미로 사용되고 젠더(gender)는 남성과 여성의 행동적·심리적·사회적 특성을 뜻하는 것으로 구분된다. 선천적으로 주어지는 출생 시의 성은 생물학적 차원의 성으로 섹스(sex)를 사용하고, 출생 이후 개인이 사회·문화·심리적 환경에 의해 후천적으로 학습되어 만들어지는 남녀의 특성은 젠더(gender)라고 한다.

섹스라는 용어는 원래 생물학적인 성별을 지칭하는 단어였으나 18세기부터 종족 보존과정까지 포괄하는 것으로, 그리고 19세기에는 쾌락추구의 상태까지 뜻하는 것으로 의미가 확장되었다. 그러나 근대에 와서는 섹스를 성별의 의미보다는 단순히 성기 또는 성기의 접촉에 의한 행위, 성욕을 발산하는 행위로 국한시켜 이해하는 경향이 있다. 이러한 맥락에서 19세기에 섹스의 변질된 의미와 구분하기 위해 섹슈얼리티(sexuality)라는 용어가 등장하게 되었다. 섹슈얼리티는 개인의 성격, 감정, 행동뿐만 아니라 성적인 존재 및 성별 등을 나타내는 포괄적인 의미로 사용된다. 따라서 최근에는 섹스는 남녀의 해부학적 구조와 생리적 기능을 망라한 종족 보존과정인 정자와 난자 세포의 생성에서부터 성적 흥분, 성교, 임신 등의 생물학적 기제 등 생물학적인 면을 언급할 때 사용되고 있다. 반면 섹슈얼리티는 종족보존은 물론 쾌락추구 등 성행동과 관련된 심리적·문화적 요소까지 포함하는 용어로 사용된다. 최근에는 섹슈얼리티를 심신에 영향을 미치는 강력한 삶의 원동력이라고 보기도 한다. 한 개인의 성과 관련된 각본은 개인이 경험한 문화와 부모의 역할모델, 아동기 및 청소년기의 친구관계에서 많은 영향을 받으며 전 생애를 통해 점진적으로 변화하는 특징을 가지고 있다. 따라서 젠더도 문화적·심리학적 특성을 나타내는 용어이므로 섹슈얼리티에 속한다고 볼 수 있다(하혜숙 외, 2015).

성과 관련된 정체성을 나타내는 말로 섹슈얼 아이덴티티(sexual identity)와 젠더 아이덴티티(gender identity)가 있다. 본래 '아이덴티티(identity)'라고 하는 정체성의 본질적인 개념은 '변하지 아니하는 존재의 본질을 깨닫는 성질, 또는 그 성질을 가진 독립적 존재'를 의미한다. 따라서 '성 정체성'이란 '성에 대한 본질적인 성질이나 성적 존재적 특성'을 나타내는 말이다. 섹슈얼 아이덴티티(sexual identity)나 젠더 아이덴티티(gender identity)는 우리말로 번역할 때 모두 '성 정체성', 또는 '성적 정체성'으로 같이 번역하여 사용하지만 엄밀히 분석해보면 두 용어에는 차이가 있다. 섹슈얼 아이덴티티(sexual identity)는 해부학적으로 그 사람이 남성인지 아니면 여성인지를 구분하고자 할 때 나타나는 성적 정체성을 말한다. 그러나 젠더 아이덴티티(gender identity)라고 하는 것은 그 사람이 속한 사회문화권에서 통용되는 '남성다움

(masculinity)' 또는 '여성다움(femininity)'을 나타낼 때 사용한다. 이러한 젠더 아이덴티티는 그 사람이 성장하는 과정 안에서 경험하게 되는 부모와 또래와의 사회화 과정에서 형성된다. 따라서 한 사람의 사회와 문화 속에서 경험하게 되는 성역할은 매우 중요하다. 즉 그 사람이 속한 사회문화의 영향에 따라 자신이 남성인지, 아니면 여성인지를 주관적인 측면에서 부여하게 되는데 이를 성 정체성이라고 한다. 즉 인간의 발달과정에서 '나는 어떤 성이지?'와 관련하여 인식하는 성에 대한 심리적·정신적 정체성을 말한다. 이러한 성 정체성은 인권법에 의해 보호되는 '성적 취향'과는 다른 것이다. 성 정체성은 타고난 성별과 다를 수 있으며 사춘기를 거치면서 바뀌기도 한다. 유아기에 얻은 성 정체성과 청소년기에 인식하는 정체성은 다를 수 있다. 성 정체성의 발달은 개인에 따라 다소 차이는 있으나 일반적으로 생물학적인 측면에 바탕을 두고 3~4세경부터 발달하기 시작한다. 대부분의 경우 자신의 신체적 특징에 따라 자신의 성을 '남성' 또는 '여성'으로 구분하는 것이 일반적이다.

2) 생물학적 측면에서의 성 정체성

인간의 세포는 46개의 염색체를 가지고 있다. 46개의 염색체는 어머니로부터 23개를 물려받고, 아버지로부터 23개의 염색체를 물려받아 23개의 쌍을 형성하여 만들어진다. 23쌍의 염색체 중에서 22개의 쌍은 동일한 형태를 하고 있고 23번째 염색체만이 서로 다른 형태를 보이고 있다. 이와 같이 서로 동일한 형태를 보이는 22개 쌍의 염색체를 '상(常)염색체'라 부르고 서로 다른 쌍의 23번째 염색체를 '성(性)염색체'라고 부르는데 사람의 성별을 결정하는 염색체는 바로 '성염색체'이다.

'성염색체'는 어머니의 난자에서 X염색체를 물려받고 아버지의 정자에서 X 또는 Y염색체를 물려받아 형성된다. 아버지로부터 X염색체를 물려받았다면 여자아이가 탄생하고, 아버지로부터 Y염색체를 물려받았다면 남자아이가 탄생하게 된다. 하지만 생물학적인 측면으로 인간의 성 정체성이 모두 동일하게 결정되는 것은 아니다. 성 정체성이란 생물학적인 성과 상관없이 심리적으로 '나는 남자다' 혹은 '나는 여자다'와 같이 느끼고 경험하게 될 때 성 정체성을 갖게 된다. 이렇게 스스로의 경험과 판단에 의해 결정된 성 정체성은 다른 사람들과 관계를 맺고 유지 발전시켜 나가는 데 있어서 중요한 역할을 한다. 자신이 지니고 있는 성 정체성이 사회적 적응력을 높여 주는 데 도움이 되기도 하지만 반대로 잘못된 성 정체성으로 혼란에 빠져 사회적 적응력을 어렵게 만들기도 한다. 성 정체성의 혼란을 경험하는 사람들은 대부분 자신의 생물학적 성이나 신체 조건과 상반되는 성에 대한 정체성을 지니고 있는 사람들이다. 이들은 자신의 생물학적 성에 대한 혼란으로부터 벗어나기 위해 자신의 성에 대한 신체적 여건을 바꾸기도 하는데 이런 사람을 우리는 '성전환자(트랜스젠더: transgender)'[8]라고 부른다. 트랜스젠더는 생물학적으로 타고난 성과 정신적인 성이 일치하지 않는 사람으로 '성 동일성 장애(gender identity disorder)'를 겪고 있는 사람들이다. 이들은 호르몬 치료와 성전환(trassexual) 수술을 통해서 서로 다른 반대의 성이 지니고 있는 신체를 소유하고자 하거나 자신의 성에 반대되는 의복을 입거나 행동하고자 하는 욕망을 보인다.

8) 트랜스젠더(transgender)라고 부르는 성(性)전환자로 이들은 성을 바꾸는 사람을 말한다. 이들은 신체적으로는 남성 또는 여성의 몸으로 태어났지만 타고난 자신의 성과 반대되는 성적 특성을 가진 사람을 통칭하는 말이다. 트랜스젠더 중에는 의료적 수술이나 치료를 원하는 사람도 있지만 그렇지 않은 사람도 있다. 특히, 이들 중에서 수술이나 치료를 받아 생물학적인 성을 버리고 정신적인 성으로 삶을 사는 사람 또는 이러한 조치를 희망하는 사람들이 있는데, 이들을 트랜스섹슈얼(transsexual)이라고 한다.

3) 사회 · 문화적 측면에서의 성 정체성

성 정체성을 구분 짓는 판단 기준에는 생물학적 측면과 사회 · 문화적 측면으로 구분할 수 있다. 생물학적 성은 신체 · 물리학적 측면에 기반을 두고 있으며, 사회 · 문화적 성은 사회 · 문화적 영향으로 설정된 성 역할 기준에 근거한다.

사회 · 문화적 측면의 성(性) 정체성은 남녀가 평등하고 대등한 상태에서 사회 · 문화적 가치관이나 정체성만 다르다는 개념으로 남녀를 신체적 구조로 차별하는 생물학적 성(性)과는 구별된다. 일반적으로 남성은 성 정형화를 통해 남성의 역할을 습득하고 여성은 여성의 역할을 습득하게 되는데 이러한 성 정형화 과정을 통해 개인은 성역할 정체감을 지니게 된다. 즉 사회 · 문화적 측면에서의 성 정체성은 전적으로 신체적인 성에 따라 나타나게 되는 것은 아니다.

사회 · 문화적 측면의 성 정체성과 관련하여 흔히 사용하는 용어가 '젠더'라는 용어이다. '젠더'라는 용어는 1995년 9월 5일 북경 제4차 여성대회정부기구회의에서 처음 사용되었다. '젠더'와 관련된 용어로 '젠더폭력'이라는 용어가 있는데 이는 남녀 간에는 사회 · 문화적 측면에서 다른 사회적 배경과 문화적 환경을 경험하였기 때문에 서로 다른 정체성과 가치관을 지니고 있는 것으로 보는 것이다. 따라서 이러한 서로 다른 사회문화적 배경이 남녀 간 갈등을 유발하고, 이러한 갈등이 자신과 상대방의 젠더(性)에 대한 혐오로 인식하게 되어 신체적 · 성적 · 정신적으로 상대방을 공격하거나 괴롭히게 되는 행위를 하게 되는데 이를 '젠더 폭력'이라고 한다. 이러한 '젠더 폭력'에는 성폭력을 비롯하여 가정폭력, 스토킹, 데이트폭력, 사이버폭력 등 신종 여성폭력까지를 모두 포함한다.

사회 · 문화적 측면에서의 성 정체성은 성차(性差)를 바르게 인식하고 이성 간에 차이를 정확히 인지하여 차별적인 사회 · 문화 환경에 대해 공감대를 형성해 나가도록 하는 것이 무엇보다 중요하다. 생물학적인 측면에서의 성뿐만이 아니라 심리적 · 정신적 측면의 성을 수용하면서 상대방에 대한 배려와 함께 살아가는 공동체에 대한 따뜻한 시선과 관심이 필요하다.

4) 성 정체성의 유형

성 정체성의 형성은 정상적인 발달을 가늠하는 잣대로 성장과정에서 경험하고 학습하게 되는 환경과 무관하지 않다. 일반적으로 인간 발달에 있어서 성 정체성은 생후 16~17개월에 성 정체성 형성 과정의 첫 징후가 나타난다. 성 정체성의 발달은 4세경에 이르러 상당히 확고해진다. 성 정체성 형성에 미치는 영향은 생물학적 측면의 요인과 함께 호르몬 작용에 의한 태아의 뇌 발달과 관련이 있는 것으로 알려져 있다. 또한 심리적인 측면에서 성 정체성의 형성은 분리와 개별화 과정의 일부를 이루는 것으로 알려져 있다. 산드라 벰(Sandra Bem)은 성역할 유형을 남성성, 여성성, 양성성의 3가지로 구분하였다. 산드라 벰(Sandra Bem)에 의하면 남성성은 남성적 특성이 높은 경우, 여성성은 여성적 특성이 높은 경우에 해당되며 양성성은 남성성과 여성성의 바람직한 특성을 모두 공유한 개념으로 정의하고 이러한 양성성을 지닌 사람이 심리적·정신적으로 건강한 삶을 누린다고 보았다.

이와는 달리 스펜스(Spence et al., 1975)는 산드라 벰의 분류에 미분화를 추가하여 4가지의 유형으로 분류하였다. 스펜스가 말하는 미분화는 남성적 특성과 여성적 특성이 모두 낮은 경우를 말하는데 아직 성 정체성이 미분화되어 어떤 성 정체성에서도 높은 특성을 보이지 않는 경우를 말한다. 이러한 스펜스의 성 정체성 유형에 대한 분류는 그동안 남성성(masculinity type)과 여성성(feminity type)으로 이분되어 왔던 인식에 큰 변화를 가져온 것이다. 인간의 성 정체성에 남성성과 여성성 이외에 양성성(androgyny type)과 함께 미분화(undifferentiated)의 차원이 존재한다는 주장은 새로운 성에 대한 인식을 가져오는 변화이다. 이러한 변화는 성 정체성이 성역할과 성행동이라는 사회·문화적으로 결정되고 고정된 남성과 여성의 특징적 행동유형에 새로운 변화를 불러일으키는 요인이 된다는 점에서 의미가 크다.

5) 성역할과 양성성

(1) 성역할의 개념

성역할은 여성과 남성이 어떻게 생각하고 행동해야 하며 어떻게 느껴야 하는지를 포괄하는 일련의 성에 대한 기대이다. 성역할은 사회·문화적 인식과 관념에 따라 영향을 받는다. 오늘날과 같이 급변하는 사회에서 여성들의 사회진출은 점차 확대되고 여성의 사회진출이 활성화될수록 사회에서의 여성에 대한 역할과 책무가 강화되어 가고 있다. 이러한 변화는 사회구조의 변화를 가져왔을 뿐만 아니라 양성평등을 통해 성역할의 절대적 기준이 사라지게 하는 요인이 되고 있다. 남성과 여성은 서로의 차이에 대해 인정하되 성에 따른 역할에 있어서는 서로 돕는 상호보완적인 관계로 발전해 나가야 하며 양성성을 지향하는 사회로 전환되고 있다.

성역할과 관련하여 성역할 정체감(sex role identity)이라는 용어가 있다. 성역할 정체감이란 개인적 정체감의 내용 중 하나로서 사회가 그 성에 적절하다고 인정하는 특성이나 태도 혹은 흥미와 동일시하는 것을 말한다. 전통적으로 성역할 정체감 개념은 '남성적(masculine)' 혹은 '여성적(feminine)'의 두 가지로 분류된다. 모든 남성은 남성적 성역할 정체감을, 그리고 모든 여성은 여성적 성역할 정체감을 발달시킬 것으로 생각되고 그렇게 기대한다. 여성과 연합된 사회적 규범인 온화함과 양육성 등을 동일시하는 사람은 여성적 성역할 정체감을 가진 것으로 이해되며, 공격성과 독립성 등을 동일시하는 사람은 남성적 성역할을 가졌다고 평가한다. 사회가 기대하는 성역할을 동일시하지 못하거나 이성의 성역할을 동일시하는 사람은 심리적으로 문제를 가진 사람으로 인식된다. 성역할 동일시(sex role identification)는 사회적 성역할 기대를 내면화하는 과정이다(허혜경·박인숙, 2010). 청소년기의 아이들에게 성역할에 대한 고정관념은 미래를 선택하는데 치명적인 걸림돌이 될 수 있다. 성역할에 대한 고정관념은 미래사회가 원하는 창의력이 높은 사람으로 키우지 못할 확률이 높기 때문이다.

(2) 양성성

인간의 성장과정에서 성역할을 균형 있게 자랄 수 있도록 하는 일은 매우 중요하다. 성역할을 균형 있게 형성시켜줄 때 개인의 가치와 경쟁력은 커진다. 부모가 지닌 편협된 성역할 고정관념을 버리는 일은 쉽지 않은 일이지만 매우 중요한 일이다. 균형 잡힌 성역할을 익히는 순간 사람들은 훨씬 더 창의적이고 건강한 사회성을 가진 인재로 성장할 수 있다. 성역할에 있어서 남성성 혹은 여성성이 강한 사람들의 공통점은 '남자답게 또는 여자답게'를 가르치고 있는 부모가 있다는 점이다. 성역할 고정관념을 이루는 남성다움과 여성다움을 구분하지 않고 한 인격체 내에 남성성과 여성성을 동시에 갖춘 것으로 인식하는 것을 양성성이라고 말한다. 양성성을 지닌 사람은 어느 한쪽의 성도 무시하거나 무시당하기를 싫어한다. 남성성 혹은 여성성이 강한 사람보다 양성성을 지닌 사람들이 삶에서의 행복도도 높다는 연구결과가 있다.

① 양성적 성역할

양성적 성역할이란 양성성을 지닌 사람들의 성역할을 지칭하는 말이다. 즉 양성적 성역할이란 남성성이나 여성성처럼 고정된 성역할을 기준으로 한 생활에서는 성역할이 균형적으로 발달하는 데 도움이 되지 못한다고 보고, 남성성과 여성성을 모두 수용함으로써 두 가지의 역할개념을 동시에 갖도록 하는 것을 말한다.

최근 들어 여성의 사회진출이 확대되면서 전통적인 성역할 구분이 현대사회에 적합하지 않을 뿐 아니라 인간의 잠재력을 충분히 발휘하는데 장애가 된다는 주장이 대두되고 있다. 이러한 맥락에서 심리학자들은 남성적 특성과 여성적 특성을 모두 지닌 양성적 역할이 가능한 양성성의 개념을 도입하여 설명하고 있다. 양성성을 지닌 사람은 상황에 따라서 남성적인 특성 및 여성적인 특성의 역할을 적절하고 융통성 있게 수행하기 때문에 적응력이 높다는 것이다. 이러한 성역할에 대해 앞에서도 살펴본 바와 같이 학자들은 인간이 타고나는 것이 아니라 문화적 소산임을 강조하며 부모가 보다 자유로운 방향으로 성역할을 교육하는 방법이 필요하다고 주장한다.

양성적 성역할을 지닌 사람은 삶을 보다 효율적으로 영위할 수 있다. 또한 양성적 성역할 개념을 가진 사람들이 일반적으로 자아 존중감이 높고 성취 지향적이며, 집단 내에서도 원만한 인간관계를 유지한다. 양성성을 높이기 위해서는 성역할에 대한 고정관념을 주입시켜서는 안 된다. 성역할 고정관념이 사회성 확립에 영향을 미치기 때문이다. 많은 아이들의 성역할 고정관념은 부모의 의식에서 비롯되는 경우가 대부분이다. 가정에서부터 학교와 사회에 이르기까지 성역할에 대한 열린 자세와 융통성 있는 수용적 태도가 필요하다.

세계에서 특허를 가장 많이 보유하고 있는 IT 강국 스웨덴은 유치원의 남녀 교사의 비율이 거의 같다. 이는 스웨덴 사람들이 어려서부터 성역할에 대한 개방적인 사고를 경험하기 때문에 나타난 결과이다. 어려서부터 스웨덴 아이들은 직업관이 열려 있기 때문이다. 뿐만 아니라 일상생활에서도 어려서부터 성역할 고정관념을 갖지 않고 놀이를 즐기고 남자도 자유롭게 감정을 표현하며 여자 또한 강인할 수 있다는 열린 환경 속에서 교육을 받고 자랐기 때문이다. 이러한 교육과 경험이 성역할 고정관념을 없앤 것이다. 양성성을 자연스럽게 배운 아이들이 친구들과의 관계에서 훨씬 유연하고 남을 배려할 줄 알며 소극적이고 방어적인 태도에서 적극적이고 주도적인 자세로 생활모습을 쉽게 변화시킨다.

② 양성평등과 성 평등

우리나라는 과거에 남존여비 사상으로 남성에 비해 여성이 더 많은 차별을 받아 왔다. 하지만 오늘날 우리 사회는 여성의 높은 교육열과 사회진출의 확대로 지위가 현저하게 향상되면서 양성평등의 개념이 부각되었다.

양성평등은 성역할에 따른 고정관념을 버리고 성에 따른 차별을 받지 않고 자신의 능력에 따라 동등한 기회와 권리를 누리는 것을 말한다. 고정관념에 의해 사람을 판단하여 차별하는 것은 인간의 기본적 권리를 침해하는 일로 양성평등 사회에 어긋나는 일이다. 양성평등 사회를 만들기 위해 남녀를 차별하는 법과 제도를 고치고 남녀가 서로를 이해하고 존중해 주어야 한다. 양성평등은 헌법에 명시된 바와 같이 모든 국민이 인간으로서 평등해야 한다는 전제를 바탕으로 한다. 남녀가 평등하다는 것은 남성과 여성의 사이에 차이가 없다는 것을 말하는 것이 아니다. 남성과 여성 간에는 분명히 기질이나 능력, 성격 등에서 차이가 있고 생물학적인 측면에서도 차이가 있다. 하지만 이러한 남성과 여성 간의 차이가 차별로 이어지지 않도록 하는 것이 양성평등의 시작이다. 인간의 존엄성이라는 본질적 측면에서 평등을 인정하자는 것이다. 집안일을 분담하여 남녀가 공동으로 참여하고 양성평등에 대한 의식을 전환해 나가는 것이 양성평등의 일환이다. 자녀양육과 가사노동 등 부부의 역할을 서로 충분한 대화를 통해 각자의 능력과 특성에 맞도록 분담하여 생활하는 것도 양성평등한 가족문화 형성과 무관하지 않다.

양성평등은 성별에 따라 차별받지 않는 것 이상의 의미를 지닌다. 양성평등의 실현은 여성이 지니고 있는 능력을 개발하고 이를 기반으로 국가사회의 경쟁력을 높여 나갈 수 있기 때문이다. 따라서 헌법에 보장되어 있는 남성과 여성의 동등한 기본권인 양성평등은 우리 사회에서 반드시 실현되어야 한다.

양성평등과 성 평등은 다르다. 양성평등에서 말하는 성은 섹스(sex), 즉 남성과 여성을 정의 내리기 위한 선천적, 생물학적, 생리학적 특징으로서의 성을 의미한다. 하지만 성 평등이라고 할 때의 성은 젠더(gender)의 의미로 사회문화적 성으로서의 성역할을 의미하며 자신이 후천적으로 선택한 성도 포함한다. 따라서 양성평등이 아닌 성 평등이라고 할 때의 성은 자신이 선택한 성을 포함하는 개념이어서 자신이 남자 또는 여자로 전환이 가능하다는 의미를 포함한다. 이러한 차이는 동성애에 대한 인식에서도 차이를 보인다. 성 평등의 관점에서 보면 성은 생물학적 남녀의 개념을 넘어서는 상태이기 때문에 자연히 '동성애'라는 개념은 없어지게 된다. 물론 성 평등의 관점에서 보면 '양성평등'이라는 개념도 사라져야 한다. 성 평등의 관점에서는 선천적 생물학적으로 지니고 있는 자신의 성(sex)보다는 자신이 스스로 택한 자신의 젠더(gender)가 더 존중되어야 한다고 보는 것이다. 따라서 젠더를 인정하고 존중해 주는 것이 곧 인권임일 강조하는 이유가 여기에 있다. 이미 젠더이론이 주류가 된 미국의 뉴욕주(州)에서는 공식적으로 31개의 성별을 인정하고 있다. 하지만 양성평등과 성 평등이라는 서로 다른 관점에서 바라보는 성은 상호 수용적이기보다는 배타적인 특성을 지니고 있다. 어느 한쪽의 성을 선택하면 다른 한쪽의 성은 자연스럽게 부정된다. 따라서 사회적 변화에 따른 구성원들의 명확한 인식하에 가치선택이 이루어져야 한다. 양성평등과 성 평등에 대한 기본 인식의 차이를 특성별로 구분하여 제시하면 다음과 같다.

표 3-8 양성평등과 성 평등에 대한 기본 인식의 차이

구분	섹스(sex)	젠더(gender)
성별의 수	남녀 두 가지의 성별	남녀를 포함한 수십 개의 성
선천성 여부	선천적으로 타고나는 성	후천적으로 선택하는 성
전환 가능성	자유롭게 전환할 수 없음	언제라도 자유롭게 전환이 가능함
성전환 인정 기준	외과수술을 통해서만 가능	외과수술 없이 정신적 선언만으로도 가능
인정한 국가	한국을 포함한 대부분의 국가(199개)에서 인정	유럽을 중심으로 한 일부 국가(30여 개국, 2022년 현재)에서 인정
평등에 대한 인식	양성평등, 남녀평등을 주장	성 평등, 수십 개의 성이 동등함을 주장
도입 시기	수천 년간 인정받아 옴	최근에 도입된 개념임
동성애에 대한 인식	이분법적 성 구분만을 인정함	성 평등에 근거하여 합법적이라고 봄

4. 성역할 사회화 이론

인간은 사회화 과정을 통해서 성숙한다. 사회화(socialization)란 한 개인이 속해 있는 사회 안에서 그 사회가 지니고 있는 문화를 내면화하면서 자기만의 인성을 형성해 나가는 과정으로 사회구성원으로서 지녀야 할 기술, 가치, 태도, 역할 등을 익히는 것을 말한다. 성역할도 그 사회에서 기대하고 있는 남녀별 행위나 태도가 있는데 이러한 성역할을 학습해 나가는 과정을 성역할 사회화라고 한다. 일반적으로 사회구성원으로서의 성역할 사회화는 남자나 여자에게 필요한 역할 중에서 바람직한 행위나 태도는 권장되고 그렇지 못한 것은 제재를 받는다. 성역할 사회화가 잘 형성된 남성은 전통적인 사회에서는 성에 대한 정체감을 명확하게 정립하게 되어 높은 자신감을 갖게 되지만 여성의 경우에는 그렇지 않다. 그것은 우리 사회가 여성의 역할보다 남성의 역할을 더 중요하게 생각하고 높이 평가했기 때문이다. 전통적인 사회에서 성역할을 잘 수용할수록 여성의 성취는 낮아지는 까닭이 여기에 있다. 성역할 사회화를 설명하는 이론에는 동일시이론, 사회학습론, 인지발달 이론 등 세 가지가 있다. 동일시이론과 사회학습론은 성장기에 주어지는 사회적·환경적 요소를 중시하는 입장이고, 인지발달 이론은 주체적 인지능력을 중시하는 입장의 이론이다. 성역할 사회화를 설명하는 세 이론의 기본 입장은 다음과 같다.

표 3-9 성역할 사회화 이론의 기본 입장

구분	기본입장	발달과정
동일시 이론	• 프로이트의 동일시 개념을 적용한 모델링 이론이 기본 바탕이다.	• 직접적 훈련이나 보상이 없이도 무의식적으로 동성의 성역할이 발달됨 • 타인의 성격을 자기의 것으로 수용하는 과정에서 발달함
사회학습 이론	• 성역할 행동은 관찰학습, 변별학습, 일반화학습 등으로 형성, 발달된다.	• 보상이나 벌과 같은 강화에 의해 성역할이 형성됨 • 직접 또는 간접적인 조건형성으로 성역할이 형성되고 발달됨
인지발달 이론	• 성역할 행동이란 문화권 내에 성차에 따라 남녀를 다르게 대우하기 때문에 형성된다.	• 남녀에 따라 성역할이 다르다는 것을 인정함 • 자신의 성을 인식하고 남녀의 신체구조나 능력을 종합적으로 식별하여 지각하는 과정에서 성역할이 형성되고 발달함

1) 동일시 이론

동일시 이론은 정신분석학의 창시자 지그문트 프로이트(Sigmund Freud)의 딸인 안나 프로이트(Anna Freud, 1895~1982)가 제창한 이론이다. 이 이론은 인간의 타고난 본성이 성역할 사회화를 촉진한다고 보는 이론이다. 인간의 무의식적 본능을 구성하는 성적 에너지인 리비도가 집중되는 성감대인 구강,

항문, 남근을 중심으로 아동의 심리적 성적발달이 이루어지는데 각 단계에서 아동은 부모와의 관계에서 동일시를 통해 성역할 정체감이 발달된다고 보는 이론이다.

원래 '동일시(identification)'란 용어는 사회심리학에서 개인에 의해 다른 사람의 행위에 영향을 미치는 영향력을 설명하는 데 사용되는 용어이다. 일반적으로 동일시는 일차적 동일시와 이차적 동일시로 구분한다. 일차적 동일시는 주(主)와 객(客)이 객체로서는 분화되었으나 감정적으로는 완전히 분화되지 않은 상태에서 나타나는 근원적인 감정의 연결을 말한다. 대표적인 일차적 동일시는 갓난아이와 어머니의 관계와 같은 것이다. 아이는 어머니와 자신을 구별하지 못하나 감정적 유대가 연결되어 있는 상태와 같은 경우이다. 이차적 동일시는 주객의 구별이 있는 대인관계에서 발생한다. 주객이 명확히 구분되어 있으나 대상 간에 존재하는 유사성을 인정하고 이를 감정적으로 연결하여 타인의 인격적인 특성들을 본보기로 삼아 자기 속에 끌어들여 독립된 인격을 만드는 무의식적인 심리 과정이다. 즉 이차적 동일시는 다른 개인이나 단체와 같이 존재하거나 똑같이 되려는 희망이다.

동일시 이론은 동일시를 아동이 성역할 행동의 기초가 되는 성격, 가치, 야망, 행위, 감정, 소망, 태도 기준 등을 완전히 학습하는 수단으로 보며 동일시에 의해 습득된 행동은 어떤 상황에서도 밀접한 관련이 있다. 동일시와 그에 따른 성역할 학습은 아동과 동성 부모와의 관계로부터 비롯된다는 가정하에 만들어진 이론이다. 따라서 아동이 동성부모와의 동일시를 통해 성역할 정체감을 형성해 나가기 때문에 동일시 과정이 끝나면 아동과 그의 모델인 동성부모와는 매우 유사해진다는 것이다.

안나 프로이트는 남근기에 남아는 오이디푸스 콤플렉스(Oedipus complex)에 의해, 여아는 엘렉트라 콤플렉스(Electra complex)에 의해 성역할 동일시가 이루어진다고 보았다. 동일시의 동기는 남아와 여아는 서로 다르다. 이러한 차이는 남녀 간의 전반적인 성격 차이가 그 원인이다. 일반적으로 남아는 거세불안과 같은 강한 아버지로부터의 보복에 대한 두려움에서 '방어적 동일시'를 하는 반면, 여아의 경우에는 '어머니의 사랑을 잃어버리지 않을까?'

하는 두려움에서 발생하는 '의존적 동일시'를 한다. 이러한 동일시는 동성 부모와의 강한 정서적 결합을 전제로 하기 때문에 정서적 유대관계가 없으면 성역할을 습득하는 데 장애가 될 수도 있다.

2) 사회학습 이론

사회학습 이론(social learning theory)은 캐나다 출신의 미국 심리학자 앨버트 반두라(Albert Bandura)가 주장한 이론으로 사람의 행동은 다른 사람의 행동이나 상황을 관찰하거나 모방한 결과로 이루어진다는 것이다. 즉 인간의 행동은 성장해 오면서 경험하게 되는 주변 사람이나 환경에 의해 결정된다는 것이다.

반두라의 사회학습 이론은 '사회인지 이론'이라고도 한다. 이는 반두라의 사회학습 이론에서 말하는 학습은 인간이 삶을 살아가는 데 있어서 인지를 전제로 한 것이며 인지가 얼마나 중요한 역할을 하는지를 말하는 것이다. 즉 "사람들은 인지적으로 생성된 동기를 통해 스스로를 자극하고 선견을 통한 기대에 의해 행위를 안내한다. 또한 사람들은 예기된 행위결과가 생겨나기를 기대할 뿐만 아니라 스스로 목표를 정하여 가치 있는 미래가 실현되도록 자신의 행위의 진행을 계획한다"라고 보았다. 즉 인간의 행위에 있어서 인지적 동기가 매우 중요하다는 점을 강조하였다. 사회학습 이론은 크게 네 가지의 특징으로 요약할 수 있다.

첫째, 사회학습 이론은 인간의 내적과정과 외적과정을 결합한 것으로 보았다. 즉 인간의 행동은 사회적 상황 속에서 개인의 내적·인지적 과정과 환경적 영향력 간의 상호작용으로 결정된다고 보았다.

둘째, 관찰학습의 중요성을 강조했다. 사회적 상황 속에서 행동은 학습되는 것으로 보고 인간의 행동은 상호결정론과 행동의 습득 사이에서 관찰을 통해 이루어진다고 보았으며 그만큼 관찰학습이 중요하다는 점을 강조하였다.

셋째, 인간의 행동은 자신의 경험을 통해 학습한다고 보았다. 인간의 행동은 자신의 경험(직접, 간접경험)을 통해 강화함으로써 학습된다고 보았으며 이러한 인간의 행동은 과거에 겪어온 경험에서 다른 사람이 문제를 어떻게 해결해 나갔는지를 떠올리며 이를 모방하여 현재의 행동을 결정한다고 보았다.

넷째, 인간행동의 표현은 모델에 관한 관찰을 통해 이루어지는 인지적 활동이라고 보았다. 이러한 부분을 오늘날에 와서는 '롤모델(Role model)'이라는 용어를 사용하여 설명하고 있다. 롤모델이란 '자기가 마땅히 해야 할 직책이나 임무 따위의 본보기가 되는 대상이나 모범'을 말한다. 즉 인간은 누구나 자신이 해야 할 일에 관하여 의식적 또는 무의식적으로 본보기가 되는 인물을 선정하여 그 인물의 행동을 모방하게 된다는 것이다.

사회학습 이론은 관찰을 통한 학습과 인지의 중요성을 강조하였으나 다음과 같은 점이 문제점으로 지적되고 있다.

첫째, 인간행동에서 외부환경의 중요성을 강조하면서도 내적이고 자발적인 측면을 과소평가했다. 인간의 행동이 외적 강화를 통해 행동을 증가시키기는 하지만 내적 흥미도 자발적 행동을 강화시키는 요인이 될 수 있다. 즉 모델이 강화되면 내적으로는 호기심과 흥미가 유발되고 그것으로부터 자발적인 행동으로 학습하게 된다.

둘째, 관찰학습은 단순한 행동을 신속하고 쉽게 학습할 수 있지만 다양하고 복잡한 기능을 하는 행동의 학습을 설명하는 데는 한계가 있다. 복합적인 기능을 관찰만을 통해 학습을 성취하는 데는 한계가 있다.

셋째, 인간행동의 발달에서 학습과 관련된 인지적 수준에 따른 차이를 인정하지 않았다. 즉 인간은 성장과정이나 개인의 인지적 차에 따라 학습의 정도가 다른데 이러한 발달차를 고려하지 않았다.

사회학습 이론은 인간의 행동 결정의 요인으로 인간의 경험을 중시하고 상호작용을 강조했다는 점에서 큰 의의가 있다. 사회학습 이론에서는 인간의 행동 발달이 칭찬이나 벌과 같은 강화를 통해서만 이루어지는 것이 아니라 관찰만으로도 가능하다고 보고 중요한 것은 모델 대상의 역할이라는 점을 강조한 이론이다. 이러한 사화학습 이론은 성역할의 학습에서도 마찬가지라고 보았다. 성역할과 관련된 행동이 내적 동기보다는 외적 · 환경적인 힘에 의해 통제된다고 보았다. 따라서 환경에 대한 행동의 강화가 성역할을 획득하는 데 중요하다고 보고 있으며 성역할은 동일시 이론에서처럼 부모의 복사판이 아닌 학습경험의 산물로 부모와의 정서적 유대 없이도 학습이 가능하다고 보았다. 따라서 성역할은 성장과정에서 다양한 매체를 활용한 학습에 의해 형성되고 학습된 행동 유형은 강화를 통해 내면화된다.

3) 인지발달 이론

성역할과 관련된 인지발달 이론은 사람들이 인지발달 단계에 따라 외부의 환경적 자극을 스스로 인지해 나가는 과정을 통해 구조화해 나감으로써 성역할 개념을 구성해 나간다고 보는 이론이다. 즉, 각 개인이 자신의 경험을 스스로 능동적으로 구성해나가면서 얻어진 지적성취의 결과로 성역할을 구성해 나간다고 본다.

콜버그(Kohlberg)는 성역할을 동일시해 나가는 데 있어서 가장 중요한 요인은 자신의 성에 대한 성별 자아개념을 인식하는 것이라고 보았다. 동일시를 수행하기에 앞서 자신의 성별을 인식하는 것으로 남자아이가 '나는 남자다'라는 인식을 하고 난 후에, '그러므로 나는 남자에게 적합한 행동을 해야 해'라는 동일시가 나온다고 보았다. 이처럼 동일한 성에 대해 동일시하는 것을 정신분석이론이나 사회학습이론에서는 성역할을 습득하기 위한 선행조건이라고 보는 데 반해 인지발달이론에서는 이보다 먼저 성유형화[9]가 이루어져야 한다고 보았다. 성유형화는 인지적 요인과 사회적 요인의 상호작용 결과로 나타나고 개인이 남성 또는 여성에 적합하다고 간주되는 태도와 행동을 발달 또는 내면화시키는 과정을 말한다. 성역할이 사회가 성별에 따

9) 성 정체감뿐만 아니라 문화에서 그들 성에 적절하다고 생각하는 동기, 가치 및 행동을 획득하는 과정으로 모방과 동일시 및 가족의 양육, 아동의 인지 발달 과정에서 성유형화가 이루어진다. 일반적으로 사람들은 성 유형화의 결과로 성을 인식하게 되고, 남녀의 성차를 식별하고 지각하는 능력을 가지게 된다.

라 부여한 일련의 가치나 태도라고 한다면 성유형화는 그것을 내면화하는 과정이다. 이러한 성유형화에 따라 각 개인이 사회적 기대를 내면화하여 남자 또는 여자의 특성으로 규정짓는 것을 성역할 고정관념이라고 한다. 즉 '남자는 강인해야 한다', '여자는 온순해야 한다' 등과 같은 것이 성역할 고정관념의 예이다.

인지발달 이론에 따르면 아이들은 타인을 통해 성에 적합한 행동을 배운다. 즉 개인은 인지가 발달해 감에 따라 자신이 살고 있는 사회적 세계 속에서 적극적으로 정보를 탐색하고 자신의 성을 지각하며 자신이 남자 혹은 여자라는 성별 자아개념을 인식하고 그에 적합한 성역할을 배우게 된다. 하지만, 그 이유는 보상 때문이 아니라 남자나 여자로서의 자아정체감을 유지하기 위해서이다. 다시 말하면, 적극적으로 성정체감을 형성하고 그들 주위에 있는 세상을 이해하려는 노력을 통해서 성 고정관념과 가치들을 연합시킨다. 성역할을 학습하는 내용은 환경이 결정할 수 있으나 성역할에 대한 사고의 구조는 인지적 성숙에 의해 영향을 받는다(Hustion, 1983). 이와 같이 인지발달 이론에서는 성역할을 획득하는 과정은 매우 자생적이고 적극적이며 능동적이라고 본다. 성에 대한 고정관념(stereo type)은 아동들의 관찰과 신체에 대한 해석에서 생긴다. 그리고 성 구별을 광범위하게 지지하는 우리 사회에서 성과 관련된 역할 구분에서 발생하고 만들어진다. 일반적으로 안정적인 성정체감은 안정적인 성역할 고정관념의 근간이 된다.

울리안(Ullian)은 콜버그(Kohlberg)의 성역할 개념의 발달과정에 대해 성역할 개념화는 아동기에 완성되는 것이 아님에도 불구하고 아동기까지 만의 이론을 제시했다는 문제점을 지적하였다. 이러한 문제를 해결하고자 성역할 개념화의 발달 단계를 청년 후기까지 확장하여 여섯 개의 수준으로 구분하여 다음과 같이 제시하였다.

표 3-10 울리안(Ullian)의 성역할 개념화 발달 단계와 특성

단계	수준	연령	발달 단계에 따른 특성
1단계 (생물학적 지향)	1수준	6세 이하	• 키, 머리 등과 같은 외적인 신체적 차이로 성을 구분함 • 친근감을 자신의 성과 성 동일시로 유지함 • 성차의 표현에 동조함
	2수준	7~8세	• 신체적 모양과 성별 특성은 무관하다고 인식함 • 남성적 특성과 여성적 특성이 있음을 앎 • 성역할에 대해 인식함
2단계 (사회적 지향)	3수준	9~10세	• 남성성과 여성성이 고정되고 불변한 것임을 앎 • 성별에 따라 역할체계가 다름을 인정함 • 남성성·여성성이 사회체계 요구의 만족도와 관련됨을 인식함
	4수준	11~12세	• 사회적 역할체계가 인위적인 것이며 변화할 수 있다는 인식을 함 • 성역할이 개인의 성과와 무관하게 작용할 수 있다고 인식함 • 성역할은 개인적 관심에 따른 자유 활동임을 이해함
3단계 (심리적 지향)	5수준	13~17세	• 개인별 심리적 정체감의 수용여부가 남성성·여성성의 결정요인임을 이해함 • 성차가 생물학적이거나 사회적인 것이 아님을 앎 • 개인의 정체성에 따라 남성과 여성으로 성역할이 결정됨을 이해함
	6수준	18세 이상	• 전통적인 표준, 역할 및 행동에 대한 동조와는 별도로 남성성과 여성성이 존재한다는 것을 인식함 • 성 고정관념적 특성이 개인의 정체감의 핵심 부분으로 간주되지 않는다는 것을 앎 • 평등과 자유의 원리가 행동의 기준이 됨을 앎 • 성역할이 개인적 기능과 대인관계 기능의 기준이 됨을 알게 됨

5. 성역할 사회화 촉진 요인

인간은 출생과 동시에 가정이라는 환경 속에서 영향을 받으며 성장한다. 가족구성원 중에서도 특히 부모는 성장과정에서 가장 먼저 만나는 성역할 사회화의 일차적인 환경요인이다. 이후에도 학교와 대중매체를 통해 성역할 사회화의 과정을 거치게 되는데, 이러한 요인들은 개개인의 성역할 사회화를 촉진시키는 요인이 된다.

1) 가족

부모의 양육태도는 아동의 성역할 사회화에 결정적인 역할을 한다. 부모가 남아에게는 용감하고 강하며, 활동적이고 힘찬 모습을 기대하고, 여아에게는 친절하고 예의 바르며 수동적이고 조용한 모습을 기대한다. 장난감을 줄 때도 남아에게는 소방차, 트럭, 총 등을 주고 여아에게는 인형, 다리미, 소꿉놀이 세트 등을 주는 것은 성역할 사회화와 무관치 않다.

가족은 아동의 양육과 사회화가 일차적으로 이루어지는 장소이며, 부모는 자녀의 사회화를 담당하는 일차적인 책임자이다. 가족에서 이루어지는 아동의 성역할사회화는 자녀의 성별에 따른 부모의 반응, 자녀의 행동에 대한 부모의 보상과 벌, 성공에 대한 압력, 부모가 아들과 딸에 대해 가지고 있는 고정관념, 어머니의 취업 유무, 아들의 성역할 사회화 과정에서 아버지의 역할, 형제자매 등 여러 요인에 의해 영향을 받는다. 부모들이 자녀와 놀고 상호작용하는 방식은 자녀의 성별에 따라 차이가 있으며, 자녀의 감정 표현에 대한 반응에서도 자녀의 성별에 따라 차이가 있다. 이와 같이 자녀의 성역할 사회화 과정에서 부모가 자녀의 성별에 따라 사회화를 다르게 하는 것은 어느 문화에서나 공통적인 현상으로 보인다(정현숙 외, 2021). 부모가 자녀를 양육할 때 성 고정관념에서 벗어나 자녀의 개성을 존중하고 상황에 맞는 융통성 있는 역할을 기대하고 강화해 나갈 때 양성적인 특성을 지닌 사람으로 성장할 수 있다.

2) 학교

성장하는 아동에게 학교는 가정과 더불어 중요한 성역할 사회화를 담당하는 기관이다. 교사가 어떤 태도를 가지고 학생을 대하며, 어떤 내용으로 학생들의 성역할을 경험하게 하느냐의 문제는 성역할 사회화의 가치 정립에 중요한 역할을 한다. 젠더에 대한 교사들의 의식이 양성의 공존평등을 지향하지 않는다면 올바른 젠더의식을 육성하기는 매우 어려운 일이다. 교실에 있는 남학생과 여학생이라는 성별의 차이는 성역할 사회화에 있어서 필요에 따라 고려되어야 한다. 성별에 대한 차이를 전혀 고려하지 않고 이루어지는 성역할 사회화 교육은 성역할 고정관념을 오히려 강화시킬 위험이 있다. 남학생과 여학생 간에는 분명히 생물학적 차이가 존재한다. 그렇다면 생물학적 특성에 따른 차이는 서로 존중하고 그에 적합한 성역할 사회화가 이루어질 수 있도록 해야 한다. 개인은 성역할 사회화과정에서 자신의 성에 적합하다고 여겨지는 태도나 행동양식을 습득하게 된다. 그렇기 때문에 자신의 성에 적합한 성역할을 선택할 수 있도록 하는 것도 필요하다. 일반적인 문화에서는 남성과 여성에게 기대하는 역할이 구별되어 있다. 그래서 학생들은 학교와 가정에서 교사, 부모, 또래와의 상호작용, 대중매체 등을 통해 성역할을 배우고 사회화를 익혀나간다. 성역할이 고정관념으로 정착되는 경우는 성을 기준으로 역할을 극단적으로 일반화하여 각 개개인의 행동을 억압하는 사회 관념으로 형성된 경우로 바람직하지 않다. 이러한 성역할 고정관념은 남녀 모두에게 자기능력을 제대로 파악하지 못하게 하고 오히려 잠재되어 있는 능력을 발휘하는 데 있어서 방해가 되는 역할을 한다.

성역할 사회화를 촉진시키기 위해서는 교사의 성역할 고정관념은 피하고 평등한 교실환경을 만들기 위해 노력해야 한다. 학교 교육활동에 참여하는 교사의 성역할 태도와 학교 교육활동에 투입되는 교육내용에서 남녀가 공평한 견해를 제시할 수 있도록 열려 있는지 등에 대한 검토가 필요하다. 남녀 모두에게 공평한 견해를 제시하고 있는지, 학교생활에서 의도하지 않은 편견이 들어 있지는 않은지에 대한 고찰과 분석이 필요하다.

3) 대중매체

오늘날 성역할 사회화에 가장 강력한 영향을 미치는 환경은 대중매체이다. 그런데 TV를 비롯한 대중매체를 보면 아직도 성역할 고정관념이 남아 있다. 드라마나 예능 프로그램을 보면 남성은 씩씩하고 주도적이어야 하고 여성은 날씬하고 예뻐야 한다는 등의 메시지를 전달하는 장면을 대중매체에서 찾는다는 것은 그리 어렵지 않다. 여기서 말하는 대중매체는 TV, 신문, 잡지 등을 비롯하여 유튜브, 인터넷 플랫폼, 1인 언론, 1인 방송매체, 웹툰 등 다양한 인터넷 콘텐츠 등을 말한다. 우리 사회에 뿌리 깊이 박혀 있는 성역할에 대한 고정관념이 대중매체를 통해 우리에게 성역할 고정관념을 주입시키며 고착화시키고 있다는 점이다. 다만 우리가 이를 의식하지 못하고 있을 뿐이다.

첨단 기술의 도입과 함께 우리의 삶도 첨단화된 생활모습으로 변모해 가고 있다. 하지만 아무리 첨단기술이 일상화되어도 신기술의 발전이 우리에게 양성평등을 가져다주는 것은 아니다. 오히려 기술은 자본의 논리에 따라 소비자의 욕구에 철저하게 종속되어 발전한다. 여성을 성적 대상화, 도구화시켜온 남성중심 문화는 인공지능(AI) 섹스로봇의 개발에도 그대로 반영되고 있다. 기술이 인간 삶의 모습에 깊숙이 영향을 미치는 오늘날, 신기술들이 성 고정관념을 확대 재생산하지 않는 방향으로 발전할 수 있도록 감시하고 목소리를 내는 일이 중요하다(정현숙 외, 2021). 우리는 더 이상 남자이기 때문에, 또는 여자이기 때문에 이렇게 해야 한다는 그런 말이 필요 없는 사회가 되어야 한다. 또한 그런 사람이 되어야 한다.

제4장 젠더와 생애발달[1)]

인간의 생애발달은 영아기로부터 시작하여 유아기와 청소년기를 거쳐 성인기와 노년기에 이르기까지 전 생애과정을 거쳐 발달한다. 특히 생애발달 과정에서 청소년기에 이르러서는 젠더와 관련된 학업문제, 결혼, 직업선택 등의 사회적 역할과 연계되는 다양한 문제들이 나타나면서 그 중요성이 증대될 뿐만 아니라 성인기 이후의 발달과정에도 많은 영향을 미친다.

1. 인간의 젠더 발달과정

성숙(成熟, maturation)이란 어떤 생물체가 그 생물의 전형적인 작용을 수행할 수 있는 상태에 도달하는 것을 말한다. 일찍이 정신의학자들은 인간의 성숙과정에 관심이 많았다. 성숙과정을 파악하여 성숙을 촉진하는 요인이나 방해하는 요인이 무엇인지를 구별해 내고자 하였으며 성숙의 개념과 성숙의 과정이나 결과에 대해서도 알아내고자 하였다.

20세기 후반 프로이트(Freud)는 성숙과 관련하여 '신경증'이라는 질병을 찾아냈다. 신경증이란 성격이 부분적으로 성숙반응을 포기하고 어린 시절로 퇴행하거나 신체적으로 성숙한 만큼 행동 양식도 성숙해야 하는 데 반하여 아동기적 반응형태에서 벗어나지 못한 상태에서 발병하는 증상이다. 즉

1) 이규은 · 장상필(2021). pp. 109-134의 내용을 재구성하였음.

혼란스러운 아동기 감정양식이 과도하게 지배하는 상태(Neurosis is the excessive predominance of disordered childhood emotional patterns)를 말하며, 이는 대개 양육과정의 문제에 그 요인이 있다. 또한 개인의 내적 성향으로 정서발달에 대한 미성숙도 요인이 된다. 정상적인 인간의 성숙은 상황에 대한 적응력이 비교적 높고 퇴행경향성이 낮기 때문에 문제발생에 대한 취약성은 최소가 되기 마련이다. 하지만 발달과정상 성숙이 제대로 이루어지지 않으면 신경증이 발생할 확률이 높아지고 적응력이 손상되어 스트레스에 취약해진다. 아마도 충분히 성숙한 사람은 그렇지 못한 사람에 비해 적응력이 강하고 덜 취약하므로 성숙을 포기하지도 않고 신경증에 따라 현실을 처리하는 방식으로 행동하지도 않을 것이다. 이러한 사람에게 아동기나 유아기로의 퇴행적 반응은 나타나지 않는다. 성숙과 관련하여 프로이트(Freud)의 '신경증'을 하나의 사례로 제시했지만 정상적인 인간의 성숙은 그만큼 중요하다. 인간의 성장 단계에 맞춰 성숙해 나간다는 것은 정상적인 인간으로서 반드시 성취해야 할 발달과업이다.

일반적으로 인간의 성적 성숙과정은 인간의 발달단계에 따라 태생기, 영아기, 유아기, 학령 전기, 학령기, 청소년 전기, 청소년 후기, 성인기, 노년기로 구분한다. 발달단계에 따른 성적 특성을 제시하면 다음과 같다.

표 4-1 인간의 발달 단계에 따른 성적 특징

발달단계	시기	성적 특성
태생기	수정에서 출생	• 반사적 발기가 일어남 • 성적 반사가 존재함
영아기	생후부터 1세	• 친밀한 접촉이 대인관계 형성에 도움을 줌 • 원만한 인간관계가 성관계에 긍정적 영향을 줌
유아기	1세부터 4세 이전	• 자신의 성에 대한 인식이 가능한 시기 • 성기 자극을 통해 쾌감을 경험함 • 부모의 충분한 사랑과 애정표현이 중요한 시기
학령 전기	4세부터 6세 이전	• 오이디푸스 콤플렉스를 경험하는 시기 • 형제간의 관계형성이 대인관계 형성에 영향을 줌 • 전체적인 자아개념에 자신의 성을 연결시킴 • 성의식 발달에 매우 중요한 시기임 • 부모로부터 성적 관계성과 의미를 배움

발달단계	시기	성적 특성
학령기	6세부터 12세까지	• 성인을 대상으로 하는 동일시가 중요한 시기 • 성 차이에 따른 특성이 나타나기 시작함 • 남아와 여아 사이의 가치관 놀이 등에 차이가 있음 • 남녀의 특성이 보다 구체화되고, 단체화되어감 • 남성다움과 여성다움에 신경을 쓰는 시기 • 동성부모의 역할이 중요한 시기
청소년 전기	13세부터 18세까지	• 초경이 시작되는 시기 • 자위행위를 하게 되는 시기 • 도덕성 발달이 이루어지는 시기 • 충동을 조절하고 욕구와 자제능력을 학습함
청소년 후기	18세부터 23세까지	• 심리적 사회적 정체감 형성 시기 • 갈등과 방황을 경험함 • 성역할에 대한 정체감 형성과 직업선택이 이루어짐 • 바른 생활 태도 육성 시기
성인기	23세부터 60세까지	• 성적 욕구와 정서적 애착관계를 유지함 • 성생활에 대한 즐거움을 향유하는 시기 • 완경과 갱년기를 맞이하는 시기
노년기	60~65세 이후	• 건강한 노년은 성생활에 전혀 문제가 없음 • 정자의 양은 감소하지만 90대까지 생식능력을 지님

1) 태생기와 젠더 발달

태생기는 수정에서 출생까지 모체에 있는 기간을 말한다. 우리는 흔히 태생기는 인간의 발달이 미숙한 시기여서 성에 대한 인식이나 성적 반응이 없다고 생각하기 쉬운데 그동안의 연구를 통해 밝혀진 바에 의하면 그렇지 않다. 인간이 모체로부터 분리되어 나오기 수개월 전부터 남아의 경우에는 반사적 발기가 일어난다는 사실이 초음파검사를 통해 밝혀졌다. 또한 신생남아의 경우에는 태어난 지 수 분만에 발기를 하며, 신생여아의 경우에도 첫 24시간 이내에 질 내 분비와 음핵발기가 이루어진다는 사실이 마스터스(Masters, 1980)와 칼데론(Calderone, 1983)의 연구에서도 확인되었다. 이러한 사실을 통해 성적 반사는 영아기 초기에만 나타나는 것이 아니라 모체로부터 분리되기 이전인 태생기에도 존재한다는 사실을 알 수 있다.

2) 영아기와 젠더 발달

영아기는 젖을 먹는 어린아이 시기로 생후부터 1년 사이의 시기를 말한다. 영아기의 아이들은 주로 잠을 자면서 보내지만 잠을 자는 때와 깨어 있는 때가 분명히 구별되는 시기이다. 영아기의 신체성장 속도는 매우 두드러진 것이 특징이다. 생후 1년 무렵에는 신장이 출생 때의 약 1.5배 정도 되고, 체중은 거의 3배 정도로 증가한다. 2~3개월이 되면 목을 가누고 물건을 붙잡을 수 있게 되며 5~6개월이 되면 몸을 뒤집는 일이 가능해진다. 7~8개월에는 기고 혼자 앉을 수 있으며 9개월이 지나면 주위 물건을 붙잡고 혼자 일어서며 걸음마를 할 수 있게 된다. 돌이 지나면 혼자 서서 걸음마를 시작하게 되며, 옹알이를 시작한다. 이때가 되면 보통 몇 가지 간단한 단어를 말할 수 있게 되며 자신의 의사표현도 시작하게 된다. 영아기는 인간으로서의 성품 즉 인격의 기초를 형성해 나가는 최초의 시기라는 점에서 매우 중요하다. 뿐만 아니라 영아기는 성 발달 측면에서도 매우 중요한 시기이다. 부모와의 반복적인 접촉을 통해 다른 사람과의 관계성을 형성해 나간다. 부모가 수유과정에서 자연스럽게 이루어지는 아이와의 접촉이라든지 목욕시키기와 옷 입히기 등에서 이루어지는 접촉, 아이를 안아주고 업어주고 포옹하는 등의 과정을 통한 친밀한 접촉이 원만한 대인관계를 맺는 데 큰 도움이 된다. 이러한 부분에 대한 부족한 경험은 발달과정에 장애로 나타나 원만한 인간관계를 유지하고 발전시키는 데 큰 장애가 될 수 있다. 모니(Money, 1980)와 케넬과 클우스(Kenell & Klaus, 1977)의 연구결과에 의하면 이러한 인간관계에 대한 장애는 성관계에도 영향을 미쳐 성인이 되어 원만한 성관계를 유지하는 데에도 어려움이 있는 것으로 알려졌다.

3) 유아기와 젠더 발달

유아기는 젖을 뗀 시기부터 학령 전기 이전까지의 시기로 보통 만 1세부터 3, 4세의 시기, 즉 4세 이전까지를 말한다. 유아기는 운동발달이 현저하게 이루어지고 만1세를 전후로 하여 기기, 서기, 걷기 등이 가능해지는 시기이다. 3세가 되면 계단을 오르는 일도 가능해진다.

유아기는 자신의 독립성을 발견하게 되는 시기로 만 2세에서 만 5세까지 사이에 자신의 독립성을 발견한다. 이로 인해 변덕이 빈번하고 짜증이 많은 것이 특징이다. 그래서 이 시기를 '미운 네 살'이라고 부르기도 한다. 개인차는 있지만 24개월이 되면 배변 훈련을 시작하여 만 3세가 될 때까지 지속적인 반복훈련을 한다. 그러나 너무 이른 배변 훈련은 유아가 강박관념을 갖게 되므로 피하는 것이 좋다. 최근에는 아즈란(Azran)식 배변 훈련법이 등장하여 아이의 심리를 이용하여 단 하루 만에 기저귀를 떼는 훈련을 하기도 한다.[2] 유아기는 인성 형성에 매우 중요한 시기이다. 이 시기의 아이들은 주된 생활공간이 가정이기 때문에 부모와의 접촉을 통하여 여러 가지 반응양식을 익혀나간다. 따라서 부모의 교육태도가 어린이의 인성에 지대한 영향을 미치는 시기이다.

유아기는 자신의 성에 대한 인식이 가능한 시기이다. 이 시기의 아이들은 자신의 성기 자극을 통해 쾌감을 경험하게 되고 신체 부위에 대해서도 호기심을 갖게 되는 때이다. 이 시기의 성에 대한 호기심은 어른들의 성적 호기심과는 다른 것으로 우연한 기회에 꽉 조이는 옷을 입거나 대소변을 닦다가 성기에 자극하는 일이 재미있는 놀이라는 것을 발견하게 되고 이러한 경험은 4세를 전후하여 자연스럽게 성기에 대한 호기심으로 나타나게 된다. 이 시기에 나타나는 이러한 자위행위는 아이의 잘못이나 질병, 또는 비정상적인 행위가 아니다. 하지만 자위행위에 대한 지나친 집착은 문제가 될 수 있다. 이럴 경우에는 아이를 꾸짖고 위협하기보다는 다른 사람 앞에서 그런 행동을 하는 것은 부끄러운 일이라는 것을 인식시켜 주는 일이 가장 중요하다.

유아의 자위상황에서 '엄마가 하지 말랬지!', '또, 또!', '아래는 만지지마!' 등과 같은 말로 야단을 치거나 아무 말 없이 손등을 때리는 등의 비언어성 전달로 유아의 성적인 경험을 금지시키게 되면 나중에 성적인 장애의

2) 아즈란식 용변법은 아이 심리를 섬세하게 파악해서 단 하루 만에 기저귀를 떼게 하는 용변 훈련 프로그램으로 아즈란(Dr. Azran) 박사에 의해 개발되고, 필(Dr. Phill) 박사에 의해서 체계화된 '하루 만에 기저귀 떼기(Toilet Trainning in less than a day)' 훈련법이다. 이 방법의 핵심은 배변 훈련을 시작하는 시기를 적절히 판단한 후, 배변 훈련을 최대한 자연스럽게 하기 위해 인형 역할 놀이를 도입하여 배변 훈련을 하는 기법이다.

초기 원인이 될 수 있다는 연구결과도 있다(Calderone, 1978; Money, 1980).

일반적으로 이러한 유아의 자위행위는 부모의 맞벌이나 짧은 형제 터울로 인하여 부모의 관심과 애정이 충분하지 못할 때 흔히 발생한다. 지나친 자위행위를 보이는 것은 아이가 정서적으로 외롭고 심심하다는 신호를 보내는 것이다. 이럴 때일수록 부모의 충분한 사랑과 애정표현이 중요하다. 서둘러서 버릇을 고치려고 노력하기보다는 아이의 관심을 다른 쪽으로 돌리도록 하는 것이 중요하다.

4) 학령 전기와 젠더 발달

학령 전기는 4세부터 학교에 입학하기 전인 6세까지의 시기를 말하는데 이 시기는 유아들의 신체적, 감정적 발달이 매우 왕성한 시기이다. 일반적으로 학령 전기에는 대근육 운동기술이 크게 발달하여 신체적으로 균형이 잡히고, 소근육 운동이 정교화되는 특징이 있다. 따라서 4세가 되면 달리기나 뛰기, 던지기, 등이 가능해지고 5세가 되면 동작이 민첩해지며, 6세에는 자유롭게 뛰어다닐 수 있는 발달단계에 이르게 된다. 특히 이 시기에는 유아들의 운동기술이 크게 발달함에 따라 좀 더 넓은 세계를 자유롭게 탐색할 수 있게 된다. 또한 신체적인 면만이 아니라 인지발달의 측면에서도 많은 발달이 이루어지게 되는데 이 시기에는 언어적 상징을 적극적으로 사용하고 정서적으로 복잡한 감정과 자아개념이 싹트게 된다. 자기중심적이기는 하지만 다른 사람들과 협조하고 나눌 수 있는 능력도 생겨나기 시작한다. 대소변 가리기나 혼자 옷 입기, 식사하기 등 신체통제능력을 완료하고 동시에 분노나 눈물 등 감정의 억제를 배우게 된다. 이 시기에는 사회화의 첫걸음을 시작하는 시기로 또래집단과 상호작용하면서 본격적으로 사회적 관계를 습득하고 사회적 관계가 확대된다. 사물에 대한 호기심이 증가하고 직관적 사고능력이 발달하여 반향적 사고가 점차 증대되는 경향을 보인다.

프로이트(Sigmund Freud)의 정신분석학에 따르면 이때는 남근기(男根期)로 오이디푸스 콤플렉스(Oedipus Complex)를 경험하는 시기이다. 즉 쾌락과 관심의 초점이 성기에 집중되는 시기이다. 사정이 없는 자위행동, 성에 대한 호기심, 성기과시, 노출행동 등이 이 시기에 나타난다. 따라서 이 시기에는 의사나 간호사 놀이를 즐겨 하고 부모와 자식 간의 삼각관계에서 유아는 부모에 대한 사랑과 미움의 복합감정을 경험하게 된다. 이러한 삼각관계 속에서 부모 중 누구와 내재화하느냐에 따라 미래의 성역할에 대한 기본태도가 형성된다.

이 시기에는 형제간의 관계 형성도 대인관계 형성에 영향을 미친다. 카인 콤플렉스(Cain complex)라고 부르는 형제간의 경쟁은 유아에게 동생이 생겼을 때 나타나는 것으로 동생의 출현은 아이에게 기쁨이 될 수도 있지만 부모로부터의 사랑을 빼앗겼다는 슬픔의 원인이 될 수도 있기 때문이다. 유아에게 동생의 출현은 인생에서 매우 중요한 사건으로 부모의 관심과 사랑이 동생에게 옮겨 갔다고 느낄 때 퇴행행동이나 동생학대와 같은 행동 양상을 보이게 된다.

학령 전기의 성역할에 대한 인식이 전체적인 자아개념에 자신의 성을 연결시켜나가는 특징이 있다. 즉 유아는 자신의 성과 그에 맞는 행동, 사회적 관계에 관심을 갖고 동성의 또래친구들과 어울리고 성에 따르는 사회적 기대를 의식하기 시작한다. 특히 이 시기에 인식하는 성역할은 성역할 기준에 영향을 미치기 때문에 유아의 성 의식 발달에 매우 중요한 시기이다. 이 시기의 유아들은 대부분 부모의 기대나 문화적 기준에 맞는 성역할 기준을 수용하고 내면화하는 경향이 있다. 이 시기에 타인에 대해 지나치게 엄격한 성역할 기준을 적용하게 되면 대인관계에서 갈등을 경험하게 되고 다른 사람을 정서적으로 이해하거나 성역할 기준을 설정하는 데 있어서 융통성을 갖지 못하는 문제가 발생한다.

학령 전기에 가장 많이 하는 질문은 '아기가 어디로 나오나요?', '아이가 어떻게 생기나요?' 등과 같은 질문이다. 유아의 이러한 질문에 대해 부모들은 불편해하거나 대답하기를 꺼리는 경향이 있다. 그러한 태도는 바람직하지 않다. 부모의 그러한 태도는 오히려 유아들에게 상상을 통해 말도 안 되는 질문을 하게 하는 원인이 되기도 하고, 대답을 듣기 위해 집요하게 질문을 이어가는 행동을 유발하는 원인이 되기도 한다. 이러한 태도는 같은 도래의 아이들에게 성과 관련된 호기심을 발휘하여 여자아이의 치마를 들치거나 성과 관련된 욕설을 한다거나 하는 등의 장난기로 표출되기도 한다. 5, 6세가 되면 다소 점잖아지면서 성적 유희의 수가 다소 줄어든다. 하지만 자신보다 큰 아이들로부터 성과 관련된 말이나 욕설을 배우기도 한다. 이 시기의 아이들은 부모로부터 성적 관계성과 의미성을 배우게 된다. 부모의 사이가 좋은 경우에는 포옹이나 키스와 같은 신체적, 정서적 친밀감에 대해 좋은 생각으로 자연스럽게 인식하는 경향이 있으나 그렇지 못할 경우에는 이성과의 친밀감 형성에 악영향을 미치게 된다. 부부끼리 싸우는 모습, 부부간의 상스러운 용어의 사용 등과 같은 언행은 자녀들의 이성과의 친밀감 형성에 나쁜 영향을 미친다.

5) 학령기와 젠더 발달

학령기는 초등학교 시기로 6세부터 12세까지의 연령기이다. 이 시기에는 행동이 점차 민첩해지고 강해지며 우아해진다. 뿐만 아니라 운동의 유연성, 균형 그리고 협응력이 향상되는 시기이다. 일반적으로 이 시기의 아이는 남아가 여아보다 근육세포가 많아 근육의 힘이 더 세고 대부분의 과정에서 민첩하고 빠르지만 작은 물체를 조작하는 운동기술은 남아보다는 여아가 더 빠른 것이 특징이다.

학령기의 주요한 과업 중의 하나는 학습이다. 학령기에는 주로 단순한 사고를 하지만 과학적인 추리가 가능한 시기이다. 비슷한 점과 다른 점을 논리적으로 판단하여 사물을 구체적으로 분류할 수 있고 다른 사람의 관점을 이해할 수 있으며 개념을 만들고 문제를 논리적으로 해결해 나가기 시작하는 시기이다. 또한 이 시기에는 어떤 상황을 이해할 때 한 가지 면에만 초점을 두지 않고 다양한 여러 가지 면을 고려하여 판단하는 시기로 '생각하는 방법'을 익힐 수 있는 중요한 시기이기 때문에 교육의 중요성이 강조된다.

학령기 아동의 관심은 생활범위가 확대되면서 그동안의 가정 중심의 삶에서 벗어나 학교나 친구들에게로 옮겨간다. 따라서 학업과 더불어 친구를 사귀고 모임에 참여하는 등 장차 어른으로서의 역할을 습득해 나가면서 보다 독립적으로 사회화되며 도덕적 발달을 형성해 나간다. 이 시기에는 성인을 대상으로 한 동일시가 중요하게 등장한다. 부모가 동일시하는 것을 방해하거나 지나치게 냉정하고 난폭할 때 인격발달에 문제가 생길 수 있다. 여자 또는 남자답지 못하게 되거나 학교공포증이 생기거나 자발성이 부족하게 되는 경우 등은 모두 인격발달의 문제에 따른 예이다. 이러한 문제가 심화될수록 가정보다는 집 밖의 상황에 더 많은 관심을 갖게 된다. 따라서 이 시기에는 가능한 많은 일에서 성공을 경험할 수 있도록 기회를 마련해 주고 열등의식에 빠지지 않도록 자신감을 길러주는 일이 중요하다. 가정교육이나 학교교육을 통해 단순한 지식만을 습득하기보다는 지식을 어떻게 습득하는지에 대한 기본적 학습방법을 중시하고 지식의 습득이 주는 기쁨을 맛보게 함으로써 학습에 대한 자발성을 길러 주는 것이 중요하다. 육체적, 감성적, 개성적 경험을 통해 전인적 인간상을 갖도록 하고 올바른 도덕관과 가치관을 형성해 나갈 수 있도록 도와주어야 한다.

성적인 측면에서의 발달로 가장 큰 특징은 학령기의 아동에게서 성 차이에 따른 많은 특성이 나타나기 시작한다는 점이다. 따라서 이 시기에는 신체를 노출시키는 일에 대해서 강한 부끄러움을 보인다. 뿐만 아니라 학령기 아동은 남아와 여아 사이에 가치관이나 놀이 등이 많이 다르다. 남녀의 특성이 좀 더 구체화되고 단체화되어 가는 시기이다. 남녀의 성차는 성의 구별로 이어져 남자는 남자끼리, 여자는 여자끼리라는 단체로 분류하고 서로 다른 종류의 놀이와 게임을 즐긴다. 서로 이성에 대해 부끄러워하고 남성다움이나 여성다움에 좀 더 신경을 쓰게 되는 시기이다.

가정과 또래 집단에서도 남아와 여아의 활동 구분이 두드러지게 나타난다. 뿐만 아니라 남아와 여아 사이의 영향력도 다르게 나타난다. 일반적으로 남아들은 가족이나 또래 집단의 성인모델에 의해 영향을 받지만 여아의 경우에는 전통적으로 아동기부터 부모의 영향력이 가장 크다. 이러한 영향은 남녀가 모두 성인으로서의 역할로 이어져 순조롭게 성역할로 옮겨 간다.

프로이트(G. Freud)는 이 시기를 성적으로는 비교적 조용하고 성에 대한 관심이 부족한 잠복기(latency)라고 보았다. 하지만 이 시기에도 여전히 성적인 놀이나 자위행위가 발생하고 성에 대한 호기심이나 의문도 갖는다. 다만 아동들이 보았을 때 어른들이 그런 성적 표현을 좋아하지 않는다는 것을 깨닫고 성적인 사실을 숨기는 것이다.

이 시기의 성교육은 동일시를 통해 확산되며 남자아이는 아버지, 여자아이는 어머니와의 동일화(identification)를 통해 이루어진다. 따라서 이 시기에는 동성 부모의 역할이 매우 중요하다. 대부분의 성인들은 자신의 행동이 자녀에게 성역할을 가르치고 있다는 사실을 알지 못한다. 오히려 성인들은 아동이 여성과 남성 특유의 자연스러운 전개를 어떤 때는 만족의 눈으로 보고, 어떤 때는 불안한 눈길로 보고 있다고 믿고 있다. 이 시기의 남아는 아버지의 행동을 통해 개척자와 같은 남성적이고 자유분방한 생활방식을 배울 뿐만 아니라 남편, 아버지, 시민, 근로자로 이어지는 생활과 복종과 관대함 그리고 친절과 야심과 높은 성취욕 등을 경험하면서 유사한 성역할을 습득해 나간다. 여아 또한 어머니와 주변의 여성들의 모습과 삶에서 같은 방식의 성역할을 습득해 나간다.

학령기의 놀이를 보면 성적인 놀이가 많다. 성적인 놀이라고 해서 큰 문제가 되는 것은 아니지만 강제로 행해지는 놀이와 접촉에 대해서는 부모의 제재가 필요하다. 성적인 경험에 대해 부모가 지나치게 놀라는 반응을 보이게 되거나 엄격하게 대하면 심리적인 측면에서 위해를 받을 수 있다는 점을 유념해야 한다.

6) 청소년 전기와 젠더 발달

청소년 전기는 학령기가 끝나는 13세부터 18세까지로 주로 신체적, 성적 성숙에서 시작하여 사춘기의 신체적 변화가 특징적으로 나타나는 시기이다. 이 시기는 중·고등학교의 학생 시기로 성적 성숙의 완성과 더불어 심리적으로 자아정체감이 확립되는 시기이다. 청년 전기에는 생물학적 발달이 급등하는 시기이다. 여자의 경우에는 남자보다 신체발육이 빨라 10세경에는 남자보다 신체 발육이 앞서기 시작하지만, 대략 13세경이 되면 남자의 신체 발육이 급격히 성장하여 남녀 간의 신체 발육 격차가 반대 양상으로 변한다. 여자의 경우 청소년 전기가 되면 초경(일반적으로 12~13세에 시작)이 시작된다. 생리는 전체적인 신체상과 성역할 및 정체감을 재조정하는 역할을 하게 되며 남자의 경우 청소년 전기가 되면 목소리가 굵어지고 체모가 생기며 음경이 자라면서 사정을 경험하게 되고 성적 표현의 한 방법으로 자위행위를 하게 된다.

청소년 전기에 남녀 간의 신체 성숙의 차이는 심리적 적응과 관련이 있다. 남자의 경우에는 조기 성숙이 동료들로부터 부러움의 대상이 되어 긍정적인 신체상을 갖게 하는 데 도움이 되고 사회적 적응에 바람직한 영향을 미친다. 하지만, 여자의 경우에는 신체적 조숙이 긍정적인 신체상을 갖도록 하는 데 도움을 주지 못하여 동료보다 빠른 발달이 오히려 부정적인 신체상을 갖게 하거나 왜곡된 자아개념을 형성할 가능성이 높다.

청소년 전기에는 인지발달도 확대된다. 사고와 판단의 능력이 확대되면서 뇌의 발달이 이루어지고 비판적 사고 능력이 증대된다. 피아제(Piaget)는 인간이 태어나 성장해 나가는 과정에 4단계의 인지적 발달을 경험한다는 이론을 제시하였는데 청소년 전기는 바로 그중에서 형식적 조작기에 해당된다. 형식적 조작기에는 여러 가지 가능성을 놓고 논리적으로 추론할 수 있는 추론적 사고가 가능한 시기이다. 상상을 통하여 논리적으로 상황을 유추하여 판단할 수 있으며 자신의 생각을 비판적으로 고찰할 수 있는 시기이다. 또한, 이 시기에는 자아중심성에 의해 인지발달이 방해를 받기도 하는데 이는 청소년들이 자신에 대한 타인의 의견에 지나치게 관심을 갖는 양상으로 표출되어 자아중심성이 오히려 사회적 경험을 통해 축소되어 간다.

청소년 전기에는 청소년을 둘러싼 가정과 학교, 주변의 친구, 지역사회 등의 생태학적 환경에 따라 깊은 영향을 받는다. 뿐만 아니라 청소년 전기에 경험하는 부모의 양육태도도 청소년의 성격과 행동에 중요한 영향을 미친다. 바움린드(Baumrind, 1977)는 부모의 양육태도를 민주적(권위 있는) 부모, 독재적(권위주의적) 부모, 허용적 부모, 무시적(무관심한) 부모로 구분하였다. 민주적(권위 있는) 부모는 높은 수준의 애정과 높은 수준의 통제를 보이는 양육 형태를 말하는데 이 유형에 해당하는 부모들은 자녀의 행동을 자세히 관찰하여 자녀의 요구에 민감하게 반응하며, 자녀의 행동에 옳고 그름에 확고한 기준을 가지고 있다. 따라서 이러한 부모는 자녀에게 지시적이거나 처벌적이기보다는 지지적인 행동을 보이는 것이 특징이다. 자녀와의 대화에 있어서도 "…했으니까 …하는 것이 좋지 않을까?"와 같은 방법으로 구체적인 설명을 한다는 점이 특징이다. 이러한 민주적 양육형태의 가정에서 자라난 자녀들은 개인의 인격이나 개성을 존중할 줄 알며 독립적이고 높은 자존감과 사회성이 뛰어나 동료들과의 관계에 인기가 많은 것이 특징이다. 민주적 양육태도는 가장 이상적인 부모의 양육방식으로 부모가 일방적으로 자녀에게 지시하는 것이 아니라 매사에 초연한 자세로 일관성 있게 자녀를 대한다는 점이 장점이다.

독재적(권위주의적) 부모의 경우에는 높은 수준의 통제를 보이지만 오히려 양육형태에 있어서의 애정은 약하고 낮은 수준을 보인다. 높은 수준의 통제를 보인다는 점에서 민주적 양육형태와 유사한 점이 있지만 독재적 양육형태는 민주적인 방식과 달리 처벌적이나 지시가 매우 강한 경향성이 있다는 점에서 차이를 보인다. 독재적 부모의 경우에는 통제를 많이 하고 엄격하며 경직된 규칙에 자녀가 무조건적으로 따르도록 하는 특징이 있다. 설명이나 설득보다는 강압적이고 명령적인 방식으로 행동을 제한한다. 특히 독재적 부모의 경우에는 부모와 자녀의 관계에서 수직관계를 강조하며 자녀에게 많은 것을 요구는 하지만 왜 그렇게 해야 하는지에 대한 이유는 확실하게 설명하지 못하는 경우가 많다. 따라서 자녀에게 말하는 말투도 '…해!' 등과 같은 명령조의 말투가 대부분이다. 이러한 독재적 양육방식에서 성장한 자녀의 경우에는 타인에 대한 부정심이 강하고 자아존중감이 낮으며 죄책감이나 열등감에 빠져 있는 경우가 많다.

허용적인 부모의 경우에는 자녀에게 온건하고 수용적이지만 너무 낮은 수준의 통제를 보이는 경우이다. 자녀에게 애정적이고 반응적으로 대한다는 장점이 있지만 통제가 거의 없고 지나치게 허용적이다. 이러한 유형의 부모들은 자녀를 애정적으로 대할 때와 꾸중할 때 양육방식에 있어서 일관성이 부족하다는 문제점이 있다. 부모는 자녀에게 훈육을 하기보다는 자녀의 행동을 수용적인 태도로 바라보고 인정하는 경우가 대부분이다. 따라서 자녀와의 대화에서도 '그럴 수도 있지 뭐, 괜찮아…', '오냐오냐' 등과 같은 수용적인 말투가 대부분이다. 이러한 부모 밑에서 성장한 자녀의 경우에는 대부분 의존심이 강하고 통제력과 끈기가 부족하며 방종적인 경우가 많다. 대부분 조부모의 양육방식에서 흔히 나타나는 유형이다.

무시적 부모의 경우에는 부모가 아이를 거부하는 태도를 보이는 양육방식이다. 이 유형의 부모들은 자녀에게 냉담하고 무관심한 태도를 보인다. 따라서 이 유형의 자녀들은 독립심이 없고 자기 통제력이 부족하다. 무시적 양육형태는 곧 방임적 양육형태로 부모의 책임을 실행하는 데 어려움을 겪는 경우가 많다. 따라서 자녀와의 대화에 사용하는 용어도 '네가 알아서 해', '나는 몰라' 등과 같은 방식의 말투를 주로 사용한다. 이러한 형태의 가정에서 자란 아이는 충동억제 조절이 어렵고, 타인에 대해 적대감과 좌절감, 불신감 등을 지니게 된다.

청소년 전기에는 도덕성 발달이 이루어지는 시기이다. 도덕적 인식의 확대를 통해 자신의 충동을 조절해 나가고 욕구나 행동을 자제하는 능력을 길러가는 시기이다. 또한 즐거움과 만족을 지연시키는 내·외적 통제능력을 기르는 시기이기도 하다.

7) 청소년 후기와 젠더 발달

청소년 후기는 청소년 전기가 끝나는 18세부터 성인으로서의 역할을 준비하는 23세까지의 시기를 말한다. 이 시기에는 주로 심리적·사회적 정체감을 형성해 나가는 일이 중요한 과업이다. 청소년 후기에는 심리적 독립으로 인해 일상의 문제를 스스로 처리하고 결정해 나가게 되며 부모로부터 독립하면서 청소년 전기에 겪었던 부모와의 갈등이 해소되고 점차 부모와의 관계가 긍정적으로 회복되는 시기이다.

청소년 후기에는 자아정체감 형성을 통해 자신의 인생이라는 삶의 구조를 튼튼하게 형성해 나가고 발달시켜 인생구조를 설계하는 시기이다. 인생의 목표를 달성하고자 하는 꿈, 희망, 동기, 가치, 욕구, 능력 등으로 인한 충돌이 발생하며 이러한 현상들을 사회문화적인 측면에서 적응시키고자 노력하는 시기이다. 이러한 과정에서 많은 갈등과 방황을 경험하게 된다. 청소년 후기의 자아정체감이란 자신을 다른 사람과 분리된 '독특한 개인', '개성인'이라는 측면으로 인식하고 대인관계, 역할, 목표, 가치, 이념 등에서 자기다움을 찾아 형성하는 것을 말한다. 즉, 부모에게 의존하던 아동기적 관계에서 벗어나 자신의 판단과 의지로 행동하려는 과정에 작용하는 것이 자아정체감이다. 에릭슨(Erikson, E. H.)은 자아정체감은 전 생애에 걸쳐 인간이 획득해야만 하는 발달과업인 동시에 청소년기의 중심적인 과업으로 청소년 후기를 자아정체감 확립의 결정적 시기로 보고 있다. 청소년 후기에 자아정체감이 제대로 형성되지 않으면 자아정체감 혼란이 일어나는데 이는 책임감 있는 성인으로서의 행동이 지연되고 오히려 아동기로의 퇴행이 일어나게 된다.

청소년 후기의 중요한 과업은 성역할에 대한 정체감 형성과 직업선택이다. 성역할 정체감이란 자신의 사회문화권에서 통용되는 남성다움이나 여성다움을 자신의 것으로 수용하여 내면화하는 것을 말한다. 일반적으로 지금까지의 성역할 사회화는 남성은 적극적이며 경쟁적인 작업을 수행하는 것에 익숙하도록 사회화되고, 여성은 정서적이고 관계지향적이며 일보다 가사에 더 많은 관심을 갖도록 사회화되는 것을 일반적이라고 보았다. 이처럼 사회적으로 정형화된 성역할을 규정하는 것은 바람직하지 않다. 특히 양성평등의 관점에서 보면 정형화된 성역할은 남성과 여성 모두에게 불리한 결과를 가져다준다. 남성이 일을 통해 정체감을 확립해야 한다는 사회적 압박은 경제적인 능력을 학대시켜야 하는 책무로 받아들여지게 된다. 이와 같이 정형화된 성역할은 창조성과 개성을 방해하여 자신의 개성과 능력에 가까운 역할을 융통성 있게 사용하여 창조적인 역할을 수행하게 하는 데 지장을 초래하게 된다.

최근에는 성역할에 있어서 많은 부분이 양성평등의 문화로 접근해 가고 있다. 양성평등의 문화는 남성에게도 좀 더 여성스러운 남성을 요구하고 여성에게도 좀 더 남성스러운 여성을 요구하고 있다. 이제는 남녀 모두 전통적인 성역할에서 벗어나 보다 독립적이고 자신의 개인적인 생활양식을 구사할 수 있는 기회를 가져야 한다. 그러한 독립적인 생활양식이 곧 모든 사람에게 심리적인 성차를 폐지해야 한다는 것은 아니다. 성별에 따라 어느 것이 적절하다고 규정된 행동을 만드는 것은 바람직하지 않다는 의미이다.

청소년 후기의 또 다른 중요 과업 중의 하나가 바로 직업선택이다. 직업은 단순히 생계를 이어가기 위한 수단만이 아니라 개인이 자신에 대한 개념을 규정해 나가는 하나의 과정이다. 직업은 개인의 사회적 역할과 개인의 정체감을 표현해 주는 일환이다. 긴즈버그(Ginzburg)는 인간이 직업을 선택해 나가는 단계를 환상기, 시험기, 현실기 등의 3단계로 규정하고 단계별 내용을 설명하고 있다.

먼저 환상기는 아동기의 직업관으로 자신의 능력이나 기회 등의 현실적 문제를 생각하지 않고 개인의 소망만을 근거로 직업을 선택하는 단계를 말한다. 시험기는 청소년 초기의 직업선택으로 다양한 직업에 대해 심사숙고하고 직업선택을 위해 진학문제를 고려하는 단계이다. 현실기는 청소년 후기에 해당되는 시기로 실제적인 경험이나 교육과 훈련을 통하여 특정한 직업을 선택하게 되는 시기를 말한다.

청소년 후기에는 바른 생활태도를 익히는 일이 중요하다. 이 시기에 대부분 잘못된 생활습관으로 문제를 야기하게 되는 경우가 종종 발생한다. 건강증진을 위한 바른 생활태도를 실천하는 것이 중요하고 음주, 흡연, 성 등에 대한 바른 태도를 익혀 습관화할 수 있도록 하는 일이 그 무엇보다 중요하다.

8) 성인기와 젠더 발달

성인기는 23세부터 시작하여 60세까지의 시기로 결혼과 직업선택에 대해 비교적 안정기로 접어드는 시기이다. 일반적으로 성인기에는 남녀가 만나 단순히 성적인 욕구뿐만이 아니라 정서적인 애착관계를 유지하면서 삶을 공유하는 생활을 한다. 성인기의 성은 초기 성인기(Early Adulthood), 중년기(Middle Adulthood), 완경기(The Menopause)로 나눌 수 있다.

초기 성인기는 20세부터 40세까지의 시기로 결혼이나 직업선택과 같은 인생의 중요한 결정이 완료되고 비교적 안정기에 접어들어서 직업적 생활과 성생활에 대한 즐거움을 향유하는 시기이다. 최근에 와서는 젊은이들의 결혼이 늦어지는 경향이 있는데 대개 20대에 결혼을 통해 이성과의 성경험을 하는 것이 출산을 위해서도 바람직한 것으로 알려져 있다. 결혼을 하고 어느 정도의 기간이 지나고 나면 일상적인 생활에 쫓기어 성생활의 즐거움이나 빈도가 줄어들게 되고 일상적인 생활과 성생활이 조화를 이루지 못하게 되면 혼외정사나 이혼 등과 같은 문제에 직면할 수 있다. 가정이 파탄되어 이혼을 한 사람들은 다시 재혼을 선택하는 경우가 많은데 재혼을 시도하는 대부분의 사람들은 한번 경험을 했으니 재혼을 하면 이전과 달리 결혼생활을 잘 할 수 있다고 생각하지만 그것은 착각이다. 재혼을 한다고 해서 더 행복해진다는 증거는 없으며 오히려 이전 결혼생활 때와 같은 문제가 다시 나타난다.

중년 성인기는 40대 시기로 자신에 대한 그동안의 삶을 되돌아보고 재조명해 보는 시기이다. 성적인 면에서 중년 남성은 40대에 이르면 정력은 끝난 거나 다름없다고 생각하고 성적 좌절을 쉽게 겪게 되면서 이를 극복하기 위해 젊은 여자를 상대로 혼외정사를 시도하기도 한다. 또한 중년 여성들도 그동안 남편과 아이들 뒷바라지에서 벗어나 자신을 되돌아보게 된다. 하지만 인생의 여유 있는 시기와 함께 완경기가 겹쳐와 성적으로 쇠진했다는 느낌에 빠져 우울증을 보이기도 한다.

중년 완경기는 50대부터 60대에 이르는 시기이다. 일반적인 여성들은 40

세가 되면 배란이 감소하고 48세에서 52세가 되면 월경이 완전히 끝나 완경기를 맞이한다. 이 시기의 여성들은 가장 흔하게 신체의 윗부분이 후끈거리는 것을 자주 느끼면서 이로 인한 불면 등에 시달리기도 한다. 이 외에도 어지러움, 발한, 질의 위축이나 질액 분비의 감소 등으로 인해 성교 시 고통을 느낄 수 있고 신체의 탄력성 감소, 유방 위축 등도 나타날 수 있다. 대개의 경우 치료를 받지 않고도 자연스럽게 소멸되지만 심한 경우에는 의사의 도움을 받아야 한다.

9) 노년기와 젠더 발달

노년기(Late Adulthood)는 60세 또는 65세 이후의 시기를 말한다. 일반적으로 노인의 성은 귀찮고 쓸모없는 존재이며 성생활도 하지 않을 것으로 생각하고 있으나 노인들도 성을 즐기거나 관심을 가지고 있다. 대부분 노인들은 성에 대해 초월해야 성숙한 상태에 도달할 수 있다고 생각하는 경향이 있는데 실제로는 노인들도 성적인 기쁨을 누리고 싶어 한다. 노인들은 혼자인 경우에 자위행위를 흔히 즐기는 것으로 알려져 있다. 노년기에도 건강상태만 괜찮다면 비록 생식능력은 없을지라도 성생활에는 전혀 무리가 없다. 특히, 남성들은 여성들과는 달리 정자의 양은 감소하지만 90대까지도 생식능력이 있고 성호르몬의 분비도 여성에 비해 그렇게 저하되지 않는다. 남성은 여성들처럼 완경기는 없지만 60세를 넘기면서 남자들의 약 5% 정도에서 피곤함, 식욕저하, 정력 감퇴, 집중력 저하 등과 같은 증상을 보이는 경우는 있지만 이러한 현상이 성생활에 장애를 초래할 정도는 아니다. 나이가 들어도 성을 함께 할 적절한 배우자와 분위기만 마련된다면 성생활을 즐기는 데에는 노인들도 젊은이들과 다를 바가 없다.

2. 청소년의 성 발달과 젠더 문제

1) 청소년기의 성적 특성

성은 개인에 따라 서로 다른 가치를 갖는다. 개인적인 성에 대한 가치관의 차이로 성이 무엇이냐는 개념 또한 단적으로 말하기가 쉽지 않다. 성은 우리 사회의 환경과 문화를 포괄하는 개념으로 형성되기 때문에 '성은 이런 것이다'라고 개념을 규정한다는 것은 쉽지 않다. 자신이 배우고 성장하면서 느낀 바에 따라 그 의미가 각각 다르게 정의되기 때문이다.

청소년기는 생물학적으로 보면 생식기관이 성숙하는 시간으로 일생 동안 태아기의 초기 단계 이후 가장 큰 성적 분화가 이루어지는 시기이다. 따라서 이 시기가 되면 개인은 성적으로 성숙하게 되고 생식할 수 있는 능력을 갖게 된다. 특히 청소년기의 발달은 신체적 발달 이외에 정신적인 변화가 수반된다는 점이 특징이다. 청소년기의 정신적 변화는 정신의 발달과 남녀 간의 성적 차이를 명확히 하는 2차 성징으로 성의식을 발달시켜 강렬한 성적 욕구가 일어나게 하는 요인이 된다. 운동능력이나 작업능력 등의 발달에서도 현저한 차이가 생기기 시작하여 일에 대한 흥미나 선택에 있어서 남녀 간에 차이가 나타난다.

청소년기에는 이성에 대한 호기심이 강렬해지고 동경하게 되며 성적인 충동으로 갈등과 고민에 빠지기도 한다. 이 시기의 남녀는 신체적인 것에 관심이 높아지고 성적인 사물이나 이미지에 대한 호기심도 매우 높아진다. 성적인 상상과 백일몽이 많은 데 비해 이성과의 접촉할 기회가 많지 않기 때문에 연예인, 운동선수, 선생님 등을 정서적인 대상으로 삼아 활동하기도 한다. 오늘날 청소년들의 성 행동의 원인은 크게 신체·심리적 관점과 사회·문화적 관점에서 설명된다. 신체·심리적 관점은 청소년기 성행위의 원인을 신체적 변화와 이에 따른 심리적 갈등에서 찾고자 하는 관점이고 사회·문화적 관점은 청소년의 성행위가 사회·문화적 환경에 의해서 발생한다고 보는 관점이다.

오늘날 우리 사회에서 발생하는 많은 문제 중에서 청소년의 성문제가 우리 사회의 큰 문제로 대두되고 있다. 특히 정보화가 발달하면서 청소년들은 성에 대해 잘못된 지식과 정보로 인하여 많은 실수와 범죄를 저지른다는 데 그 심각성이 있다. 청소년들의 신체적 성숙과 이에 수반된 감정적 변화들은 청소년들의 변화에 대한 정서적 통합에 문제가 있다. 이러한 변화들이 자신에게 있어 성장해 간다는 기쁨보다는 두려움이 앞설 것이고 그러한 자신을 바라볼 때 혐오스럽게도 느껴질 것이며 또한 빨리 성장하고 싶은 욕구가 있는 반면에 성인이 되어야 한다는 위협감도 느낄 것이다. 때로는 이러한 현상들이 정상적인 것인지 비정상적인 것인지 판단을 내리지 못하는 어려움을 겪기도 한다.

저실드(Jersild)는 청소년의 성을 성적으로는 성숙되어 있지만 사회적 통제와 미혼이라는 이유로 그 욕망을 충족시키지 못하는 이른바, 성적 실업자로서의 관점에서 성인의 성과는 다른 특징을 다음과 같이 제시하였다.

첫째, 신체·생리적 변화가 일어남에 따라 청소년은 자신의 변화에 대하여 불안과 호기심으로 이해하려 한다.

둘째, 이것이 계기가 되어 성적 사상에 대한 탐구심이 왕성해진다.

셋째, 이성에 대한 관심이 싹트고 이성에 대한 접근과 교제를 하고자 원하지만, 교제라든가 연애 및 결혼에 대하여 아직 충분한 이해가 되어 있지 않으며 막연한 자기에게 편리한 대로의 견해와 사고방식으로 행동한다.

넷째, 이 시기는 성욕의 배출구 때문에 문제를 갖는 자가 적지 않으며 사회적인 성문화에 의한 자극이 강하여 이를 소화하지 못하는 데서 오는 문제도 크다.

다섯째, 특히 성인의 성도덕관과 청소년의 성도덕관의 차이 때문에 때로는 억압된 형태로 때로는 방임적인 형태로 기울어져서 여러 가지 성적 악순환의 문제를 만들게 된다.

그러므로 청소년들에게 성적발달에 맞는 성지식과 성에 대한 올바른 가치관을 심어주어 성적욕구를 승화시켜 건전한 사회인으로 성장할 수 있도록 구체적이며 실질적으로 도움을 줄 수 있는 성교육 방안의 마련이 하나의 해결책이 될 수 있다.

2) 청소년기의 성행동

청소년들은 음란 출판물, 인터넷, 텔레비전 등을 보면서 성에 대해 눈을 뜨게 된다. 길거리에서 쉽게 접하는 각종 음란선전물의 문구들이나 사진들이 호기심 많은 청소년들의 눈길을 끄는 것은 당연한 일이다. 가르쳐 주지 않아도 아이들은 주변에 널려 있는 성 관련 이미지를 보면서 알기 시작한다. 소비를 최고의 선으로 생각하는 자본주의 사회는 성관계를 미화시키며 끊임없이 성관계에 대한 욕망을 제조하는 곳이다.

청소년들은 성이라는 말에서 가장 연상되는 낱말로 성관계, 키스, 이성, 이성교제, 사랑, 순결 등을 꼽는다. 남학생은 성을 보다 더 성기나 육체를 중심으로 인식하고 있는 반면, 여학생은 성을 로맨스와 연결시키고 피해자의 입장에서 바라보는 성향이 있는 것으로 알려져 있다. 즉 남성은 유희적인 성향이 강하며 여성은 로맨스와 연결시키고 피해자의 입장에서 바라보는 성향으로 대개 여학생의 경우가 성을 부정적으로 보는 성향이 많다.

청소년기의 성행동은 청소년기에 많이 이루어지고 있는 이성교제부터 청소년기에 보편적으로 직면하게 되는 성충동 문제까지 성과 관련된 행동들, 즉 손잡기, 팔짱 끼기, 키스, 애무, 성교, 자위행위 등을 모두 포함한다. 현대사회의 청소년들의 성을 올바로 이해하기 위해서는 청소년의 일반적인 신체적, 심리적 특징은 물론이고 이들의 성행위에 미치는 특수한 사회, 문화적 관점을 고려해야 한다. 청소년의 성 행동의 원인을 설명하는 관점에서는 크게 신체·심리적 관점과 사회·문화적 관점이 있다. 이를 구체적으로 살펴보면 다음과 같다.

첫째, 신체·심리적 관점은 청소년기 성행위의 원인을 신체적 변화와 이에 따른 심리적 갈등에서 찾는 관점이다. 청소년기에 자연스럽게 나타나는 성적욕구와 관심은 이성교제에 대한 관심을 유발시키고 성에 대한 갈등과 스트레스를 유발한다. 청소년들은 이러한 성적 갈등을 해석하기 위해 비행적인 성행위를 모방하거나 정반대로 억압하고 금기시함으로써 성행위에 대한 부정적인 견해를 갖기도 한다.

둘째, 사회·문화적 관점은 청소년의 성행위가 사회·문화적 환경에 의해서 발생한다고 설명하는 것이다. 이러한 관점은 신체적 발달에 의하여 나타나는 성적충동과 성적 관심은 자연스러운 현상이지만 사회·문화적인 가치와 성윤리에 의해 이루어지는 성의 사회화 과정에 따라 성행동이 결정된다는 것이다. 성의 사회화 과정은 청소년기뿐만 아니라 인생의 전 과정을 거쳐 개인의 섹슈얼리티를 결정하는 중요한 역할을 한다. 따라서 청소년들의 성적인 행위가 갈등을 해소하기 위해 비행 행동을 하는 일탈적 행위로만 바라볼 것이 아니라 사회화 과정으로서 사회구성원 전체와 관련되는 산물로 보아야 한다.

3) 청소년의 젠더 문제

(1) 청소년 젠더 문제의 원인

청소년 성문제의 원인은 다양한 관점에서 제기할 수 있다. 청소년의 다양한 성문제 중 그 원인이 우리 사회의 사회제도적인 측면에서 발생하게 되는데 그 원인을 몇 가지 제시하면 다음과 같다.

첫째, 학교교육에서 체계적인 성교육을 실시하지 않고 있다. 학교교육을 통해 학생들의 발달단계에 맞는 성교육이 필요함에도 불구하고 실질적인 성교육이 실시되지 않고 있다는 점이다.

둘째, 잘못된 성의식 구조가 청소년 성범죄를 급증시키는 원인이 된다. 우리 사회의 성문화가 남녀 평등적 관점이 아니라 남성 위주의 성문화로 정착되어 있어 청소년이 성을 인격체로 보지 않는 데서 많은 성범죄가 발생하고 있다.

셋째, 우리 사회에서 남성의 성욕과 공격성을 남성적이라는 측면으로 부각시켜 전적으로 받아들이는 문화가 청소년들의 성폭행, 성적학대, 성매매 등의 탈선과 윤락을 조장하는 원인이 되고 있다.

넷째, 성에 대한 윤리가 이중적이다. 성에 대한 비윤리성을 강조하면서도 자신은 비윤리적인 성행위를 행하는 이중적 태도가 청소년들의 성가치 형성에 부정적인 영향을 미치고 있다. 이러한 이중적 가치가 우리 사회의 퇴폐와 향락산업을 성장시켰다.

다섯째, 가족관계의 문제가 청소년의 성 비행을 일으키는 원인이 된다. 가족의 붕괴현상이 청소년 성 비행을 가속시키는 원인이 되고 있다.

여섯째, 현행 교육제도의 문제가 청소년 성 비행에 심각한 영향을 주고 있다. 진정한 행복을 위한 삶보다는 입시 위주의 학교교육이 학생들의 성 비행을 부추기는 역할을 하고 있다.

(2) 청소년 젠더 문제의 유형

① 성 관련 고민과 이성교제

청소년기는 아동기에서 벗어나 신체적으로는 성숙이 이루어지는 시기이다. 이 시기에 청소년들의 가장 큰 관심거리는 사랑과 이성교제일 것이다. 청소년에게도 이성교제는 최고의 관심사이며 고민거리이다. 대부분의 청소년들은 이성교제를 긍정적으로 바라보고 있지만 이성에 대한 지나친 집착에서 오는 문제나 일시적 충동과 유혹에 따른 행동 문제, 성을 경제적 수단이나 쾌락의 도구로 여기는 문제 등 다양한 성문제를 수반한다.

청소년기의 이성교제는 각자 다른 성에 대한 이질적 특성을 발견할 수 있도록 해주며 자신의 성격이 다른 사람들에게 긍정적인 평가를 받는지 부정적인 평가를 받는지에 대한 것을 알게 해주어 원만한 대인관계 형성에 도움을 준다. 하지만 아직 미성숙한 청소년들에게는 이러한 문제가 부정적인 측면만 부각되어 파국으로 치닫는 길이 될 수도 있다. 또한 보편적으로 직면하게 되는 현상인 성충동으로 인하여 청소년기의 성행동의 특성들이 나타나기도 한다. 특히 대표적인 청소년기의 성행동으로는 성적인 꿈을 꾸면서 사정을 하는 몽정현상, 자신의 성기를 자극하거나 스스로 애무하여 사적 쾌감을 느끼는 자위행위, 미성년 남녀의 성관계 등을 들 수 있다.

청소년들의 성행동에 영향을 주는 요인으로는 학교에서의 성교육, 매스 미디어, 선정적인 잡지, 영화, 비디오, 친구나 데이트 상대의 압력 등이 모두 고려될 수 있으나, 그중 데이트 경험이 혼전 성행동에 가장 강력한 영향을 주는 것으로 밝혀졌다. 이처럼 청소년기의 이성교제나 성충동에 의한 성행동은 현재뿐만이 아니라 앞으로의 생활에까지 커다란 영향을 미치게 되므로 청소년들의 성행동 특성에 대한 올바른 이해가 필요하다.

② 혼전 성관계에 대한 태도와 성관계

청소년기에는 다양한 요인에 의해 성관계를 시도한다. 이러한 청소년들의 행태를 생물학적인 입장에서는 청소년기에 테스토스테론이라는 호르몬이 남녀 모두에게 분비되는데 이 호르몬이 성적 흥분을 자극하여 성행동을 촉진시키는 역할을 하기 때문이라고 설명한다. 청소년의 성행동에 대한 심리적인 요인은 신체변화와 이에 따른 성적 호기심을 충족시키려는 시도와 성에 대한 탐색이다. 또한 성에 대한 사회적인 요인은 또래의 압력, 즉 청소년들이 자신이 속한 집단에서 성관계를 통해 충성심과 단결을 표현하는 방법으로 성관계를 시도하기 때문이기도 하다(채규만, 2012). 우리 사회가 점점 성에 대해 개방적인 방향으로 변화되어 가면서 혼전 성관계나 성관계 경험 비율에 있어서 높은 수치를 나타내고 있다. 따라서 개방화에 맞춰 이성과의 관계에서 우리가 지녀야 할 올바른 태도가 무엇인지에 대한 가치관의 정립이 필요하다.

③ 미혼모와 청소년 비행

청소년들의 불건전한 이성교제와 혼전 성관계가 늘어나면서 미혼모가 증가하는 문제가 발생하고 있다. 청소년 미혼모들의 임신 원인을 살펴보면 미혼모의 대부분을 차지하는 청소년이 주로 우연히 만나거나 직장에서 연결되어 피임에 대한 준비 없이 순간적인 충동에 의해 성관계를 맺고 임신하게 되는 경우가 대부분이다. 아기를 출산하는 대부분의 미혼모들은 피임을 못하거나 무지로 인해서 임신하게 되는 경우가 많다.

최근 발생하는 청소년 성폭력의 유형을 보면 강간뿐만 아니라 추행, 성기 노출, 성희롱, 음란전화 등으로 다양해지고 있다. 이러한 성 비행의 원인으로 청소년들의 쾌락주의적 청년문화가 지적되고 있다. 청소년들에 대한 올바른 성가치 정립이 무엇보다 중요한 때이다.

④ 성도착증

성도착증은 일종의 성적장애로 소수의 인구에서 발견되는 현상이다. 발병은 주로 남자에게서 많이 나타나는데 강력한 성적충동과 함께 성적 흥분을 위하여 행위에 있어서 비정상적인 상상, 대상, 행위 또는 방법을 사용하는 성적장애가 지속적이고 반복적인 행위로 나타나는 현상이다.

성도착증이 발병하는 시기는 대부분 18세 이전이 가장 많아 전체 발병자의 50%가 이 연령대에 있다. 보통 세 개 이상의 도착증이 동시에 나타난다. 가장 많이 발생하는 연령대는 15~18세이고 25세 이후에는 점차 감소하는 현상을 보인다. 50세가 넘으면 일부 고립적인 생활을 하거나 도와주는 파트너가 있는 사람을 제외하고는 성도착증이 대부분 사라진다. 성도착증의 유형에 따른 특성은 다음과 같다.

표 4-2 성도착증의 유형별 특성

유형	특성
여성물건애	• 성적 흥분과 만족을 위하여 어떤 물건에 의존하는 경우 • 남성에서만 볼 수 있는 도착증 • 이성의 몸과 친밀히 연관될 수 있는 여성의 옷가지 등이 주 대상임 • 대개 사춘기 시절 시작되면 극치감은 자위로 얻음
의상도착증	• 어린 시절이나 초기 청년기에 시작됨 • 성적 흥분을 얻기 위해 이성의 옷을 수집, 보관하고 입는 경우 • 이성의 복장을 입고 있을 때 자위행위로서의 극치감을 얻음
노출증	• 경계하고 있지 않는 낯선 사람에게 자신의 성기를 노출하고픈 강한 충동을 느끼거나 실제로 노출하는 행위 • 성적 흥분은 노출의 기대에서 일어나고 극치감은 자위행위로 경험함 • 사춘기 이전에서 중년 사이에 발병하며 상대방에게 성행위를 요구하지는 않음
관음증	• 다른 사람의 성행위를 엿보거나 다른 사람이 옷을 벗는 것을 보고 성적 흥분을 느끼는 성적 행동 • 엿보기가 단순히 성적 유혹의 한 요소가 아니라 성적 만족을 얻을 수 있는 유일하거나 주요한 원인이 될 때 비정상적인 행위로 여김 • 들킬지도 모른다는 조바심이 엿보는 사람을 더욱 흥분시키는 요소로 작용함 • 대개 어린 시절 동안 일어나며 남자들에게서 흔히 있음
소아기호증	• 13세 이하의 소아가 성행위 또는 성적 흥분의 대상으로 반복적으로 이용되는 경우 • 소아기호증 환자의 95%가 이성애적이며 중년 이후에 잘 발생함
성적 가학증	• 성적 흥분을 위해 타인에게 심신의 괴로움을 주는 것 • 동의하지 않은 상대자에게 심신의 고통을 반복적으로 줌으로써 성적흥분을 얻는 경우 • 합의된 상대자에게 독특한 모욕이나 신체상의 가벼운 상처, 난폭한 성행동을 하는 경우
성적 피학증	• 성 파트너로부터 괴로움을 당함으로써 성적 만족을 얻는 경우 • 구타, 채찍질, 묶임, 기타 고통을 당하면서 성적 흥분을 얻는 경우 • 성적 피학증의 경우 가학적 환상도 함께 갖고 있으며, 남자보다 여자가 더 많고 성인 초기에 주로 시작됨
마찰성욕도착증	• 혼잡한 지하철 등에서 이성과의 피부접촉과 마찰을 통해 성적 흥분을 일으킴
기타	• 전화이설증, 동물기호, 불결애증, 시체성애증, 괴이성도착증 등

제2부

관계적 차원의 가족과 젠더

제5장 가족구성원 간의 인간관계

인간관계는 둘 이상의 사람이 만나 만들어내는 개인적이고 정서적인 관계를 말한다. 이러한 관계는 추론, 사랑, 연대, 일상적인 사업 관계 등의 사회적 약속에 기반을 둔다. 본래 인간은 사회적인 존재로서 사회 속의 많은 이해관계 집단이나 조직과의 상호관계를 통하여 생활해 나간다. 즉 인간은 태어나면서부터 가족이라는 집단에서 시작하여 점차 그 활동범위를 넓혀가면서 관계를 확대시켜 나간다. 따라서 이러한 관계 속에서 적응해 나갈 수 있는 자질을 갖추는 일이 중요하다.

1. 배우자와의 인간관계

1) 성공적인 결혼의 요소

전통사회에서는 결혼은 가계를 승계하고 종족을 보존하기 위한 수단으로 여겨져 결혼 당사자보다는 부모나 가문에 배우자 선택권이 있었다. 하지만 최근에는 여성의 사회진출 확대와 교육수준의 향상, 양성평등의 사상 등으로 인하여 남녀 간의 교제가 자유로워짐에 따라 배우자의 선택권이 본인에게 있을 뿐만 아니라 선택기준도 다양화되고 있다. 또한 결혼의 의미도 다양화되고 있다.

그렇다면 과연 '성공적인 결혼은 무엇일까?' 일찍이 투르니에(Tournier, 1954)는 결혼에 대해 "모든 성교행위는 결혼이며, 그것은 인간적 행위이면서 동시에 신성한 행위이다"라고 하였다. 이런 의미에서 성공적인 결혼은 신성한 의식을 통한 성교가 될 수 있을 것이다. 이처럼 성공적인 결혼은 결혼의 의미나 목적에 따라 달라질 수 있다. 성공적인 결혼의 조건으로는 다음과 같은 점을 들 수 있다(성교육교재편찬위원회, 2016).

첫째, 성공적인 결혼을 위해서는 결혼에 따른 여러 가지 책임과 의무를 다할 수 있는 두 사람의 신체적, 정신적, 사회적, 경제적, 법적 성숙이 이루어져야 한다. 신체적인 성숙은 자녀를 출산하고 양육할 수 있을 만큼 신체적으로 성숙하고 건강한 것을 말한다. 정신적 성숙은 자기 자신을 수용하고 자기행동에 책임을 질 줄 알며 남을 배려할 수 있는 것을 말한다. 즉 사랑의 능력이 있어야 한다. 정신적으로 미성숙하여 감정적으로 미숙한 사람은 사소한 일에 감정적으로 대응하면서 자신의 감정에 매몰되어 다른 사람의 감정을 고려하지 않는다. 또한 자신이 과거에 감정적으로 당했던 기억을 절대로 잊지 않고 다른 사람을 의심한다. 사회적 성숙은 사회의 권위와 전통을 존중하고 원만한 사회생활에 필요한 기본지식, 행동양식을 갖추는 것을 말한다. 사회적으로 성숙된 사람은 편견을 피하고, 자신의 행동과 그 행동의 결과에 대해 책임을 지고 가족, 친구, 교사, 동료들의 결점이나 약점, 모순점에 대해 인내력을 가지고 규칙과 법을 준수하는 것을 의미한다. 경제적 성숙은 부모로부터 독립하여 자신과 가족을 부양할 수 있는 경제적인 준비가 되어 있는 것을 말한다. 법적 성숙은 당사자 모두 만 18세 이상이면 혼인이 가능하지만 미성년자의 경우 부모의 동의가 필요하다.

둘째, 결혼 당사자인 자신의 결혼 관련 사항을 철저히 파악해서 자신이 선호하는 것을 명확히 하는 것이다. 즉 '나는 어떤 사람인가?', '내가 좋아하는 배우자상은 무엇인가?'를 생각해보고 내가 생각하는 결혼에 대한 개념과 결혼의 동기, 결혼에 대한 기대, 결혼생활에서 가장 중요하다고 생각하는 것, 행복한 결혼에 대한 의미, 결혼생활에 대한 모델 등에 대해 파악하는 것이다.

셋째, 성공적인 결혼을 위해서는 바람직한 동기가 필수적이다. 결혼을 위한 바람직한 동기란 자신과 배우자의 존재 자체에 가치를 두고 배우자와 가정을 이루는 과정을 소중하게 여기는 내적인 동기를 의미한다. 반면 행복하지 않은 결혼생활이 될 가능성이 큰 바람직하지 않은 결혼의 동기는 가족에게서 도피하기 위한 결혼, 부모에게 효도하기 위한 결혼, 순간적인 열정이나 비현실적인 기대에 의한 결혼, 사회적·경제적 지위 상승을 위한 결혼, 이전 교제가 깨진 것에 대한 반발로 하는 결혼, 상대방에 대한 동정심으로 하는 결혼 등이다.

넷째, 성공적인 결혼을 위해서는 양가 가족의 의견을 수렴하고자 하는 노력이 요구된다. 오늘날 우리사회의 가족형태는 외형적으로는 주로 핵가족 형태이지만 문화적으로는 친족 간의 전통적인 의례와 관습이 강조되는 확대가족의 성격을 잠재적으로 지니고 있다. 따라서 현실적으로 어려울지라도 성공적인 결혼을 위해서는 결혼 당사자가 양가 가족의 의견을 수렴하고 조정하기 위해 노력하는 태도가 필요하다. 이를 위해서는 결혼 당사자는 물론 양가 부모의 노력도 중요하다.

2) 배우자 선택의 SVR 이론

배우자를 선택하는 일은 인생의 중요한 전환점이 될 수 있다. 배우자를 선택하여 결혼을 하고 가족을 형성하는 일은 개인뿐만이 아니라 가족과 사회의 입장에서도 매우 중요한 일이다. 배우자는 일생의 동반자로서 평생에 걸쳐 희로애락을 같이 하며 사회적 지위와 관계에 영향을 미치기 때문이다. 하지만 배우자를 선택한다는 것은 쉬운 일만은 아니다. 배우자를 선택하는 과정에 있어서 다양하고 복잡한 과정을 경험하게 된다.

배우자 선택과 관련된 대표적인 이론으로 SVR 이론이 있다. SVR 이론은 자극-가치-역할(Stimulus-Value-Role)이라고 하는 영어의 앞글자를 따서 만든 것으로 '자극 가치 역할이론'이라고 불리기도 한다. 이는 머스틴(Murstein)이 주장한 이론으로 배우자 선택 과정을 3단계로 구분하여 설명하고 있다.

머스틴이 말하는 3단계는 자극단계, 가치단계, 역할단계이며 단계별 내용은 다음과 같다.

자극단계(Stimulus stage)는 매력에 의한 끌림의 단계를 말한다. 이 단계에서는 상대방의 신체적 · 사회적 · 정신적 속성을 알게 됨으로써 끌리기 시작하는 것이다. 즉, 상호작용이 이루어지기 전에 관찰 가능한 상대방의 자질을 평가하여 매력을 발견하는 것이다. 이러한 매력은 상대방이 소유한 자원과 가능성에 달려있다. 각자가 소유하고 있는 자산, 예컨대 외모, 사회성, 지적 능력, 명성과 같은 속성에 대한 상대방의 평가를 기초로 하여 매력이 결정된다. 이 자극단계에서는 쌍방이 가지고 있는 자원을 비교하는데 이때 상대방으로부터 얼마만큼의 보상을 받느냐에 따라 그 관계가 지속되고 깊어진다.

가치단계(Value stage)는 서로가 자신들의 가치가 상대방에게 적합할 수 있는가를 평가하는 단계이다. 즉 두 사람이 기본적인 신념과 가치에서 상호합의에 이를 수 있는지를 알아보는 단계이다. 자신이 지니고 있는 인생에 대한 태도, 성역할, 결혼 등에 관한 가치를 상대방과 비교하여 모순되지 않고 용납할 수 있는가를 살펴보는 단계로 정치나 경제, 일, 인간관계, 여가생활, 생활방식 등에 대해 대화를 나누면서 확인해 나가는 단계이다.

역할단계(Role stage)는 서로에게 부부의 역할이 남편으로서 또는 아내로서 적합할 수 있는지를 판단하고 확인하는 단계이다. 서로가 협동적인 역할관계를 정립할 수 있는지 확인하는 단계로 가정의 주도권은 누가 잡을 것인지, 가정 일을 수행할 사람은 누구인지에 대해 탐색하고 바람직한 부부의 역할 관계에 대해 탐색하는 단계이다. 하지만 분명한 사실은 역할단계에서 두 사람이 모든 면에 있어서 완벽할 수는 없다는 점이다.

대부분의 사람들은 이러한 세 단계가 성공적으로 이루어지면 일반적으로 결혼을 결정한다. 세 단계 중에서 어느 단계에서든지 간에 서로가 맞지 않으면 두 사람의 관계는 그 단계에서 머무르거나 종결되는 것이 일반적이다. 하지만 일부 사람들의 경우에는 자극단계 혹은 가치단계를 기초로 결혼을 결정하는 경우도 있다. 세 단계에 따른 단계별 중요도를 그림으로 나타내면 다음과 같다.

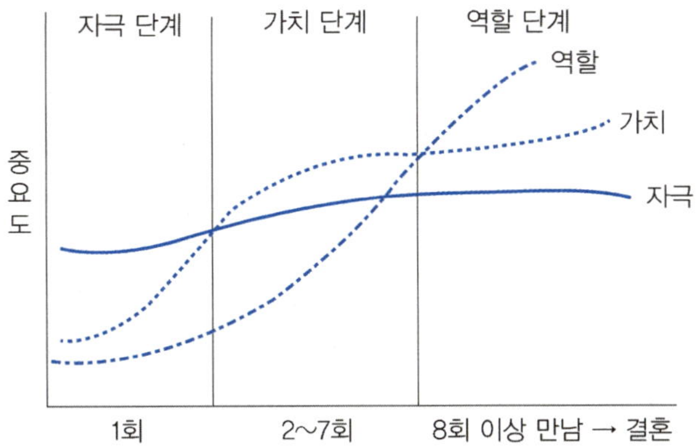

그림 5-1 SVR 이론의 배우자 선택과정에 대한 중요도 변화 추이

2. 부모와 자녀의 관계

오늘날 가족형태의 대부분을 차시하고 있는 핵가족은 부모와 자녀를 중심으로 이루어져 있다. 이러한 가족형태에서 가장 중요한 것은 부모와 자녀와의 관계이다. 부모와 자녀와의 관계가 원만하고 긍정적이면 성공적인 가족관계가 형성되겠지만 그렇지 못할 경우에는 가족관계가 난관에 봉착하게 된다. 가족관계에 대한 올바른 이해는 가족구성원들의 행복과 무관하지 않다.

1) 부모와 자녀 관계

부모와 자녀의 관계는 부부관계 못지않게 중요한 관계유형이다. 부모와 자녀는 인간관계에서 가장 혈연적인 관계이며 본능적 애착이 강한 사랑의 관계로서 독특한 양상을 나타냄과 동시에 사회적 관계이기도 하다. 하지만 부모와 자녀와의 관계에서 부모는 보호자로서의 책임과 역할을 부여받는다. 따라서 부모는 자녀가 건전한 사회인으로 성장할 수 있도록 심혈을 기울여야 할 책무를 부여받는다.

부모와 자녀와의 관계는 천륜의 관계로서 어떠한 인간관계보다 사랑하는 관계이며 일생 동안 끊을 수 없는 운명적인 관계이다. 따라서 상호 간에 지속적으로 영향을 주고받는 의미 있는 관계이다. 자녀가 세상에 태어나 일차적인 영향을 받는 곳은 바로 가정이다. 부모와 관계를 맺고 있는 가정환경이 다른 어떤 집단보다 가장 큰 영향을 준다. 따라서 부모와 자녀와의 관계는 어떤 인간관계보다 중요하며 자녀가 어떤 인간으로 성장하는가를 결정해 주는 중요한 변수가 된다.

(1) 모녀관계

모녀관계는 다른 어떤 관계보다 특별한 의미를 가진다. 오랫동안 모녀간에는 애착관계를 바탕으로 높은 정서적 결속력을 유지해 온 관계이기 때문이다. 하지만 성인기를 맞이한 딸과 엄마와의 관계는 그리 순탄치만은 않다. 이 시기에 나타나는 모녀간의 갈등은 수많은 가정에서 쉽게 찾아볼 수 있다. 모녀간의 관계는 두 사람 모두 여성이라는 특성을 공유하는 사이의 관계이다. 따라서 모녀간에는 훈육의 핵심인 여성다움을 지향하는 인식과 가치를 공유하고 있으며 여성다운 몸과 태도를 기르는 데 중점을 두고 있다. 딸의 성장과정에서 여성다움의 훈육을 수행할 수 있는 사람은 엄마밖에 없으며 대부분 모녀 문제의 발단은 신체적 동일화를 통한 지배에 있다.

최근에는 높은 수준의 학력과 전문성을 갖춘 여성들이 늘어나면서 전통적인 모녀관계가 변하고 있다. 모녀관계의 성공여부는 여성의 정체성과 관련되어 있을 뿐만 아니라 딸의 성인기 대인관계와 밀접한 연관성이 있다. 딸의 원만한 대인관계를 위해서라도 모녀간의 안정적인 정서적 결속력이 필요하다. 모녀의 관계에서 무엇보다 중요한 것은 어머니가 딸의 판단을 신뢰하고 의견을 존중해 주는 것이다. 모녀간 애착의 질이 높을수록 딸의 심리적 적응력은 높아진다.

(2) 부녀관계

많은 가정에서 부녀관계는 소원한 관계가 일반적인 것으로 인식해 왔다.

이런 관계는 딸이 사춘기에 이르게 되면 더욱 소원해져 정서적 안정감이 떨어진다.

앨리스(Alice, 1999)는 아버지와 친밀한 관계인 소녀일수록 초경 시기가 늦어지는 경향이 있다고 밝힌 바 있다. 이러한 현상은 아버지의 양육을 받은 소녀는 자신이 충분히 성숙되어 본인의 자식을 돌볼 아버지를 구할 수 있다고 느낄 때까지 사춘기를 미루게 되는 반면, 아버지가 부재한 소녀들은 진화과정에서 형성된 생화학적 본능에 따라 임신능력을 재촉하게 되기 때문이라고 설명하고 있다(Kindlon, 2006에서 재인용). 그러나 최근 여성의 노동시장 진출이 늘고 사회가치관이 변하면서 아버지들의 딸에 대한 기대도 변화되고 있다. 과거의 아버지는 딸의 여성성을 강화시키는 행동을 지향하는 경향이 있었지만, 오늘날 대부분의 아버지들은 딸에게 공작과 컴퓨터 등 남자들이 하는 일을 권하고 스포츠에 관심을 갖도록 유도하고 있다(정현숙 외, 2021). 이처럼 오늘날의 아버지들은 대부분 남아선호사상을 갖고 있지 않을 뿐만 아니라 사회성의 발달에 있어서도 거의 남녀에게 동일한 수준의 성취를 기대하고 있다. 또한, 아버지와 딸 사이의 관계도 매우 친밀한 관계를 유지해 나간다.

(3) 부자관계

전통적인 사회에서 아버지는 아들에게 삶의 방법과 노동의 기술을 전수하였다. 뿐만 아니라 집안을 보살피는 가장의 리더십을 가르쳤으며 가족을 보호하고 경제적인 생활능력을 유지 발전할 수 있도록 하는 데 중점을 두고 가르쳤다. 따라서 아버지는 딸에 비해 아들에게 보다 더 높은 성취기준을 설정하고 더 높은 직업적 성취를 요구하였다. 아버지는 항상 강한 아들, 독립적이고 용감한 아들로 성장하기를 요구했고 그에 걸맞은 남성성의 아들로 자라기를 기대해 왔다.

산업혁명 이후 가정과 일터가 분리되면서 아버지와 아들의 관계는 소원해지게 되었다. 이러한 사회변화에 맞춰 아들의 양육 또한 아버지 중심에서 어머니 중심으로 이동하게 되었고 아버지와 아들의 관계는 이전보다 더욱 소원해지게 되었다. 아버지와 아들과의 관계는 청년기에 접어들면서 다시 가까워지기 시작한다. 이러한 변화는 아들이 남성으로서의 정체성을 찾기 시작하면서 나타나는 현상이다. 일반적으로 아들이 군대를 다녀오는 시기가 되면 아버지와 아들의 관계는 남성 대 남성의 관계로 전환하는 시기를 맞이하게 된다.

아버지와 아들의 원만한 관계는 아들의 사회에 대한 적응력과 인간관계를 발전시키는 데 긍정적인 영향을 미친다. 좋은 아버지의 역할과 함께 부자간의 원만한 관계 유지가 중요한 이유가 바로 여기에 있다.

(4) 모자관계

전통적인 사회에서 아들을 출산하는 일은 매우 중요한 일이었다. 아들만이 집안의 대를 이을 수 있다고 생각했던 시기에는 아들의 출산이 곧 여성 권력의 상징이었다. 아들에 대한 어머니의 집착이 형성된 것도 이러한 사회적 배경과 무관치 않다.

다 성장한 아들이 분가해 나가면서 애정 대상의 아들에 대한 서운함이 질투로 변하여 고부간의 갈등이 발생하는 원인이 되기도 했는데, 이러한 현상은 아들에 대한 어머니의 집착과 무관치 않다.

남자와 여자의 정서적 특성에 대한 연구결과를 보면 남아가 여아보다 정서적으로 취약하며 정서장애나 의사소통장애 등의 유병률이 2~3배 더 높은 것으로 알려져 있다. 남아의 정서적 탄력성은 여아에 비해 떨어지는 경향이 있으며, 남아가 어머니가 제공하는 정서적 환경에 더 예민하게 반응하는 것으로 알려져 있다. 따라서 모자관계에서 존중과 수용, 그리고 자율성의 보장은 아들의 사회적·정서적 기능을 최적화시킨다고 할 수 있다(정현숙 외 2021).

인간은 태어나면서부터 모자(母子)라는 관계에서 출발하여 죽음을 맞이할 때까지 끊임없이 누군가와의 관계를 맺으면서 살아간다. '같은 일, 다른 생각'에 대해 서로에게 날카롭게 각을 세우고 자신의 욕심을 채우려 하다 보면 좋은 관계를 유지하기가 어렵다. 모자관계에 있어서도 서로의 입장을 존중하고 배려하면서 원만한 관계를 유지해 나가는 자신만의 노력이 필요하다.

2) 부모와 자녀 관계의 중요성과 특징

결혼한 부부가 자녀를 출산하여 부모의 역할을 하게 되면 부모와 자녀로 구성된 가족이 시작되며, 가족이 형성된 후부터 부모와 자녀의 관계가 성립된다. 또한 자녀들이 사회적으로 독립적 지위를 획득하기 전까지 자녀는 부모의 사회·경제적 신분과 지위로 객관적 신분이 규정될 뿐만 아니라, 그들의 인성 자체도 부모의 영향을 많이 받게 된다. 따라서 부모와 자녀와의 관계는 개인의 인성 형성과 사회화에 매우 중요한 요인이 된다. 부모가 가족관계를 통해서 자녀에게 미치는 영향과 특징은 다음과 같다.

첫째, 부모와 자녀의 관계는 자녀의 출생 직후부터 혹은 태내에서부터 시작된다. 따라서 부모와 어린 시기부터 경험을 공유하는 자녀의 입장에서는 부모의 행동과 사회문화적 환경이 자녀의 발달에 핵심적인 영향을 끼친다.

둘째, 부모는 자녀에 대해 주된 책임을 진다. 부모는 자녀의 출생부터 보호자로서의 역할이 부여되기 때문에 모든 것을 책임져야 한다.

셋째, 부모와 자녀의 관계는 오래 지속된다. 부모와 자녀 간의 관계는 혈연관계로 오랫동안 지속된다.

넷째, 부모와 자녀는 광범위한 경험을 같이한다. 동일한 가정환경에서 생활하면서 많은 부분의 경험을 공유한다.

다섯째, 부모는 자녀와 가장 밀접한 관계를 유지하면서 자녀들의 문제해결 방법에 많은 영향을 미친다.

여섯째, 부모와 자녀의 많은 상호작용은 자녀의 발달에 커다란 영향을 미친다. 특히 어머니의 직접적이고 대면적인 관계는 자녀의 발달에 지대한 영향을 미친다.

3. 조손관계

조부모와 손자녀의 관계는 한 가족 안에서 세대에 따른 차이와 갈등이 있음에도 불구하고 가까이에서 따뜻한 가족관계를 맺고 있다. 이러한 가족관계가 유지되는 데에는 전 세대의 경험과 지혜가 어떤 형태로든지 간에 후세대에게 전해질 필요가 있으며 그것이 곧 우리의 삶에 도움이 된다. 최근에는 이러한 기성세대의 경험과 지혜를 전수받는 것이 사회의 중요한 과업으로 인식되고 있다. 그러나 세대 간에 벌어지는 사회에 대한 인식 차이나 가치관의 차이 등에서 갈등이 발생하지 않도록 세대 간에 조화롭게 살아가는 방법에 대해 지혜를 모아야 할 것이다. 조부모와 손자녀의 관계, 조부모와 손자녀 관계의 의미, 이들 관계에서 얻을 수 있는 장점이 무엇인지에 대해 요약해서 제시하면 다음과 같다(성교육교재편찬위원회, 2016).

1) 조부모와 손자녀 관계의 의미

조부모와 손자녀의 관계는 다음과 같은 점에서 긍정적인 의미를 지니고 있다.

첫째, 손자녀 측면에서는 손자녀의 중요한 심리적 발달을 촉진시키고 노년기에 닥쳐오는 사회·심리적 긴장을 미리 경험하게 하는 기회를 제공하고 긍정적 노후에 대한 개념을 형성하게 도와준다(Kornhaber & Woodward, 1985).

둘째, 조부모의 측면에서는 손자녀를 통하여 생의 연속성과 자기가치감, 가족의 중요성을 느끼고 손자녀에게 인생을 통한 경험과 지혜를 제공함으로써 생의 의미를 찾게 되고 생산감, 성취감을 맛보게 해주어 노년기 발달과업인 통합을 이루게 한다(Neugerten & Weinstein, 1964). 또한 손자녀에게 노년기에 닥치는 사회·심리적 긴장을 미리 경험하게 하는 기회를 제공한다(Kornhaber, 1985).

셋째, 전체 가족 측면에서는 가족원들을 결속시키고 가족역사의 계승을 용이하게 하며 가족에 대한 소속감을 고취시켜 가족원들의 정체감 형성에 기여한다. 이러한 가족문화에 대한 강한 소속감과 결속력, 과거와 현재, 미래로의 연결은 개인들의 심리적 측면뿐만 아니라 생활 모든 면의 복지와 관련을 가진다.

하지만 이와 같은 장점이 있음에도 불구하고 조부모와 손자녀의 관계에서는 다음과 같은 점에서 부정적이다.

첫째, 손자녀의 측면에서는 가족 밖의 인간관계가 증가함에 따라 조부모와 함께 시간을 보내는 것을 점차 선호하지 않게 되고 손자녀가 성인기로 접어들면서 조부모의 영향력이 크게 감소되는 단점이 있다.

둘째, 조부모의 측면에서는 자녀양육의 책임으로부터 자유로워지려는 순간에 손자녀에 대한 양육 내지는 부담이 부과되는 경우, 부정적인 관계양상과 갈등이 초래될 수 있다. 또한 손자녀에게 중요한 존재가 되지 못한다는 부정적인 느낌을 가지거나 손자녀와 조부모 사이가 소원해지고 거리감이 생기기도 한다.

셋째, 가족의 측면에서는 노부모와 성인자녀의 자녀양육에 대해 의견과 가치관에 차이가 날 때 갈등이 생기고 서로 간에 긴장과 실망감을 경험하게 되는 문제점이 있다.

2) 조부모와 손자녀 관계의 중요성

자녀 출산율 감소와 인간수명의 연장으로 부모 역할과 조부모 역할이 단계적으로 이어지고 있으며 조부모 역할 수행 기간을 한층 더 연장시키고 있다. 또한 이혼가족, 취업부부 가족, 한부모가족 등의 증가도 조부모의 역할이 얼마나 중요한지를 입증해 주고 있다(Burton & Dilworth-Anderson, 1991). 이처럼 조부모와 손자녀와의 관계에 대한 중요성은 점차 확대되어 가고 있다.

독립과 개인주의 가치가 지배적인 서구사회에서도 조부모와 손자녀 간의 친밀한 유대감의 중요성은 크게 부각되고 있다. 더욱이 미국에서는 9월 둘째 일요일을 '조부모의 날'로 정하여 기념하고 있다. 이러한 사실만 보아도 조부모와 손자녀 간의 유대감이 얼마나 중요한지를 짐작할 수 있다.

오늘날 부모의 적절한 통제와 지도가 부족한 가족상황에서 조부모는 정서적 안정을 제공하고 생활지도의 좋은 안내자일 뿐만 아니라, 풍부한 인생의 경험을 기반으로 손자녀의 문제해결에 도움을 줄 수 있는 존재이다. 손자녀와 친밀한 관계는 조부모에게는 위안이며 보람이 될 수도 있다.

부모와 자녀관계는 의무와 책임이 수반되어 갈등이 생겼을 때 조부모가 중재역할을 함으로써 긴장상태를 해소할 수도 있다. 그러나 조부모와 손자녀의 관계는 의무와 책임이 수반되지 않으므로 자연스럽게 상호작용을 할 수 있다. 조부모는 손자녀를 통해 혈연관계가 영속되며 감정적으로 만족스러운 접촉이 가능하다. 조부모는 지혜의 원천이 되어 역사, 기술 등을 가르치기도 하고 손자녀와의 관계가 가족관계의 유대를 강화시키고 변화하는 환경에 적응하며 미래에 대한 소망을 이들 후손을 통해 이루어 보려는 기대를 충족시켜 주기 때문에 조부모와 손자녀의 관계에 중요한 의미를 부여하게 된다.

3) 손자녀가 조부모에게서 얻는 장점

조부모와 손자녀가 함께 생활하면서 손자녀가 얻을 수 있는 장점으로는 다음과 같은 점이 있다.

첫째, 조부모의 품은 인간에 대한 확고한 기본 신뢰감을 함양하는 원천이 된다.

둘째, 손자녀의 건전한 심리적 발달을 도모할 수 있으며 집안의 역사 및 전통문화를 전수받을 수 있다.

셋째, 조부모에 대한 존경과 애정은 손자녀에게 인생을 살아가는 데 있어서 아주 소중한 자산이 될 수 있다.

넷째, 손자녀들은 조부모로부터 자신의 고민을 상담받을 수 있고 친밀한 친족관계를 유지할 수 있다.

다섯째, 전통에 근거한 지식, 기술, 생활의 지혜 등 가정교육을 받을 수 있다.

여섯째, 조부모를 통하여 노년기의 심리적·신체적·사회적 상황을 미리 접할 수 있어 자신의 노년기 설계에 도움이 된다.

일곱째, 취업부부의 경우 결손 된 부모의 역할을 느낄 수 있다.

생각해보기 | 가족관계 구성원의 역할

가족 내의 인간관계와 가족은 결혼에 의해서 결합된 부부와 이들에게서 출생된 자녀로 이뤄진다. 그러나 이러한 결혼과 혈연관계는 가족구성원의 결합계기가 될 뿐 그것이 가족 요건의 전부는 아니다. 가족관계가 가족구성원 간의 인간관계라고 한다면, 핵가족(核家族)의 경우 부부·부자·모자·부녀·모녀·형제·자매·남매의 8개 관계가 성립된다. 이것이 확대가족(擴大家族)이 되면 가족 내 존재할 수 있는 관계는 수십 개에 달하고 그 관계는 대단히 복잡해진다. 이러한 가족관계를 요약해 지배적인 관계를 중심으로 분류하면 부부 중심형·부자 중심형·모자 중심형, 그리고 형제 중심형으로 구분할 수 있다. 이 중에서 부자관계가 지배적인 것은 말할 것도 없이 부계사회(父系社會)의 부권가족(父權家族)을 지칭하는 것이다. 한국의 가족관계는 거주규정(居住規定)이 부처제(父處制)이고, 강력한 부권(父權)이 존재하는 것으로 봐 부권 가족이라고 할 수 있으며, 따라서 부자 중심형의 가족관계가 일반적인 형태라고 할 수 있다. 이러한 가족관계가 가족 내의 분위기를 결정하는 데 작용하기 때문에 그것이 자녀에게 미치는 영향이 크다는 것을 주목할 만하다. 지난해 자녀 3명 이상을 둔 부부의 이혼 비율은 계속 3%대에 머물렀다고 한다. 이혼 사유로는 '성격 차이'라는 응답이 가장 많았고, 경세 문세, 가족 간 불화, 배우자 부정, 정신·육체적 학대 등도 주요 이혼 사유로 거론됐다. 우리 사회의 가족문화 발전을 위해 가족이 서로 도와가며 집안일을 함께하고, 가족이 함께하는 시간을 갖고 서로 대화를 나누는 모습으로 서로 사랑해 주는 가족, 서로를 이해하고 아끼는 가족, 서로 배려해 주는 마음을 가진 가족, 가족의 문제가 일어났을 때 서로 감싸주고 위로해주는 바람직한 가족의 모습이 중요하다. 또 행복한 가족을 만들기 위한 가족 구성원 각자가 자신의 역할을 바로 알고 실천하는 것이 중요하며, 가족끼리 배려하고 협력하는 자세가 필요하다.

※ 출처 : 유지홍(2017). 가족관계 구성원의 역할. 충청일보(2017.11.23.)

4. 부부의 역할과 갈등

“부부는 항상 서로 마주 보는 거울과 같다”라는 말이 있다. 부부간에는 상대방의 얼굴이 곧 나의 또 다른 얼굴이라는 의미이다. 내가 웃고 있으면 상대방도 웃는 얼굴이 되고, 내가 찡그리면 상대방도 찡그린 얼굴이 된다는 뜻이다. 예쁜 거울 속의 나를 보려면 내가 언제나 예쁜 얼굴을 해야 하지 않을까? 내가 예쁜 얼굴을 한다는 것은 부부로서 나에게 주어진 역할을 완수해 낼 때 가능한 일이다. 부부는 부부에게 주어진 역할과 책무가 있다. 책무를 다하지 못할 때 부부간에는 갈등이 만들어지는 것이다. 부부간에도 서로를 존경하고 사랑하는 가운데 주어진 역할과 책무를 다해야 한다.

1) 부부의 역할

부부는 가족을 구성하는 일원으로서 가족 내에서 일정한 지위를 가지며 사회적으로 기대되는 역할을 수행하게 된다. 부부의 역할이란 부부에게 요구되는 행동, 또는 부부에게 주어지는 권리나 의무 관계를 말한다. 일반적으로 부부가 수행해야 하는 역할로는 다음과 같은 것들이 있다(김양희 외, 2012).

(1) 자녀 양육과 사회화의 역할

자녀의 양육과 사회화는 자녀의 신체적·사회적·심리적 발달을 가져오기 위한 것으로 부부의 역할 중 자녀출산과 함께 자녀의 건전한 인격형성과 성장에 부모로서 수행해야 할 중요한 역할이다. 부부는 자신의 자녀가 사회구성원의 일원으로서 도덕적인 인간으로 성장해 나갈 수 있도록 역할을 수행해야 한다.

(2) 경제활동과 가정관리자의 역할

독립적인 가계운영을 위해서는 경제적인 수입이 필요하다. 경제활동과 가정관리자의 역할은 전통적인 부부 역할의 하나로서 가족에게 필요한 재화를 생산하고 교환하는 것인데 가족유지의 가장 기본이 되는 것이다. 경제활동과 관련된 역할은 과거에는 주로 남편이 담당하였으나 점차 여성도 가계부양자의 역할을 공유하고 있다.

가정관리자로서의 역할은 가족원의 안락하고 편안한 환경의 제공과 즐거움을 위한 보다 효율적인 재화 활용을 포함하는 것으로 일반적으로 주로 부인이 담당해 왔으나, 최근 들어 이 역할을 부부가 분담하여 수행하는 변화를 보이고 있다.

(3) 성적인 역할

성적인 역할은 남편과 아내로서 갖는 고유한 성의 파트너가 되는 것으로 부부간의 결합이나 만족 또는 자녀의 생산과 깊은 관계를 맺고 있어서 많은 이들이 관심 대상이기도 하다. 감정적 교류, 대화의 방법이기도 한 성행동은 부부 역할의 기본이며 부부의 성적인 역할이 제대로 수행되지 않게 되면 여러 가지 문제가 발생한다.

(4) 심리치료적 역할

심리치료적 역할은 부부가 서로의 고민과 어려움을 털어놓고 상담하며 문제점을 해결하는 상담자의 역할을 말한다. 이 역할은 특히 현대사회의 변화와 함께 새로 부여된 부부의 역할이다. 심리적 압박이나 고민이 있을 때 부부가 서로의 고민과 어려움을 털어놓고 상담하며 해결책을 모색함으로써 가족과 사회구성원으로서의 원만한 관계를 유지할 수 있도록 하는 역할이다.

(5) 오락 및 휴식의 역할

가족 내에서 진정한 휴식과 평화를 얻어야 하는데 휴식과 오락의 제공은 아내뿐만이 아니라 남편도 상황에 따라 해 줄 수 있어야 한다. 부부가 수행해야 할 오락과 휴식의 역할은 부부 중 어느 한 사람에 의해 수행되는 것이 아니라 부부 모두가 함께 참여하여 역할을 수행하는 데 의의가 있다. 예를 들어 적절한 가족휴가, 안정된 가정 분위기, 가족구성원 간의 조화, 적절한 여가생활과 즐거움 등을 경험할 수 있도록 부부가 공동으로 노력해 나가야 한다.

(6) 친족관계 유지의 역할

부부는 친척들과 원만한 관계를 유지하고 감정적 유대를 갖도록 서로 노력해야 한다. 아내이면서도 며느리이며, 남편이면서도 사위의 지위를 갖고 있는 관계로 그러한 역할을 무시해 버리면 가족과 가족의 결합특성을 갖고 있는 우리나라에서는 갈등이 발생하게 된다. 오늘날 사회의 변화에 따라 친족구조의 중요성이 감소하는 경향이 있으나, 이러한 경향이 심해질수록 친족 간의 정서적 유대의식은 강화되는 경향이 있다. 부부는 주변의 친족과 원만한 관계를 유지하기 위한 역할을 수행해야 한다.

2) 부부 역할의 변화

시대가 변하면서 부부의 역할에 대한 기대도 변화하고 있다. 여성의 사회참여가 확대되고 빠른 정보화 사회로 진입하면서 부부의 생활문화도 다양화되고 있다. 이러한 변화와 함께 부부의 역할 또한 전통적인 통념은 무너지고 새롭고 다양한 변화가 일어나고 있다.

사회의 변화와 함께 결혼과 관련된 변화를 살펴보면 부부의 연을 맺는 결혼의 연령이 과거에 비해 10년 이상 늦춰지고 있으며 다자녀를 출산하던 과거와는 달리 출산을 하지 않거나 한 명의 자녀만을 낳아 양육하는 등의 변화를 보이고 있다. 뿐만 아니라, 부부의 역할 수행에 있어서도 역할분담이 성별에 따라 정해져 있던 과거의 가사분담이 최근에는 성별에 구애받지 않고 각자 잘 할 수 있는 부분을 분담하여 진행하는 방식으로 변화하였으며 자녀 양육 또한 부부가 협력하여 자녀에게 더 나은 방향으로 이끌어 가는 형태로 변화하였다. 가정의 경제적인 부분에 있어서도 부부가 함께 상의하고 조율해 나가면서 각자의 부부에게 맞는 형태로 변화하고 있다.

구조기능론자인 파슨즈(Parsons, 1955)는 전통적으로 가정에서 남편과 아내는 역할을 분담하여 수행한다고 보고 남편은 목표지향적이고 대외적으로 가정생활에 필요한 경제부양, 직업역할 수행, 문제해결 및 과업수행 등의 역할을 맡고 여성은 정서적 안정 및 긴장완화, 가족 간의 관계 통합, 자녀양육 등의 표현적 역할을 담당해 왔다고 주장하였다.

아담스(Adams)는 부부 역할을 전통주의형, 수정 전통주의형, 평등주의형의 세 가지 유형으로 분류하였다. 그의 주장에 의하면 전통주의형은 남성우의적인 가치 의식을 지닌 부부형태를 근간으로 하되 부부간의 역할 구분이 명확하고 서로의 역할에 대해 간섭하지 않는 유형이다. 수정 전통주의형의 경우도 근본적으로는 남성 우위적인 가치의식을 바탕으로 하고 있는 것은 전통주의형과 동일하나 아내의 사회 진출이나 사회적 역할은 경우에 따라 인정하되 그에 따른 남편의 가족 내 역할 보충은 일어나지 않는 유형이다. 즉, 비록 아내가 사회 진출을 하더라도 가정 내 모든 가사는 전적으로 아내의 몫으로 남아있는 역할 구조이다. 평등주의형은 부부직업과 역할공유, 역할전환이라는 세 단어로 특성을 대변할 수 있다. 부부직업이란 부부 각자가 직업을 가지고 직업생활을 통해 생의 만족과 성취감을 얻는 것을 말한다. 또한 역할공유는 부부에게 주어진 모든 역할을 남편과 아내가 공평하게 분담하여 수행하는 것을 말하며 역할전환은 부부가 필요에 따라서 합의가 된다면 남편이 가사와 육아를 담당하고 아내가 가계부양자로 나서는 등의 역할전환이 가능한 부부의 역할체계를 의미하는 말이다.

부부의 역할은 사회와 밀접한 관계를 맺고 있기 때문에 시대적·문화적 배경의 변화에 따라 부부 역할도 변화하고 있다. 전통사회에서 강조되었던 남편의 가계부양자 역할과 아내의 가정관리와 자녀양육의 역할은 이제 부부가 공동으로 함께 수행해야 할 역할로 변모하였다. 특히 여성의 경제활동을 위한 사회진출은 가족 내 돌봄의 부재를 낳게 되었고, 이러한 돌봄의 문제는 개인을 넘어 사회가 함께 고민해야 할 사회문제가 되고 있다.

부부가 행복한 역할을 수행하기 위해서는 다음과 같은 문제를 해결하는 것이 우선되어야 한다(김양희 외, 2012).

첫째, 집안일에 있어서 성(性)으로부터 자유로워져야 한다. 즉 성이 아니라 관심과 적성, 능력에 따라 집안일을 분담해야 한다.

둘째, 권력과 의사결정에 있어서 평등한 관계를 유지하도록 해야 한다.

셋째, 역할과 관련하여 당신의 기대와 느낌, 그리고 원하는 변화에 대해서 배우자와 지속적으로 대화하여야 한다.

넷째, 부부가 한 팀으로 함께 일하는 것이 가장 이상적이다.

다섯째, 변화에 대해 개방적이며 유연하게 대처해야 한다.

3) 부부 갈등의 요인

'갈등'이란 무엇일까? 흔히 의사결정과정에서 결정을 못 할 때라든지 합의가 안 될 때, 일 때문에 스트레스를 받을 때 등 다양한 종류의 경험에서 갈등이라는 말을 쓴다. 부부 사이에서도 갈등은 마찬가지이다. 부부 사이에 의견 차이로 인해 의사결정을 못한다거나 합의된 의견이 이루어지지 않는다거나 하는 경우에는 부부 사이에도 갈등이 발생한다.

이러한 부부 갈등의 원인은 일반적으로 자신의 생각이나 기준으로 상대를 변화시키려 하는 이기적인 욕구와 상대가 양보하고 따라주길 바라는 기대심리에서 기인하게 된다. 이렇게 자신이 주도권을 갖고 상대를 통제하려는 행동은 갈등을 유발하고 서로의 감정을 상하게 하여 갈등상황을 확대시켜 나간다. 이러한 부부의 갈등상황이 지속되게 되면 서로에 대한 마음이나 신뢰를 거두는 경우도 발생하게 되고 자칫 서로가 헤어지는 이유가 되기도 한다는 점에서 심각하게 받아들이고 갈등을 해소하기 위한 노력에 적극적으로 참여해야 한다.

선남선녀가 만나 결혼을 하고 결혼생활을 함에 있어서 부부는 서로 평생을 다른 환경에서 살아왔고, 각자 성격이 다르기 때문에 서로를 이해하는 과정이 필요하다. 서로의 관점과 이해의 수준이 다를 수 있기 때문에 두 사람은 사소한 것에서부터 모두 부딪힐 수 있는 가능성이 있다. 그렇다고 해서 부부라는 명목으로 모든 것을 일방적으로 이해해야 한다고 생각하는 것은 바람직하지 않다. 서로를 이해하고 배려하는 것을 시작으로 해서 부부갈등을 해결할 수 있도록 노력해야 한다.

부부관계에 있어서 발생하는 갈등과 관련하여 발생요인으로는 낮은 친밀감, 근본적 차이에 대한 인식부족, 부부간의 지나친 통제, 배우자에 대한 지나친 역할 기대, 부부 권력의 비균등성, 갈등 해결을 위한 기술부족 등이 있으며 그 내용은 다음과 같다(김양희 외, 2012).

(1) 낮은 친밀감

부부간의 낮은 친밀감은 서로의 관계를 인식하고 상호의존적이거나 때로는 상호보완적인 관계를 유지하며 살아가야 하는 부부관계에 있어 서로에게 소홀해지게 되는 원인이 된다. 그로 인해 배우자에 대한 애정과 신뢰감, 서로에 대한 관심이 결여되면서 부정적인 감정을 갖게 하거나 부정적인 생각을 하게 하여 친밀감이 떨어지게 된다.

(2) 근본적 차이

배우자에 대해 존중하는 마음을 토대로 인간을 각각 개별적인 특성을 지니고 있는 존재로 인식하고 부부관계를 확립하고 유지해 나가야 한다. 하지만 배우자가 나와 다른 방식의 가족문화에서 출생하여 성장하였고 나와 다른 가치관이나 생활양식, 습관 등을 가지고 있다는 사실을 종종 잊어버리고 나와 동일한 사고와 동일한 행동을 해줄 것을 요구하면 갈등이 발생한다. 즉, 사회문화적 배경문제로 인한 갈등은 인생에 대한 가치관, 종교, 철학 등의 근본적인 차이 때문이라는 사실을 종종 잊는 경우가 발생한다. 경제적인 문제로 돈에 대한 가치 평가로 인해서 생기는 갈등, 종교적 문제로 한쪽 배우자가 너무 광신적이거나 다른 종교를 가져 배타적일 때, 자녀에 대한 가치관 차이로 인한 양육에서의 차이 등도 모두 근본적인 차이에 포함된다.

(3) 지나친 상호 통제

사람들은 흔히 결혼과 동시에 배우자에 대한 생활양식, 기호, 습관, 관심 등을 변화시키려는 시도를 한다. 하지만 이러한 시도는 부부간의 갈등만 유발할 뿐 대부분 성공하지 못한다. 수십 년 동안 몸에 익어 습관화된 생활방식이 결혼이라는 과정을 통해서 반전을 이루어 하루아침에 다른 모습으로 변화되지는 않는다. 서로 수용하고 이해하면서 배려하는 자세가 필요하다. 배우자의 생각과 행동을 내 틀 안에 맞추고자 배우자에게 요구하는 과정에서 오히려 부부는 분노와 갈등의 감정을 키울 수 있다.

(4) 비현실적 역할 기대감

결혼이라는 부부관계를 통해 부부는 각자의 새로운 역할을 맡게 된다. 결혼하기 전에는 경험하지 못했던 새로운 역할들이 부여되는데 그 역할이 모두 만만치 않은 것들이다. 부부가 자신에게 주어진 새로운 역할을 잘 수행해 내기 위해서는 다소 시간이 필요하다. 역할을 수행해 내기까지 자신들의 시행착오도 필요하고 노력하고자 하는 준비의 시간도 필요하다. 갑자기 주어진 역할에 지나치게 큰 기대를 갖고 바라보면 실망할 수밖에 없다. 역할에 대한 기대와 현실적으로 반영된 역할의 차이가 크면 클수록 실망과 분노의 감정도 크게 나타날 수 있다.

(5) 권력 비균등성

부부는 가족이라는 울타리 안에서 누가 무엇을 해야 하는가에 대해 서로 다른 생각과 태도를 가질 수 있다. 만약 이러한 의견들이 조정되지 않거나 일치되지 않을 경우 부부 각자는 불안이나 긴장이 높아질 수밖에 없고 이러한 과정에서 한 배우자가 권력을 행사하여 상대 배우자에게 일방적으로 부과시킬 경우 관계에 부정적인 영향을 끼칠 수 있다.

(6) 갈등 해결 기술 부족

부부관계에 있어서도 갈등문제를 원만하게 해결해 나갈 수 있는 기술이 필요하다. 한 가정이라는 울타리 안에서 생활하다 보면 부부 사이에도 갈등이 생기기 마련이다. 그걸 경우에 부부 사이의 갈등을 서로 감정이 상하지 않고 긍정적으로 해결할 수 있는 방법이나 기술이 필요한데 그런 경험이 부족한 부부의 경우에는 어려움이 따르기 마련이다. 부부 사이의 갈등을 해결할 수 있는 기술을 배우는 것도 필요하다. 특히 기술력이 부족함에도 불구하고 스스로 해결하겠다고 나서서 배우자를 비난하거나 과거를 들추어내는 일은 갈등을 오히려 증폭시키는 결과를 초래한다. 나름대로 자기방식의 적절한 갈등해결 기법을 익혀두는 것도 필요하다.

4) 부부의 갈등관리

우리는 살아가면서 무수히 많은 갈등을 겪게 된다. 대인관계를 비롯해 직장 내에서 일어나는 여러 가지 갈등, 친구 간의 갈등, 연인 간의 갈등, 부부간의 갈등 등이 그 예이다. 특히 부부관계에서의 갈등은 결코 바람직한 일이 아니다. 부부가 갈등을 겪게 되면 그만큼 시간을 낭비하게 될 뿐만 아니라 일에 대한 의욕이 사라지고 심리적으로도 폐해를 입게 된다. 하지만 모든 발전과 진보는 갈등을 통해서 이루어진다는 점을 간과해서는 안 된다. 부부관계도 마찬가지이다. 갈등을 건설적인 결과로 이끌어낼 수 있는 바람직한 대응방안과 갈등을 다루는 효율적인 방법에 대한 기술습득이 중요하다.

바흐와 도이취(Bach & Deutsche)는 부부의 갈등상황을 다루는 데에 있어서 지켜야 될 기본원칙으로 다음과 같은 내용을 제시하였다.

첫째, 불만을 표시할 때는 명확하게 하라.

둘째, 단지 불평만을 이야기하지 말고 상황을 좋게 만들 수 있는 합리적인 변화를 요구하라.

셋째, 문제를 이해하게 되었을 때는 그 문제에 대한 이해의 느낌을 상대방에게 명확하게 인식시켜라.

넷째, 인내를 시도해 보고 좀 더 관대해지도록 노력하라.

다섯째, 타협을 고려해 보라. 부부 사이에는 해답이 없을 수 있다. 상대방의 의견이 내 의견보다 더 좋을 수 있기 때문이다.

여섯째, 상대방의 감정을 함부로 말하지 말고 한 번에 한 가지 문제만을 다루라.

일곱째, 지나간 일은 잊어버리고 현재에 닥친 문제에만 초점을 맞추라.

여덟째, 말하기 전에 진짜 내 생각과 느낌이 무엇인지 생각해보라.

아홉째, 부부싸움에서는 결코 승자가 없다는 것을 기억하라.

또한, 미국 캘리포니아주의 페퍼다인대학교(Pepperdine University)의 교육학 교수인 스티네트(Nick Stinnett) 박사는 그의 저서 '강한 가정의 비결(Secrets of Strong Families)'에서 건강하고 좋은 가정이 될 수 있는 요소로 다음과 같은 여섯 가지를 제시하고 이런 가정에서 자라는 아이들은 행복한 장래가 보장된다고 주장하였다.

첫째는 헌신(commitment)이다. 헌신은 어떤 일이나 남을 위해서 자신의 이해관계를 생각하지 않고 몸과 마음을 바쳐 있는 힘을 다하는 것인데, 헌신을 통해서만이 팀 의식이 강한 가정, 한 가족으로서의 단결과 화합이 강한 가정을 만들 수 있다고 보았다.

둘째는 감사(appreciation)이다. 감사는 서로를 칭찬하고 격려하며 어떤 흔들림에도 가족을 강하게 잡아주는 역할을 한다고 보았다. 즉, 상호 간에 감정을 보살펴주는 일이 중요함을 강조하고 있다.

셋째는 소통(communication)이다. 소통은 상호 간에 대화가 잘 통하는 것으로 가족 구성원 간 대화의 중요성을 강조하고 있다. 즉, 가족 구성원 간에 접촉이 잦아 고립감을 느끼지 않는 가족의 중요함을 말하고 있다.

넷째는 동행(time together)이다. 하루 생활에서 식사, 노동, 놀이를 되도록 함께 하는 가정, 이러한 시간이 많은 가정, 집 밖에서 시간을 많이 보내지 않고 매사에 동행하는 가족이 건강한 가족이 될 수 있다는 것이다.

다섯째는 정신적 건강(spiritual health)이다. 정신적 건강은 가족들이 함께 이웃에 대한 사랑과 긍휼을 실천하는 가정으로 보았으며 이러한 가정이 건강한 가족을 만들어 간다고 보았다.

여섯째는 극복하는 기술(coping skills)이다. 가족 중 누가 어려운 문제를 당했을 때 그것을 극복할 수 있도록 가족들이 이해해 주고 넓은 아량으로 힘을 보태주며 도움을 주는 그런 가족이 건강한 가족이다.

우리사회와 가정이 변함에 따라 부부의 역할도 바뀌고 있다. 전통적으로 남편은 생계부양자와 가부장의 역할, 아내는 가사담당 및 자녀양육자라는 역할에서 벗어나 부부는 동등한 인격체로서 가정사에 대해 공동의사결정, 경제적 책임공유, 공평한 가사분배, 자녀양육의 공동책임 등을 실천하면서 동반자적 부부관계를 만들어가고 있다. 부부간의 갈등을 억제하고 동반자적 부부관계를 만들기 위해 다음의 여덟 가지를 실천해 나가는 것이 중요하다.

첫째, 부부간에 사랑한다는 표현을 적극적으로 하여라. 우리나라 사람들은 사랑 표현에 소극적이다. 이제부터 기회가 있을 때마다 부부간에 적극적으로 사랑을 표현할 수 있도록 한다.

둘째, 부부간에 대화에 열심히 경청하여라. 자기의 의견을 주장하기에 앞서 상대방의 의견에 적극적으로 찬동하고 지지하는 의사를 표현하는 것이 중요하다. 통계에 의하면 부부싸움의 97%가 일상의 대화 중 사소한 의견충돌로 발생한다고 한다. 경청해 준다면 이런 문제를 최소화할 수 있다.

셋째, 부부간에 잘한 행동이나 결정에 대하여 칭찬을 아끼지 마라. 부부간에 잘한 일이나 결정을 칭찬하는 일은 매우 중요하다. 따라서 작은 일, 큰 일을 가리지 말고 잘한 일에 대해서는 즉시, 구체적으로, 그리고 공개적으로 칭찬하는 것이 중요하다.

넷째, 부부 사이에도 작은 호의에도 감사의 표현을 잊지 마라. 부부간에도 상대의 호의를 당연시하거나 계속 요구만 하는 것은 바람직하지 않다. 호의에 대해 당연시하게 되면 작은 호의는 곧 사라진다. 작은 호의에도 잊지 말고 감사의 표현을 아끼지 말아야 한다.

다섯째, 실수에 대해서는 변명하지 말고 즉시 사과하고 용서를 구하라. 자신의 잘못에 대해서는 진심으로 "미안합니다"라고 용서를 구할 때 서태는 호전될 수 있다는 점을 잊지 말아야 한다.

여섯째, 사과에 대해서는 "괜찮습니다"라고 관용을 보여라. 자신의 잘못에 대해 사과했을 때에는 이를 수용하고 관용을 베풀 줄 알아야 한다.

일곱째, 정기적으로 둘만의 정서와 감성을 공유할 수 있는 시간을 가져라. 정기적으로 분위기 있는 찻집, 영화관, 외식, 여행 등 상황과 형편에 맞춰 부부 만의 데이트 시간을 자주, 그리고 정기적으로 가질 수 있도록 노력해야 한다.

여덟째, 막말은 어떠한 경우에도 하지 마라. 부부싸움 중이라고 하더라도 막말은 절대 해서는 안 된다. 부득이 부부싸움을 해야 할 때에는 미리 시간과 장소를 정하여 문제의 핵심에 집중하고 막말은 절대로 해서는 안 된다.

부부 사이의 원만한 역할 수행과 갈등 관리를 위해서는 상대의 문제를 주의 깊게 듣고 동감하며 상대방의 입장을 수긍하고 애정적으로 받아들여 격려하며 문제해결을 위해 도움을 줄 수 있도록 협력해야 한다.

생각해보기 | 행복한 부부생활을 위한 **부부 갈등 해결 7가지 공식**

첫째, 위기와 갈등을 새롭게 바라보라. 선천적인 장애아로 태어난 닉 부부치치가 '희망 전도사'가 된 사례처럼 자신의 위기와 갈등을 어떻게 바라보느냐에 따라 위기가 희망의 시작일 수 있다.

둘째, 갈등을 피하기보다는 사랑으로 직면하라. 어떤 사람은 평생 부부싸움 한 번 안 하고 살았다고 하는 것을 보면 정말 그럴 수 있을까? 의문이 들기도 한다. 부부 사이를 잘 표현한 단어가 있다. 그것이 바로 '원수'라는 말이다. '원수'는 사이가 나쁜 원한 관계에 있는 것을 의미하지는 않는다. 떨어질 레야 떨어질 수 없는 아주 끈끈한 사이를 말할 때 사용하는 말이다. 부부싸움을 안 하고 살면 좋지만 대부분은 부부싸움을 하면서 산다. 그런데 부부싸움을 하면서 배워나가야 한다. 상대방의 생각도 배우고 서로의 간극을 좁혀나가면 오히려 부부의 갈등이 해소되는 좋은 방법이 부부싸움이기도 하다. 싸워도 서로의 인격을 존중해 가면서 바르게 싸워야 갈등이 해소된다.

셋째, 이성의 차이점과 특징을 이해하라. 남녀의 시각과 생각은 서로 많은 차이점이 있다. 먼저 이것을 이해하는 것이 중요하다. 이해라는 단어 'understand'는 상대방의 입장에 서보는 것을 의미한다. 그 사람의 입장에서 보면 그 사람을 이해할 수 있다. 부부 갈등을 해결하는 좋은 방법은 서로의 차이를 이해하고 수용하는 자세이다. 서로의 입장을 이해하고 수용하면서 배려와 존중의 마음을 갖게 된다면 부부생활은 새로운 단계로 진입하게 된다.

넷째, 서로의 가치관과 성격의 차이를 용납하라. 부부는 자라온 환경이 서로 다르다. 또한 남녀의 시각, 생각의 차이가 엄연히 존재한다. 그것을 무시하고 자신의 생각만 일방적으로 내세우면 대화는 깨어지고 갈등만 남게 된다. 서로의 가치관과 성격의 차이를 용납하는 자세가 필요하다.

다섯째, 서로 다른 필요나 기대의 차이를 존중하라. 남녀가 생각하고 추구하는 서로 다른 필요와 기대의 차이를 존중해 주는 것이 부부 갈등을 해소하는 좋은 방법이다.

여섯째, 근원적인 목마름을 해결하라. 사람은 누구나 다 살아가면서 갈망하는 것들이 있다. 대체로 우리는 그것을 '꿈'이라고 한다. 그래서 그 꿈을 이루기 위해 서로 협력하고 노력한다. 그러나 근원적인 목마름은 외형적인 것이 아니라 내면의 목마름이다. 사람들이 내적 목마름을 잘못된 방법으로 해결하는 것이 알코올 중독이나 도박 중독 등 각종 중독증상으로 나타난다. 따라서 배우자와 친밀한 관계를 맺어 내적 공허를 채우는 게 필요하다. 취미생활이나 여행 그리고 운동 등을 함께 하면서 서로의 필요를 채워주는 것이 올바른 부부생활이다.

일곱째, 배우자의 부정에 대한 바른 결단과 선택을 하라. 부부생활에 있어서 가장 치명적인 것이 바로 성적인 외도이다. 외도자의 성적 불성실에 대한 분명한 경고와 정직한 대화를 통해 바로 잡는 것이 무엇보다 중요하다.

※ 출처 : 행복한 박목사(http://cafe.daum.net/pyd5585, 2020.11.26.).

제6장 젠더와 사랑[1)]

1. 사랑의 의미와 특성

1) 사랑의 정의

사랑은 인간의 본질인 동시에 현실 생활에서 경험하는 것이고 인간의 심리이다. 이러한 인간의 심리를 하나의 개념으로 정의한다는 것은 매우 어려운 일이다. 사랑에 대한 정의는 개인마다 차이가 있다. 모든 사랑의 의미를 한마디로 정의할 수는 없지만 공통적으로 받아들이는 개괄적인 의미에서 남녀 사이의 사랑을 중심으로 그 의미를 살펴보면, '상대방의 매력에 끌려 상대방을 열렬히 그리워하거나 좋아하는 마음', '사람들 사이에서 강력하게 접근하고자 하는 정서', '인간 상호 간에 경험하게 되는 긍정적인 감정' 등으로 정의된다.

사람은 누구나 태어나면서 죽을 때까지 끊임없이 누군가와 사랑을 주고받으며 살아가는 사회적 존재이다. 따라서 사람마다 강도의 차이는 있지만 누군가가 자신을 소중히 여기는 대상으로 인식될 때 상대방과의 상호관계에서 긍정적인 감정을 경험하게 되는데 이를 사랑이라고 한다. 이러한 사랑은 인간이 가지는 순수하면서도 강렬한 욕구 중의 하나이다. 인간에게 사랑의 정서가 일어나게 되면 상대방에 대한 접근과 인식능력이 강해지고 친밀

1) 이규은(2018). pp. 148-175의 내용을 재구성하였음

감을 형성하고 싶어 한다.

사랑이라는 단어는 다른 어떤 단어보다 자주 여러 곳에서 사용된다. 많은 학자와 유명 인사들은 사랑을 고유한 방식으로 정의하고 있다. 대표적인 심리학자 프롬(Erich From)은 "사랑이란 자신의 기쁨, 흥미, 지식, 슬픔 등 자기 자신 안에 있는 모든 것의 표현은 물론이고 자신의 생명까지 줌으로써 상대방을 감동시키고 상대방의 생활을 풍요롭게 만드는 것을 통하여 그 속에서 자신이 살고 있음을 느끼는 것이다. 또 그러한 사람을 통하여 서로의 참된 자아를 찾아 더욱 성숙한 인간이 되는 것으로, 한 사람을 사랑한다는 것은 그 사람을 관통하는 것, 외면적인 것, 지적능력까지도 제외하고 남은 것들에 눈을 마주치고 감싸줄 수 있는 애틋한 마음이다"라고 하였다. 또한 스피노자(Spinoza)는 "사랑은 외적 원인의 관념을 동반하는 기쁨이다"라고 정의하였다. 프로이트(Sigmund Freud)는 "사랑이란 목적이 억제된 성(性)이다"라고 말하고, 사랑이란 또 다른 열망, 자기실현을 향한 투쟁, 자기 이상에 도달하려는 헛된 충동에 대한 대체물이라고 하였다. 또한, 프랑스의 극작가 폴 제랄디(P. Geraldy)는 "당신이 한 여인에게 아무것도 숨길 수 없게 될 때 당신은 그녀를 사랑하는 것이다"라고 정의하였다.

사랑이란 인간의 가장 순수하며 아름다운 감정이다. 그 사랑은 자신의 감정을 기반으로 한다. 따라서 사람은 자신을 사랑해야 다른 사람도 사랑할 수 있다. 최소한 누군가를 사랑한다면 상대방을 존중하고 배려하는 마음이 있어야 한다.

사랑이라고 하는 감정은 유한하고 가변적이며 불안정하고 불확실한 것이다. 따라서 인간은 사랑을 하는 과정에서 기쁨과 슬픔, 기대와 좌절 같은 감정의 변화를 경험하게 된다. 이러한 경험을 정당화하기 위해서 흔히 "나는 정말 사랑했는데 그 사람이 변해서 어쩔 수 없었어"라는 방식으로 스스로를 속여 합리화한다. 사랑을 소유하게 되어 기뻤던 감정이 곧 슬픔으로, 원망으로, 미움으로, 예속으로 변할 수 있다. 마음의 감정을 통제한다는 것이 어렵고 힘든 것인데 이런 인간의 감정이 어떤 것에 예속되게 되면 일상이 어려워진다. 예속이란 의존의 상태로 어떠한 감정에 몰입하게 되면 감정이 나를 지배하여 의존적으로 변하게 되고 그렇게 되면 그 이외의 것을 보지 못하는 상태가 된다. 사랑에 빠지면 객관적인 시각을 잃게 되는 것도 이런 까닭이다. 즉 인과관계를 인식하지 못하는 불행한 결과를 초래하게 된다.

사랑을 인식하는 의미는 연령에 따라 다르다. 나이가 젊을수록 사랑을 추상적인 시각으로 바라보는 인식이 강하고 나이가 많을수록 친밀감, 책임감과 열정에 대한 인식이 강화된다. 사랑에 대한 연령대별 정의와 특성을 제시하면 다음과 같다.

표 6-1 연령대에 따른 사랑의 정의들

연령	성별	사랑에 대한 정의	특성
10대	남	운명, 맥주, 축복, 슬픔, 힘든 것, 아름답고 아픈 것, 신비, 성숙, 불꽃	• 사람에 대한 환상과 기대가 표현된 것 • 추상적인 묘사 대부분
	여	그림자, 나눔, 무지개, 아름다운 것	
20대	남	자꾸 보고 싶은 것, 삶의 활력소, 놀이, 투자, 사탕, 양팔저울, 스카이다이빙, 촛불, 전쟁	• 열정적이고 낭만적인 사랑의 의미가 강함
	여	별똥별, 생크림, 한 끼의 식사, 오아시스, 2% 부족한 것	
30대	남	양보, 배워가는 과정, 인연, 아껴주는 것	• 과정으로서의 사랑을 강조 • 책임감이 나타나기 시작함
	여	과정, 아껴주는 것, 의지	
40대	남	관심, 그림자, 양파껍질(살아봐도 속이 보이지 않음)	• 친밀감의 의미가 강함 • 책임감의 의미가 담김
	여	책임, 동반, 헌신	
50대	남	서로를 품어 안는 것, 서로 받아들이는 것, 풍성한 것, 시들어 가는 꽃	• 책임감의 의미가 강함 • 친밀감의 의미가 담김
	여	존경, 양보, 없으면 허전한 것	
60대	남	주고받는 것, 한 길로 지속하는 것, 공기와 같은 것, 살아봐야 아는 것	• 인생을 관조하는 입장 • 열정보다는 책임감과 친밀감이 앞섬
	여	베푸는 것, 든든한 것, 시련 뒤에 느끼는 행복	

※ 출처 : 미래가족연구회(2011), 결혼과 가족, 재인용, p. 46.

2) 사랑의 특성

사랑은 자신에게 가치가 있는 대상에 이끌리는 정신적 과정이다. 사랑이라는 감정은 긍정적인 감정만 있는 것이 아니다. 사랑은 강한 긍정적 감정뿐만 아니라 그리움이나 안타까움과 같은 부정적 감정까지도 포함한다. 극단적인 감정은 긍정적인 쪽과 부정적인 쪽을 왔다 갔다 하는 '한(恨)'의 감정이다(나은영, 2013). 따라서 사랑은 신뢰에 바탕을 둔 안정 애착이 근간이 되어야 한다.

세상에는 여러 가지 사랑이 존재한다. 그 중에서도 남녀 간의 사랑에 있어서는 두 사람 사이의 성적·신체적 매력뿐만이 아니라 서로에 대한 신뢰, 배려와 책임의식, 서로에 대한 존중, 이해 등이 필수적이다. 개인의 특성이나 가치관에 따라 사랑의 유형은 차이가 있을 수 있지만 사랑이 서로에 대한 존중과 이해를 바탕으로 관계가 유지되고 발전해 나간다는 점에서는 다르지 않다. 사랑이 지니고 있는 특성도 개인의 가치나 대상에 따라 차이가 있을 수 있다. 보편적이고 일반적인 사랑의 특성을 세 가지로 요약하여 제시하면 다음과 같다.

첫째, 사랑의 표현방법은 문화적 환경에 의해 학습되며 문화가 다른 사람은 사랑을 표현하는 방법도 다르다. 사랑의 표현은 그 사회의 문화와 관련이 있다. 표현방법은 물론이거니와 사랑 표현의 장소, 횟수 등도 그 사회의 문화적 환경에 의해 학습되고 전수되어 간다.

둘째, 사랑은 막연한 호의에서부터 아주 강렬한 애정까지 다양한 모습으로 나타난다. 사랑을 사람들 사이에서 접근하고자 하는 정서라고 보았을 때 그 강도는 다양하게 표현된다. 단순하게 호의 정도로 표현되는 사랑이 있는가 하면 아주 강렬한 애정으로 표현되는 사랑까지 사랑의 모습은 다양하다.

셋째, 사랑은 경험을 통해 성숙해진다. 사랑은 긍정적인 감정만이 아니라 부정적인 감정까지를 포함한다. 이러한 긍정과 부정의 극단적 측면의 감정에 대한 조정은 다양한 경험을 통해서 성숙되어 진다.

이 밖에도 사랑의 특성에 대해 페어(Fehr, 1988)는 신뢰감, 충실성, 돌보는 것, 헌신, 정직성, 상대방의 방식을 받아들이는 것, 우정, 지지해주는 것, 존중, 상대방과 함께 있기를 원하는 것, 상대방이 잘 되기를 원하는 것, 상대방에 대한 관심 등 열두 가지의 특성을 사랑의 중심적 특성으로 제시하였다. 또한, 루빈(Rubin, 1973)은 상대방을 도와주기를 원하고 돌보는 것, 상대방이 나를 생각해 주고 나에게 마음 쓰기를 갈망하는 것, 서로 속 깊은 이야기를 털어놓을 수 있을 만큼 상대방을 신뢰하는 것, 결점을 포함해서 상대방을 너그럽게 받아들이는 것 등 네 가지를 사랑의 특성으로 제시하고 있다. 사랑의 특성에 대해 정민자 외(2000)는 다음과 같은 다섯 가지 특성으로 설명하고 있다.

첫째, 사랑은 현실생활에 존재한다. 사랑은 객관적인 진실성을 갖고 있다. 그러므로 사랑은 어디까지나 실제로 존재하는 것이며 사랑의 경험이야말로 인간의 가장 강력한 경험이 될 수 있다.

둘째, 사랑의 능력은 개인의 문화와 환경에 의해서 학습된다. 그래서 문화가 다른 사람끼리는 사랑이나 애정표현 방법이 다르다. 왜냐하면 인간은 그들이 어렸을 때부터 배워 온 대로 사랑하기 때문이다.

셋째, 사랑은 여러 단계로 존재할 수 있다. 단지 좋아한다는 막연한 호의에서부터 아주 강렬한 애정에 이르기까지 여러 단계가 있다.

넷째, 사랑에는 여러 다른 형태가 있다. 즉 상대를 위해 희생하는 이타적 사랑, 청소년기의 낭만적 사랑, 성년기의 동료적 사랑, 그리고 성적인 사랑 등이 있다. 결혼생활에서 부부의 사랑은 주로 성적인 사랑과 동료적인 사랑으로 구성되어 있으며 부모의 사랑은 대표적인 이타적 사랑이다.

다섯째, 사랑은 성장한다. 사랑은 섬광과 같이 순간적인 것도 아니고 어느 일순간에 깨달을 수 있는 것도 아니다. 사랑은 많은 경험을 통해서 성장하는 것이다. 즉 어릴 때부터 모든 경험을 통해 발달된 개인의 성격이나 인성 속에서 성장하는 것이다. 그러므로 한 개인에 있어서 정서적 성장이 건전하다면 그의 타인에 대한 사랑도 건전하게 성장한다고 볼 수 있다.

사랑이 인간의 심리적 정서의 한 측면이라고 한다면 인간의 성장 발달에 미치는 영향이 지대하다. 인간에게 이러한 사랑이 지나치게 자기중심적인 생각이나 고립의 불안에 의해서 결핍되거나 은폐되면 이로 인해 다양한 성적인 측면의 장애가 나타난다. 동성애, 사디즘[2], 마조히즘[3], 노출증, 페티시즘[4], 엿보기 등의 성도착증이 바로 그것이다. 이와 같은 문제들은 성의 충동적 차원의 문제로 볼 것만은 아니다. 성장 발달과정에서 경험해야 할 심리적 요인들이 결핍되거나 은폐되어 나타난 하나의 병리 현상이다.

3) 친밀감과 사랑

친밀감은 라틴어 '인티무스(intimus)'에서 유래된 말로 '내적인', 또는 '가장 깊은 부분'이라는 뜻을 지니고 있다. 대부분 사람들은 자신의 깊은 곳에 자리 잡은 내적인 것은 공개하지 않고 감추어 두는 것이 일반적이다. 그것은 내적 깊은 곳에 자신만의 욕구나 바람을 담아두고 있기 때문에 다른 사람에게 드러내는 것을 두려워하고 불안해하기 때문이다. 친밀감이란 이와 같이 자신의 깊은 곳에 자리 잡고 있는 자신의 생각과 감정을 드러내어 솔직함을 보여주는 데서 시작된다.

미네소타대학교(University Of Minnesota) 심리학과 윌라드 하텁(Willard H.) 교수는 "친구들로부터 소외당하는 아이들, 공격적이고 주의가 산만한 아이들, 다른 아이들과 긴밀한 관계를 유지하지 못하는 아이들, 그리고 동년배 문화 속에서 제자리를 찾지 못하는 아이들은 매우 위험한 상태에 처해 있다"고 지적하면서 상호의존과 친밀감, 그리고 대등한 관계를 더하면 이러한 힘들이 균형을 이룰 때 사랑은 꽃을 피울 수 있다고 말하고 그만큼 사랑에서 친밀감이 중요하다는 것을 강조하였다.

친밀감은 사랑의 정서적 측면을 반영한 특성으로 가깝고 편하며 서로를 잘 이해하고 결합되어 있다는 느낌이 드는 감정이다. 만남의 횟수와 교제 기간에 비례하여 친밀감은 서서히 증가하며 어느 정도 높은 수준에 이르러

---

2) 사디즘(sadism)이란 가학증 또는 학대음란증으로 성적 대상에게 고통을 줌으로써 성적인 쾌감을 얻는 이상 성행위를 말한다.
3) 마조히즘(masochism)이란 이성으로부터 육체적, 정신적으로 학대를 받고 고통을 받음으로써 성적 만족을 느끼는 일종의 변태 성욕이다. 사디즘(sadism)에 대응하는 의미를 지녔다.
4) 심리학에서 생명이 없는 물건 또는 성적 부위가 아닌 인체 부위에 접촉함으로써 성적 감정을 느끼는 것을 특징으로 하는 성적 도착증의 일종이다. 배물애, 여성물건애라고도 한다.

서로 친밀하다는 것을 의식하지 않게 되는 상태로 발전하게 되면 더 이상 증가하지 않는 특성이 있다.

청소년들은 육체적, 지적, 사회적 변화를 함께 경험할 때 가장 깊은 친밀감을 느낀다. 이들은 이런 발달을 통해서 보다 성숙한 관계를 형성하고 유지하며 다른 사람의 경험에 반응하고 감정이입을 통해 더욱 성숙한 단계에 도달하게 된다. 친밀감과 애정은 서로 감정적으로 연결된 느낌을 갖고 정서적으로 가까움을 느낀다. 따라서 애정과 친밀감은 상대방을 배려하고 믿고 수용할 때 성숙된다. 사랑하는 사람 사이에서 친밀감을 형성하는 것은 아주 중요하다. 친밀감을 형성하지 못하면 두 사람의 관계는 파국을 맞을 수밖에 없기 때문이다.

청소년들이 사춘기 후반에 들어서면 동성친구 간의 친밀감은 점점 쇠퇴하고 이성친구나 연애 상대와의 친밀감은 꾸준히 증가한다. 좋은 우정은 오래갈 수 있지만 성적 감정과 연애의 친밀감을 공유하는 관계의 강렬함에는 비할 수가 없다. 그럼에도 불구하고 청소년기에 연애, 가정, 학교, 우정의 욕구 사이에서 균형을 맞추기란 쉽지 않다. 이 시기에 몸과 마음이 하나로 연결되어 있다는 사실을 깨닫게 된다. 아무리 두 가지를 떼어놓으려고 애써도 마음은 육체를 따라간다는 것을 경험을 통해 터득한다.

사랑은 세 가지 형태의 인간관계 경험에 뿌리를 두고 있다. 첫째는 부모를 향한 아이의 사랑이다. 어린아이는 부모에게 매달리며 의지하고 보살핌을 받으려 한다. 이처럼 우리는 애정, 보호, 보살핌을 제공하는 사람들에게 사랑을 느끼고 접근하는 경향이 있다. 두 번째 유형은 자녀를 향한 부모의 사랑이다. 자신이 보살펴야 할 어린아이에 대해서 애정을 느끼며 지극정성으로 보살피는 부모의 사랑이다. 이처럼 사랑은 호감을 느끼는 사람에게 애정과 보살핌을 제공하려는 마음을 포함한다. 세 번째 유형은 연인들이 느끼는 낭만적인 사랑이다. 두 남녀가 서로에게 호감과 애정을 느끼며 정서적인 친밀감뿐만 아니라 성적인 열정을 나누는 것이다. 이러한 사랑은 두 사람이 동등한 입장에서 서로가 서로를 특별한 존재로 여기면서 애정과 보살핌을 주고받는 애착관계를 의미한다(하혜숙 · 성환욱, 2015). 사랑에는 친밀감이 전제되고 깊은 친밀감이 성숙함을 만들어낸다. 친밀감과 애정을 쌓는 것은 상호적인 것이다. 어느 일방의 노력으로 만들어지는 것이 아니라는 점에 유념할 필요가 있다.

2. 사랑의 이론

사람들은 과거에는 사랑은 인간의 심리에 근거한 감정에 관한 것이어서 이를 과학적으로 분석하는 데는 한계가 있다고 보았다. 그러나 20세기에 접어들어 사랑에 대한 과학적인 접근이 시도되면서 사랑에 관한 많은 연구들이 이루어졌다. 사랑의 속성이나 과정, 유형, 특성, 연인관계 등을 연구하면서 사랑에 관한 학문은 확대되었고 최근에는 '사랑학'이라는 독립적인 학문 분야로 자리 잡게 되었다.

1) 레이스(Reiss)의 사랑의 수레바퀴 이론

사랑은 언제나 우연적으로 일어나는 것만은 아니다. 레이스(Reiss, 1971)는 사랑이란 두 사람의 친밀감에서 시작되어 마치 수레바퀴처럼 네 단계를 거치면서 하나의 순환과정으로 진행되는데 친밀감 형성(rapport), 자기표현(self-revelation), 상호의존(interdependence), 개인욕구 충족(personality need fulfillment)의 과정을 거친다고 보았다. 이러한 레이스의 사랑의 순환과정에 관한 이론을 '사랑의 수레바퀴 이론(The wheel theory of the development of love)'이라고 부른다. 사랑의 수레바퀴 이론의 단계별 내용을 살펴보면 다음과 같다.

(1) 1단계 : 친밀감 형성(rapport) 단계

친밀감 형성(rapport) 단계는 두 사람이 서로에 대해서 편안한 감정을 갖기 위해 노력하는 단계로 상호 간의 매력에서 나온다. 친밀감은 보통 두 사람이 공통된 의사소통 기반을 만들려고 노력하는 초기 데이트 기간 중에 생겨난다. 친밀감은 서로가 신뢰하고 존경하는 마음이 있을 때 형성되며 친밀감을 형성하는 능력은 사람마다 다르다. 친밀감을 형성시켜 주는 것은 일반적으로 유사한 문화적 배경, 양육환경, 사회계층, 의사소통 방법, 교육이나 취미활동 등과 같은 배경에 기초해서 형성된다. 사랑은 자기의 성격이나 자기가 바라는 것이 상대방에 의해 수용될 때 또한 동의, 칭찬, 존경을 주고받을 때 시작되며 서로 간의 욕구가 채워지면 애정으로 발전한다. 즉 친밀감 형성을 위해서는 사회적 욕구를 충족시켜주는 일이 중요하다.

(2) 2단계 : 자기표현(self-revelation) 단계

자기표현(self-revelation) 단계는 서로의 감정이 노출되는 단계이다. 이 단계에서는 두 사람이 자신에 대한 개인적인 정보를 주고받으면서 좀 더 가까워진다. 일반적으로 두 사람은 이 단계에서 삶의 가치나 목표, 희망, 가치관 등과 같은 좀 더 심도 있는 주제에 대해 이야기하면서 서로를 열어 보이기 시작한다. 상호 간의 자기노출이 계속되면 될수록 친밀한 관계가 발전하게 된다. 자기표현은 서로가 상대방에게 반응하면서 감정이 고조되는 점진적인 과정으로 이루어진다.

(3) 3단계 : 상호의존(interdependence) 단계

상호의존(interdependence) 단계는 두 사람이 좀 더 많은 시간을 함께 보내기를 원하면서 서로에게 관심과 호의를 보이는 단계이다. 따라서 이 단계에서는 상호작용하면서 상대방에게 의존하기 시작하며 서로가 서로의 존재를 필요로 한다. 즉, 두 사람 사이의 공통된 습관이 만들어지고 서로의 욕구에 반응하며 같이 행동하는 일에 익숙해져 상대에게 의존하기 시작하게 된다. 또한 이 단계에서 사람들은 상대방으로부터 칭찬받기를 희망한다. 이러한 개인적인 내면 감정이 노출되면서 서로 의존하게 되고 이러한 상호의존 속에서 안정감을 찾게 된다.

(4) 4단계 : 개인욕구 충족(personality need fulfillment) 단계

개인욕구 충족(personality need fulfillment) 단계에서는 서로가 상대방의 가장 기본적인 감정적, 신체적, 심리적 욕구를 충족시켜 줄 수 있다고 느끼고 이를 실행해 나가는 단계이다. 따라서 이 단계에서는 서로 간의 욕구를 만족시켜주는 일에 주력한다. 사람들은 누구나 사랑을 하고 싶어 하고 또한 사랑을 받고 싶어 하는 감정적 욕구를 지니고 있다. 이러한 감정적 욕구 또한 서로의 관계가 발전하면서 충족을 위해 노력한다. 이 단계가 되면 서로는 공적으로나 사적으로 '사랑하는 관계'라는 것이 공개되는 상태에 있게 된다.

레이스(Reiss)는 사람이 한 번 사랑에 빠졌다고 해서 언제나 그대로 머물러 있지 않는다고 보았다. 네 단계를 거치면서 사랑이 발전하여 개인적 욕구가 충족되었다고 하더라도 처음에 시작되었던 또 다른 친밀감 형성과정으로 돌아가 더 높은 친밀성, 즉 더 가까운 친밀감을 요구하게 되고, 더 큰 자기표현, 더 많은 상호의존과 개인욕구 충족을 요구한다는 것이다. 즉 좀 더 가까운 친밀감, 좀 더 깊은 자기노출, 좀 더 심화된 상호의존 관계 그리고 각자에 대한 욕구 만족의 증대 등으로 순환하면서 진행된다고 보았다. 사랑이란 마치 수레바퀴가 돌아가듯 계속적으로 더 높은 강도로의 발전을 향해 진행된다는 것이다. 따라서 사랑을 지속적으로 유지하기 위해서는 자기 자신과 사랑하는 사람에 대한 끊임없는 탐색과 노력이 필요하며 계속적으로 주목해 나가면서 독창적인 것을 발견하는 것이 필요하다.

상황에 따라서는 순환적인 사랑의 발달이 가역적으로 이루어지기도 한다. 특정한 단계에서 어떤 어려움을 맞아 극복해 내지 못하게 되면 사랑의 수레바퀴가 거꾸로 회전하여 애정의 진전을 멈추게 할 수도 있다.

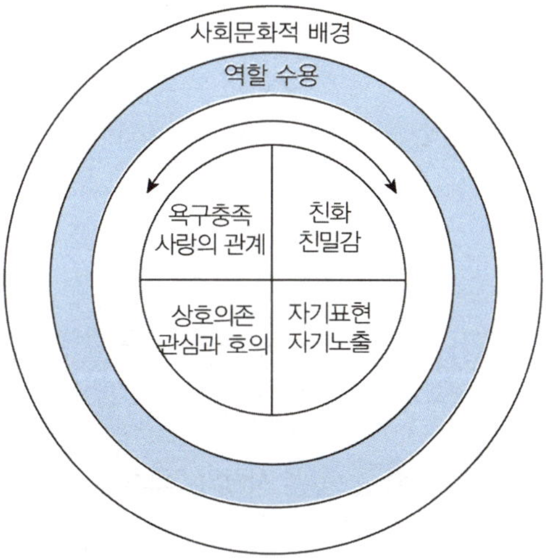

그림 6-1 레이스(Reiss)의 사랑의 수레바퀴 이론

※ 출처 : Reiss, I. L.(1971). Toward a sociology of hetrosexual love relationship. Marriageand family living. 22, pp. 139-145.

2) 스턴버그(R. Sternberg)의 사랑의 삼각형 이론

사랑의 삼각형 이론은 스턴버그(R. Sternberg)에 의해서 개발되었다. 이 이론은 사랑은 친밀감, 열정, 투신이라고 하는 세 가지 요소로 구성되는데 이러한 요소는 사랑에는 '따뜻함', '뜨거움', '차가움'이 결합되어야 완전한 사랑을 이룰 수 있다는 의미를 담고 있다. 또한 세 가지 요소는 사랑의 삼각형에 있어서 세 변을 담당하게 되는데 각 변의 길이는 그 변이 대표하는 요소의 정도나 강도를 나타내는 것으로 사랑의 크기는 세 가지 구성요소가 균형을 이루면서 증가할 때 가장 넓은 넓이를 보일 수 있다고 보았다. 즉 사랑의 강도가 가장 크고 넓게 유지되기 위해서는 사랑의 삼각형을 이루는 세 변이 비슷하게 증가해야 하므로 서로 대화하고 조정하여 세 요소가 균형적으로 발달할 수 있도록 해야 한다.

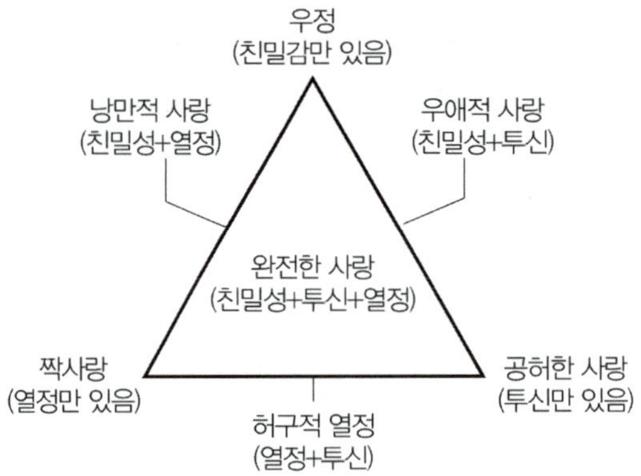

그림 6-2 사랑의 3요소

(1) 친밀감(intimacy)

친밀감은 가깝고 편하게 느끼고 서로를 잘 이해하고 함께 공유하고 원활한 의사소통과 긍정적인 지지가 일어나는 것이다. 친밀감은 사랑하는 사람과 함께 있으면 느끼게 되는 행복감, 사랑하는 사람과의 상호 이해와 소통, 사랑하는 사람을 소중히 여기는 마음, 사랑하는 사람의 행복을 증진시키고자 하는 마음, 자신이나 자신의 소유물을 사랑하는 사람과 공유하고 싶은 마음, 사랑하는 사람으로부터 지지를 받고 싶은 마음 등으로 표출된다.

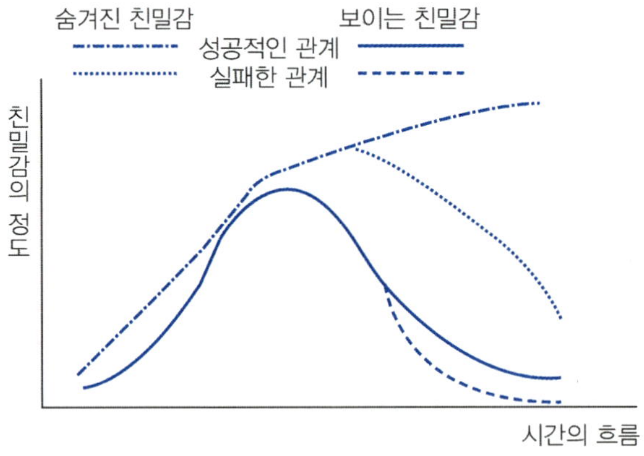

그림 6-3 친밀감의 변화과정

※ 출처 : 미래가족연구회(2012). 결혼과 가족. p. 50.

(2) 열정(passion)

열정은 성적 열망으로 연인들을 생리적으로 흥분시켜 들뜨게 하고 사랑하는 사람과 함께 있고 싶고 일체가 되고 싶은 강렬한 욕망을 불러일으킨다. 이러한 열정은 오래 지속되기보다는 연인 간의 교제 기간이 길어짐에 따라 열정의 강도는 감소하거나 다른 형태로 변화되는 것이 일반적이다.

학자들은 이 열정의 시기를 900일로 말하며 특히 일 년이 지난 후에는 열정의 50%가 감소하게 된다고 보고 있다. 따라서 연인들은 일 년이 지난 시기에 대부분 이별을 경험하게 되는데 이는 연인들이 사랑하는 관계에서 열정이 식어가는 시기에 따른 애착이나 친밀감 또는 헌신 등 다른 사랑의 방법으로 사랑의 모습을 바꾸지 못하기 때문에 헤어짐을 경험하게 된다고 한다(김양희 외, 2012).

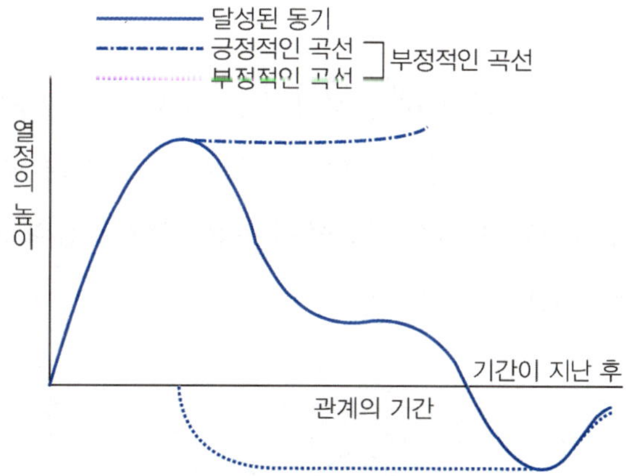

그림 6-4 열정의 변화과정

※ 출처 : 미래가족연구회(2012). 결혼과 가족. p. 51.

(3) 투신(commitment)

투신은 사랑에 책임을 지는 것으로써 상대방을 사랑하겠다는 결정과 행동적 표현을 의미한다. 사랑의 가장 대표적인 투신행위는 약혼과 결혼이며 그 밖에 사랑을 약속하고 맹세하고 사랑의 징표나 선물을 교환하고 이벤트를 열어주고 주변 사람들에게 연인을 소개하는 일 등이 이에 해당한다. 투신은 시간경과에 따라 서로가 점차 가까워지면서 정비례로 증가하는 모습을 보인다. 투신이 어느 정도 한계점에 도달하게 되면 점차 감소되고 두 사람과의 관계가 끝나게 되면 투신은 영점으로 돌아간다.

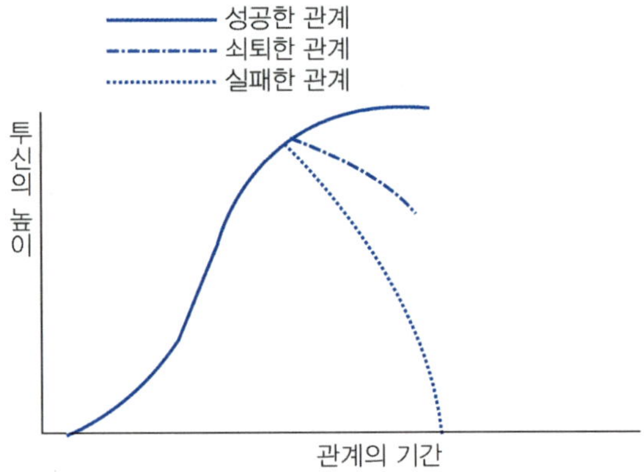

그림 6-5 투신의 변화과정

※ 출처 : 미래가족연구회(2012). 결혼과 가족. p. 52.

친밀감, 열정, 투신이라고 하는 사랑의 3요소는 시간이 흐름에 따라 강도가 변화하는데 이 강도의 정도에 따라 사랑은 서로 다른 양상의 유형을 나타낸다. 사랑의 요소별로 시간의 흐름에 따른 사랑 곡선의 모습을 그림으로 나타내면 다음과 같다.

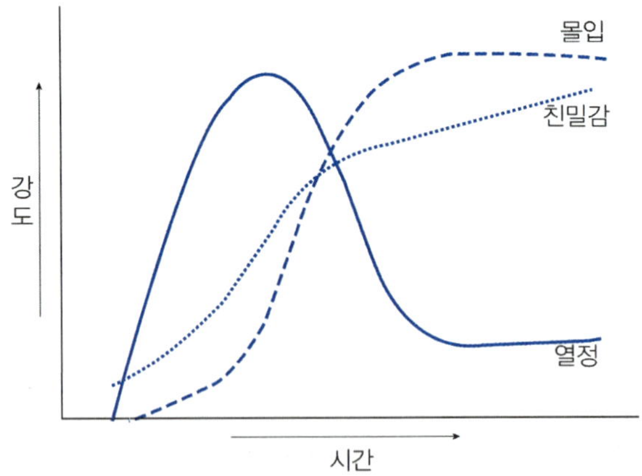

그림 6-6 시간에 따른 사랑곡선

(4) 사랑의 8가지 유형

사랑에는 세 가지 구성요소, 즉 친밀감, 열정, 투신이 모두 필요하지만 세 구성 요소를 기반으로 하여 여덟 가지 사랑의 유형이 조합된다. 세 요소가 전무한 상태의 '비사랑'에서부터 세 요소를 모두 갖춘 '완전한 사랑'까지의 유형을 제시하면 다음과 같다.

① **비사랑**(non love)

세 가지 구성요소가 없는 상태로써 우리가 일상적으로 만나 지나치게 되는 많은 사람들과의 무의미한 대인관계가 이에 속한다.

② **우정**(liking)

뜨거운 열정이나 상대에 대한 투신적 행동은 없지만 가까움과 따뜻함을 느끼는 상태로써 친구관계에서 느끼는 우정과 같은 관계이다.

③ **짝사랑**(infatuation)

짝사랑의 대상을 생각하거나 멀리서 보기만 해도 가슴이 뛰고 설레며 다리에 힘이 쭉 빠지는 등 신체적 흥분상태를 수반한 열정을 경험하게 된다. 그러나 상대에 대한 이러한 열정만 있을 뿐 서로 간에 친밀감이나 투신적인 행동은 없다.

④ **공허한 사랑**(empty love)

연애시절의 열정도 없고 친밀감도 없고, 사랑도 없이 결혼이라는 투신적인 생활만을 하는 부부가 이에 속한다. 또한 열정과 친밀감 없이 돈과 사회적 지위를 가진 늙은 남자와 결혼만 한 젊은 여자의 경우도 이에 속한다.

⑤ **낭만적 사랑**(romantic love)

서로 친밀하고 열정을 느끼지만 결혼과 같은 미래에 대한 약속이나 확신 없이 서로를 사랑하는 경우이다. 드라마나 영화 속의 사랑이 대부분 이러한 지고지순한 사랑을 표현하고 대중매체가 사랑을 상품화하여 표현하지만 모든 사랑이 이렇게 낭만적이지는 않다. 그래서 드라마나 영화를 많이 본 미혼남녀는 이러한 낭만적 사랑의 형태로 결혼을 꿈꾸고 있지만 실제로 결혼생활은 그렇지 않기 때문에 실망하기도 한다. 사랑의 구성요소에는 친밀감과 열정뿐 아니라 투신도 뒤따른다는 것을 명심하여 현실의 결혼생활은 반드시 이런 낭만적 사랑이 아닐 수도 있다는 것을 기억해야 한다.

⑥ **허구적 사랑**(fatuous love)

열정을 느껴 투신행위를 했지만 친밀감이 형성되지 못한 사랑의 경우이다. 만난 지 며칠 만에 열정을 느껴 약혼하고 보름 만에 결혼하는 투신 식의 사랑을 말하는데 흔히 이런 사랑은 지속되기 어렵다.

⑦ **우애적 사랑**(companionate love)

친밀감과 투신행위는 있지만 열정이 없거나 식어버린 관계로 오랜 결혼생활을 한 부부간의 관계에서 흔히 볼 수 있는 사랑이다.

⑧ **완전한 사랑**(consummate love)

성숙한 사랑이야말로 세 가지 요소를 모두 갖춘 이상적인 사랑인데 이런 사랑을 얻기 위해서는 많은 노력이 필요하다.

표 6-2 사랑의 유형에 대한 분류표

사랑의 유형	구성요소		
	친밀감	열 정	투 신
비사랑	없음	없음	없음
우정	있음	없음	없음
짝사랑	없음	있음	없음
공허한 사랑	없음	없음	있음
낭만적 사랑	있음	있음	없음
허구적 사랑	없음	있음	있음
우애적 사랑	있음	없음	있음
완전한 사랑	있음	있음	있음

사람마다 사랑의 유형은 다르며 여덟 가지 사랑의 형태는 고정적이고 지속적인 것이 아니라 시간이 흐르고 관계가 지속됨에 따라 한 형태에서 다른

형태로 변해가는 것이 일반적이다. 열렬히 사랑했던 부부도 결혼할 때에는 완전한 사랑으로 결혼했으나 살아가면서 부부간의 갈등으로 인해 점차 열정과 친밀감은 사라지고 오로지 자식들을 위해 투신하면서 살아가는 공허한 사랑으로 변한다는 것을 쉽게 알 수 있다(김은영 · 이규은, 2010).

(5) 사랑의 도형적 분석

스턴버그(1990)는 '사랑의 삼각형 이론 척도'를 제작하여 친밀감, 열정, 투신의 세 요소를 수량화하여 측정했다. '사랑의 삼각형 이론 척도'에서 세 요소는 사랑의 삼각형을 구성하는 세 변의 길이가 되며 세 요소에 대한 총점은 각 요소의 크기나 강도를 반영한다. 세 변으로 구성한 삼각형의 넓이는 사랑의 양 또는 크기를 반영하며 삼각형의 모양은 사랑을 구성하는 요소들 간의 균형 정도를 나타낸다.

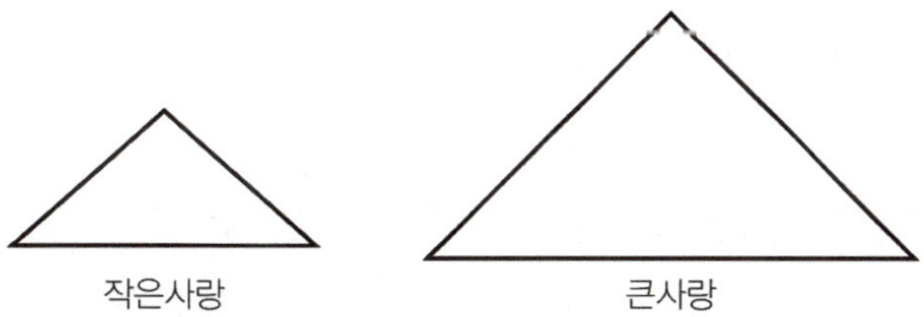

그림 6-7 삼각형의 크기에 의한 사랑의 평가

사랑이 되기 위해서는 세 구성요소의 균형적 존재와 발달이 필요하다. 삼각형을 구성하는 세 변 중 두 변의 길이의 합이 다른 한 변의 길이보다 짧을 때 삼각형이 구성될 수 없다는 기하학의 원리가 사랑에도 존재한다. 세 가지 구성요소가 균형적으로 잘 발달한 사랑이 크고 풍성한 사랑이 되고 사랑의 세 요소가 지나치게 불균형적으로 구성되어 있는 애정관계는 그만큼 불완전한 사랑이라고 볼 수 있다.

또한 두 개의 삼각형을 비교함으로써 현실에서의 사랑과 이상적인 사랑이 어떤 점에서 차이가 있는지를 시각적으로 평가할 수 있게 되고, 이러한 분석을 통하여 이상적인 사랑에 도달하기 위해서는 현실적 사랑 중 어떤 요소를 더욱 성장시켜야 하는지에 대한 시사점을 얻을 수 있다.

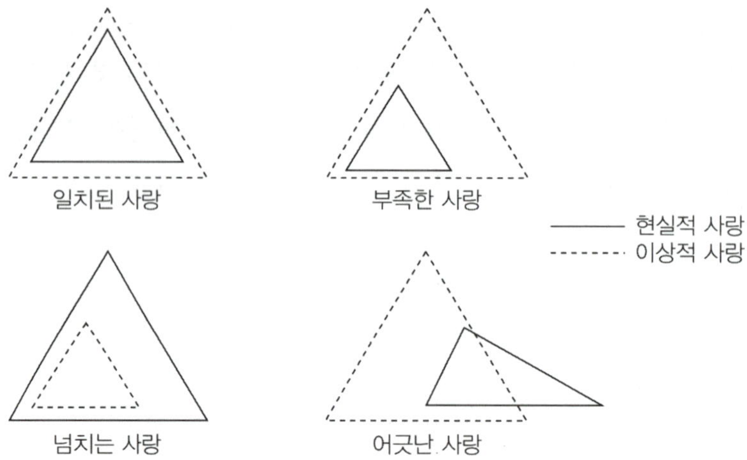

그림 6-8 현실적 사랑과 이상적 사랑의 비교

또한 사랑하는 두 사람 간에도 각자의 관점에서 삼각형을 비교함으로써 두 사람의 차이점을 알 수 있다. 서로에 대해서 사랑의 어떤 요소를 강하게 경험하고 있는지, 또는 상대방을 위해 사랑의 어떤 요소를 채워주기 위한 노력이 필요한지를 알 수 있다. 두 사람이 각자 이상적인 사랑의 삼각형을 비교해 봄으로써 이상적으로 추구하는 사랑의 형태가 어떤 것인지 알 수 있고 서로를 위해서 어떤 노력을 해야 할지를 알 수 있다(김은영 · 이규은, 2010).

3) 리(Lee)의 사랑의 유형

1970년대 들어서서 사랑을 유형별로 구분하고자 시도한 사람은 리(Lee, 1973)이다. 그는 사랑을 다양한 색깔에 비유하여 유형을 구분하였다. 사람마다 색에 대한 선호가 다른 것처럼 사랑도 선호하는 유형이 사람마다 다르다는 것이다. 리(Lee)는 사랑의 색을 일차 색과 이차 색으로 구분하였다. 색깔에도 기본 삼원색이 있듯이 사랑에도 기본 세 유형이 있는데 이를 '사랑의 일차 색'이라고 하였다. 기본색이 이차 색을 만들어 내듯이 사랑도 기본 세 유형이 사랑의 이차 유형을 만들어 내는데 이를 '사랑의 이차 색'이라고 하였다.

기본 삼원색이 빨강, 노랑, 파랑인 것처럼 사랑의 기본 유형인 사랑의 일차 색에는 에로스(eros), 루더스(ludus), 스토르게(storge)가 있다. 이차 색 속에 기본 삼원색이 녹아 있듯이 사랑도 기본유형인 사랑의 일차색이 사랑의 이차 색을 만들어 낸다. 따라서 사랑의 이차 색은 일차 색의 독특한 증후와 특성이 녹아 만들어진다. 사랑의 이차 색에는 마니아(mania), 프라그마(pragma), 아가페(agape) 등이 있다.

리(Lee)는 사랑의 우월함에 대해 어느 사랑이 더 우월하다고 말할 수 없다고 단정적으로 말하였다. 사람마다 좋아하는 색이 다른 것이 곧 우월함을 의미하는 것은 아니라는 것이다. 그것은 단지 선호의 문제일 뿐이라고 보았다. 리(Lee)가 제시한 사랑의 유형을 표로 나타내면 다음과 같다.

표 6-3 리(Lee)가 제시한 사랑의 유형

구분	사랑의 형태	테마 색깔	특 성
사랑의 1차 색	낭만적 사랑 (에로스)	빨간색	• 첫눈에 반하거나 상대방의 신체적 매력에 강하게 이끌리는 사랑을 말한다. • 이상적인 연인을 만나 결혼하는 것을 가장 중요하게 생각한다. • 사랑의 영원성을 믿는다.
	유희적 사랑 (루더스)	노란색	• 사랑을 놀이나 심심풀이로 생각한다. • 장기적인 관계를 피하고, 상대방이 자신에게 의존하는 것을 허용하지 않는다. • 자기만족에 중점을 두며, 언제든지 다른 대상을 찾아 떠날 준비가 되어 있다.
	우애적 사랑 (스트로게)	파란색	• 오랜 만남을 통해 서서히 사랑으로 변하는 형태이다. • 정서적으로 편안함을 느끼며, 집안에서도 친밀하게 받아들이는 경향이 있다. • 감정보다 이성의 통제를 받는다.
사랑의 2차 색	소유적 사랑 (마니아)	주황색	• 낭만적 사랑과 유희적 사랑이 결합된 형태 • 상대방에게 중독되어 있는 사랑을 말한다. • 상대방을 완전히 소유하려고 하며, 만일 상대방이 다른 사람에게 조금만 관심을 보여도 질투하고 절망한다.
	헌신적 사랑 (아가페)	보라색	• 낭만적 사랑과 우애적 사랑이 결합된 형태 • 열정적 사랑과 우애적 사랑이 결합된 형태로, 아무 조건 없이 상대방에게 베풀어주는 자기희생적 사랑이다. • 상대방의 행복을 위해 기꺼이 물러나기도 한다.
	실용적 사랑 (프라그마)	초록색	• 유희적 사랑과 우애적 사랑이 결합된 형태 • 논리적이며 실용적인 사랑이다. • 현실적인 배경, 가치, 흥미, 개성 등을 따지며 자신이 정한 조건에 합당해야만 사랑을 느끼고 접근한다.

사랑의 특성에 따라 리(Lee)는 여섯 가지의 유형을 제시하였는데 사람들이 접하는 사랑의 특성을 보면 어느 한 가지의 유형으로만 접근하지는 않는다. 필요에 따라서 한 가지 또는 두 가지의 혼합된 유형을 사용하기도 하고 두 가지 유형을 공유하여 사용하기도 한다. 이를 '인접성의 원칙'이라고 하는데 이는 비슷한 요소들이 가까이 있을 때 더 가까워지려는 경향과 같은 현상이다.

3. 사랑의 과정

1) 사랑의 시작, 애착

사랑에 대한 접근은 매우 어려운 문제이다. 낯선 사람과 만나 친밀감을 갖고 소통을 통해 사랑을 만들어 간다는 것은 쉬운 일은 아니다. 사랑에 대한 욕구는 사랑을 받는 것만이 아니라 상대방에게 베푸는 것도 포함된다. 그래서 사랑은 일방적인 것이 아니라 상호관계인 것이다. 사랑은 애착으로부터 시작된다. 애착은 아이와 엄마와의 정서적 유대관계를 나타낸 말인데 이러한 애착을 이론으로 정립한 사람은 존 보울비(John Bowlby)이다.

존 보울비(John Bowlby, 1980)는 아이와 엄마의 유대관계를 최초로 이론으로 정립한 사람이다. 보울비는 특정한 두 사람 사이에 형성되는 정서적인 유대관계를 애착(attachment)이라고 정의하면서, 어린아이가 애착을 느끼는 특정 인물은 세상을 탐색하는 안전기지의 역할을 한다는 애착이론(attachment theory)을 제시하였다. 유아는 엄마가 어디에 있는지 끊임없이 살피면서 엄마가 가까이 있으면 안정감을 느끼지만 엄마가 너무 멀어지면 불안을 느낀다. 이처럼 애착은 유아가 양육자와의 거리를 조절하면서 독립적인 존재로 성장하는 데 있어서 기초가 되는 바탕을 형성하게 된다. 애착관계는 다음과 같은 네 가지 특징을 나타낸다.

첫 번째 특징은 근접성 유지(proximity maintenance)인데, 애착대상에 가까이

붙어 있기를 원하는 것이다. 두 번째 특징은 애착대상을 안전한 피난처(safe haven)로 여겨서 위안과 확신을 얻기 위해 의지하는 것이다. 세 번째 특징은 이별 고통(separation distress)으로서 애착대상과 예기치 못한 이별을 하거나 장기간의 이별상태에 놓이게 되면 괴로움을 느낀다. 네 번째 특징은 애착대상은 안전기지(secure base)의 역할을 하게 되며 세상을 적극적으로 탐색하고 활동하는 기반이 된다는 것이다. 유아가 성장할수록 애착대상으로부터 떨어져 편안하게 견딜 수 있는 시간과 거리가 증가한다. 평균적으로 12개월의 유아는 3세 아동에 비해서 엄마와의 짧은 이별에도 더 많은 스트레스를 경험할 뿐만 아니라 엄마로부터 떨어져 탐색하는 범위가 더 좁다. 일반적으로 후기 아동기나 청소년기에 이르면 분리불안이 감소되면서 장기간의 이별이 가능해진다. 이처럼 아동이 부모와 관계경험을 통해서 자신과 타인에 대한 내면적 표상체계를 형성하게 되는데, 이는 요람에서 무덤까지 전 생애를 통해서 지속적으로 이루어진다(하혜숙 · 정환욱, 2015).

사랑의 출발점은 애착이다. 애착(attachment)이란 '몹시 사랑하거나 끌리서 떨어지지 않는 마음'을 말한다. 그래서 애착의 대상은 반드시 사람만이 아니다. 물건도 될 수 있고 일이나 삶이 될 수도 있다. 하지만 심리학에서는 엄마와 아이 사이에서 형성되는 상호적이고 감정적인 유대관계를 애착이라고 한다. 엄마가 2살 이하의 아이를 어떻게 돌보느냐에 따라 달라질 수 있다. 2살 이하처럼 생의 초기에 애착이 형성되는 것은 아이가 엄마 없이는 아무것도 할 수 없는 상황에서 엄마의 역할이 매우 중요하기 때문이다. 아기가 먹는 것, 자는 것, 입는 것, 변을 보는 것 등 어느 하나도 엄마의 도움 없이는 불가능하기 때문이다. 부모와 자녀 간에 형성된 애착관계에는 다음과 같은 세 가지 형태가 있다(정민자 외, 2005).

첫째, 안정된 애착관계이다. 안정된 애착관계를 형성한 아이들은 엄마가 곁에 있을 때면 활발하게 주위를 탐색하고 낯선 사람하고도 쉽게 교류한다. 엄마가 잠시 자리를 떠나더라도 크게 불안해하거나 걱정하지 않고 자기가 필요할 때 엄마가 다시 돌아올 것이라고 믿는다. 엄마가 돌아오면 그동안의 불안이 곧 사라지고 다시 주위를 탐색한다.

둘째, 회피적 애착관계이다. 회피적 애착관계를 형성한 아이들은 엄마가 잠시 안 보이면 금방 심하게 불안해지고 자신에게 엄마가 필요한 일이 생겨도 그때 엄마가 나타나지 않을 것 같은 걱정에 사로잡힌다. 엄마가 다시 돌아와도 엄마와의 접촉을 회피하고 엄마가 달래주고 아이의 불안했던 마음을 위로해 주려고 해도 이를 외면한다. 이런 아이들은 혼자 노는 것을 별로 싫어하지 않고 어른이 되어서도 다른 사람과의 친밀한 교류를 싫어하는 양상을 보인다.

셋째, 불안-저항적 애착관계이다. 불안-저항적 애착관계를 형성한 아이들은 엄마가 다시 돌아왔을 때 분노감으로 가득 차 있고 엄마가 달래주어도 그 화가 풀어지지 않는다. 그들은 세상에 대하여 잠재적으로 적대적인 태도를 가지고 있는 사람처럼 행동한다.

2) 사랑의 발전과 소멸

애착을 통해 친밀감이 증대되면 단순히 아는 정도에서 점차 서로에게 흥미를 가지게 된다. 사랑의 출발점은 다양하겠지만 보통 무엇인가에 대해 매력을 찾게 되면서부터 시작된다. 종종 첫인상은 좋지 않았으나 친밀감이 형성되어 발전하는 경우도 있다. 연구결과에 따르면 남성은 보통 20회, 여성은 17회의 데이트를 거쳐서 사랑을 느끼게 된다는 보고도 있다. 첫눈에 반하여 사랑에 빠지는 경우도 있지만 일반적으로 여러 차례의 데이트를 거쳐 사랑을 느끼게 된다. 사랑의 발전은 어느 날 갑자기 이루어지는 것이 아니다. 서로의 노력과 상호작용을 통해 관계가 돈독해지면서 사랑이 발전한다. 사랑의 발전과정에는 다음과 같은 몇 가지 특성이 있다.

첫째, 사랑은 두 사람의 데이트가 함께 즐기는 것이 되어야 동료감이 발달한다. 둘째, 상호작용을 통해 두 사람의 견해가 공감하게 되면서 상호 간의 배려가 이루어진다. 셋째, 사랑의 진행은 언제나 평탄하지 않으며, 좋은 순간과 나쁜 순간을 모두 경험하게 된다. 이러한 경험을 통해 신뢰가 형성되고 나면 평범한 관계에서 밀접한 데이트나 약혼으로 서서히 발전한다. 사랑은 결혼의 기초를 형성하여 결혼 전에 그 관계가 풍부할수록 결혼 후에도 풍부한 사랑으로 이어질 가능성이 크다. 두 사람 간의 생동적인 관계는 시간이 흐를수록 더 발전하지만 빈약한 관계는 시간이 지남에 따라 점차 소멸된다.

사랑의 소멸은 서로에 대한 흥미를 상실해 가면서 관계를 그만두게 된다. 소멸의 단계에 들어서게 되면 두 사람은 모두 관계가 악화된다는 것을 인식하기 마련이다. 그러나 문제는 한 사람의 관심은 새로운 대상에게로 옮겨갔으나 나머지 한 사람은 아직 이전의 관계에서 빠져나오지 못할 때 심각한 문제가 발생할 수 있다. 그런 경우에는 두 사람의 관계를 끝내기가 어려워지기 때문이다.

두 사람의 관계를 끊어내는 방식에는 흔히 절교라는 방식을 쓴다. 절교란 적용하기 어려운 것이지만 자칫 잘못하면 지나친 감정대립의 관계로 발전하게 된다. 또한 오랫동안 사귀어 온 상대를 버린다는 죄의식 때문에 단번에 관계를 끊기는 어렵다. 누구도 상대가 고통스러워하는 것을 좋아하지는 않을 것이다. 이럴 때에는 다음의 방법을 활용해 보는 것도 하나의 방법이 될 수 있다.

첫째, 서서히 관계를 줄여나가는 점진적 감소 방법을 적용해 본다. 둘째, 사랑이 식을 때를 기다렸다가 사랑이 식고 난 후, 그때 깨끗이 끊어 버리는 선명한 절교 방법을 적용한다. 셋째, 친구나 다른 사람(상담가나 임상 의사 등과 같은 전문가)의 도움을 구하는 원조 요청 방법을 활용해 본다.

3) 사랑의 종결

많은 연인들은 열렬히 서로 사랑했지만 다양한 이유로 인해 사랑이 행복한 결말을 맺지 못하기도 한다. 좋은 상대를 만나 관계를 발전시키는 것도 중요하지만 자신에게 맞지 않는 상대와 잘 헤어지는 것도 매우 중요하다. 이성 관계를 끝내야겠다고 결심하면 상대방이 상처받을 것임을 인정하고 명확한 이유를 들어 관계를 종료할 의사를 분명히 밝힌 뒤 관계를 끝내야 한다. 이성관계를 종결하는 방식으로는 첫째, '일방적 실연' 의 방법으로 한쪽이 헤어질 것을 통보함으로써 이루어지는 경우 둘째, '합의된 실연'으로 남녀 서로가 합의하여 관계를 종결하는 경우 셋째, '강요된 실연'으로 부모의 반대, 한쪽의 죽음, 사고 등과 같은 외부요인으로 관계가 종결되는 경우이다. 간혹 강요된 실연에 따른 그리움이나 아쉬움으로 인해 사랑의 감정이 더 애틋해지면서 연인 간의 결속이 강화되는 '로미오와 줄리엣의 효과'를 낳는 경우도 있다.

실연은 사랑의 상실로서 실연의 상처는 사람마다 다르기는 하지만 때로는 여러 가지 고통스러운 상처를 남기고 심리적인 후유증이 뒤따르면서 각자의 삶에 심각한 영향을 미치기도 한다. 실연을 하게 되면 일반적으로 우울, 슬픔, 분노, 미련, 후회 등 여러 가지 고통스러운 정서적 경험을 하게 되며 인지적 기능에도 변화가 생겨 주의가 산만해지고 집중력, 판단력, 기억력이 저하되어 학업이나 직업수행에 있어서 곤란을 겪을 수도 있다. 또한, 행동상에서도 변화를 가져와 의욕과 흥미, 활동성 및 식욕이 저하되기도 하며 두통, 소화불량 등 신체적 증상을 수반하기도 한다. 이와 같은 실연이 너무 고통스러워서 처음에는 극복하지 못할 것 같은 느낌이 들지만 실연을 극복하는 방법이나 기간은 사람에 따라 다를 뿐 대부분의 사람은 실연의 고통을 극복한다. 따라서 이별의 순간이야 가슴이 아프고 이루 형언할 수 없는 고통이 따르겠지만 사랑이 붕괴되고 이별을 맞이하게 된다 하더라도 크게 두려워하거나 실망할 필요는 없다. 실연의 고통을 극복하는 과정을 통해서 자신을 돌아보면서 성장하기도 하기 때문이다.

실연의 상처가 빨리 아물도록 돕기 위해서는 다음과 같은 과정을 거치는 것이 중요하다.

첫째, 자신이 실연으로 아파하며 슬퍼하고 있다는 사실을 받아들인다. 실연의 고통은 '나'만 겪는 것이 아닌 '누구나' 겪는 자연스럽고 정상적인 반응임을 자각하면서 대부분의 사람들처럼 이러한 고통으로부터 벗어날 수 있다는 것을 인식하도록 한다.

둘째, 충분히 아파하고 슬퍼할 필요가 있다. 실연의 고통을 부정하지도 말고 회피하지도 말고 충분히 아파하는 과정을 경험함으로써 자신의 괴로운 감정을 온전히 느끼고 표현하는 것이 실연의 고통을 빨리 치유하는 데 도움이 된다.

셋째, 가능하다면 1~2주 정도 일상적 생활로부터 벗어나는 것도 좋다. 시간을 내어 여행 등을 함으로써 일상의 업무 부담에서 벗어나 기분을 전환하고 환경을 변화하는 것도 도움이 된다.

넷째, 실연에 대해서 반성해 본다. 충분히 아파하고 기분전환을 한 후에 사랑과 실연의 과정과 원인을 담담하게 반성해 봄으로써 자신이 개선해야 할 부분에 대해 생각해 본다.

다섯째, 실연의 아픔으로부터 벗어나 일상의 생활로 돌아온다. 이러한 완화 과정을 거쳐서 스스로 재기를 위한 현실 생활로 돌아오도록 노력해야 한다.

이와 같은 실연의 고통을 극복하는 과정은 가까운 가족의 죽음을 극복하는 과정과 유사하다. 사랑하던 사람이 사망하게 되면 우리는 애도 과정(mouming process)을 거치게 된다. 사랑했던 사람을 잃은 슬픔을 표현하고 사랑했던 사람의 장례식을 치르고 무덤을 만들면서 그 사람의 죽음을 현실로써 받아들이게 된다. 두 가지 경우 모두 사랑하는 사람을 떠나보내는 상실의 경험으로부터 극복하는 과정이다. 이러한 과정을 거쳐서 사랑하는 사람의 상실을 충분히 현실로 인정하게 되면 상실의 고통은 견딜 수 있는 수준으로 완화된다(권석만, 2008).

실현으로 인한 고통은 일시적임을 인지하고 혼자만의 시간을 갖는 것도 좋다. 이성교제가 종결된 후에는 당연히 전화, 방문, 문자 등은 하지 않도록 한다.

제7장 젠더와 결혼문화[1)]

1. 결혼의 의미와 특성

1) 결혼의 의미

결혼은 성(性)의 결합을 통해 두 사람의 마음을 연결하고 새롭게 만들어지는 인간관계이다. 이들은 결혼이라는 관계를 통해 이성에 대한 상대방의 마음을 잘 이해하고 배려하면서 생활을 영위해 나간다. 하지만 많은 이들은 결혼을 통해 많은 것을 동시에 실현시키는 행복이 다가올 것이라는 꿈을 꾼다. 사람의 마음은 자기 행복을 추구하는 경향이 강하기 때문에 누구나 결혼을 통해서 자기 행복을 추구하게 된다. 결혼은 두 사람의 마음을 결합하고 성을 통하여 새로운 마음의 관계를 만들어 가는 것이기 때문에 자기 행복만을 추구하는 것은 바람직하지 않을 뿐만 아니라 또 그렇게 되지도 않는다. 서로가 존중과 배려를 통해 성숙한 관계를 만들어 나갈 때 두 사람 모두의 행복이 가능해질 수 있다.

결혼은 누구나 해야 하는 필수적인 것이 아니라 여러 다양한 생활방식 가운데 하나인 선택이다. 다만, 대부분의 성인남녀들이 결혼을 선택하여 생활을 영위해 나간다는 점에서 그 의미와 중요성을 높이 평가하고 있는 것이다. 결혼은 적절한 연령에 도달한 남녀가 자유로운 이성교제를 통해 애정과

---

1) 이규은 · 장상필(2021). pp. 321-354의 내용을 재구성하였음.

신뢰를 확인하고 자유의사에 의해 정신적·육체적으로 결합하는 것이다. 따라서 결혼은 정서적·육체적으로 친밀감과 함께 다양한 과업과 경제적 자원을 공유하는 두 사람의 정서적·법적 책임관계에 놓이는 상태를 말한다.

결혼을 의미하는 법률적 용어는 '혼인'이다. 따라서 이성교제와 배우자 선택 등의 과정은 결혼식이라는 의식과 함께 '혼인신고'라고 하는 법적인 절차를 통해서 완성된다. 결혼은 남녀가 정식으로 부부관계를 맺는 것으로 정의되지만 문화에 따라 차이가 있다. 일반적으로 결혼은 성적 결합을 기반으로 한다. 결혼이란 관습이나 법률에 따라 부부관계를 맺는 제도로 대부분의 사람들은 결혼을 통해 법적, 사회적, 종교적으로 부부라는 관계를 인정받게 된다. '결혼'이라는 단어는 누구에게나 '행복한 상상의 꿈'을 담고 있다. 결혼을 통해 두 사람이 평생을 함께하면서 서로에 대한 믿음을 가지고 행복한 결혼생활을 만들어가는 상상의 꿈을 담아내고 있는 것이다. 하지만 결혼생활은 현실적인 삶이지 상상의 삶이 아니라는 점을 깨달아야 한다.

결혼에 대한 학자들의 정의를 살펴보면 레이스(Reiss, 1980)는 "결혼이란 합법성과 부모가 됨을 주요 기능으로 하는 남편과 아내 역할을 맡은 개인들 간의 사회적으로 승인된 결합이다"라고 정의하고 있다. 이러한 레이스의 정의에 의하면 결혼은 자녀의 적절한 사회화와 보호에 대한 책무성을 부여하며 안정된 환경을 제공해야 함을 포괄하고 있다. 또한 코녹스(Konox, 1979)는 결혼에 대해 "결혼은 서로 다른 성을 가진 두 사람의 성인이 정서적, 법적으로 연합하여 동거하는 관계이다"라고 정의하고 있다. 이러한 코녹스의 정의는 결혼은 부모의 합법성뿐만이 아니라 정서적으로나 법적으로 영속성을 지닌 결합으로 인식하고 있다고 볼 수 있다. 엥겔스(Engels, Friedrich)는 "결혼은 남녀가 공통의 이득을 얻기 위해 서로의 성적 만족과 경제적 도움, 그리고 아이를 낳아 기르는 계약"이라고 정의하고, "결혼의 효력이 발생하기 위해서는 반드시 쌍방이 자발적으로 체결한 계약이어야 하고 결혼 동거 기간 동안 부부관계는 평등한 권리와 의무를 가져야 한다"라고 지적하고 있다(이열, 2020). 이러한 학자들의 결혼에 대한 정의를 보면 결혼은 남편으로서 또는 아내로서 배우자와 자녀에 대한 권리를 지님과 동시에 의무도 가지게 되는 것이라는 점을 강조하고 있다.

결혼의 의미는 동서양에 따라서도 서로 다른 차이를 보인다. 중국에서는 결혼의 어원에는 세 가지의 의미가 있다고 보는데 그 첫째는 '결혼 예절'이고, 둘째는 '부부의 호칭'이며, 셋째는 '인척의 관계'라고 말하고 있다. 이와는 달리 서양에서는 결혼이 지니는 의미를 두 가지로 설명하고 있는데, 첫째는 '남녀가 합법적으로 맺는 부부관계'로 결혼은 법적인 의미를 지닌 윤리적인 사랑이라고 보고 있고, 둘째는 '남녀가 부부관계를 맺는 행위'라고 보고 있다. 이 밖에도 결혼에 대한 의미를 요약해 보면 다음과 같다(이 열, 2020).

첫째, 결혼은 애정과 신뢰에 바탕을 둔 남녀 간의 합법적인 사회관계이다.

둘째, 결혼은 사회적으로 공인된 성적 관계이다.

셋째, 결혼은 사회적으로 인정받는 법률제도이다. 결혼은 법률에 따라 정당한 결혼관계를 유지하기 위한 법률적인 보증을 필요로 한다.

넷째, 결혼은 사회적인 경제제도의 하나이다. 결혼생활의 안정을 위해 재산소유와 보호 등 경제적인 활동을 필요로 한다.

2) 결혼의 특성

결혼 문화는 세계의 모든 나라에서 볼 수 있는 보편적인 문화 현상에 해당한다. 나라마다 다소 차이는 있지만 대부분의 나라들이 결혼제도를 통해서 배우자가 갖는 권리와 의무를 각 사회의 법률, 규약, 관습, 신념, 태도 등에 따라 규제하도록 하고 있다. 뿐만 아니라 결혼은 다양한 사회적, 개인적 기능을 가지고 있다. 결혼의 기본적 기능으로는 생식, 성적인 충족과 조절, 자녀 양육과 교육 및 사회화, 혈통 정하기, 성별 분업, 경제적 생산과 소비, 그리고 애정과 같은 개인적 욕구충족 등이 있다. 하지만 결혼의 기능과 역할은 시대와 지역, 그리고 그 나라의 문화에 따라 다양하게 표출된다. 중요한 것은 개인적인 측면에서 삶을 살아감에 있어서 결혼을 통해서 찾고자 하는 것이 무엇인지에 대한 자신의 주관과 생각이 무엇보다 중요하다. 막연하게 '결혼을 하면 지금보다는 뭔가 나아지고 행복해지고 위로가 되고 걱정이 적어지겠지?'라는 생각은 위험한 생각이다.

결혼한 후에 싸움이 잦은 부부들의 공통점은 서로가 다르다는 점을 인정하지 않는다는 점이다. 수십 년의 성장과정을 서로 다른 문화와 환경 속에서 성장해 왔는데 어느 날 갑자기 하루아침에 모든 방식을 나에게 맞춰 바꾸라고 하는 것은 폭력보다 더 무서운 압박이다. 부부가 서로 결혼한 후에 행복하게 잘 살아가기 위해서는 서로 간의 다름을 인정하고 존중해주는 일이 무엇보다 중요하다. 서로 다름을 인정하는 가운데 서로의 대화를 통해서 서로에게 원하는 것이 무엇인지, 하지 않았으면 좋겠다고 생각되는 것은 무엇인지 등에 대해 솔직하게 이야기하고, 이야기한 것에 대해서 실천하고 지켜나가려는 의지가 중요하다. 결혼은 서로가 더 행복해지기 위해서 하는 것이지 싸움을 통해 불행해지기를 원하는 것이 아니라는 점을 명확하게 인식해야 한다. 일방적이 아닌 서로가 함께하나 되어 나아가려는 노력과 모습이야말로 행복한 결혼생활의 필수조건이다.

결혼은 일정한 시대의 산물이며 역사의 현상인 동시에 남녀 간의 사회적 관계이며 제도이다. 인간은 결혼을 통해서 욕구를 충족시킬 수 있는 생리적, 심리적, 경제적, 사회적 지위와 기능을 포함하고 있다. 사회적으로 결혼이 갖는 여러 가지 특징을 요약하면 다음과 같다(이 열, 2020).

첫째, 결혼의 기초는 남녀가 사랑을 결합한다는 사실이며 법률적 계약이다. 결혼은 남녀가 사랑을 기초로 이루어지는 것이며 일정한 법률적 조건을 충족해야 한다. 또한 결혼은 결혼 이후에도 법률이 정한 권리와 동시에 의무를 가지게 된다.

둘째, 결혼의 목적은 부부관계의 영속을 이루는 것이다. 결혼은 부부관계를 맺음과 동시에 영속적으로 영원히 관계가 유지됨을 전제로 한다.

셋째, 결혼은 경제적인 측면을 공유하는 것으로 경제적 책임은 결혼의 법적 계약 요소에서 가장 중요시되는 요인 중의 하나이다.

넷째, 결혼이 가지는 권리 및 의무는 사회와 법률이 인정하는 것이다. 관습적으로 결혼을 통해 주어지는 권리와 의무가 우리 사회 안에 존재할 뿐만 아니라 법률적으로도 부부의 권리와 의무가 규정되어 있다.

다섯째, 결혼은 부부 상호 간에 성적 소유를 선언하는 것이다. 결혼을 통해 두 사람은 합법적으로 성적 욕구를 충족시킬 수 있고 자녀출산을 통해 새로운 사회적 단위를 형성하며 이를 통해 사회는 존속된다.

여섯째, 결혼의 전제조건은 부부 쌍방이 공동으로 의무를 부담하여 평등한 권리를 누려야 한다는 것이다. 결혼은 상호 간에 친밀한 관계를 발전시켜 나가는 기회가 되는 동시에 서로에 대한 신뢰, 사랑, 정직, 존중에 대한 약속이기도 하다.

이 밖에도 박재순·염순교(2015)는 결혼의 특징과 관련하여 결혼관의 중요성을 강조하였는데 결혼관은 결혼의 여부, 결혼과정에서의 배우자 선택, 결혼 후의 가정 설계 등과 관련된 가족 가치관의 일부로써 시대와 문화에 따라 다양한 형태로 변화해 왔음을 지적하고 있다. 결혼의 사회적 역할과 의미는 다양하지만 결혼은 합법적으로 사회적 안정과 함께 남녀의 성적 안정성, 경제적 삶, 소공동체로서의 사회 심리적 지지, 자녀 출산의 기능을 갖고 있다는 점이 특징적이라고 할 수 있다.

2. 결혼관의 변화

1) 결혼관의 의미와 요인

결혼관은 결혼 및 배우자 선택에 대하여 개인이 지향하는 규범이나 가치관을 의미한다. 따라서 결혼관은 그 사람의 삶에 있어서 결혼에 대한 선택, 결혼과정에서의 배우자 선택, 결혼 후의 가정 설계 등과 관련된 가족 가치관의 중요한 한 부분이며 삶의 방향성을 유지하는 결정적인 가치관의 일부분이다.

결혼관에 대한 정의는 이처럼 광범위하며 결혼동기, 결혼에 대한 인식, 결혼에 대한 태도, 성 관념, 배우자의 선택 등 다양한 영역을 포함하고 있다.

또한 결혼관이란 결혼의 인식과 동기, 결혼에 대한 태도, 배우자 선택과 관련된 가치관과 규범으로 시대적 또는 사회적으로 여러 가지 상황을 반영하며, 실제 행동과 반드시 일치하지 않더라도 그러한 행동을 유발하는 역할을 한다는 점에서 매우 중요하다. 결혼관은 결혼의 동기, 결혼의 시기, 배우자 선택, 결혼의 과정, 결혼생활에 대한 적응, 결혼 후의 생활 등에 지대한 영향을 미친다.

결혼의 동기는 결혼의 목적이라고도 할 수 있다. 과거에는 결혼이 제도적인 의미였지만 오늘날에 와서는 사랑과 애정, 또는 행복을 위함이라는 측면으로 보고 있으며 애정적인 의미로 변화하였다. 이러한 결혼의 동기에는 성적 욕구의 충족, 종족계승의 욕망인 개인적 욕구와 성적 통제의 기능, 증식의 기능, 감정 및 정서적 안정 등이 있다. 결혼 동기에 대한 연구를 보면 미혼 남녀의 결혼 동기로는 '사랑', 또는 '인생의 동반자를 찾기 위해서'라고 보고 있는 경우가 가장 많다.

결혼하지 않으려는 사람들의 동기는 '혼자서도 잘 살아갈 수 있는 생활능력이 있고 특별히 불편한 점이 없기 때문'이라고 생각하는 경우가 대부분이다. 독신의 동기로 오히려 '자율적인 생활을 추구하기 위해서', '구속받는 것이 싫어서'라고 생각하고 있는 것도 특징적이다. 또한 독신의 이유로는 '자아실현과 자기계발을 위해서'가 대부분이고, '결혼의 의무와 역할에 대한 부담 때문'이라고 보고 있는 경우도 적지 않다.

결혼 시기의 결정은 매우 개인적인 문제이지만 실제로는 개인이 위치한 사회적 상황에 의해 직접적인 영향을 받는다. 배우자 선택 조건은 성격, 외모, 건강, 경제력, 교육 정도 등으로 행복한 결혼생활의 전제조건이 된다고 볼 수 있다. 또한 배우자 결정 방법은 부모가 결정하는 경우와 부모가 승낙 후 당사자가 합의하는 경우는 줄어들고 당사자 합의 후 부모에게 승낙을 받는 방법이 크게 증가하였다.

결혼관에 영향을 미치는 인구·사회학적 변인을 보면 성별, 연령, 종교, 출생순위, 가족유형, 가계소득 등이 영향을 미친다. 성별과의 관계는 남자가 결혼을 더 선호하고 중요시하며 여성이 남성보다 결혼 의사에 더 소극적인 것으로 알려져 있다.

이 밖에도 결혼관에 영향을 미치는 요인으로는 성별, 연령, 가정생활 수준, 거주 상태, 출생순위, 가족형태 또는 학력, 종교, 소득, 전공, 지역, 부모의 연령, 부모의 교육 정도, 부모의 직업 등이 있다.

대학생들의 결혼관에서는 결혼을 하지 않는다는 것보다는 결혼은 반드시 하여야 한다는 생각이 조금 더 높고, 사랑관의 경우에는 행복하기 위해서는 배우자를 사랑하여야 한다는 생각이 주류를 이루고 있다. 가족관의 경우에는 의사소통기술에 대한 필요인식이 높고 배우자는 서로의 단점을 보완해 주기를 바라면서 또한 인생목표와 가치관이 확실하길 희망하고 있다. 결혼관과 출산의식에 대해서는 '결혼은 상호보완적인 관계이고 결혼은 외로움을 덜어준다'는 생각을 하고 있고, 결혼은 성격이 맞고 사랑하는 사람과 함께 외롭지 않기 위해 필요한 것이라는 긍정적인 태도를 보이고 있다. 결혼 후 경제력 부담은 부부가 공동으로 해야 할 것을 주장하고 있고 여성이 직장생활과 가사를 동시에 하는 것은 어려운 일로 이해하고 있다.

2) 변화하는 결혼관

오늘날 우리가 살아가고 있는 사회는 그 어느 때보다도 빠르게 변화하고 있다. 이러한 사회변화는 사회구성원인 우리들의 삶에 직접적인 영향을 미치고 있다. 그동안 우리 사회는 빠른 변화와 함께 여성들의 사회진출이 확대되면서 결혼관에도 변화를 보이고 있다. 자신이 원하는 현실적인 조건을 만족하는 배우자를 찾아 결혼하고자 하는 욕구와 함께 결혼에 대한 당위성이 약화되고, 이혼에 대한 수용능력이 확대되는 등 결혼과 관련된 다양한 측면의 가치관에서 변화를 보이고 있다. 남녀 평등주의의 확산, 여성의 교육 수준 향상, 여성의 사회 진출 확대 등이 오늘날 젊은이들의 결혼관에 영향을 미친 것으로 여겨진다. 남녀가 성장하면 반드시 결혼하고 자녀를 가져야 한다는 전통적인 결혼관이 퇴색하고 자신의 편안한 삶이라고 한다면 독신으로 살아도 괜찮다는 인식이 확산되고 있다. 결혼은 당연히 해야 된다고 보는 결혼의 당위성에 대한 인식에도 변화를 보이고 있어, 남성보다는 여성의 경우가 결혼하지 않아도 좋다는 의견에 더 적극적인 경향이다. 지금까지 기성세대들은 결혼은 살아가는 데에 있어서 필수적인 것으로 여기고 결혼을 통해서 아이를 낳는 것을 당연시 여겨왔다. 하지만 오늘날을 살아가는 젊은 세대는 결혼을 하는 것은 물론이거니와 자녀를 낳는 것 또한 개인의 자유이며 선택적 고려 사항이라고 생각하고 있다. 결혼을 선택사항으로 인식하고 있을 뿐만 아니라 결혼 후 반드시 자녀를 가져야 한다는 의식 또한 점점 약화되고 있는 실정이다. 이러한 변화는 남성보다 여성에게서 더욱 뚜렷이 나타나고 있다.

이혼에 대한 인식에도 변화를 보이고 있다. 결혼 후 상대방에 대해 만족하지 못할 경우 이혼하는 것에 대한 거부감이 1990년대 이후 급격히 줄고 있다. 특히 젊은 세대일수록 이러한 현상은 현저하게 나타나고 있다. 우리 사회는 이혼에 대한 사회적 불이익이 아직도 남성보다는 여성에게 더 가혹함에도 불구하고 이혼은 증가추세를 멈추지 않고 있다.

하지만 결혼에 대한 인식과 결혼관이 다양하게 변모해 오면서도 결혼에 대해서 변하지 않는 가치가 있다. 그것은 바로 "배우자와 함께 평생을 갈 자신이 있다면 결혼한다"는 것이다. 이러한 인식은 결혼과 관련하여 자신과 성격이 잘 맞는 배우자를 찾는 것을 결혼의 최우선이라고 보고 있기 때문에 나타난 결과이다. 대부분의 남녀가 꼭 결혼을 하여야 한다기보다는 자신이 원하는 배우자를 찾고 그 사람과 결혼해서 노후를 함께할 수 있다는 감정을 공유할 수 있을 때 선택적으로 결혼을 하겠다는 경향이 강하다. 어느 누구도 얼굴을 보고 싶지 않은 사람과 결혼하여 평생을 함께 살고 싶지는 않을 것이다. 평생을 함께하고 싶은 사람, '이 사람이면 결혼할 수 있겠다' 하는 느낌이 올 때, 그때 결혼을 선택하게 된다는 의미이다. 결혼이라는 행위는 연애와는 다르게 큰 결단력을 필요로 하며 사람의 인생을 송두리째 바꾸어 놓을 수 있는 중대한 선택이다. 결혼은 신중하게 고려해서 결정해야 하는 일임에는 틀림이 없다.

3) 결혼에 대한 인식변화의 특징

전통사회에서 결혼은 일정한 나이가 되면 집안 웃어른들이나 부모님의 의사에 떠밀려 무조건 해야만 했던 의식의 하나였다. 하지만 오늘날 우리 사회에서 결혼은 성인인 자신이 자율적으로 선택하고 결정할 수 있는 결정권을 갖고 있다. 이러한 변화에 맞춰 결혼을 하지 않고도 함께 사는 커플이 등장하기도 하고 독신으로 혼자 살아가는 사람도 나타나고 있다. 이와 같이 미혼남녀들이 결혼을 하지 않겠다고 생각을 하게 되는 이유로 가장 큰 것은 경제적인 이유이다. 그만큼 우리 사회가 경제적으로 안정을 보장받지 못하고 있다는 방증인 동시에 결혼에 대한 청년들의 문화적 인식의 변화를 보여주고 있는 것이라고 여겨진다. 결혼과 출산은 선택의 문제는 될 수 있지만 포기의 대상이 되어서는 안 된다는 점을 명확히 해야 할 것이다. 우리 사회를 살아가는 모든 이에게는 결혼이 주는 충만함과 안정감, 나아가 아이를 키우며 느끼는 소박한 즐거움과 행복감을 누릴 수 있는 권리를 갖고 있다는 사실을 잊어서는 안 된다. 이것은 우리 사회가 지켜내야 할 마땅한 소망이며 책무이다.

결혼에 대한 인식변화의 특징을 살펴보면 가장 두드러진 특징은 결혼의 필요성에 대한 변화이다. 2019년 트렌드모니터(trendmonitor.co.kr)가 전국 만 19세부터 49세까지의 미혼남녀 1,050명을 대상으로 결혼의 필요성에 대한 인식을 조사한 결과에 따르면 20대부터 40대까지의 미혼남녀 10명 중에서 4명(40.5%)만이 결혼이 필요하다고 생각하고 있는 것으로 나타났다. 이러한 결과는 일 년 전의 조사 결과와 비교해 볼 때, 결혼의 필요성을 느끼는 미혼자는 줄어들었고(18년 44.1%→19년 40.5%), 결혼이 필요하지 않다고 생각하는 미혼자는 전년도와 유사한(37.3%) 것으로 나타났다. 결혼이 필요하다는 생각은 여성 미혼자(31%)보다는 남성 미혼자(49.9%), 그리고 연령이 낮을수록(20대 50%, 30대 44.6%, 40대 26.9%) 상대적으로 많이 하는 편이었으나, 이 경우에도 결혼 의향이 높다고 보기는 어려운 실정이다. 이 밖에도 한희선(2016)은 우리 사회에 나타난 결혼에 대한 인식변화의 특징으로 다음과 같은 점을 제시하고 있다(한희선 외, 2016).

첫째, 결혼의 필요성에 대한 인식이 변화하고 있다. 결혼을 필수적인 것으로 인식하기보다는 필요에 따라 결혼을 선택적으로 결정할 수 있다는 인식으로 변하고 있다. 많은 미혼남녀들이 결혼제도라는 틀에 얽매이는 것을 바라지 않고 있으며, 직업과 능력이 있다면 독신으로 사는 것도 고려해 볼 만한 것으로 보고 있다. 뉴욕대 정치사회학과 교수인 앤드루 해커(Andrew Hacker) 박사는 그의 저서 『어울리지 않는 짝 : 남녀 간의 격차(Mismatch, The Growing Gulf between Women and Men)』에서 "여성들이 점점 자립적이 되고, 남성에 대해 비판적인 자세를 갖게 됨에 따라 그들은 데이트 상대자나 배우자가 되기에는 자격 미달인 남성들이 많음을 느낀다"는 점을 강조하였는데,[2] 이는 결혼의 필요성에 대한 인식의 변화와 무관치 않은 것으로 보인다.

둘째, 결혼연령의 상승으로 미혼자들이 증가하고 있다. 혼인연령의 증가와 함께 미혼자들의 비율도 빠르게 증가하고 있다. 통계청 통계개발원(2021)[3]의 통계자료에 의하면 30세에서 39세 사이의 남성 미혼율은 41.0%, 여성 미혼율 26.0%로 나타났다. 이러한 결과는 결혼은 특정 연령까지는 반드시 결혼해야 한다는 그동안 우리 사회가 가지고 있는 규범이 약화되고 있음을 보여주는 것이라 할 수 있다. 뿐만 아니라, 늦어지는 결혼은 미혼으로 연결되어 최근 미혼자들이 증가하는 것과 무관치 않다. 미혼자의 증가는 남성에게서 먼저 나타나고 여성에게도 확산되고 있는 경향을 보여주고 있다. 이는 혼인시장 내 성비 불균형을 초래하여 남성 초혼 연령과 미혼율의 동반 상승뿐만 아니라 국제결혼에 대한 수요를 유지시키는 요인으로 나타난다. 또한 미혼이 증가하는 이유는 결혼연령의 상승 외에도 경제적 불황, 결혼은 선택이라는 사회적 분위기와 미래에 대한 불확신 등의 이유로 설명될 수 있다.

셋째, 결혼 연령의 다양화를 들 수 있다. 최근 들어 초혼 연령이 높아지면서 초혼 연령의 결합형태가 남녀 동갑이거나 여성이 연상인 경우가 점차 증가하고 있는 추세이다. 이는 남녀가 비슷한 연령대에서 결혼하고자 하는 동질혼 경향이 높아지고 있음을 의미한다. 특히 여성의 초혼 연령이 높을수록

2) 김형경(2013). 신여성시대. 동아일보(2013.12.23).
3) 통계개발원(2021). 인구동태 코호트 자료의 비식별화 및 자료 제공 방안 연구 결과 보고서. 통계청.

연하의 남성과 결혼하는 비율이 점차 높아지고 있다. 이는 결혼 적령기에 있는 남성의 숫자가 더 많고 여성의 사회적 지위가 상승하면서 결혼에 대한 가치관도 변화하기 때문에 나타난 현상이다.

넷째, 결혼 파트너의 선정에 있어서 재혼과 같은 다양성이 수용되고 있다. 최근 우리나라의 초혼과 재혼의 현황을 살펴보면 초혼 남성과 재혼 여성의 혼인 건수가 초혼 여성과 재혼 남성의 혼인 건수를 초월하고 있다. 이는 결혼 파트너의 선정에 있어서 초혼이나 재혼과 같은 결혼경험의 유무는 문제가 되지 않는다는 점이다. 결혼 상대자에 대한 사랑과 진실성이 문제가 될 뿐이지 파트너의 다양성은 큰 문제가 되지 않는다는 점이다. 뿐만 아니라 최근에는 한국 남성이 외국여성과 결혼하는 혼인 건수도 증가하고 있다.

다섯째, 결혼 대신 동거를 하는 것에 대한 미혼자들의 인식이 변화하고 있다. 2019년 트렌드모니터(trendmonitor.co.kr)가 전국 만19세부터 49세까지의 미혼남녀 1,050명을 대상으로 조사한 결과에 의하면 미혼자의 절반 이상(54.3%)이 '동거'도 하나의 결혼형태로 인정해줄 필요가 있다고 보고 있으며, 이에 동의하지 않는다는 의견은 22.1%에 불과한 것으로 나타났다. 이러한 주장은 동거를 하나의 결혼형태로 인정해줘야 한다는 것으로 남성(49.5%)보다는 여성(59%)이, 낮은 연령보다는 높은 연령층(20대 47.1%, 30대 57.4%, 40대 58.3%)에서 긍정적인 것으로 나타났다. 물론 결혼보다 동거가 더 매력적이라고 생각하는 것은 아니지만, 적어도 동거에 대한 거부감은 크지 않은 쪽으로 변화하고 있다.

여섯째, 결혼 의례의 변화이다. 우리 사회에서는 권위적인 특성으로 인해 부모들이 본인의 체면 때문에 종종 무리한 비용을 들여 예물과 예단, 피로연을 치르곤 하였다. 그 결과 혼수문제는 물질 만능주의, 사회적 지위에 대한 허황된 욕구, 과잉기대, 가부장적 가족가치관 등이 맞물린 사회적 문제가 되었고 과도한 혼수 요구가 이혼의 원인이 되기도 하였다. 그러나 결혼식에서 양성 간의 불평등한 문제가 제시되면서 남성 주례자의 탈피, 신랑 신부 동시입장, 폐백의 양가부모 참여, 결혼비용 공동부담 등 다양한 변화가 나타나고 있다. 또한 최근에는 사회적 기업과 마을 기업이 주도하는 작지만 색다른 결혼식이 개선의 대안이라며 결혼식뿐만 아니라 신혼여행까지의 전 과정에서 비용을 줄이도록 지역사회가 함께 노력하는 부분도 제시되고 있다.

3. 양성평등한 결혼

1) 가족제도에서의 양성평등

남녀가 동등한 사회적 조건과 지위, 권리, 의무를 갖는 것을 양성평등이라고 한다. 즉, 성에 따른 차별을 받지 아니하고 자신의 능력에 따라 동등한 기회와 권리를 누리는 것을 말한다. 사회문화적으로 한 성이 다른 성을 차별 또는 억압하고 있는 상황에서 양성평등은 여성과 남성의 성에 대한 차이를 인정하고 성에 따른 불평등으로부터 야기된 차별과 억압을 극복해 낼 때 양성평등의 실현은 가능해진다. 양성평등한 사회를 만들기 위해서는 남녀를 차별하는 법과 제도를 고치고 남녀가 서로를 이해하고 존중해 주는 일이 중요하다. 양성평등에 대한 인식의 전환과 함께 집안일을 분담하고 우리 모두가 사회에 필요한 소중한 사람이라고 평등한 인격체로서 인식하는 일이 우선되어야 한다. 하지만, 가족제도 안에서의 양성평등은 어떻게 인식되어야 할까? 가족 구성원들의 객체로서의 독립적인 평등과 가족구성원 안에서의 공존에 초점을 둔 평등의 가치 중 무엇이 우선되어야 할까?

우리나라 헌법 제36조 제1항에 의하면 "혼인과 가족생활은 개인의 존엄과 양성의 평등을 기초로 하여 성립되고 유지되어야 하며 국가는 이를 보장해야 한다"라고 규정하고 있다. 그렇다면 여기서 말하는 양성평등이란 의미는 무엇일까? 법 앞에 평등하다는 것은 모든 국민을 절대적으로 대등하게 처우해야 한다는 것은 아니며 인간의 존엄과 인격의 가치에 평등하고 사회적 신분과 성별, 남녀노소에 따라 불이익이나 어떤 차별도 받아서는 안 된다는 의미이지, 모든 면에서 절대적으로 평면적인 평등을 의미하는 것은 아니다. 특히 우리나라의 혼인과 가족제도에 있어서는 역사와 더불어 다양한 형태의 변화를 거쳐 오늘의 모습으로 발전해 온 것으로 전통적이고 관습적인 것이다. 따라서 가족제도 안에서의 평등은 개개인의 인격을 객체로 본 독립적인 평등이라기보다는 가족이라는 남녀가 공존하는 상생의 조화 관계로서의 평등이다. 즉, 남녀의 관계는 상호 보완과 상생의 조화 관계이지 분배적 평등의 관계가 아니다. 어디까지나 공동체 보호가 우선되어야 하는 목적을 지니고 있는 집단이 가족이기 때문이다. 따라서 가족제도에 있어서 양성평등은 가족의 결속과 보호가 전제될 때 빛을 발휘하게 되는 것이다. 가족의 결속과 보호가 파괴되는 경우라면 가족제도에 있어서의 양성평등은 존재의 의미가 없다.

2) 성 차별적 결혼의 문제점

양성평등은 '모든 개인은 인격, 존엄성, 가치와 기본권에서 동등하다'는 만인평등사상에서 시작되었다. 만인평등사상이 대두되기 이전에는 성 차이에 따른 차별과 불평등이 당연시 여겨졌으며 유교적이고 가부장적이었던 조선시대에는 남녀유별에 따른 차별과 억압이 일상생활에 상존해 있었다. 하지만 근대사회의 도래와 함께 도입된 만인평등사상으로 인하여 불평등한 사회문화적 조건이 개선되고 성차별적인 법과 제도를 개선해 나가면서 양성이 동등한 기본권을 보장받는 양성평등한 사회가 실현되고 있다. 하지만 우리 사회에는 아직도 전통적이고 관습적으로 전해 내려오는 다양한 가족제도 안에서 볼 수 있는 성 불평등이 잔존해 있는 것이 사실이다. 특히, 최근 들어 결혼에 따른 비용이 급증하면서 양성평등적인 결혼을 꿈꾸는 신혼부부들이 늘어나고 있는 추세이다. 성 차별적 결혼의 문제를 해결하고 양성평등한 결혼식과 결혼생활을 위해서는 다음과 같은 문제가 개선되어야 한다.[4)]

첫째, 결혼준비는 독립적으로 실현되어야 한다. 대체로 양성평등한 결혼식을 올린 사람들의 공통점은 자력으로 결혼비용을 충당했다는 점이다. 일

4) 한겨레신문(2003.03.14.). 양성평등한 결혼하려면?.

단 부모의 돈을 받아 결혼식을 치르게 되면 부모가 원하는 결혼식을 올리기 쉽다. 최대한 자력으로 돈을 마련하거나 아니면 부모에게 빌리는 형식으로 경비를 마련해 부부가 함께 갚아나가도록 한다. 자신의 돈으로 결혼식을 하게 되면 본인뿐만 아니라, 부모도 간소하게 치르는 데 이의를 달지 않는다. 따라서 '결혼식은 자력으로 간소하게 치르겠다'는 결심으로 독립적으로 실현하도록 해야 한다.

둘째, 결혼비용은 분담하여 공동으로 부담한다. 예식장 대여료에서부터 집 마련과 혼수까지 결혼에 드는 총 비용을 계산하여 신랑, 신부가 절반씩 공동으로 부담하도록 한다. 물론 서로의 경제력을 반영해 조정하는 것도 좋은 방법이다. 하지만 돈을 함께 부담하여 공동으로 비용을 치르게 되면 자연스럽게 허례허식이 없어지고 집안 대 집안의 싸움으로 번지는 일이 발생하지 않는다.

셋째, 재산 관련 명의는 모두 공동으로 한다. 결혼 후 생활할 집은 공동명의로 한다. 부부 모두가 양성평등한 사람이라고 할지라도 한 사람의 이름으로 하는 것보다 두 사람의 이름으로 등록해 놓으면 무의식적으로 공동책임감을 느낀다. 더불어 재산 운용 및 생활비 부담에 대한 약정을 담은 '부부재산 약정서'를 쓰는 것도 경제적 평등권을 확보할 수 있는 방법 중의 하나이다.

넷째, 양성평등한 결혼식을 거행한다. 막상 결혼식을 준비하다 보면 예식장을 잡는 것부터 시작하여 집안 간에 기싸움이 시작되기도 한다. 예식장 선택부터 신혼여행지까지 하나하나 신랑, 신부가 함께 의논해 결정하고 세심하게 부모님을 설득해야 한다. 예식장에서는 신혼부부가 함께 입장하거나 각자 부모를 모시고 입장하는 방식으로 양성평등을 실천하는 결혼식이 되도록 한다. 천편일률적인 식순보다는 부부가 서로 '양성평등한 결혼서약서'를 낭독하는 것도 고려해 볼 수 있다. 사회와 주례 하면 반드시 떠올리는 '남자'보다는 평소 친하게 지내거나 존경하는 여성들도 고려해 볼 만하다. 폐백은 본가 가족에게만 드리는 것이 아니라 양가 부모나 가족에게도 똑같이 드리도록 한다.

다섯째, 결혼에 대한 비현실적인 기대나 환상에서 벗어나야 한다. 동서고금을 막론하고 젊은 남녀는 사랑하기를 원하고 수시로 사랑에 빠져 결혼을 한다. 결혼은 분명히 좋은 것이지만 결혼생활은 많은 수고와 노력을 요구한다. 행복한 결혼생활은 많은 노력의 결정체이다. 꿈꾸는 환상 속에서 만들어지는 것이 아니다. 사랑은 누구나 쉽게 시작하지만 행복한 결혼생활은 시간, 노력, 정성으로 돌봄이 필요하다. 결혼은 당연히 고난을 가져온다. 결혼생활을 해나가다 보면 두 사람 사이에 갈등도 생기고 어려운 문제도 생기고, 전혀 해결할 수 없는 문제도 짊어지게 된다. 그러한 모든 문제를 해결해 나가야 하는 것이 곧 남녀의 결혼생활이다. 자신이 상상하고 꿈꾸는 것처럼 모두 이루어지는 것, 들풀과 같이 저절로 생기는 사랑, 행복의 양탄자 위를 걷는 생활, 그런 꿈을 꾸는 결혼이라면 현실로 돌아오는 일부터 시작해야 한다. 결혼은 현실이다. 결혼생활도 '일'이라는 새로운 시각을 갖고 삶의 현장에서 사랑을 직시하려면 자신이 지니고 있는 환상에서 벗어나야 한다.

여섯째, 전통적인 성역할에서 벗어나야 한다. 우리 사회의 전통적인 성역할에는 남녀 불평등의 의식이 남아있다. 전통적인 성역할이 남성위주로 이루어졌다고 하더라도 오늘날 우리 사회에서는 남녀 간에 모두에게 불리하게 작동한다. '돈을 벌어다 주는 아버지'로 고정된 가정에서의 아버지의 성역할이 오늘날에 와서는 아버지에게 막중한 부담과 책임감을 전가하고 있어 이에 대한 조정이 필요하다. '남편은 돈을 벌고 부인은 집안일을 하는 성역할'에 익숙해져 있는 기성세대들은 이미 퇴직 후 발생하는 가정 내 갈등의 문제에 직면하고 있다. 뿐만 아니라, 자녀와의 관계에 있어서도 권위적인 태도에서 벗어나지 못하고 있는 것도 우리 사회의 문제점이다. 남성과 여성 모두 성역할 인식에 대한 고정관념과 일·가정 영역 간 불균형이 존재한다는 사실을 바르게 인식하고 일·가정 균형을 이루기 위해서는 책임과 부담을 동일하게 나누려는 양성평등 인식과 태도에 대한 변화가 필요하다. 우리 사회에 잔존하고 있는 고정적인 성역할 의식에서 벗어날 필요가 있다. 아직도 가정 내에서 양성 간의 불평등은 계속되고 있다는 점에 유념하여 양성평등한 결혼생활을 실천해 나가기 위해 노력해야 한다.

4. 결혼의 선택

1) 결혼의 동기와 성립

결혼은 두 사람이 법에 따라 부부관계를 맺는 일로 인생에서 중요한 사건이다. 인류의 역사 속에서 결혼은 어떠한 형태로든 존재해 왔으며 거의 모든 문화권에서 결혼이라는 의식에 의해서 혼인이 이루어졌다. 최근에는 우리 사회에 만혼(晩婚)현상이 증가하면서 결혼에 대한 의식이 약화되는 경향이 있으나 대부분의 사람들은 사회적 여건이 마련된다면 결혼할 것을 희망하고 있으며 결혼의 가치와 중요성에 대해서도 인정하고 있다.

결혼을 하게 되는 동기는 사람마다 차이가 있지만 일반적으로 개인의 욕구를 충족시키기 위한 일환으로 제기된다. 결혼과 관련된 개인의 욕구는 개인적 측면의 욕구와 사회적 측면의 욕구로 구분할 수 있다. 개인적 측면의 결혼 동기는 대부분 성적 만족감을 얻고 심리적 안정을 추구하기 위한 것이 일반적이다. 사회적 측면의 결혼 동기는 사회적 유대감을 증진시키고 가문을 계승하기 위한 것이 일반적이다. 과거의 결혼 동기는 대부분 개인적 측면의 동기보다는 사회적 측면의 동기가 더 중요시되는 경향이 있었으나 최근에는 사회적 측면의 동기보다는 개인적 측면의 동기가 보다 더 중시되는 경향이 있다.

사람들이 결혼하게 된 동기와 관련하여 무엇이 결혼을 하도록 자극했으며, 결혼하게 된 동기가 무엇이었는지에 대한 내용을 요약하면 다음과 같다(박인숙, 2020).

(1) 사랑의 실현

우리 시대의 결혼 욕구 중 가장 강한 동기는 사랑하는 사람과 함께 지내고 싶은 마음이다. “왜 결혼하는가?”라는 질문에 대해 “사랑하니까”라고 응답하는 것이 결혼의 가장 강한 동기이다. 감정은 결혼의 중요한 동기로 작용한다. 사랑의 실현을 위해서는 결혼이라는 관문을 통과해야 하며 실제로 결혼생활을 통해 성숙한 사랑으로 발전시켜 나간다.

(2) 정서적 안정

결혼은 개인에게 정서적·감정적 안정을 부여해 준다. 따라서 사회활동 중에 경험하게 되는 복잡한 관계로부터 벗어나 안정적인 삶을 추구하고자 하는 개인의 욕구가 결혼의 동기로 작용한다. 결혼을 통해 만난 배우자는 인생의 동반자로서 서로 이해해주고 지지해줌으로써 보다 정서적으로 안정감을 가질 수 있게 된다.

(3) 합법적 성의 부여

성숙한 남녀는 생물학적으로 성욕구를 표현하게 되어 있는데 사회가 합법적으로 부부로 인정하고 성관계를 허용하는 제도가 결혼이다. 즉, 개인적인 성욕구의 충족은 결혼에 의해서만 합법화될 수 있다. 이를 통해 안정감을 찾고 종족계승의 기능을 달성하여 사회질서를 유지하게 하는 사회적 동기를 갖게 된다. 결혼은 성인남녀의 성적인 욕구를 합법적으로 충족시킬 수 있는 제도이기 때문이다.

(4) 경제적 안정의 추구

부부 사이에는 결혼을 하게 됨으로써 경제적인 협력이 가능하다. 전통적인 성역할 수행과정에서는 남편이 경제적으로 부양하고 아내는 가정을 돌봄으로써 경제적 안정을 도모하였다. 최근 들어 남성의 직업이나 경제적 능력이 배우자 선택에서 우선순위를 차지하는 것이나, 맞벌이 가정이 증가하고 있는 것 등은 배우자 선택 시에도 빠른 시일 내에 경제적으로 안정할 수 있는 직업을 가진 사람, 즉 안정된 직장을 가진 여성 또는 남성을 좋은 조건으로 여기는 경향은 결혼의 동기 중 경제적인 안정이 결혼의 중요한 동기가 된다는 사실을 반영한 것이라 할 수 있다.

(5) 자녀출산의 기회

전통사회에서는 자녀출산을 통해 가계를 계승하는 것이 결혼의 가장 중요한 동기가 되었다. 적절한 시기에 자녀를 출산하는 일은 결혼에 대한 개인적인 동기라 할 수 있으며 사회구성원을 충원한다는 측면에서는 사회적인 의미를 내포하고 있다고 볼 수 있다.

(6) 성인으로서의 신분획득

결혼은 어느 사회에서나 성인이 되었다는 신분을 부여한다. 우리나라에서는 '성년의제'[5]라는 제도가 있어서 미성년자라고 하더라도 혼인을 하게 되면 성년자로 간주한다. 즉, 미성년자라 할지라도 혼인신고를 하면 성인의 신분을 주는 것이다. 결혼을 통하여 부모에게서 독립을 하면 독립적인 성인 신분을 획득할 수 있으므로 결혼을 하려는 욕구가 작용한다. 이럴 경우, 성인 신분의 획득은 결혼의 동기가 된다.

(7) 사회적 기대의 부합

대부분 사회에서는 성인이 되면 당연히 결혼해야 한다고 생각한다. 특히 타인지향성이 강하고 가족주의가 강한 우리나라에서는 적절한 시기에 결혼하지 않고 있으면 주위 사람이나 환경으로부터 압력을 받게 된다. 따라서 결혼하는 것 자체가 이러한 압력에 대한 돌파구가 되기도 한다. 적절한 시기에 결혼하여 사회구성원으로서의 역할과 책무를 수행함으로써 사회적 요구와 기대에 부합하도록 하는 것 또한 결혼의 동기가 될 수 있다.

결혼제도에서 중요한 문제 중의 하나가 결혼의 실질적인 성립요건이다. 우리나라는 신고혼주의 또는 법률혼주의를 택하고 있어서 「가족관계의 등록 등에 관한 법률」에 따라 혼인신고를 해야 결혼이 성립된다. 우리나라 민법에서 규정하고 있는 결혼의 성립 요건으로는 다음과 같은 점을 들 수 있다.

5) 민법에서는 만 19세 미만의 미성년자도 결혼을 하게 되면 그때부터 성년에 달한 것으로 보는데, 이를 성년 의제(成年擬制)라고 한다. 이 경우에는 부모의 친권은 소멸하고 후견도 종료한다. 미성년자에게 자녀가 있는 경우라면 독립하여 친권을 행사할 수 있다. 일단 미성년자가 결혼하여 성년으로 의제가 되면, 그 후 이혼, 배우자의 사망 등으로 혼인이 해소되어도 그 효과는 소멸하지 않고 계속 성년으로 의제가 된다. 다만, 성년 의제는 민법상에서만 적용되는 것으로, 민법 이외의 공법 관계에서는 적용되지 않아서, 혼인한 미성년자라도 술을 사거나 선거에 투표하는 것과 같은 것은 허용되지 않는다.

첫째, 결혼의 합의가 있어야 한다. 결혼은 두 사람의 합의에 의한 혼인만이 합법적으로 인정받을 수 있다.

둘째, 혼인 적령에 해당하는 만 18세에 도달해야 한다. 우리나라 민법에서는 남녀 모두 동일하게 만 18세가 되어야 혼인을 할 수 있도록 규정하고 있다. 하지만, 민법상 성년 기준인 만 19세가 되지 않은 미성년자의 경우에는 부모님 등의 법적 대리인의 동의를 받아야 결혼이 가능하도록 규정하고 있다. 따라서 혼인적령에 이르렀다 하더라도 만 19세 미만의 미성년자가 결혼하려면 부모 또는 후견인이나 친족회의 동의를 받아야 한다.[6)]

셋째, 미성년자와 피성년후견인[7)]은 부모 또는 후견인의 동의를 얻어야 한다.

넷째, 근친혼이 아니어야 한다. 근친혼의 범위는 8촌 이내의 혈족, 6촌 이내 혈족의 배우자, 6촌 이내의 양부모계 혈족이었던 자와 4촌 이내의 양부모계 인척이었던 자 사이에서는 혼인하지 못한다.

다섯째, 중혼(重婚)이 아니어야 한다. 중혼(重婚)은 법률상 결혼이 이중으로 성립하는 경우를 말한다. 우리나라 민법에서는 일부일처제를 결혼의 기본이념으로 하고 있기 때문에 배우자가 있는 사람은 결혼을 할 수 없다.

2) 결혼의 대안

결혼을 선택하지 않고 대안으로 다른 길을 선택한다는 것은 자신의 삶과 직결되는 문제이므로 신중하고 책임감 있게 결정해야 한다. 어떠한 선택을 하든지 간에 자신이 결혼에 대한 대안으로 선택한 결과는 나름대로 장단점을 지니고 있다. 따라서 어떠한 선택이 되어도 선택의 결과에 대해서는 자신이 책임질 수밖에 없다. 다만, 최선의 선택을 위해서 충분한 정보와 체계

---

6) 「민법」 제808조 제1항 및 제3항의 규정에 의함

7) 피성년후견인(被成年後見人)은 민법상 독립하여 법률행위를 할 수 없는 행위무능력자로 질병, 장애, 노령, 그 밖의 사유로 인한 정신적 제약으로 사무를 처리할 능력이 지속적으로 결여되어 가정법원이 성년후견개시의 심판을 받은 사람을 말한다. 2013년 7월 1일 민법 시행 전의 금치산자(禁治産者)와 같은 개념이다.

적인 분석을 활용하여 현실성 있는 결과를 만들어내야 할 것이다. 결혼의 대안으로 흔히 제안하는 것이 독신과 동거이다.

(1) 독신

① 독신의 개념

독신(獨身, celibacy)은 결혼하지 않은 채 사는 상태로 미혼이나 이혼, 사별 등으로 법적 배우자가 없는 상태를 말한다. 독신을 뜻하는 영어 'celibacy'는 '결혼하지 않은', '혼자'라는 뜻의 라틴어 '첼리브스(caelebs)'에서 유래했다. 원래 이 말은 동정 또는 배우자를 잃은 남자나 여자를 가리켰으나 오늘날 우리 사회에서는 결혼 적령기가 지나도록 결혼하지 않고 혼자 지내는 사람의 생활유형을 말한다. 즉, 법적인 혼인관계가 존재하는 않는 모든 경우를 가리켜 독신이라고 말한다. 따라서 독신이란 미혼뿐 아니라 이혼 및 사별을 포함하는 개념, 그래서 흔히 생각하는 바와 같이 독립적인 거주공간에서 혼자 살아가는 경우뿐 아니라 성인 자녀가 부모와 동거하면서 미혼으로 살아가는 경우 및 한부모인 채로 미성년 자녀들과 살아가는 경우도 독신의 범주에 포함된다.

② 독신의 유형

독신은 자발적으로 선택할 수도 있고, 혹은 원하지 않지만 독신으로 남게 되는 경우도 있다. 뿐만 아니라 시기적으로도 일시적으로 독신인 상태에 있을 수도 있고 일생 동안 독신으로 남는 경우도 있다. 일반적으로 독신의 유형은 자발성 여부와 일시성 또는 영구성(안정성)의 여부에 따라 네 가지 유형으로 구분한다.

표 7-1 독신의 유형별 특성

자발적 · 일시적 독신	비자발적 · 일시적 독신
• 현재 미혼상태로 결혼을 고려하지 않으며 연령이 비교적 어린 경우가 많음 • 우리나라의 경우 자발적 · 일시적 독신이 비율이 높으며 결혼제도의 구속 때문에 일시적으로 결혼을 연기하는 경우가 많음 • 직업 및 교육 등의 이유로 인해 결혼을 연기하고 있는 상태가 해당됨 • 이혼이나 사별 후 미성년 자녀의 양육 등을 이유로 재혼을 연기하고 있는 상태 • 불황기의 만혼 경향으로 일시적 독신 기간을 장기화하고 있는 상태	• 독신의 의사가 없으며 결혼을 원하는 비자발적 유형으로 현재의 삶에 만족하지 못하는 경우가 많음 • 혼인 연령의 상승으로 많은 사람이 이러한 형태를 일시적으로 경험함 • 배우자감을 적극적으로 찾고 있는 상황으로, 결혼을 원하며 기다리는 상태

자발적 · 안정적 독신	비자발적 · 안정적 독신
• 자발적으로 독신주의를 주장하며 영원히 독신생활을 고수하기로 결정한 경우 • 이혼을 했으나 재혼 의사가 없는 경우, 또는 동거하고 있으나 결혼할 생각을 하지 않는 집단 • 결혼 및 재혼을 원하지 않아서 결혼 가능성을 아예 배제한 독신 • 종교적인 수도자와 같이 외적인 규정에 의해 결혼 가능성이 배제된 경우	• 독신의사가 없고 결혼을 원했으나 결혼 적령기를 지나 결혼 가능성이 희박한 경우 • 결혼 및 재혼을 원하지만, 오랫동안 배우자감을 찾지 못하여 결국 포기한 경우 • 배우자를 구하지 못한 고학력 전문직의 40대 이상 독신자들 또는 농촌 총각들이 여기에 속함

③ 독신생활의 장단점

독신생활을 결정하는 데에는 여러 가지 이유가 있지만 일반적으로 독신생활을 통해 얻을 수 있는 자유가 결정적이다. 자유로운 삶 안에는 배우자와 아이들의 방해를 받지 않고 자신이 하고 싶은 일과 여유를 가질 수 있다는 점에 매력을 느낀다. 독신생활은 자신이 원하는 일을, 자신이 원하는 때에, 자신이 선택한 사람들과 할 수 있다는 점이 강점이다. 자신이 하고자 하는 일 주변에 방해의 울타리는 전혀 없는 것이 특징이다. 일반적으로 기혼자에 비해 독신생활이 주는 장점으로는 다음과 같은 점을 들 수 있다.

첫째, 배우자와 자녀에 대한 경제적 · 정서적 · 도구적 책임으로부터 자유롭다.

둘째, 배우자의 통제나 배우자의 갈등으로 인한 감정적 스트레스로부터 자유롭다.

셋째, 기혼자에 비해 생활의 자유와 융통성, 직업과 여행의 자유로움 등을 누릴 수 있다.

넷째, 기혼자들이 자녀나 배우자를 위해 투자하는 시간을 독신자들은 자신의 발전을 위해 투자할 수 있어 사회적 경쟁력을 쌓는 데 용이하다.

다섯째, 자유로운 대인관계 동성, 이성 구분 없이 자유롭게 친구관계를 유지할 수 있다.

여섯째, 나 이외의 다른 사람에 대해 책임을 지지 않아도 되는 자유가 있다.

일곱째, 독신생활에 수반되는 자발성이 자신만의 라이프 스타일(Life Style)을 갖게 해준다.

이와 같은 독신의 장점에도 불구하고 많은 이들은 독신의 길을 가지 않고 결혼을 선택한다. 독신생활에서 가장 중요한 것은 고립에 빠지지 않도록 하는 일인데 자발적 독신자의 경우에는 대개 독신생활의 장점을 살려 상대적으로 잘 적응해 나가는 편이다. 하지만, 비자발적 독신자의 경우에는 독신생활의 어려움에 허덕이면서 적응에 곤란을 겪는 사람이 적지 않다. 그들은 집안일의 부담이나 극심한 외로움, 경제적 부담 등으로 인해 독신으로 사는 것이 그렇게 간단하지는 않다고 말한다. 독신으로 살아가는 사람들이 말하는 독신생활의 단점으로는 다음과 같은 점을 들 수 있다.

첫째, 상호작용할 수 있는 가족 없이 외롭게 혼자 지내야 하므로 외로움을 겪을 수 있다. 특히 정서적 애착을 형성할 대상이 없다는 문제점이 있다.

둘째, 결혼한 사람과의 사회적 관계에 있어서 제한적이라는 문제가 있다. 우리 사회는 아직도 독신자와 기혼자가 자유롭게 사회적 관계를 형성하는 것에 제한적이어서 어려움이 많다.

셋째, 우리 사회에 독신자에 대한 사회적 인식이 부정적이거나 편견이 존재하고 있어 적응에 어려움이 있다.

넷째, 가정을 이룬 사람들은 사랑스러운 자녀와 가정으로 인해 말로 표현할 수 없는 행복감을 느끼지만 독신주의자는 그러한 행복을 경험할 수 없다.

다섯째, 노후를 혼자 지내게 된다. 젊은 시절에는 많은 사람을 만날 수 있지만 노후에는 결국 혼자 될 수밖에 없다. 기혼자들은 부부가 서로의 건강을 돌봐줄 수 있고 평생을 함께할 수 있지만 독신의 노후는 고독하게 지낼 수밖에 없다.

여섯째, 고독사를 각오해야 한다. 가족이 있는 경우는 누군가가 자신을 걱정해 주고 떨어져 살고 있어도 정기적으로 안부를 주고받을 수 있지만 독신의 경우에는 노후가 되면 인간관계가 좁아져 최악의 경우에는 고독사로 이어질 수도 있다.

농경사회에서는 전통적으로 이른 나이에 결혼을 해서 일찌감치 자녀를 출산해 가족의 수를 늘리는 것이 규범이었다. 이 시기에는 결혼을 할 것인지, 아니면 안 할 것인지에 대한 결정은 선택사항이 아니었다. 하지만 최근 결혼은 우리 사회에서 필수사항이 아니다. 자신의 가치관에 따라 얼마든지 선택할 수 있는 자유가 있다. 자유의 물결과 함께 최근 들어 결혼 대신 독신을 선택하는 비율이 증가하고 있다. 독신이 증가하는 이유는 우리 사회의 구조적 문제와 무관하지 않다. 교육기간의 연장, 경제적 불황과 취업난, 여성고용 확대, 부부의 도구적 상호의존성 감소, 사회적 압력의 약화, 연예결혼의 보편화, 성에 관한 순결 이데올로기의 변화와 피임기술의 발달, 개인주의화 경향, 평균수명 격차로 인한 성비 불균형 등이 대표적인 요인이 되고 있다.

(2) 동거

① 동거의 개념

동거란 한 집에 함께 사는 것을 말하며 특히 결혼하지 않은 남녀가 함께 사는 경우를 말한다. 즉 혈연관계나 친족관계가 아닌 두 남녀가 혼인신고를 하지 않고 주거공간을 공유하는 생활 형태를 동거라고 한다. 또한 남자, 여자의 동거 외에 한 아파트나 한 집에 같이 거주하는 것도 동거에 해당된다. 예를 들어 두 사람이 부부관계와 가사 등 공동생활을 하고 있어서 사실상 결혼관계와 같지만, 법적으로는 혼인 상태가 아닌 경우, 즉 내연관계, 사실혼과 같은 경우에도 동거라고 한다. 동거는 말 그대로 쌍방 간의 합의에 의해서 이루어진 완전한 계약이다. 쌍방 간의 필요에 의해서 서로가 그러한 필요에 동의하고 그에 대한 충족수단으로 선택한, 다분히 의식적이고 합리적인 의사결정과정을 통해서 이루어진 동의라는 점에서 완전한 자율적 선택인 것이다.

우리나라 동거문화의 변화를 살펴보면 과거에는 저소득층이 경제적인 이유로 동거를 선택하는 경우가 많았다. 그러나 혼전 순결과 성에 대한 개방적인 태도가 확산됨에 따라 혼전 동거에 대한 인식이 개선되었다. 즉, 동거가 점점 증가하고 있는 이유는 동거를 결혼준비 형태로 이해하는 동거에 대한 인식의 변화를 들 수 있다. 동거의 형태는 다양하지만 대체로 구혼 과정 중의 한 부분이거나 시험 결혼의 성격을 갖기도 하며 결혼의 대안이 되기도 한다. 그러나 동거는 법적 보호가 취약하다는 것이 가장 큰 단점이다. 동거하는 사람들은 사실상의 부부관계를 유지하고 있으나, 우리나라는 법률혼 사회이기 때문에 법적 보장을 받을 수가 없다. 동거는 결혼생활에 비해 상대적으로 단기간 유지되고, 아직까지 우리나라에서는 동거에 대한 편견이 존재하므로 동거를 선택할 때에는 보다 더 신중한 의사결정이 요구된다(박인숙, 2020).

동거를 결혼의 시험으로 인식하는 것은 잘못된 생각이다. 동거가 외형적으로는 결혼과 마찬가지로 한 공간 안에서 함께 생활한다는 점을 들고 있지만 동거와 결혼은 그 본질에선 확연히 다른 가치를 지향하고 있다. 결혼은 많은 일가친척과 지인들 앞에서 사랑을 서약하고 서로를 아껴주고 존중할 것을 책임감 있게 약속하는 사회적 과정을 거친 반면, 동거는 어떠한 사회적 책임도 동반하지 않는 당사자 간의 편리에 의해 만나 만들어진 약속으로 주변인이나 가족들의 사랑, 믿음과 지지 또한 기대할 수 없는 것이다. 그런 의미에서 동거를 마치 결혼생활을 미리 경험해 보는 시험적 결혼으로 인식하는 것은 사회적 약속에 대한 책임과 의무를 회피하는 행동이라고 볼 수밖에 없다.

② 동거의 유형

동거의 유형은 크게 결혼 관련과 금전 관련으로 나누어 구분하기도 하고, 동거의 목적과 관련하여 구분하기도 한다. 여기서는 라이들리(Ridley, 1978)의 네 가지 동거유형, 스칸조니(Scanzoni, 1995)의 형태별 동거유형에 대해 살펴보고자 한다.

㉠ 라이들리(Ridley)의 네 가지 동거유형

• 라이너스 담요형

라이너스 담요형은 코미디 연재만화 '피너츠(Peanuts)'에서 따온 이름이다. 늘 안전담요를 하고 다니며 의존적인 성향을 보이는 라이너스(Linus)란 배역에서 유래된 이름이다. 커플 중에 한 사람이 혼자 있는 것을 불안해 동거하는 유형으로 혼자 있기보다는 누군가와 항상 함께 있기를 좋아하는 사람들의 동거유형이다.

• 해방형

해방형은 한쪽 혹은 양쪽 모두가 부모의 영향력으로부터 벗어나기 위해 동거를 선택하는 유형이다. 성인이 되었음에도 불구하고 부모의 가치나 영향력이 자녀에게 지속될 경우 반항의 모습을 통해 부모의 영향력으로부터 벗어나기 위해서 동거하는 유형이다. 이 유형 중 스스로 자립을 못 한 사람의 경우에는 동거생활에서도 완전한 해방감을 느끼지 못하여 상대를 자주 바꾸는 경향이 있다.

• 편의형

편의형은 법적 구속력이 없이 경제적 이익이나 성 또는 안정된 거주지를 원하는 사람들이 동거하는 유형이다. 편의형은 동거가족의 초기 모습으로 주로 남성이 여성에게 경제적 안정을 제공하고, 여성은 그에 대한 대가로 집안일을 하는 경우가 많다. 서로 편리를 추구해서 동거를 선택한 유형이다.

• 실험형

실험형은 결혼 전 성격을 띠고 있는 유형으로 동거관계가 만족스러울 때에는 결혼으로 연장될 가능성이 큰 유형이다. 즉, 결혼의 대안으로 이루어지는 동거형태라고 볼 수 있다. 따라서 동거하는 두 사람이 비교적 성숙되어 있고 책임감이 전제된 경우라면 동거는 결혼생활과 거의 유사할 수 있다. 하지만 동거생활 중 결혼생활에서 볼 수 있는 헌신과 같은 모습은 찾아보기 힘든 경우가 많다.

㉡ 스칸조니(Scanzoni)의 형태별 동거유형

- 계약형

계약형 동거는 동거인을 일정한 조건에 맞춰 고용하는 형태로써 필요에 따라 언제든지 취소가 가능한 동거유형이다. 두 사람 사이의 계약조건이 위반될 때에는 언제든지 취소가 가능하므로 두 사람 사이의 동거에 대한 연계성이 약한 유형이다.

- 일시적 대안형

일시적 대안형은 두 사람이 결혼을 희망하지만 여러 가지 상황이나 여건이 적절하지 않아 결혼을 전제로 일시적으로 동거하는 유형이다. 일시적 대안형의 경우에는 동거기간이 단기적인 것이 특징이며, 결혼에 대한 상황이 유리하게 전환될 경우 단기간에 동거가 종료된다.

- 장기적 대안형

장기적 대안형은 법적인 결혼을 거부하고 동거를 결혼의 대안으로 생각하고 동거하는 유형이다. 장기적 대안형의 경우는 결혼과 유사한 특성을 지니고 있으나 언제든지 동거에 대한 의지가 약화될 경우 쉽게 헤어질 수 있다는 점이 특징적이다.

③ 동거의 장단점

최근 들어 우리 사회에 동거가 증가하고 있음은 부인할 수 없는 사실이다. 하지만 동거에 대한 여러 심리학자들의 연구결과는 동거에 대한 긍정적인 효과와는 반대의 결과들을 보여주고 있다. 미국 브리검영대학교(Brigham Young University)의 제이슨 케롤(Jason Carroll) 박사의 연구에 의하면 결혼 전 동거를 선택했던 많은 부부들이 동거를 하지 않은 부부보다 더 높은 이혼율을 보여주고 있다. 또한 관계의 만족도와 안전성에 있어서도 동거를 한 부부보다 동거를 하지 않은 부부가 더 높은 것으로 나타났다. 이처럼 많은 연구결과들은 동거보다 결혼이 정신적, 정서적, 신체적 건강에 더 유익하고 건강하고 안정적이라고 말하고 있다. 따라서 우리는 동거에 대한 장단점과 문제점을 바르게 인식하고 무계획적인 동거로부터 오는 피해에 대처할 수 있는 능력을 갖추는 일이 필요하다. 먼저 동거에 대한 장점을 살펴보면 다음과 같다.

첫째, 동거는 외로움을 해소시켜 준다. 동거는 누군가와 함께하는 삶을 산다는 측면에서 활기 있고 외롭지 않다는 장점을 지니고 있다. 뿐만 아니라 집에 돌아왔을 때 누군가가 나를 기다리고 있다는 사실은 동거의 큰 장점이다.

둘째, 경제적인 부담감을 줄일 수 있다. 학업과정이거나 직장생활을 하는 중이거나 혼자 무언가를 시작한다는 것은 경제적으로 큰 부담이 아닐 수 없다. 하지만 이러한 입장에 있는 누군가를 만나서 거주나 생활을 공유함으로써 주거, 식생활, 교통비 등과 같은 대부분의 생활비를 절감할 수 있다는 장점이 있다.

셋째, 타인과의 삶을 통한 배려와 이해의 성숙이다. 개인과 가족의 삶에서 벗어나 타인과 타인의 삶으로 전환한다는 것은 당연히 불편하다. 하지만 이러한 불편함 속에서 동거라는 최소한의 틀을 유지하기 위해서 서로를 배려하고 이해하는 과정 속에서 스스로를 성숙하게 만드는 기회를 갖게 된다.

넷째, 독립에 대한 연습과정의 경험을 하게 된다는 점이다. 동거는 가족이라는 울타리 안에서 누군가가 해주던 삶에서 벗어나 스스로 모든 것을 다 해결해야 하는 독립된 생활에 대한 연습의 기회를 갖게 한다. 이러한 과정은 진정한 독립을 준비하는 데 큰 도움을 준다.

동거에 대한 이러한 장점에도 불구하고 동거가 지니고 있는 단점을 간과할 수 없다. 동거의 단점으로는 다음과 같은 점을 들 수 있다.

첫째, 동거는 혼자가 아닌 타인과의 삶 속에서 불편함을 경험하게 된다는 점이다. 동거를 시작했지만 과정이나 결과가 좋지 않게 끝나는 이유 중 가장 큰 이유는 동거 기간 중 서로에게 맞춰가는 일이 어려웠기 때문이라고 말한다. 그만큼 서로에게 맞춰간다는 것은 쉽지 않은 일이다. 그러다 보니 공유하는 공간 속에서 조심을 하게 되고, 자유롭지 못한 삶을 살게 되며, 불편함을 느끼게 된다는 것이다.

둘째, 책임감의 결여와 대안책의 결여이다. 동거를 하게 되면 서로 다투거나 마찰이 생길 가능성은 항상 존재한다고 보아야 한다. 그런데 막상 두 사람 사이에 마찰이 생기게 되면 결혼한 배우자와의 관계나 가족관계가 아니기 때문에 서로에 대한 책임을 회피하게 되고 결국에는 헤어짐으로 막을 내리게 된다. 그렇지 않고 금전적인 문제나 여러 가지 문제로 동거밖에 대안이 없는 경우에는 서로 감정의 골이 깊어져도 억지로 살아가야 하는 상황이 발생하여 동거의 좋지 않은 과정과 결과를 초래하게 된다.

셋째, 임신에 대한 두려움과 임신에 대한 준비 결여다. 서로가 사랑하는 관계에서 시작한 동거의 경우 성적인 자유로움을 누릴 수 있다. 하지만 성적인 자유만큼이나 두려운 것이 임신이다. 뿐만 아니라 임신을 하게 되었을 경우 거기에 대한 준비가 전혀 되어있지 않다는 점이 더 큰 문제이다.

넷째, 동거에 대한 사회적 시선이 부정적이다. 우리사회에도 과거에 비해 동거하는 사람들이 증가하면서 동거에 대한 인식과 시선이 변화하고 있는 것은 사실이다. 하지만 아직도 우리 사회에서 동거한다는 사실을 공공연하게 밝히는 데에는 무리가 있다. 동거에 대한 사회의 부정적인 시선과 편견은 동거를 자연스럽게 수용하는 데 있어서 큰 걸림돌이 되고 있다.

다섯째, 동거는 결혼한 상태가 아니기 때문에 법적 보호를 받을 수 없다. 동거에 실패했을 경우 보호받을 수 있는 장치가 전혀 없다는 점이 문제점이다. 동거에 실패했을 때 느끼는 상실감은 말할 것도 없고 책임감, 대안 마련, 보상책 등에 대한 아무런 제도나 대책이 마련되어 있지 않아 스스로가 모든 것을 책임져야 한다는 문제가 있다.

제8장 결혼과 가족[1]

1. 결혼과 동반자

'검은 머리 파뿌리 될 때까지' 행복하게 사랑하면서 살자고 약속하면서 시작하는 생활이 결혼이다. 누구나 결혼을 하면서 잉꼬부부를 꿈꾸고 백년해로(百年偕老)를 기대하면서 결혼이라는 의식과 혼인신고라는 법적 절차를 거치면 '부부'라고 하는 혼인관계가 완성된다.

예로부터 사람들이 사는 세상에는 결혼이라고 하는 형태가 존재해 왔다. 결혼이란 남녀가 관습이나 법률에 따라 정식으로 부부관계를 맺는 것으로 결혼한 부부는 그 사회로부터 법적, 사회적 지위를 인정받으며 배우자와 자녀에 대한 권리와 의무를 갖는다. 이러한 결혼은 그 사회의 문화에 따라 다소 차이가 있으나 대개 성적인 결합을 기반으로 한다.

결혼은 다양한 사회적, 개인적 기능을 지니고 있다. 결혼과 관련된 기본적인 기능으로는 생식, 성적인 충족과 조절, 자녀의 양육과 사회화, 경제적 생산과 소비, 애정 등과 같은 개인적 욕구를 충족시켜주는 역할을 한다. 또한 사회적인 측면에서는 결혼을 통해 가계에 따른 합법적인 지위를 부여하고 상속권을 비롯하여 그 사회의 관습에 따라 정해진 특권과 사회적 관계를 영위할 수 있게 된다.

우리나라에서 전통적으로 결혼이 갖고 있는 의미는 '집안의 결합'이었다.

---

1) 이규은(2018). pp. 398-427의 내용을 재구성하였음.

신랑과 신부라고 하는 두 사람의 개인적인 결합이라기보다는 두 집안이 서로 연(緣)을 맺는 것으로 인식해 왔다. 오늘날에도 그 의미가 완전히 변하지는 않았으나 사회가 변하고 개인주의가 확산되면서 결혼은 과거에 비해 상당히 개인적인 일이 되었다. 바쁜 직장인들을 위해 웨딩플래너와 같은 결혼 관련 직업이 등장하여 관련된 서비스를 제공하기도 하고 결혼정보 전문회사가 존재하여 적합한 배우자를 찾아주기도 한다. 결혼은 이제 하나의 산업이 되었으며 사회의 문제가 되었다. 뿐만 아니라 서양식 사고와 개인주의가 확산되고 여성의 권리가 증대되면서 기존에 가지고 있던 결혼에 대한 전통적 가치관에도 많은 변화가 일어났다. 맞지 않아도, 힘들어도 참고 산다는 과거의 부부와는 달리 오늘날의 부부들은 맞지 않으면 쉽게 이혼을 택하는 경우가 많다. 여성들은 경제적으로 더 이상 남성들에게 귀속되어야 할 필요가 없으며 스스로의 자아실현을 위하여 일을 선호하는 경우도 많다. 이혼은 이제 더 이상 희귀한 일이 아니며 주위에서도 쉽게 이혼을 찾아볼 수 있다. 가족에 대한 가치관의 변화를 살펴보면 결혼의 필요성에 대해 많은 이들이 결혼은 필요하다고 인식하고 있었으나 최근 들어 결혼을 필수보다는 선택으로 생각하는 의견이 증가하고 있다(윤명길, 2021). 오늘날에 와서 결혼은 자유로운 선택의 문제가 되었으며, 사랑을 결혼과 결부시키게 되었다.

1) 결혼에 대한 환상

흔히 결혼과 연애는 다르다는 말을 자주 한다. 결혼을 하고 나면 연애하던 시절과는 달리 '낭만적인 사랑'은 사라지고 현실이라고 하는 실체가 드러나기 때문에 하는 말이다. 결혼은 불완전한 두 인격체가 서로 만나서 하나의 성숙되고 통합적인 인격체를 이루기 위해 노력하는 과정이다. 현실로 돌아오고자 노력하는 과정에서 낭만적인 사랑만을 바라보는 일은 스스로를 환상에 빠지게 하는 일이다. 그러한 환상 속에서 사랑의 열매인 자녀들이 연이어 탄생하게 되면 사랑의 기쁨보다는 부부간의 갈등과 마찰로 얼룩질 때가 많다는 것을 경험하게 된다. 결혼생활은 환상에서 벗어나 현실을 직시하는 것이 매우 중요하다. 녹스와 샤흐트(Knox & Schacht, 1999; 한희선 외, 2016)는 결혼생활에서 나타나는 환상에 대해 다음과 같은 점을 지적하고 있다.

첫째, 우리의 결혼은 다를 것이다. 결혼 전에 느끼는 '그런 일은 우리에게 일어나지 않을 거야'라는 생각은 연애의 현혹적인 특성을 반영한다. 사람들은 자신의 결혼은 다를 것이라고 막연히 생각하면서도 자신의 결혼을 다른 사람의 결혼과 다르게 만들기 위한 노력을 기울이지 않는다.

둘째, 우리의 갈등은 심각하지 않다. 많은 부부들이 자신들에게도 문제가 있다는 것을 인식하지만 자신들의 문제는 하찮은 것이며, 단지 결혼생활의 일부분이라고 생각한다. 그러나 해결되지 않은 작은 갈등들이 실제로는 결혼생활을 위협한다.

셋째, 배우자는 내가 원하는 모든 것을 충족시켜 줄 것이다. 사람들은 타인으로부터의 지원에 대한 욕구를 가지고 있다. 이러한 욕구는 함께 영화를 보러 가거나, 함께 이야기를 하거나, 상대에 대한 사랑을 육체적으로 표현하는 것 등 다양하다. 또한 자신들이 가진 지적, 육체적 그리고 정서적인 욕구를 배우자가 모두 충족시켜 줄 것이라는 믿음을 가지고 있지만 그와 같은 기대는 매우 비현실적이다.

넷째, 사랑이 깊을수록 갈등은 적을 것이다. 부부들은 때때로 그들이 서로를 사랑하면 할수록 갈등이 적을 것이라고 생각한다. 실제로 스프레처와 펨리(Sprecher & Femlee, 1999)는 깊은 수준의 사랑이 시간이 지남에 따라 갈등을 증가시킨다는 것을 발견하였다. 따라서 결혼에 대해 가지고 있는 여러 가지 환상들을 현실적으로 조정한다면 보다 건강하고 평등한 관계로 전환할 수 있을 것이다.

2) 동반자로서의 결혼

영어의 '동반자(companion)'라는 말은 라틴어의 '함께(cum)'라는 말과 '빵(panis)'이라는 말이 합쳐져서 만들어진 말이다. 즉, '동반자(companion)'라는 말은 곧 '식탁 동료(messmate)'를 일컫는 말이다. 우리가 흔히 결혼을 통해 동반자를 맞이한다고 하는 말은 함께 빵을 나누고 함께하는 관계 속에서 살아간다는 의미가 담긴 말이다.

"어떠한 경우라도 항시 사랑하고 존중하며 어른을 공경하고 진실한 남편(아내)으로서 도리를 다할 것을 맹세합니다" 결혼서약서에 등장하는 구절이다. 이 말 또한 남편과 아내가 결혼을 통해서 동반자로서의 삶을 살아가겠다는 약속이 담긴 말이다. 결혼을 통해 서로를 돕고 위로하며 서로를 신뢰하는 가운데 동반자로서의 삶을 살아가겠다는 뜻이다. 하지만 결혼을 통해서 부부는 동반자적인 생활을 하고 있는지에 대해 성찰해 볼 필요가 있다. 많은 부부들은 동반자적인 삶이라기보다는 독단적이고 자기중심적인 삶을 살아가고 있다. 의무보다는 권리를 우선하는 자기주장이 강하고 지나치게 책무성을 강조하다 보니 일방적인 희생이 뒤따르기 때문이다. 흔히 우리들의 인식 속에는 가장이 가족을 먹여 살리고 자식 뒷바라지를 해주는 사람이라는 의식이 잔재되어 있다. 이는 배우자에게서도 종종 확인된다. 하지만 부모가 자식을 뒷바라지해 주는 것이 당연한 것이라고 여기고 살아가는 풍조는 혈연의 단순한 관계에 지나지 않는다. 실제의 가족관계에서는 혈연을 넘어서 상호보완적인 관계 또는 서로 의지하고 조력해서 하나의 삶을 살아가는 동반자적 의식이 인간다운 삶을 만들어 낸다. 이 시대에 한 가정을 이루고 살아가는 사람끼리 어떤 의미가 있고 어떻게 가치 있는 사이가 되어야 하는가에 대해 묻는다면 그것은 동반자적 관계이다. 우리의 삶의 의미는 누군가의 동반자가 되어서 그들에게 꼭 필요한 것들을 함께 나누는 것에 참된 의미가 있다.

인생의 여정을 가끔 노를 저어 가는 항해사의 여정에 비유하곤 한다. 항해를 하노라면 밝아오는 태양과 함께 미풍을 맞으며 잔잔한 바다 위를 미끄러지듯 나아갈 때도 있고, 때로는 사나운 폭풍우와 함께 금방 배가 난파될 것 같은 위기가 다가올 때도 있으며 예기치 않은 암초에 부딪혀 고생할 때도 있다. 이러한 와중에 남편은 아내에게, 아내는 남편에게 혼자서 노를 저으라고 할 수 있겠는가? 중요한 것은 혼자서 노를 젓는 것보다는 둘이서 저으면 큰 힘이 되고 위로가 된다는 것이다. 남편과 아내가 손을 맞잡고 나아갈 때 어떠한 환경의 고난도 이겨낼 수 있다. 그러나 마음 아픈 것은 많은 부부들이 맞잡은 손을 뿌리치고, 남편은 아내에게 아내는 남편에게 그 험한 풍랑을 혼자서 헤쳐 가도록 강요하는 것이다. 둘이서 손을 잡고 노를 저어도 넘기 어려운 인생의 파도를 혼자서 저어가도록 강요하는 것은 십중팔구 이혼으로 이어지게 된다(송정아, 2006). 이러한 사람들의 결혼생활 파탄 원인을 분석해보면 결혼으로 맺어진 부부가 동반자가 아닌 동참자로서의 삶을 영위한 데서 기인하는 경우가 대부분이다. 부부를 서로 동참자가 아닌 동반자로 받아들였다면 해결될 수 있는 문제가 많다. 무엇보다도 먼저 동참자를 동반자로 받아들이기 위해서는 상대에 대한 존중과 배려가 전제되어야 한다. 가족에 대한 책임, 삶에 대한 열정, 자신에게 주어진 의무를 다하기 위해서라도 상대방을 하찮게 보거나 가볍게 여겨서는 안 된다. 배려하는 마음이 행하여질 때 이 세상이 밝아지듯이 부부간에도 사랑의 꽃이 핀다. 이러한 동반자적 인식은 언제나 관계 속에서만 이해될 수 있는 개념이다.

건강한 가족이란 문제가 전혀 없는 가족이 아니라, 문제가 발생했을 때 그 문제를 순조롭게 해결해 나가는 문제해결능력을 지닌 가족이다. 이러한 문제해결력은 동반자적 인식 속에서 성장한다.

2. 결혼을 바라보는 관점

1) 결혼에 대한 다양한 입장

유교는 우리사회의 강력한 사회이념으로 자리 잡아 조선시대의 혼인제도의 근간이 되었으며 엄격한 부계 중심의 가부장적 혼인제도를 확립하였다. 이러한 가부장적 혼인제도는 사회와 가족을 관통하는 엄격한 위계질서로 말미암아 결혼 관계 안에서 여성이 자율권을 행사하지 못하도록 하는 불평등한 구조를 형성하였다. 이러한 가부장적 가족제도 하에서의 결혼생활은 남편이 아내를 지배하고 아내는 복종해야 하는 억압적 구조를 지녀왔다.

이러한 가부장적 인식은 근대화와 더불어 큰 도전을 받게 되어 사회변화의 흐름에 따라 다양한 결혼관으로 변화하게 되었다. 결혼에 대한 변화된 인식을 양성평등론 관점과 사회교환론 관점, 인간발달론과 공동체주의론의 관점에서 살펴보면 다음과 같다.

(1) 양성평등론

부부가 결혼하면 양성(兩性)의 조화와 균형을 이룬 온전한 인간이 된다. 양성평등론의 입장에서 보는 결혼은 여성들이 결혼을 통해 남성들의 가치관이나 세계관에 맞춰진 예정대로 삶을 살아가는 것을 거부하며 여성들이 자신들의 삶을 주도적으로 살아가려는 태도를 중요시하는 관점이다. 즉, 여성해방이론의 영향에 의한 것으로 여성의 적극적인 역할을 강조한다.

여성은 "여자로 태어나는 것이 아니라 여자로 되어간다"는 보부아르(S. Beauvoir)의 말처럼, 여성이 결혼을 통해서 사회적으로 불리한 위치에 놓이는 것을 거부한다. 여성 차별과 억압에 관한 인식이 남녀 간의 결혼에도 적용되는 페미니즘이라고 할 수 있다. 페미니즘 사상에서는 인습과 전통보다는 여성의 인권과 행복이 더 중요하다고 본다. 결혼을 바라보는 관점도 마찬가지이다. 여성의 인권과 행복이라는 관점에서 결혼을 이해한다. 따라서 불행한 결혼은 언제든지 과감하게 청산할 수 있다고 본다.

(2) 사회교환론

사회교환론은 인간의 행동을 다른 사람과의 보수 교환과정으로 보는 이론으로 인간의 행동에는 항상 비용과 보수가 따르고 행위자는 행동에 의해 생기는 비용과 보수, 그리고 자신의 학력이나 지위와 같은 사회적 자산에 바탕을 두고 행동한다는 점에 입각한 이론이다. 사회교환론의 이론에서처럼 인간은 완벽하게 합리적이지는 않지만 사회적 거래에서 비용과 이득을 계산하면서 합리성을 추구한다. 즉, 인간이 자유경쟁 시대에서 합리적인 단위로는 모든 필요한 정보를 다 얻으려 하고 모든 유용한 대안을 다 고려하여 타인과의 거래에 있어서 비용을 극소화하고 이익이나 효용을 극대화하는 합리적인 상호교환을 이루려고 한다.

이러한 인간의 합리적인 상호교환에 대한 추구는 결혼에서도 마찬가지이다. 결혼은 곧 대가와 보상의 균형 상태에서 이루어진다고 본다. 따라서 결혼에 따른 구속과 헌신, 그리고 물질적이고 가시적인 보상보다는 개인의 주관적 욕구충족을 우선시하는 결혼생활을 추구한다. 따라서 부부간에 관계의 안정성이나 정서적 위로, 여가와 취미의 공유 등을 최우선으로 하는 결혼생활을 선호하는 가치가 사회교환론의 입장이다.

(3) 인간발달론

인간발달은 시간의 흐름에 따라 개인에게 일어나는 신체구조, 사고, 행동의 변화를 말하며 이러한 변화는 점진적으로 진행되고 축적된다. 그 결과로 신체의 확장, 복잡한 활동수행 능력이 증가하게 되는데 인간에게 내재된 본원적인 것과 사회적인 것의 상호작용을 통해 개인의 발달이 지속된다. 이러한 인간발달이 이루어지게 되는 것은 생물학적 요소와 환경적 요소, 인간 내부적 요소와 외부적 요소, 생물학적 · 심리적 · 사회구조적 · 문화적 요소, 육체적 · 자아 · 사회적 체계 등의 상호작용이 존재하기 때문이다. 인간발달이라 함은 내면적 세계와 외면적 세계가 상호작용하면서 서로에게 영향을 주고받으며 형성되어 가는데 결혼도 인간발달의 한 과정이라고 볼 수 있다. 따라서 인간발달론의 입장에서는 결혼을 한 개인의 생애 과정(life course)으로 본다(Klein & White, 1996). 즉, 결혼을 인간발달의 하나인 발달과업(a developmental task)으로 인식한다. 따라서 이혼 등과 같은 가족해체 현상은 한 개인이 발달과업을 충실히 이해하지 못한 결과로 나타난다고 보고 있다. 원만한 결혼생활을 유지하기 위해서는 결혼 후에 다가오는 발달과업을 충실하게 수행해나갈 때 가능하다고 본다.

(4) 공동체주의론

행복한 삶을 이루는 데 있어서 개인의 성품이 매우 중요하다. 개인이 행복하고 바람직한 삶을 이루는 것은 한 사회에서 그가 담당하는 역할 수행과 밀접한 관계가 있으며 사회적 역할 수행을 통한 좋은 삶을 이루기 위해서는 좋은 삶에 대한 비전을 공유하는 사회공동체가 반드시 필요하다. 특정한 도덕 이념이나 공동의 선을 공유하고 인정하는 생활공동체가 전제될 때 비로소 개인의 덕성 함양을 통한 공동선(共同善)의 추구가 가능해지기 때문이다. 공동체의 중요성을 주장하는 사람들은 개인의 행복이나 도덕적인 삶을 실현하기 위해서는 공동의 선을 추구하는 일을 우선시해야 한다고 말한다. 비록 지리적으로나 생활환경적인 측면에서 분리되어 제한된 지역이라고 할지라도 일정한 지역 안에 성립되어 있는 생활 공동체가 공동의 선을 추구하는 기본이 되어야 한다는 것이다. 이러한 관점에서 결혼을 바라보는 사람들은 결혼을 가족이나 지역사회와 관련시켜 생각한다. 즉, 결혼을 통해 형성되는 가족은 건전한 지역공동체를 이루는 기본단위로서 의미가 있고 결혼도 부부나 친족 중심이 아니라 지역공동체에서 공동의 이익을 위하여 협조하는 것에 의미를 두어야 한다고 보고 있다.

2) 성별로 본 결혼에 대한 관점

(1) 남성주의 관점

우리 사회는 아직까지도 남성성에 대한 사회적 기대가 강하기 때문에 남성은 자신들의 힘없고 연약한 모습을 솔직하게 드러내기 어렵다. 강인한 여성 또는 부드러운 남성이 상대방을 양성평등의 파트너이자 인생의 동반자로 기꺼이 받아들일 수 있는 사회라면 특정한 성에 갇히지 않고 자신의 모습을 드러낼 수 있을 것이다. 남성운동가들은 가부장제를 유지하자는 것이 아니라고 강조한다. 이들은 여성이 주도하는 사회가 되는 것을 반대하는 것이 아니라 남성과 여성이 모두 억압되거나 소외되지 않고 양성평등의 파트너이자 인생의 동반자로서 수용되도록 형평성을 유지하자는 것이 중요하다고 주장한다. 실제로 이들의 주장은 우리 사회에서 남자다움에 대한 압력이 여자다움에 대한 사회적 압력보다 혹독하며, 가부장제도 또한 여성에게보다 남성에게 더 강력한 사회적 억압기제를 통해 개인의 정체성을 강하게 규정하고 획일화한다고 본다. 남성주의자들은 반남성적 여성 해방이나 남성해방이 아니라, 여성과 남성이 가족의 경직된 역할에서 벗어나 유연한 선택을 지향하는 성별 역할전환운동을 주창하고자 한다. 남성주의자들은 여성운동가들이 여성의 처지에서만 결혼문화의 억압적 측면을 다룰 뿐 남성이 가부장제로 말미암아 감수해야 하는 희생과 부담에 대해서는 묵과했다고 비판한다. 남성들이 비판 없이 가부장제를 받아들이는 이유는 남성들이 전통적인 남성성에 위배되는 면을 드러냈을 때, 여성이 전통적 여성성에서 벗어난 면을 보일 때보다 더 견디기 어려운 사회적 비난과 조소를 감수해야 하기 때문이라는 것이다. 최근 남성성이 재평가되고 있다고는 하나 여전히 사회는 남성에게 강인함, 대범함, 역동성, 진취성, 장래성, 지배 성향 등과 같은 전통적인 남성적 덕목을 요구하고 있으며, 가부장적 고정관념으로 남성을 속박하고 있다. 여성이 이상적으로 생각하는 남성의 조건은 업적, 지도력, 직업, 경제적 능력의 순이다. 결혼시장에서도 남편감의 가장 중요한 기준은 여전히 경제력과 직업이라는 점도 남성성에 대한 사회의 시각이 변하지 않고 있음을 보여준다(정혜정 외, 2009). 결혼과 관련해서도 남성주의자들은 남성들의 권리 신장을 주장하고 있다. 가부장제나 권위주의로 인해 여성과 마찬가지로 피해를 입은 남성들의 권리를 신장시키기 위한 인권운동이나 급진적 여성주의로 인해 남성의 역차별을 주장하는 사람들로부터 남성의 권리를 요구받고 있다. 결혼과 관련한 남성주의 관점은 크게 두 가지의 가치가 존재한다. 첫째는 여성해방운동을 지지하는 남성이 양육 등을 나누어 담당하여 여성을 돕자는 흐름이고, 둘째는 성차별주의가 남성도 억압하기 때문에 전통적인 성에 따른 임무와 남성다움의 신화에서 벗어나 자유로워지자는 주장이다. 남성 역시 결혼과 관련해서는 희생자적인 측면이 있다는 점에서 남성들이 여성들에게 죄의식을 느낄 필요가 없다고 생각하는 것이 일반적이다.

(2) 여성주의 관점

우리 사회에서 성차별적이고 가부장적인 가치로 인해 발생하는 제반 문제를 여성적 입장에서 해결하기 위해 가부장제의 철폐와 성차별의 타파, 여성의 성적 자율권과 주체성 확보 등을 중심 과제로 삼고 이를 해결하기 위한 여성중심 사회운동이 전개되고 있다. 이 운동은 여성도 남성과 함께 모든 생활 영역에서 동등한 지위와 권리를 갖기 위한 것이다. 남녀평등사상을 기반으로 하는 이 사회운동은 그동안 우리 사회에 만연해 있는 결혼과 가정에 대한 정의나 개념은 남성의 결혼에 대한 정의이고, 남성의 결혼에 대한 관점이었다고 주장하고 있다. 오히려 여성주의 입장에서 보면 남성중심적인 이러한 결혼에 대한 인식이 여성을 억압하고 희생시키는 요인이 되고 있다는 것이다. 여성주의 관점에서 보는 결혼과 가족의 의미에 대해 여성주의자들은 다음과 같은 내용을 제시하고 있다(박주현 · 최덕경, 2013).

첫째, 구조기능론자들은 가족을 가장 자연스러운 생물학적 단위로서 정서적 안정을 제공하는 안식처라고 보지만, 여성주의자들은 가족이란 자연발생적 단위 이상의 사회적 구성물이며 하나의 이데올로기라고 주장한다.

둘째, 여성주의자들은 구조기능론자들이 주장하는 성역할에 대한 이분법적 시각에 동의하지 않는다. 도구적 역할을 수행하는 여성에 대해 역기능적으로 보는 관점도 매우 남성 편향적이라고 비판한다. 역사적으로 결혼관계 안에서 여성이나 남성 모두 도구적 역할과 표현적 역할을 병행했다. 실제 구조기능론자들이 성별 이분화를 정상적 가족의 기준이라고 주장한 19~20세기조차 결혼을 하지 않거나, 직업을 가졌거나, 이혼을 한 여성이 상당수 존재하였으며 이들은 도구적 역할을 감당하였다.

셋째, 여성주의자들은 전인격적인 정서관계가 반드시 가족 안에서만 이루어지는 것이 아니며, 가족 밖에서도 경험할 수 있다고 지적한다. 실제 여성은 가족이 아닌 사람들과도 우정을 통해 가족만큼 강한 유대관계를 가질 수 있다. 그러나 기능주의자들은 자녀 양육과 남편에 대한 정서적 자원과 같은 표현적 역할을 여성의 일로 강조함으로써 여성을 가족 안에 묶어 두어 사회의 남성 지배구조를 유지했다고 비판한다.

넷째, 여성주의자들은 '정상가족'에 대한 낭만성과 가족이 공동운명체라는 관점에 도전한다. 이들이 보는 결혼생활은 성별화된 경험이며 여성과 남성은 결혼관계를 같게 경험하지 않는다. 예컨대 가정폭력이나 외도 등의 문제에서 여성과 남성이 겪는 지배와 갈등, 폭력의 경험은 다르다. 결혼과 가족에 대한 성별화 된 경험방식은 성별 간 권력 차이를 고려할 때 제대로 이해할 수 있다.

다섯째, 결혼의 평등성은 궁극적으로 가족 밖의 세계에서의 남녀평등으로 보장된다고 보았다. 근대 계몽주의의 영향을 받아 발전된 여성주의는 여성도 남성과 마찬가지로 독립된 개체로 보았고 남성과 여성의 동일성과 평등성을 추구하였다. 여성주의의 목표는 여성과 남성이 경제적, 정치적, 사회적으로 평등한 기회를 보장받는 것으로 양성평등한 결혼이란 결혼관계 안에서의 가사노동과 육아의 평등한 역할분담과 더불어 가족 밖의 임금 노동시장에서의 평등한 대우 보장이 될 때 가능하다고 보았다.

3) 새로운 혼인 형태의 등장

일반적인 초혼은 20대에서 30대에 이루어진다. 하지만 최근 들어 혼인의 연령이 변화하고 있다. 전 연령대에서 혼인이 이루어지고 있다. 엄밀히 말해서 전 연령대에서 초혼이 이루어지는 것이 아니라 새로운 형태의 혼인이 전 연령대에 등장하고 있다. 최근 새롭게 등장한 혼인형태 중에서 프랑스의 팍스(PACS), 우리나라의 라트(LAT), 휴혼, 졸혼 등에 대해서 간단히 살펴보고자 한다.

(1) 동거 혼인 : 팍스(PACS)

팍스(PACS)란 프랑스의 시민연대협약(Pacte civil de solidarite)의 머리글자를 따서 만들어진 글자이다. 팍스는 프랑스 정부가 1999년 11월에 이성 혹은 동성커플이 결혼 이외의 방식으로 공동체가 되어 생활할 수 있도록 법적 권리를 주기 위해 만든 법이다. 여러 가지 이유로 결혼을 서두르지 않는 이성 또는 동성 커플에게 편리한 법률이다. 팍스는 같이 사는 주거지에서 가까운 구청에 신청한 후 담당자를 만나 서류를 제출하고 서로 사인을 한 후 일 년이 지난 후에 일 년 동안 같이 살았다는 증거를 한 번 더 제출한다. 제출한 서류가 문제가 없으면 팍스를 시작한 후, 일 년 뒤부터는 프랑스에서 결혼한 커플과 동일한 법적, 의료, 세제 등의 혜택을 받게 된다. 1999년부터 시작된 이 제도는 프랑스 사회에 정착되어 프랑스 커플의 절반 정도가 이 제도를 통해 법적으로 결혼한 부부와 동일한 혜택을 받고 있다. 그 결과 프랑스의 동거 커플은 동거와 혼인을 포함한 전체 커플의 20%에 이르기도 했다. 최근 프랑스의 이혼율은 70%에 달해 세계에서 가장 높은 이혼율을 보이고 있다는 점에는 다소 아쉬움이 있다.

(2) 떨어져 사는 가족 : 라트(LAT)족

라트(LAT)는 'Live Apart Together'의 약어로 직역하면 '떨어져 있지만 함께 사는' 형태를 의미한다. "라트 족은 부부지만 각자 거처를 따로 두고 살면서도 서로 어려운 일이 있으면 언제라도 가서 도움을 주는 관계를 유지한다. 일부 연구자들은 라트는 역사적으로 새로운 가족형태의 출연이라고 평가하기도 한다. 가족으로서의 친밀감을 유지하면서도 개인의 자율성을 보존할 수 있는 장점이 있다는 것이다. 연구자들이 조사한 통계에 따르면 영국은 10%, 호주와 캐나다 등은 6~8%의 커플이 라트(LAT)족이다. 서로 다른 생활 패턴의 유지, 갈등 방지 또는 각자 주택을 소유하며 이를 포기하지 않는 경우 등이 유명한 라트족이 되는 이유로 거론된다. 별거는 보통 가정불화가 원인이라는 점에서 라트와 구분된다. 라트는 연령 구분 없는 새로운 형태의 결혼생활이라고 할 수 있다.

(3) 휴혼(休婚)

휴혼은 6개월이나 1년 정도 기한을 정해두고 부부가 각자 떨어져 지내며 결혼생활을 쉬어가는 것을 말한다. 이와 같은 휴혼은 주로 노년층에게 일어나는 현상이라 말하지만, 또 다른 전문가는 졸혼(卒婚)은 노년층에게, 휴혼은 전 연령에 나타나는 현상이라고 말한다. 아직까지 용어에 대한 정의조차 확립되지 않은 것을 보면 우리사회에서 나타나는 새로운 혼인형태의 태동기인 듯하다. 다만 이러한 결혼형태는 비정상적이거나 유별난 것이 아닌, 또 다른 가족의 형태일 수 있다는 점이다. 휴혼은 별거처럼 잠시 떨어져 생활하는 것이다. 황혼이혼이 법적인 졸업이라면 휴혼은 개인의 '자체숙려기간'인 셈이다. 인생에도 빼기의 시대가 온 듯하다. 인생에서 결혼을 빼면 비혼족이 되고, 결혼에서 아이를 빼면 딩크족이 되며, 결혼에서 동거를 빼면 라트족이 된다.

(4) 졸혼(卒婚)

졸혼이란 이혼하지 않고 혼인관계는 그대로 유지한 채, 남편과 아내로서의 의무와 책임에서 벗어나 각자의 여생을 자유롭게 사는 것을 말한다. 즉, 나이든 부부가 이혼하지 않으면서도 각자 자신의 여생을 자유롭게 살며 즐기기 위해 등장한 신풍속이다. 이는 결혼의 의무에서는 벗어나지만 부부관계는 유지한다는 점에서 이혼이나 별거와는 차이가 있다.

졸혼이라는 개념은 2004년 일본 작가 스기야마 유미코(杉山由美子)가 '졸혼을 권함' 이란 책에서 처음 사용한 용어이다. 졸혼을 결정한 부부들은 서로 간섭하지 않고 그동안 자녀 양육과 경제활동 등으로 누리지 못했던 자신만의 시간을 갖는다. 이는 한 집에 함께 살면서도 서로 간섭만 하지 않거나 별거해 따로 살며 가끔 만나는 형태로도 나타난다.

졸혼은 부부 각자가 서로 하고 싶었던 일을 이루기 위해 지금까지 함께 밀착된 결혼관계에서 부부각자의 활동에 맞게 시간과 공간을 조절하고 이렇게 조절된 시공간에 대해 각자에게 자유와 책임을 부여하는 결혼관계를 말한다. 졸혼이라는 말 그대로 혼인에서 졸업한다는 뜻을 지닌 졸혼은 자신의 인생을 각자가 즐긴다는 긍정적인 생각을 바탕으로 하고 있다. 졸혼의 결행 시기는 자녀들이 성장한 후가 대부분이다. 남편은 도시에서 살고 싶고 아내는 시골에 살고 싶다는 각자의 생각을 존중한 결과가 졸혼에 이르게 한다.

4) 결혼 갈등

갈등이란 등나무와 칡 나무가 성장과정에서 서로 얽혀 있는 상태를 비유하여 나타낸 말에서 유래된 용어로 둘 이상의 욕구가 동시에 존재하여 해결에 어려움이 있는 상태를 말한다. 우리는 일상생활이나 다른 사람과의 관계에서 이러한 경험을 자주 하게 된다. 특히 결혼생활은 필연적으로 이러한 갈등이 내포되어 있기 때문에 충돌 없이 살 수 없다. 결혼생활에서 나타나는 얼마간의 갈등은 오히려 정상적이라고 예측해야 할 것이다.

가트만(Gottman, 1994)은 원만한 부부생활의 비결은 부부가 견해차나 문제가 있더라도 일상생활에서 서로 상대방에 대한 배려를 어떻게 표현하느냐가 중요한 열쇠라고 하였다. 건강한 부부는 갈등의 근본적인 차이를 받아들이고 서로 인정해 주고 수용하며 서로에 대한 긍정적인 감정이 다섯 번이라면 부정적인 감정은 한 번 정도로 나타나는 특성이 있다고 하였다. 한편 클래머(Klemer)는 결혼 갈등발생 원인을 기대의 문제로 집약하였다. 즉, 과대한 기대, 혼돈된 기대, 충분하지 못한 기대, 부부간의 기대 차이가 결혼 갈등의 원인이 된다고 하였다(김태현 · 이성희, 1996).

결혼 후 부부간에 나타나는 불만들은 실질적으로 내용과 표현방법의 차이가 갈등의 원인이 된다. 블루드(Blood)는 결혼생활이 갈등을 내포할 수밖에 없다고 하면서 그 이유로 다음과 같은 네 가지 특징을 제시하였다(박주현 · 최덕경, 2013, 재인용).

첫째, 친밀감이다. 일반적으로 공적 생활에서는 자신의 바람직한 특성만을 나타내려고 노력하는 사람도 부부관계에서는 친밀하다는 이유로 개인의 모든 특성을 노출하게 된다. 따라서 배우자의 단점을 알게 되고 비난을 하게 되는 예도 있다.

둘째, 항구성이다. 아무리 참기 어려운 일도 며칠은 참을 수 있다. 그러나 그것이 계속되면 참을 수 없게 된다. 결혼이란 며칠 만에 끝나는 것이 아니라 지속되므로 참기 어려운 상황으로 전개된다고 볼 수 있다.

셋째, 경쟁성이다. 부부는 그들의 애정에 대해서뿐만 아니라 충분하지 못한 자원, 특히 금전사용에서 많은 경쟁을 하게 된다. 예를 들면 일정한 금액에서 한 사람이 많이 차지한다는 것은 상대방이 상대적으로 적게 차지하게 되는 것을 의미한다.

넷째, 가변성이다. 부부가 어떤 상황에 잘 적응하는 방법을 익혔다 하더라도 결혼생활의 내용은 매일 변한다. 따라서 결혼생활에서 갈등이 일어나는 것은 당연하고 정상적인 과정이라고 볼 수 있다.

이와 같이 결혼생활이란 갈등의 문제를 지속적으로 접하면서 문제를 해결해 나가는 과정이다. 정상적인 가정이라고 하는 사람들도 자세히 들여다보면 나름대로의 다양한 갈등문제를 내포하고 살아간다. 켄 산데(Ken Sande, 2004)는 우리가 살아가는 가정도 정상적인 다른 가정들이 지니고 있는 갈등을 세 가지 방법으로 표현하면서 살아간다고 주장하였다. 첫 번째는 평화로운 척하는 것이고, 두 번째는 갈등 문제가 있더라도 문제를 부정하고 가족 간에 거리를 두며 사는 것이며, 세 번째는 가족 간의 갈등을 '평화 만들기'로 실천할 수 있는 방법이 없는지를 고민하고 모색해 보는 방법으로 표현한다는 것이다.

이러한 다양한 접근과 노력이 결혼한 가정을 지켜주고 가족 간에 서로 사랑과 인격을 나누도록 하며 그 결과 성숙해지는 가정으로 발전하게 된다.

3. 이혼과 가족 재구성

1) 이혼의 개념과 종류

이혼은 결혼생활을 실패한 것이라고 생각하고, 이혼하는 사람들을 미성숙하고 비정상적이며 건강하지 못한 것이라고 보는 부정적인 시각이 아직도 우리 사회에 존재한다. 이와는 달리 이혼은 불행한 결혼생활에서 벗어나 새로운 선택과 새로운 관계를 형성하는 '제2의 기회이다'라고 보는 긍정적인 시각도 우리 사회에 또한 존재한다. 우리 사회에 이혼으로 인하여 경험하게 되는 가족들의 고통은 전혀 줄어들지 않고 있다. 이혼가족이 겪게 되는 어려움과 문제점을 통해 이혼가족에 대한 바른 인식과 이해가 필요하다.

(1) 이혼의 의미

이혼이란 부부가 생존 중에 있으면서 부부관계를 인위적으로 소멸시킴으로써 혼인을 해소하는 것을 말한다. 부부가 단순히 법적으로 헤어지는 상태는 법적 이혼으로 이혼의 한 부분일 뿐이고, 실질적으로 이혼을 통해서 겪게 되는 과정은 여러 차원과의 관계를 단절해야 하는 복합적인 현상으로 나타난다. 이혼으로 인하여 발생할 수 있는 관련 현상을 요약하면 다음과 같다(김용미 외, 2013).

첫째, 정서적 이혼이다. 법적 이혼이 있기 때문에 부부는 정서적으로 이혼하는 단계를 거치는 것이 일반적이다. 정서적 이혼이란 이혼이 시작되는 단계로 결혼생활에 대한 회의가 나타나며 부부 사이에 심적 거리감이 생기기 시작하는 단계를 말한다. 구체적으로 상대방으로부터 마음을 거두어들이기, 상대방과 무관하게 살아도 상처받지 않을 보호 장벽 세우기, '우리'로부터 '나'로의 점진적 이동, 잠자리를 같이 안 하기, 결혼관계 밖에서 보다 더 많은 시간을 보내기 등으로 나타난다. 정서적 분리의 양태는 개인에 따라 다르게 일어날 수 있으나 정서적 이혼단계에 들어간 부부들은 공통적으로 상대방의 강점보다는 약점, 단점, 실패에 집중하는 경향이 있다.

둘째, 법적 이혼이다. 법정에서 이혼을 판정받아 이혼신고서를 제출함으로써 서류상으로도 이혼이 정리된 상태이다.

셋째, 경제적 이혼이다. 부부가 결혼생활을 통해 갖게 된 재산을 분할하여 독립하는 단계를 말한다.

넷째, 부모역할의 이혼이다. 부모역할에 대해 합의를 보는 이혼 단계이다. 법적 선고로 부부관계는 끝나지만 이혼하는 부부 사이에 자녀가 있으면 부모역할은 끝나지 않을 수 있다. 이런 경우 부모의 역할과 책임을 명확히 해야 하는 과정이다.

다섯째, 사회적 관계망의 이혼이다. 친구들, 시집과 처가 식구들, 결혼을 통해서 알게 된 동료들처럼 주위 사람들과의 관계를 청산하거나 재정비하는 단계이다.

여섯째, 심리적 이혼이다. 이혼이 완결되는 단계이다. 전 남편(또는 전 아내)을 마음속에서 완전히 잊어버리고 독자적인 새로운 인생을 구축해 가는 단계이다. 법적 이혼이 되었어도 심리적 이혼이 안 되는 경우가 있을 수 있으며, 그러한 경우는 이혼이 완결되었다고 말하기 어렵다.

(2) 이혼의 종류

이혼은 배우자 쌍방이 장래를 향하여 혼인을 종료, 해소하는 제도로 현행법상 인정되는 이혼의 형태에는 협의이혼, 조정이혼, 재판이혼의 세 가지가 있다.

① 협의이혼

협의이혼은 원인의 여하에 관계없이 협의를 통하여 이혼하는 것을 말한다(민법 834조). 이는 당사자들이 이혼할 것을 협의하여 가정법원 판사의 확인을 받아 법률이 정한 절차에 따라 신고함으로써 성립된다. 협의이혼에서 신고는 필수적인 절차이므로 신고하기 이전에는 부부 중 누구라도 일방이 이혼 의사를 철회할 수 있으며 이혼이 신고 되었다고 하더라도 그것이 수리되기 이전에는 철회가 가능하다. 현재 대부분의 이혼은 이러한 협의이혼 제도를 이용하여 이루어지고 있다. 다만 협의이혼을 가정법원에 신청하였다고 하더라도 임신 중인 자녀를 포함한 미성년자가 있을 때에는 3개월, 그렇지 않은 경우에는 1개월의 이혼숙려기간을 두고 있다. 이 경우 폭력으로 인하여 배우자가 참을 수 없는 고통 등의 경우에는 예외로 하여 이혼숙려기간이 단축되거나 면제될 수 있다(민법 제836조).

② 조정이혼

조정이혼은 협의이혼을 할 수 없는 경우에 조정전치주의[2]에 따라 가정법

2) 가사소송법 제50조에서는 이혼사건에 대해 조정은 반드시 거쳐야 하는 절차라고 명시되어 있는데 이는 판결을 통하기 전에 서로 대화나 타협을 통해 문제를 해결해 보려는 것을 조정전치주의라고 한다. 소송 전 조정전치주의에 의해 조정을 거쳐 조정이 이루어지지 않을 때에는 다시 재판을 진행하여 심판을 청구할 수 있다.

원의 조정절차에 의하여 성립되는 이혼이다. 조정절차에서 이혼합의가 이루어지면 그것을 조서에 기재함으로써 이혼이 인정되고 당사자는 그 조서를 가지고 이혼신고를 할 수 있다. 조정의 결과는 화합, 별거, 이혼, 강제, 일부조정 등이 있으며 조정이혼은 인간관계의 조정과 법적 해결이 동일한 절차에서 이루어지기 때문에 조정과정 중에 조정자에 의해 원만한 해결을 유도해 낼 수 있다는 장점이 있다.

③ 재판이혼

재판이혼은 민법 제84조에서 정한 이혼사유에 대해 배우자의 한쪽이 제기한 이혼소송에 따라 법원에서 판결로 이혼을 선언하는 경우이다. 즉, 법률이 정하는 일정한 원인이 있다고 인정되는 경우, 법정에서 판결에 의해 성립되는 이혼이다. 특히 재판상 이혼에서 배우자의 부정한 행위를 이혼사유로 하는 경우에는 다른 일방이 사전 동의나 사전에 용서를 한때, 또는 이를 알게 된 날로부터 6개월, 그 사유가 있은 날로부터 2년이 경과한 때에는 재판이혼을 청구하지 못한다(민법 제842조).

(3) 이혼의 효력과 무효

이혼의 성립은 법적 권리와 의무관계의 변동을 말하며 이혼은 배우자의 사망과 마찬가지로 혼인해소의 원인이 된다. 따라서 이혼이 성립되면 부부라는 배우자관계는 완전히 해소되고 혼인으로 발생된 일체의 효력은 앞으로 소멸되며 여자는 재혼금지기간을 지나면 재혼할 수 있다. 또한 종래의 인척관계도 사망의 경우와는 달리 소멸된다.

민법에서는 이혼의 무효에 관한 규정은 없다. 다만, 협의이혼도 신분행위의 일종이므로 민법 총칙의 무효에 관한 법리보다는 혼인의 무효에 관한 규정을 유추하여 적용할 수 있다. 따라서 당사자 간에 이혼의 합의가 없었던 경우에는 이를 무효로 보아야 한다.

2) 이혼의 원인과 문제점

(1) 이혼의 원인

우리나라 이혼율은 지속적으로 높아지고 있다. 통계상으로는 약 49.9%[3]에 이르러 결혼한 부부의 절반에 가까운 사람들이 이혼을 선택하고 있다. 부부간에 혼인생활을 지속하기 어려운 문제가 있더라도 무조건 참고 살던 과거와는 달리 이혼도 이제는 삶을 살아가는 하나의 선택으로 자리 잡고 있다. 이혼의 원인으로는 다음과 같은 점을 제시할 수 있다(김영희 외, 2016).

첫째, 이혼에 대한 가치관의 변화를 들 수 있다. 교육수준이 높아지고 양성평등의 개념이 유입되면서부터 가족보다 개인의 삶을 찾기 위해서 이혼을 할 수 있다는 개방적인 가치가 이혼의 허용도를 높였다.

둘째, 여성의 지위향상이 한 이유이다. 여성의 교육수준과 사회경제적 지위가 향상되고 여성의 의식수준이 높아짐으로써 가족문제가 해결되기 어려운 상황에 도달하게 되면서 여성들이 이혼을 선택하는 경향이 높아졌다.

셋째, 여성의 경제적 자립이 확대되었다. 여성 취업의 증가는 여성에게 경제적 능력을 갖게 하였으며 이혼 이후에도 경제적 어려움에 대처할 수 있는 능력과 자신감을 갖게 되었다. 따라서 결혼생활의 갈등이 심각할 경우에는 이혼을 대안으로 고려하는 여성의 비율이 높아지고 있다.

넷째, 결혼에 대한 의미가 변화되고 있다. 결혼을 남녀의 영구적인 약속으로 받아들이기보다는 사랑에 기초한 합의된 관계로 인식하는 경향이 증가하여 만일 행복한 결혼이 아니라고 생각한다면 헤어질 수도 있다는 의식이 보급되었다. 즉, 결혼의 안정성보다는 관계의 질을 중시하게 되면서 이혼이 증가하고 있다.

다섯째, 자녀의 수가 감소 된 것도 하나의 원인이다. 자녀의 수가 줄어들면서 자녀 때문에 자신을 희생하며 불행을 참고 견디겠다고 생각하는 비율이 점차 감소되고 있다. 자녀보다는 자신의 삶을 더 중요시하거나 이혼 후 자녀를 훌륭하게 양육하면서 자신도 새 출발을 하겠다는 자신감이 이혼을

3) 통계청(2022). 2021년 혼인·이혼 통계.

선택하는 원인이 될 수 있다.

여섯째, 법 제도의 변화이다. 과거의 가족에 관련된 법은 가족 유지와 이혼금지의 의도가 컸고 특히 여성에게 불리하게 작용하였다. 그러나 여성의 가사노동 가치를 인정하여 이혼 시에 재산분할을 청구할 수 있게 하였으며 면접교섭권과 자녀양육권의 선택 및 조정이 가능해지는 등 그동안 문제되었던 이혼 관련 불평등 법 조항들이 개정되었다. 따라서 자신들이 이혼 후 살아갈 방향이 정해졌다면 과거보다는 쉽게 이혼할 수 있게 되었다.

(2) 이혼에 따르는 문제점

가족 내 갈등 문제를 해결하지 못해 이혼을 선택하지만 막상 이혼을 결정하고 난 후에는 예기치 못했던 또 다른 문제들이 가족 구성원에게 발생한다. 일반적으로 이혼은 역할상의 문제나 경제적인 문제, 신체적·육체적·정신적인 문제, 대인관계의 문제, 부모와 자녀 간의 문제 등 가족구성원에게 여러 가지 어려움을 맞이하게 하는 요인이 된다. 이혼에 따르는 다양한 문제로는 다음과 같은 점을 들 수 있다(박귀영 외, 2017).

첫째, 역할상의 문제이다. 이혼을 하면 매일의 가족 상호작용과 가족구성원들의 패턴뿐만 아니라 생활방식을 상실하게 된다. 따라서 이혼 후 곧 가정의 일과 역할이 붕괴되고 일상적으로 두 부모가 하는 과업들을 한 부모가 해야 하므로 부모는 과업의 과부담을 경험한다. 이혼 전에 뚜렷한 역할분담의 생활을 했을 경우 이혼 후 가정관리, 주택관리, 재정관리, 시간관리 등의 현실적인 문제에 더욱 심각한 어려움을 겪을 수 있다.

둘째, 경제적인 문제이다. 이혼으로 인한 경제적인 어려움은 남자보다 여자에게 더 크다. 전업주부인 상태에서 이혼을 할 경우에 이들 여성들이 경제적 자립을 위한 일을 찾기는 쉽지 않고 선택할 수 있는 직업의 범위도 좁기 때문에 낮은 보수의 직업을 선택하는 경향이 있다. 이혼 후 여자가 자녀양육을 맡을 경우에는 자녀양육에 필요한 비용으로 인해 여성 한 부모는 더 어려운 경제적 상황에 직면하게 된다. 한편 남자는 생계수단을 가지고 있어 여자보다 생계의 어려움은 덜 겪지만 재산의 분할, 위자료 지불, 자녀 양육과 살림 대행자에 대한 지출, 불규칙한 생활리듬 등으로 인한 지출이 늘어나면서 경제적인 어려움을 경험하기도 한다.

셋째, 정신적인 문제이다. 이혼 직후에 부정적 감정을 경험하게 되면서 이혼자들은 자기 연민, 복수심, 우울, 상처받은 자존심, 분노, 죄의식, 외로움, 두려움 등과 같은 감정 상태를 경험한다. 이혼자들 중에는 결혼의 실패를 받아들이기 어렵고 외로움을 많이 느끼는 사람들이 있다. 그러나 자신을 성찰할 수 있는 시간을 충분히 갖지 못한 상태로 이혼 후에 성급하게 새로운 관계를 맺으려 하는 것은 실수를 반복할 가능성이 높고 새로운 관계를 불안정하게 할 수 있다는 점에서 신중한 접근이 필요하다.

넷째, 자녀 양육의 문제이다. 남성 이혼자는 자녀 양육뿐만 아니라 가사노동의 어려움이 더해져서 자녀 양육이 더 어려워진다. 특히 자녀의 연령이 어릴수록 더 힘들다. 이혼으로 인해 자녀들은 부모역할 모델과 성적 동일시 대상의 부재로 성격 발달, 도덕성 발달, 사회성 발달 등에 부정적 영향을 받을 수 있다.

다섯째, 사회적 관계망의 축소에 따른 어려움이다. 이혼은 지금까지 맺어온 친척들과의 결합과 가까운 친구들과의 관계를 소원하게 함으로써 사회적 관계망을 좁아지게 한다. 비록 현대사회가 개방적인 사회적 가치관으로 변화되었다 할지라도 우리 사회는 아직도 이혼을 보는 시각이 여전히 수치나 불명예로 인식하는 경향이 있다. 따라서 이혼자들은 부모나 형제들, 가까운 친척이나 지인들로부터 지지를 받지 못하는 경우가 많다. 그리하여 주변의 부정적인 시각 때문에 이혼자들은 심리적 위축감을 느껴 이혼 후 얼마 동안 사회적 접촉을 기피함으로써 사회적 관계망이 줄어드는 경험을 하게 된다.

3) 가족 재구성

(1) 누구에게나 다 있지만 똑같지 않은 가족

가족은 혈연을 기반으로 한 부모와 자녀의 관계를 중심으로 선택할 수 없는 당위적인 관계의 확장된 개념이다. 가족은 어느 누구도 선택하거나 취소할 수 없는 운명적 관계이다. 즉 가족은 운명공동체이다. 그렇게 형성된 가족이 나에게는 무한한 행복과 희망을 향한 힘의 원천이 될 수도 있지만 반대로 그렇게 가깝기에 서로를 가장 힘들게 하는 요인이 될 수도 있다. 미국의 유머 작가이자 칼럼니스트인 에마 봄베크(Erma Bomebeck)는 그의 저서 '가족에 미쳐라(황희경 역, 2007)'에서 가족에 대해 다음과 같은 평가를 하였다.

"가족은 너무 익숙해서 그 소중함을 모르고 지나친다. 있을 때 잘하라는 말은 항상 뒤늦게 깨닫곤 한다. 그런데 생각해보면 가족에겐 남들보다 못할 때가 많다. 남들에게 하는 일을 가족에게도 하고 있는지, 예를 들어 닭살스러운 애교나 정중한 배려, 따뜻한 칭찬은 유독 가족에게 인색하기 마련이다. 타인에 대해선 너그럽게 이해하면서도 막상 가족에겐 누구보다도 엄중한 잣대를 들이댄다."

가족은 완벽할 순 없다. 아니, 그림 같이 행복한 가족은 없다. 다만 그 행복을 만들어가야 하는 것뿐이다. 조금 부족한 점이 있으면 채워주려 노력하고 실수를 바로 잡아주면서 '비둘기 가족'이 되는 것이 아닐까?

가족관계를 연구하는 학자들도 가족을 일관된 기준으로 정의하고 평가하지 않는다. 수많은 가족이 존재하지만 각각의 가족이 모두 다르다는 것을 인정하는 것에서부터 가족관계는 시작된다. 누구나 한 가족 안에서 다양한 역할을 부여받고 살아간다. 아버지이면서도 회사의 직원이고 어머니이면서도 학교의 선생님이며 자녀임과 동시에 부모가 되기도 하고 형제자매, 이모, 고모, 삼촌 등의 이름이 주어진다. 이 다양한 관계 속에서 역지사지로 현명하게 관계를 맺는 것이 중요하다.

재혼은 결혼이 해체되는 이혼과 달리 가족 재구성의 과정을 통해 손상된 가족 기능을 회복하고 건강한 가족을 유지할 수 있어야 하기 때문에 보다 세심한 배려가 필요하다. 재구성된 가족의 기능을 회복하기 어렵게 되면 가족 간에 또 다른 가족문제가 발생하게 된다. 동일한 사람이라고 하더라도 가족으로서 어떤 역할이 주어지고 어떤 상황 속에 놓이느냐에 따라 달라진다. 그 사람의 능력이 달라지고 표현 내용이 달라지며 대응 방식이 달라진다. 누구에게나 가족은 똑같이 있지만 가족 구성원으로서의 역할이나 과업 등은 모두 같은 것이 아니다.

(2) 재혼 가정

재혼이란 '이미 한번 또는 그 이상 결혼하여 가정을 이룬 남성이나 여성이 다른 배우자의 사별 또는 이혼을 통하여 새롭게 가정을 재구성하는 것'으로 정의된다. 이러한 재혼이 최근 들어 증가하면서 재혼가정의 가족 재구성에 대한 관심도 증가하고 있다. 이러한 현상은 이혼과 재혼의 증가로 친부모와 자녀로만 이뤄진 전통적 혈연가족의 비율이 감소하면서 한부모가족이나 동거가족, 재혼가족 등과 같은 가족의 비율이 증가하면서 나타난 현상이다. 이렇게 가족의 형태가 변화하면서 우리나라 이혼율도 이제 선진국 수준으로 변화하고 있고 재혼율 또한 증가하고 있는 실정이다. 이러한 재혼율의 증가는 가족의 재구성과 관련하여 새로운 문제를 야기하고 있는데 재혼이 초혼보다 가족관계, 친척, 사회적 관계에서 훨씬 더 복잡한 변수들이 작용하기 때문이다.

재혼 가정의 가장 큰 어려움은 가족들이 '결손가정'이라는 부정적 인식에 사로잡혀 있다는 것이다. 재혼가족에 대한 부정적인 시선을 거두고 그들이 겪을 수 있는 어려움과 그에 대한 대처 등에 있어서 준비교육을 통해 또 하나의 새로운 '가족'의 시작에 관심을 가져야 한다.

가족의 재구성(family reconstitution)이란 결혼에서 실패한 사람들에게 새로운 가족을 만나 새로운 관점에서 자신과 가족 그리고 현재와 미래를 새로운 각도에서 인식하고 새로운 가정을 구성해 나가는 것을 말한다. 즉, 재혼을 통해 새로운 가족을 형성하여 새로운 삶을 준비하는 과정이다.

가족 재구성과 관련하여 가족에 대한 문제를 이해하는 첫 출발은 '관계 맺기'에 대한 새로운 시각을 갖는 것에서부터 출발한다. 그동안 삶에서 당연시 생각되었던 '사랑', '헌신', '희생', '돌봄' 등이 가족구성원들에게 진실된 마음으로 실천했는지를 되돌아보는 성찰이 필요하다. 진정한 '관계 맺기'는 가족구성원들에게 이러한 것들에 대한 진정 어린 접근을 요구한다.

형식적이고 피상적인 것이 아닌 진실한 마음으로 대하는 가족 재구성이 되어야 할 것이다.

그동안 우리 사회는 이혼을 해서는 안 된다는 생각은 감소하고 재혼은 해도 좋다는 인식은 증가하는 변화를 보였다. 이는 재혼에 대한 인식이 과거보다 긍정적으로 변화하고 있다는 의미이다. 따라서 이러한 변화에 맞춰 우리 사회가 이혼과 재혼에 대한 이해의 폭을 넓히고 가족의 재구성에 대해 진지한 성찰의 기회를 가질 필요가 있다. 가족의 재구성은 무엇보다도 상호 존중의 양성평등한 관계에서 문제를 발견하고 해결해 나가려는 자세를 바탕으로 해야 한다. 가족의 재구성이 새로운 삶을 시작하는 의미 있는 출발점이 될 수 있도록 사회가 이를 긍정적으로 수용하고 지원해 나가야 할 것이다.

제9장 젠더와 대처기술[1)]

1. 의사결정과 의사소통

1) 합리적인 의사결정

의사결정이란 어떤 문제를 해결하기 위해 여러 대안 중 가장 적합한 대안을 선택하는 과정으로 의사결정에 앞서 문제가 무엇인지를 명확히 인지하는 과정이 선행되어야 한다. 문제가 무엇인지에 대한 인식을 명확하게 한 후에 문제와 관련된 정보를 수집하고 가치 갈등의 원인을 분석한 후 가능한 대안을 찾아 나가는 것이 해결과정이다. 의사결정 방식은 크게 직관적 의사결정, 합리적 의사결정, 의존적 의사결정의 세 가지로 구분한다. 의사결정의 단계와 단계별 활동 내용은 다음과 같다.

표 9-1 합리적인 의사결정의 단계

단 계	활동 내용	예 시
문제 파악하기	• 실제로 결정을 내리기 전에 결정이 필요한 문제나 상황을 이해하고 의사결정의 필요성을 검토한다.	• 이성 교제로 인하여 성적이 떨어졌다.
정보 수집하기	• 여러 가지 관련된 정보와 자료를 체계적으로 수집한다.	• 일주일에 5회 만남 • 주 데이트 장소: 노래방이나 놀이공원

1) 이규은 · 장상필(2021). pp. 285-313의 내용을 재구성하였음.

단 계	활동 내용	예 시
		• 평균 데이트 시간: 3시간 30분/1일 • 성적 하락폭 : 교제 전(평균 80점), 교제 후 (평균 65점)
대안 찾기	• 확실한 안을 선택하기보다 가능한 모든 안을 나열한다.	• 이성교제를 그만두기 • 일주일에 한 번만 만나기 • 시험기간 동안에는 만나지 않기 • 공부를 잘하는 이성 친구로 바꾸기 • 도서관에서 데이트하기
대안평가	• 각 안의 장단점을 비교하여 성공적인 결과를 예측해 본다.	• 이성교제 그만두기 : 공부할 시간은 늘었지만 그만큼 생활에 활력을 잃게 되고 동기부여가 잘 안 되고 집중이 안 된다. • 일주일 한 번만 만나기 : 공부할 시간은 늘었지만 오히려 만나는 시간을 더 기다리게 되고, 핸드폰에 더 매달리게 될 것 같다. • 시험기간 동안에는 만나지 않기 : 시험기간에 공부할 시간은 늘어나서 좋긴 한데 계속 만나오다가 갑자기 안 만나니 더 보고 싶어질 것 같다. • 공부 잘하는 이성 친구로 바꾸기 : 이성 친구에게 공부를 배울 수 있는 기회가 되어서 좋은데 자존심이 상한다. • 도서관에서 데이트하기 : 데이트도 하고 공부도 할 수 있어 좋은 데, 분위기도 없고, 수다를 떨 수 없어서 불편할 것 같다.
대안 선택하기	• 성공할 확률이 높고 좋은 결과를 얻을 수 있는 방안 중에서 자신의 가치관에 부합되는 것을 선택한다.	• 이성교제를 그만두는 것이나 공부 잘하는 이성친구로 바꾸는 것은 나의 가치관과 맞지 않는다. 도서관 데이트가 공부도 하고 데이트도 할 수 있고, 경제적인 데이트가 되어서 부모님도 좋아하실 것 같다.
대안 실천하기	• 선택한 안을 행동으로 옮긴다.	• 한 달 동안 도서관 데이트를 실천해 보았다.
평가하기	• 실천에 옮기지 못하거나 결과가 예상과 다른 경우에 의사결정의 과정을 다시 되짚어 보고 평가결과를 재수립하는 데 자료로 활용한다.	• 도서관 데이트를 하면서 숙제도 하고, 가끔은 모르는 것도 서로 가르쳐 주어 학습에 도움이 되는 것으로 느꼈으나, 실제로는 도서관 앞 벤치에서 보낸 시간이 더 많았다. • 도서관에 간다고 하니 부모님도 안심하시어 오히려 귀가 시간이 더 늦어져 집에서는 공부를 하지 못했다. • 중간고사 성적이 5점밖에 오르지 않았다. 도서관에서 데이트를 하되 시험 기간에는 만나지 않고 각자 공부에 열중하는 것이 좋겠다.

※ 출처 : 교육부(2015). pp. 121-122.

2) 사티어(Satir)의 의사소통 유형

의사소통이란 사람들이 서로 정보를 주고받으며 의미를 부여하고 내적·외적 반응을 하는 방식이다. 사람들은 보통 말을 하면서 비언어적 방식으로 메시지를 보낸다. 이러한 비언어적 표현은 사람들의 내면 상태를 반영한다.

의사소통에는 언어적 메시지와 비언어적 메시지가 일치하는 경우도 있지만 일치하지 않는 경우도 있다. 사티어(Satir)는 언어적 메시지와 비언어적 메시지가 일치하는 경우를 '일치형'이라고 하고 일치하지 않는 경우를 '불일치형'이라고 보았다. 사티어(Satir)는 불일치한 의사소통에서는 스트레스가 발생하게 되는데, 이러한 스트레스가 있는 상황에서 사람들은 대인관계에 거절당할 가능성이 높기 때문에 이때 스스로를 보호하기 위해 역기능적인 의사소통 유형을 사용한다고 보았다. 그러한 의사소통 유형으로 회유형, 비난형, 초이성형, 산만형의 네 가지 유형이 있다(교육부, 2015).

(1) 회유형(placating stance)

회유형은 나보다 타인과 상황을 중요하게 생각한다. 자신의 가치를 부정하고 다른 사람들의 기분에 맞추려고 하며 반대 의견을 제시하지 않고 비위를 맞추어 나가며 남이 제안하는 것에 부분 동의를 한다. 결국은 자신에게 중요하지 않은 사람이라는 메시지를 전달한다. 따라서 삶의 목적이 다른 사람의 문제를 덜어 주기 위한 것처럼 행동하고, 다른 사람을 화나게 하지 않으려고 노력하기 때문에 잘못되는 부분에 대한 책임은 자신에게 지운다. 회유형의 사람은 자신이 느끼고 생각하는 것보다 상대방에게 긍정적으로 답하는 것이 중요하다고 생각한다. 그렇기 때문에 분노를 억압하고 신체적인 혼란을 나타낸다. 그리고 타인과의 관계에서의 상호작용을 이루는 상황은 존중하지만 자신의 진정한 감정은 존중하지 않는다.

(2) 비난형(blaming stance)

회유형의 반대 유형으로 자기주장이 강하고 독선적이며 명령적이고 지시적인 면을 지니고 있다. 자신을 보호하기 위해서 타인이나 환경 탓을 한다. 자신을 강하게 보이게 하려고 타인의 말이나 행동을 비난하고 통제한다. 비난하는 사람은 자신을 힘이 있고 강한 사람으로 다른 사람들이 인식하도록 노력하지만 사실 깊은 내면에는 낮은 자존심과 실패감이 존재한다. 따라서 독재적이며 높은 사람처럼 행동하고 다른 사람의 결점을 발견하여 지적하고 다른 사람의 약점을 쉽게 찾아내는 반면에 자신의 약점을 수용하기는 매우 어렵다. 그래서 타인의 가치를 낮추고 자신의 상황에만 가치를 두는 것이다.

(3) 초이성형(super-reasonable stance)

초이성형은 상황만 중시할 뿐, 자신과 타인을 무시한다. 의사소통에서 상황과 무관한 말, 타인과 자신을 무시하는 말을 한다. 즉 의사소통의 상황에서 자신 및 타인에 대해 과소평가가 이루어진다. 지나치게 합리적인 상황만을 중요시하고 기능적인 것만을 말하고 객관적인 자료나 논리에 근거해서 의사소통을 하고자 한다. 실수 없는 행동을 하고자 애쓴다. 감정보다는 상황에 초점을 맞추고 매우 정확하고 이성적이며 조용하고 냉정하며 차분하다. 따라서 인간관계에서는 융통성이 결여되며 원칙 중심적이고 재미없으며 강박적이다.

(4) 산만형(irrelevant stance)

초이성형의 반대 유형으로 의사소통이 혼란스러운 유형이다. 이들의 특징은 계속적인 움직임과 토론의 주제에서 벗어나는 쪽으로 사람들의 관심을 분산시키려고 노력한다. 이 사람들은 생각이 자주 바뀌고 동시에 혼란스러운 행동이 빈번하며 어떠한 특별한 주제에 초점을 집중하기가 어렵다. 생각 없이 책임 없는 말을 하거나 주의 집중에서 벗어나는 상황을 만든다. 위협을 무시하고 위협이 존재하지 않는 것처럼 행동하며 주위를 혼란시키곤 한다. 움직이는 행동과 말이 다른 사람의 말이나 행동과는 무관하며 말의 의미나 의도가 나타나지 않는다.

(5) 일치형(congruent stance)

일치형의 의사소통 유형은 말과 자세, 표정이 자연스럽고 일치되며 자기 보호를 위해 방어적이지 않으며 자신과 타인을 사랑하고 신뢰관계를 지켜 나간다. 의사소통에 있어서 생기가 있고 솔직하며 생산적이고 자신의 생각을 분명히 말하며 변화에 융통성과 개방성도 지니고 있다. 또한 일치형의 사람들은 매우 진솔한 의사소통을 하며 자신의 감정을 바르고 정확하게 적절히 표현하는 것이 특징이다. 매우 생동적이고 창조적이며 독특한 행동양식을 보인다. 일치형의 사람들은 높은 자아존중감을 지니고 있으며 심리적, 신체적으로 건강한 사람일 확률이 높다. 의사소통의 이상적인 유형으로 의사소통 내용과 내적 감정이 일치하는 유형이다.

2. 성적자기결정권

우리나라 헌법 제10조에는 개인의 인격권이나 행복추구권을 포함하는 개인의 자율성과 결정의 자유에 대한 권한으로 자신의 문제를 자유의지에 따라 결정할 수 있는 권리가 보장되어 있다. 성적자기결정권은 일종의 자유에 대한 권리보장으로 타인에 의해 강요받거나 지배받지 않으면서 자신의 의지와 판단으로 자율적인 성행동을 결정하고 선택하며 책임지는 권리이다. 따라서 자신의 몸에 관련한 결정을 스스로 할 수 있고 한 개인의 성 정체성과 더불어 성과 관련한 사회적 상호 인정과 존중의 규칙이 적용되는 성적자기결정권은 누구에게나 보장된 권리이다. 사회공동체 안에서 각자의 성적 가치관을 바탕으로 사생활 영역에서 스스로 내린 성적결정에 따라 누구의 간섭 없이 스스로 선택하고 책임지며 상대방과 성행위를 할 수 있는 권리가 성적자기결정권이다.

1) 성적자기결정권의 의미와 성 상품화

자기결정권은 일반적으로 인간은 다른 사람의 권리를 침해하지 않는 한 자신의 생각대로 결정하고 행동할 권리가 있다고 여겨진다. 이러한 자기결정권은 인간이면 누구나 지니는 것으로 성과 관련된 부분에서도 적용된다. 즉, 모든 인간은 성적자기결정권을 지닌다. 성적자기결정권은 다른 사람이나 사회의 간섭 또는 강요 없이 자신의 의지와 판단에 따라 자율적으로 성적행위를 결정할 수 있는 권리를 말한다. 이러한 성적자기결정권에는 자신이 원하지 않는 성적행위에 대해서 분명하게 거부하고 저항할 수 있는 권리도 포함된다. 또, 상대방의 말이나 행동 때문에 성적 수치감이나 모욕감을 느낀 경우 이에 대하여 분명하게 반대 의사를 밝히는 것도 성적자기결정권을 행사하는 것이다. 그런데 성적자기결정권을 행사할 때 유의할 점이 있다. 우선, 자신의 성적자기결정권이 양도할 수 없는 소중한 기본적 권리로 존중되어야 하듯이 타인의 성적자기결정권도 동등하게 존중되어야 한다. 따라서 성적자기결정권은 타인의 성적자기결정권을 침해하지 않는 범위에서 행사해야 하고 상대방이 원하지 않는 성적행위는 사소한 것이라도 강요하거나 강제해서는 안 된다. 또한, 성적자기결정권을 행사할 때에는 반드시 책임이 따른다는 점이다. 이는 인간이 다른 동물과 달리 성적 자유를 지닌다는 점과도 관련된다. 일반적으로 인간 이외의 동물들의 성적욕망은 본능에 의하여 지배되어 자연스럽게 발휘되므로 그 결과에 대하여 책임을 묻지 않는다. 그러나 인간은 자신의 판단에 따라 성적 욕망을 조정할 수 있으므로 자신의 성적욕망과 성적 활동에 대해서는 책임을 져야 한다. 따라서 성적자기결정권을 행사할 때에는 자신의 행위와 그것이 가져올 신체적, 정신적 결과에 대하여 신중하게 생각해야 한다. 마치 성적자기결정권을 성적 방종을 정당화하는 것으로 오해해서는 안 된다. 성적자기결정권은 자신이 원한다면 어떤 성적 행동도 할 수 있다는 것을 의미하지 않는다. 자발적으로 자신의 성을 매매의 대상으로 삼는 경우나 사람들의 시선을 끌어 돈을 더 많이 벌기 위해 알몸으로 노동하는 경우도 성적자기결정권을 행사하는 것으로 존중되어야 하는지에 대해서는 논란의 여지가 있다. 이에 대해 당사자가 원해서 자신의 성을 매매하거나 자신의 성을 상품화하는 것은 성적자기결정권을 행사하는 것으로 문젯거리가 될 것이 없다고 보는 시각도 있다. 그러나 성적자기결정권은 자신과 타인의 인격을 손상하지 않는 범위 내에서 사용해야 한다. 따라서 자발적으로 자신의 성을 매매의 대상으로 삼는 것은 성적자기결정권을 행사하는 것이 아니라 자신의 성을 상품화하는 것으로, 자신의 인격을 훼손하는 것은 물론이고 실질적으로는 성적자기결정권을 포기하는 것이다. 인간다운 성을 실현하기 위해서는 성이 상품화되는 것을 경계하고 인격을 존중하는 성적자기결정권을 행사하여 성적 주체성을 확립할 수 있도록 노력해야 한다. 성의 상품화는 인간의 성을 직접 또는 간접적으로 이용하여 이윤을 추구하는 것으로 성 그 자체 또는 성과 관련된 것을 판매하는 것은 물론, 특정 제품에 성적 이미지를 부여하여 판매를 촉진하는 것까지 포함한다. 성적자극을 이용하여 영리를 추구하는 성의 상품화는 인간의 성적자기결정권을 침해할 뿐만 아니라 사랑을 전제로 한 인격적 가치로서의 성의 본질적 의미를 변질시킨다는 점에서 심각한 문제가 된다. 인간의 성은 손쉽게 구매하여 소비할 수 있는 하나의 상품이 될 수 없다. 성을 상품화하는 것은 여성 또는 남성을 성적 상품으로 만들고 비인격적인 존재로 전락시키는 일이며 인간을 인격을 지닌 존중의 대상이 아닌 돈을 벌기 위한 수단으로 취급하는 것이다(천재교육, 2017).

2) 성적자기결정권의 제한과 유보

성적자기결정권은 누구에게나 법 앞에 평등하게 주어진 권리이다. 하지만 성적자기결정권은 자신의 인격을 손상하지 않아야 할 뿐만 아니라 다른 사람의 인격을 침해해서도 안 된다. 마치 스스로 원하기만 하면 어떠한 성적인 행동이든지 무제한적으로 할 수 있다는 식의 사고방식으로 성적자기결정권을 이해해서는 안 된다. 성적자기결정권은 책임과 인격을 바탕으로 하고 있다. 책임 있는 태도가 전제되지 않는 성적자기결정권은 사려 깊지 않은 성적행동을 일으킬 수 있으며 타인의 권리를 침해할 수밖에 없다. 이러한 성적자기결정권은 성적 방종이나 다름없다. 따라서 이러한 성적 방종은 준비되지 않은 임신과 낙태 등 생명윤리의 문제를 가져올 수 있다.

헌법에 보장된 권리라고 하더라도 성적자기결정권은 일부 제한되는 예외가 있다. 앞에서 언급한 바와 같이 다른 사람의 권리를 침해하는 경우에는 당연히 성적자기결정권이 제한된다. 상호 간의 권리가 보장되는 범위 안에서만 성적자기결정권은 보장된다. 이 밖에도 미성년자를 비롯하여 아직 미성숙한 존재로 판단되는 일부의 경우에는 법으로는 제한하고 있지 않으나 관습적으로 성숙하고 합리적인 의사결정권을 스스로 행사할 수 있을 때까지 성적자기결정권을 유보하고 있다. 유・초・중・고등학교 학생들에게 성적자기결정권 교육을 통해 책임이 뒤따름을 인식시키고 유보해 줄 것을 권고하는 사례는 성적자기결정권이 없어서가 아니라 합리적 의사결정이 가능할 때까지 유보해줄 것을 요구하는 것이다.

성적자기결정권은 성적 소수자인 동성애 성적 지향성의 사람들에게도 중요한 권리이다. 동성(同性)에 대한 성적・애정적・정서적 끌림에 대해 스스로가 성적행동을 결정할 수 있는 권리가 바로 성적자기결정권이기 때문이다. 이러한 성적자기결정권은 성적 소수자들에게 자신들의 인권을 신장시킬 수 있는 핵심적인 권리이기 때문에 그들에게 중요한 의미를 가진다.

3. 자기주장과 거절 기술

1) 자기주장의 의미

자기주장이란 어떤 일에 관한 자기의 의견이나 생각을 당당하고 분명하게 내세우는 일을 말한다. 자기주장에 대한 학자들의 정의는 다양하지만 자신의 감정을 적절히 표현한다는 점에서는 차이가 없다.

자기주장에 대해 울페(Wolpe, 1958)는 자기주장이란 "타인에게 불안을 느끼지 않고 자기의 감정을 적절히 표현하는 것이다"라고 정의하고 있으며 수비숍(Sue Bishop)은 '자기주장의 기술(Develop Your Assertiveness)'에서 "자기주장은 겸손하지만 당당하게, 은밀하지만 강하게, 나를 표현하는 방법"이라고 정의하고 있다. 라자루스(Lazarus, 1966)는 자기주장이 개인의 권리, 느낌의 표출 등 모든 표현에 사용되어야 하는데 이를 정서적 자유라고 표현하였으며 자신의 권리를 요구하는 것뿐만 아니라 타인의 권리를 보호하는 것도 포함된다고 주장하고 있다.

이러한 자기주장적 행동은 자기주장적이지 않은 행동보다 유능하고 매력적인 것으로 인식되는 것이 일반적이지만 그 사회의 문화에 따라 다른 특성을 보인다. 우리나라나 일본과 같은 동양권의 문화에서는 일반적으로 자기주장적 행동에 대해 부적절하거나 버릇없는 행동으로 인식되는 경향이 있다. 따라서 자기주장을 내세우는 데 있어서 가급적이면 '공격적'인 방법은 피하는 것이 좋다. 자기주장을 할 경우에는 자신의 의견, 감정, 요구를 객관적인 용어로 표현하고 상대방의 행위가 자신에게 어떤 영향을 미쳤다고 해석하거나 비난하는 것은 가급적 자제하는 것이 바람직하다.

자기주장에 소극적인 사람은 자신감을 길러주는 훈련이 필요하다. 자신의 욕구와 생각을 표현함에 있어서 감정을 섞어서 화를 내지 않고 무조건 참지도 않고 적절하게, 품위 있게, 상대를 배려하면서도 자기주장을 하는 연습을 할 필요가 있다. 자기주장이라는 의미를 상대방의 감정이나 입장을 고려하지 않고 자기의 사상과 입장을 강력하게 고집하는 것으로 이해해서는 안 된다. 상대방의 입장을 고려하지 않고 자기만의 주장을 강조하여 상대방의 마음을 손상시키는 행동은 자기주장이라고 말하기보다는 공격적 행동이라고 본다. 자기주장은 자기의 의견을 내세우되 상대방의 인격과 권리를 동시에 존중해 주는 공감적 주장이어야 한다. 즉, 자기주장은 상대방을 불쾌하게 하지 않으며 상대방의 권리를 침해하지 않는 범위에서 자신의 권리, 욕구, 생각과 느낌 등을 자신이 나타내고자 하는 바를 마음속에 있는 그대로 솔직하게 상대방에게 직접 나타내는 행동이어야 한다.

2) 자기주장의 언어소통 방법

자기주장에는 훈련이 필요하다. 아들러(Adler, 1986)는 자기주장 행동이 필요한 사람에게 자기주장 훈련을 시키면 자기 표현력을 증가시킬 수 있다는 점을 강조하였다. 자기표현 행동은 성격변인과 대인관계에서 사회적 기술변인으로 해석하거나 일종의 학습된 행동으로 본다. 따라서 자기표현 행동은 훈련이나 학습을 통해 얼마든지 바뀔 수 있다는 의견이 지배적이다. 이러한 자기주장의 권리는 누구에게나 동일하게 부여된 권리로 인간관계에서 개개인의 건전한 참여를 위해서는 반드시 필요한 기본적 요소이다.

자기주장 기술이 뛰어난 사람은 그렇지 않은 사람에 비해 자신감과 자존심이 높고 설득력이 있으며 효과가 큰 의사소통 기술을 지니고 있다. 뿐만 아니라 타인을 존중할 줄 알며 대인관계에 있어서 갈등의 조정능력이 뛰어나다. 자기의견을 주장함에 있어서 상대방은 적이 아니라 문제해결의 협력자로 인식하여야 한다. 자신과 상대 모두에게 이익이 되는 해결책을 찾을 줄 알아야 한다. 자신의 주장에 대한 권리를 보장받는 동시에 상대방의 기본 권리도 인정해야 한다. 효율적인 자기주장을 위한 언어소통 방법으로 다음과 같은 네 가지 관점이 고려되어야 한다.

첫째, 공감적인 자기주장이 되어야 한다. 자기주장을 인정받기 위해서는 상대방이 말을 잘 듣고 이해했다는 자세를 보이는 데 관심을 가져야 한다. 자신의 생각과 느낌을 바르게 말하고 알고 있는 바를 분명하게 말해야 한다. 뿐만 아니라 듣는 일에도 공감할 수 있는 자세를 가져야 한다. 상대방이 자신에게 보내주는 단서에도 귀를 기울여야 한다.

둘째, 효과적인 의사소통을 위해 숙달해야 하는 것은 자기공개이다. 자발적인 자기공개를 적절히 활용하면 사회적 의사소통과 대화 기술력이 향상될 뿐만 아니라 누구에게나 효과적으로 대처할 수 있다. 자기공개는 성격과 행동, 라이프 스타일과 능력 등에 대한 긍정적 측면과 부정적 측면을 적극적으로 논의함으로써 사교성을 높여준다.

셋째, 부정적인 감정을 주장하는 언어소통 기술을 익혀야 한다. 마음에

안 드는 상대방의 행동이나 일을 명확히 밝히도록 하는 것은 매우 중요한 일이다. 잘못되었거나 부정적인 행동에 대하여 지적하는 일은 잘못된 행동으로 영향을 받게 될 문제를 최소화할 수 있는 기회가 된다. 자신의 느낌을 표현하고 내가 원하는 것이 무엇인지 말하는 일에 게을리해서는 안 된다. 비판하는 사람을 교묘히 조정하려고 시도하기보다는 자신 있게 의견을 피력하도록 유도하여 그 정보가 유익하게 활용되도록 해야 한다.

넷째, 거절하는 감정을 주장하는 언어소통 기술을 익혀야 한다. 자신의 의견에 반하거나 피해가 예상되는 행동에 대해 적극적으로 거절하는 표현 기술을 익혀야 한다. 문제의 상황에 대해 변명하듯이 둘러대지 말고 핵심을 명확하게 밝힐 수 있도록 하고 표정은 너무 어둡지 않게, 적당히 미소를 보이면서 정중히 거절할 줄 아는 기술 습득이 필요하다.

이와 같은 거절 기술은 말로서 당당하게 자기주장을 펼치는 것과 더불어 끈기가 있어야 한다. 화를 내거나 목소리를 높이지 않고도 자신이 바라는 것을 계속해서 당당하게 말하는 자세가 필요하다. 갈등 상황에서 효과적으로 의사소통을 하려면 무엇보다도 자신의 의견이 옳다고 끈질기게 주장하는 인내력이 필요하다. 자기주장 기술이 부족한 사람은 주어진 상황에 순응하고 수동적인 태도를 보이는 경향이 있다. 자기주장은 본능적인 행동이 아니다. 자연스럽게 발생하는 행동이 아니며 배우고 익히고 연습을 통해 만들어지는 소통의 기술이다.

3) 자기주장 기법

우리는 흔히 '자기주장(assertiveness)'이라고 하면 다른 사람의 의견을 반박하고 자신의 의견을 강력하게 주장하는 것을 생각한다. 하지만 자기계발서로 유명한 카네기(Andrew Carnegie)는 '자기주장이란 반항하기 위한 것이 아니라 책임지고 상황을 개선하기 위해 왜? 라고 물을 수 있는 힘'이라고 말하였다. 효율적인 자기주장을 위한 일반적인 원칙으로는 다음과 같은 여덟 가지가 활용된다.

첫째, 요구하기보다는 부탁하는 것이 적절하다.

둘째, 비난하기보다는 질문하는 것이 좋다.

셋째, 상대방을 비판할 때에는 그 사람의 행동을 비판해야지, 그 사람의 성격을 비판해서는 안 된다.

넷째, 의사소통을 하지 않은 채 부정적인 감정을 쌓아두지 마라.

다섯째, 한 번에 한 가지 문제만 다뤄라.

여섯째, 일반화를 피하라. '항상', '절대로' 같은 용어는 올바르게 사용되는 경우가 드물고 꼬리표를 달기 쉽다.

일곱째, 배우자에게 과하게 솔직하지 마라.

여덟째, 언어적 의사소통은 비언어적 의사소통과 일치해야 한다.

자기주장에 대한 효율성을 높이기 위해서는 명확한 의사전달과 함께 적절한 기법을 사용하는 것도 좋은 방법이다. 자기주장을 위해 활용되는 기법으로는 살라미 주장법, 고티엠 주장법, 메아리 주장법 등이 있다.

(1) 살라미 주장법

살라미(salami)는 이탈리아의 유명한 소시지이다. 그런데 살라미 소시지는 맛은 있지만 너무 짜서 한 번에 많은 양을 먹을 수가 없다. 그래서 조금씩 잘라서 먹는 것으로 유명하다. 이러한 살라미 소시지의 특성을 자기주장에 적용한 기법이 '살라미 주장법'이다. 맛있지만 너무 짜서 한 번에 많은 양의 소시지를 먹을 수 없듯이, 자신의 주장을 한 번에 많이 수용하기 어려운 상대편을 위해 살라미처럼 잘게 쪼개서 하나씩 관철시키는 것을 말한다. 성질 급한 우리나라 사람들이 살라미 기법을 활용하기란 다소 어려움이 있지만 자기주장의 효율성을 높이기 위해서는 훈련을 통해 익혀야 할 기법 중 하나이다. 수용하지 못하는 주장을 어떻게 받아들일 것인지에 대해서는 전혀 고려하지 않고 한꺼번에 자기 자신이 원하는 것을 강력하게 주장하였다가 주장이 거부당하는 것은 물론이고 거부에 따른 후유증으로 인간관계까지 망치는 경우가 발생할 수도 있다. 이러한 점에 유념하여 자신의 주장이 관철될 수 있도록 가급적 조금씩 나누어서 말하는 기법이야말로 살라미 주장법의 핵심 내용이다. 살라미 주장법은 상대방이 선뜻 받아들이기 어려운 주장을 펼 때 사용하면 더욱 효과적이다.

(2) 고티엠(GO TM) 주장법

주장은 반드시 받아주어야 할 상대가 존재한다는 가정하에 이루어지는 활동이다. 즉, 주장해야 할 내용을 듣는 상대가 받아들인다는 보장은 없지만 꼭 받아들이도록 해야 할 목적을 가지고 이루어지는 의사소통의 한 방식이다. 따라서 어떤 주장이라고 하더라도 일단 펼치면 상대로부터 거부당하지 않고 관철될 수 있도록 하는 일이 중요하다. '고티엠(GO TM) 주장법'은 바로 이러한 자기주장을 전달함에 있어서 하나를 먼저 주고 나중에 몇 배로 받아내는 주장법의 하나이다. 따라서 고티엠 주장법은 주장에 앞서 선행적으로 이루어지는 활동이 있는데 그것이 바로 선심을 베푸는 활동이다. 상대방에게 미리 선심을 베풀어 반론의 수위를 낮추어 놓고 나서 자기주장을 펴는 방식을 택한다. 사람은 누구나 다른 사람으로부터 무언가를 받으면 부담을 갖는 것이 일반적이기 때문에 이러한 고티엠 주장법의 활동 방식이 통할 수 있는 것이다. '고티엠 주장법'은 상대방의 이해 부족 또는 이권 대립 등으로 받아들여지기 어려운 주장을 관철하고자 할 때에 더욱 유용하다. 뿐만 아니라 자립심이 강해 남에게 신세 지기 싫어하는 사람, 다른 사람에게 영향력 행사하기를 좋아하는 사람, 자기 지위에 대한 자부심이 강한 사람, 성격이 까다로운 대상에게 활용할 때 유용하다.

직장 동료에게 미리 밥을 사주고 야근을 대신해 달라고 부탁한다거나 프로젝트에 필요한 자료를 빌려 달라고 부탁하는 것 등은 고티엠 주장법의 한 예이다.

(3) 메아리 주장법

자기주장을 함에 있어서 상대방이 한 말을 그대로 따라 한 다음에 끝에 가서 자기 의견을 덧붙이는 기법이 '메아리 기법'이다. 이러한 메아리 기법은 상대방이 한 말을 반복적으로 따라 하게 되어 전달하고자 하는 내용을 반복해서 듣게 됨으로써 문장에 대한 이해력이 높아지고 거기에 자신의 주장을 덧붙여 말하게 되므로 의사전달이 명확해진다는 장점을 지니고 있다.

예를 들어 A와 B라고 하는 친구 사이의 두 사람이 대화를 할 때, A라고 하는 사람이 B에게 “어렸을 때부터 욕심이 많았어요”라고 말을 하였다고 한다면, 이 말을 들은 B는 “어렸을 때 욕심이 많았군요”라고 따라서 말을 한 후에 “그리고 지금도 욕심이 많구요”라고 덧붙여 말하는 방식이다.

이와 같은 메아리 주장법은 흉내 내기 기법을 사용하게 됨으로써 주기주장과 함께 듣는 이들에게 웃음까지도 자아낼 수도 있다는 점이 특징적이다.

지금까지 살펴본 자기주장 기법 중에서 성과 관련된 주장의 내용을 성적 자기주장이라고 한다. 그런데 성적자기주장은 타인의 성 욕구나 의도에 의해 강요되지 않고 자신의 몸과 성 욕구에 대한 권리를 행사하는 의사소통 방법의 하나라는 점에서 특히 유념해야 한다.

4) 거절 기술

(1) 거절 기술 습득의 중요성[2)]

거절 기술을 배운 청소년들은 보다 긍정적인 선택을 할 경향이 높으며 위험 행동에 참여하는 정도가 제한된다. 청소년들이 자기 스스로를 위해서 제한 범위를 결정할 것이며 또래 또는 외부의 압력에 대해 분명하게 ‘안 돼(No)!’라고 말함으로써 자신에 대한 확신을 향상시키는 것이다. WHO(1997)는 청소년들이 외부의 압력에 대응하기 전 결과에 대해 생각하거나 다양한 방식으로 거절을 표현하게 된다면 청소년들이 자기 스스로는 물론 다른 사람들에게 위험을 줄 수 있는 어떤 일에 참여하는 것을 거절하게 된다고 했다.

2) 교육부(2015). 고등학교 성교육 교수학습과정안. pp. 113-114.

(2) 거절 기술 학습과정

청소년들이 자신의 의견을 명확하게 표출해 냄으로써 자신의 의사에 반하는 행동을 거부할 수 있다는 것은 자신의 보호를 위해서도 매우 중요한 일이다. 일반적으로 청소년들이 거절기술을 학습하는 과정은 다음과 같다 (WHO, 2007).

첫째, 청소년들이 일상생활에서 일어나는 일들을 선택하도록 물어보고 리스트를 작성하도록 한다. 음식이나 간식, 친한 친구 혹은 무시하는 친구, 규칙을 따르거나 위반하는 사항, 진실하거나 거짓말을 하는 것 등이 이에 해당된다.

둘째, 청소년들이 또래 친구 혹은 주위 사람들로부터 자신들이 하고 싶지 않은 것을 강요당하거나 스스로에게 혹은 다른 사람에게 문제를 일으킬 수 있는 것을 강요당한 것을 떠올리도록 한다. 친구들에게 놀림을 당하거나 놀리는 행위, 담배를 피우도록 강요당하는 행위, 훔치도록 강요당하는 행위, 부정행위에 대한 강요, 음주행위에 대한 강요, 가정이나 학교의 규칙을 위반하도록 하는 강요 등이 해당된다.

셋째, 청소년들이 자신들을 스스로 안전하게 지키거나 위험으로부터 벗어나는 방식은 거절기술을 학습하는 것이다. 청소년들이 스스로 불편하거나 어떠한 것을 멈추어야 할 느낌이 드는 상황에서 다른 사람들에게 강요당한 행위를 하게 될 때 일어나게 될 결과를 고려하도록 한다.

넷째, 청소년들이 자신들에게 특정한 행동의 결과 혹은 문제를 일으키는 것을 강요하는 사람들에게 명확하게 의견을 표명하도록 한다. 다른 사람이 청소년 자신에게 싸움을 걸어오거나 흡연을 함께 하도록 강요한다면 똑바로 서서 분명한 목소리로 거절하도록 한다. 청소년의 자세와 거절 연습은 반복적으로 하도록 한다. 이러한 행위의 연습은 여러 특정한 상황들에서 청소년들이 자신 있게 행동하도록 만든다.

(3) 거절 기술의 유형

거절 기술은 '안 돼!'라고 말하려고 할 때 '안 돼!'라고 말하고, 자신의 의사를 명확하게 전달할 수 있는 기술을 의미한다. 거절 형태에는 다음과 같은 세 가지 유형이 있다.

① 수동적 거절

수동적 거절은 '안 돼'라고 말하기보다는 '아마도'라는 말을 사용하는 거절방식이 있다. 이를 사용하는 사람은 타인을 따라서 어쩔 수 없이 감정을 나타내거나 따라가는 것처럼 보인다. 전형적인 예는 불평에 뒤따르는 작은 저항 같은 것을 말한다. 이들은 일반적으로 군중을 따르지 않으나 홀로 서는 기술과 확신이 부족해 보인다.

② 공격적 거절

전형적으로 반대를 과장하여 말하거나 자신에게 제안된 것에 대해 분개하거나 도덕적으로 부도덕한 것처럼 행동한다. 이런 유형을 사용하는 사람은 욕과 위협을 하고 이들의 매너는 타인을 존중하지 않음을 보여준다. 이들의 분개는 신념과 가치에 대한 확신을 대표하는 것처럼 보일지 모르나 그것은 일반적으로 불안정과 자기의심에 대한 보상 개념이 더 강하다.

③ 주장적 거절

청소년들이 배우도록 도와야 하는 유형이다. 수동적, 공격적 유형의 극단적이고 비생산적인 행동을 삼가고 '안 돼!'라고 말하는 것에 대한 문제를 다루는 바람직한 방법이다. 주장적 거절 유형을 가진 사람은 위험한 유혹을 받았을 때 확고한 자세를 지닐 수 있다. 그들은 그것에 대해 확고한 태도를 갖고 있지만 대답은 말하는 사람에 대해 존중하는 태도를 보여 주면서 상냥하게 '안 돼!'라고 한다. 그들은 분개, 화냄, 위협과 같은 것에 의존하지 않는다. 즉, 결과는 자신의 위치를 유지하면서 타인과 자신을 고립시키지 않는 것이다.

(4) 일상 속 성 문제와 대처 방법

우리는 일상생활 속에서 성과 관련된 여러 가지 문제에 접하게 된다. 여기에는 정상적이고 자연스러운 현상의 일부로써 발생하는 것과 개인의 왜곡된 성 의식과 성 행동으로 인해 나타나는 범죄와 같은 심각한 문제까지 매우 다양하다. 성과 관련된 문제에 직면했을 때 두려워하거나 숨기는 것보다는 문제를 받아들여 적극적으로 해결하고자 하는 노력이 필요하다. 올바른 문제해결을 위해서는 혼자서 고민하거나 친구들의 의견만을 듣기보다는 부모님 또는 선생님과 대화하거나 전문가의 도움을 받는 것이 좋은 방법이다.

4. 성폭력

1) 성폭력의 의미

성폭력이란 성을 매개로 상대방의 의사에 반하여 강제적으로 이루어지는 행위를 말한다. 성폭력은 신체적, 언어적, 정신적 폭력을 모두 포괄하는 광범위한 개념으로 강간, 성추행, 성적 희롱, 성기노출, 음란통신, 성 착취물, 윤간, 윤락행위 강요 등이 모두 해당된다.

법률적인 측면에서 성폭력은 '성적자기결정권'의 침해를 말한다. 즉, 성 행위의 대상과 그 내용을 자유롭게 선택하고 정상적인 성적 감정을 보호받을 권리를 침해당하는 것이 성폭력이다. 특히 최근에는 정보통신망을 기반으로 하는 사이버 성폭력(cyber sexual violence)이 확산되고 있어 사회문제가 되고 있다. 사이버 성폭력이란 정보통신망을 기반으로 하여 상대방에게 일방적으로 성적 메시지를 전달하여 불쾌감이나 위압감 등의 피해를 입히는 것을 말한다.

2) 데이트 성폭력

(1) 데이트 성폭력의 의미

데이트 성폭력이란 성폭력의 유형 중 피해자와 가해자의 관계 유형을 기준으로 분류한 것으로 데이트 관계에서 발생하는 성폭력을 말한다. 일반적으로 데이트 성폭력이라 함은 14세 이상의 남녀 쌍방이 이성애의 감정이 있거나 그 가능성을 인정하고 만나는 관계에서 발생하는 성적인 폭력을 말한다. 데이트 성폭력의 경우에는 가해자뿐만 아니라 피해 당사자도 성폭력 범죄로 인식하지 못하는 경우가 많다는 것이 더 큰 문제이다. 데이트 성폭력이 발생해도 법정에서 동의된 성관계를 주장하면서 무고죄나 명예훼손죄로 맞고소하여 오히려 피해자가 패소하는 경우도 발생한다.

(2) 데이트 성폭력의 원인

남녀 간의 이성교제 과정에서 발생하는 데이트 성폭력의 원인으로는 다음과 같은 점들을 들 수 있다.

첫째, 구애 과정에서 발생하는 성역할 고정관념이 원인이다. 구애 과정에서 남성의 과감성과 공격성, 여성의 얌전한 태도를 당연시하는 사회적 통념은 청년층 남성과 여성을 성폭력 위험에 노출시키고 있다.

둘째, 남녀의 차별적 성 의식에 입각한 인식의 차가 원인이다. 남녀 간에는 보이지 않는 차별적인 성 의식을 가지고 있다. 사회문화의 영향에 의한 것이기는 하지만 이성 간의 관계에서 남성의 적극성과 여성의 수동성이 남성우월주의라는 의식을 갖게 하였다. 그러한 결과가 폭력적인 양태로 언제든지 표출될 가능성이 있다.

셋째, 남녀 간의 의사소통 방식의 차이가 원인이다. 애정에 대한 남녀 간의 의사소통에 있어서 해석의 차이가 있다. 자신의 욕구를 투사하여 상대방의 특정 언동을 성관계 수락으로 해석하거나 상대방의 '아니요'를 자의적으로 해석하여 '예'로 인식하는 등 의사소통에 대한 해석의 차이가 오해를 불러일으키는 요인이 되고 있다. 예를 들면 여성은 부분적인 스킨십만 허용한 것을 남성은 성관계를 허용한 것으로 확대하여 해석하는 등의 오해가 폭력의 원인이 되는 경우이다.

청소년의 데이트 문화도 역시 성인의 데이트 문화와 다르지 않다. 성역할 고정관념을 가지고 있는 어른들이 만들어 놓은 미디어를 통해 데이트, 연애 방법을 학습하는 청소년들은 데이트 성폭력까지 자연스럽게 받아들이게 된다.

3) 직장 내 성희롱

성희롱은 'Sexual Harassment'에서 유래된 용어로 그 본래적인 의미는 '성적인 괴롭힘'을 의미하는 말이다. 성희롱이란 '업무, 고용 기타 관계에서 공공기관의 종사자, 사용자 또는 근로자가 그 지위를 이용하거나 업무 등과 관련하여 성적 언동 등으로 성적 굴욕감 또는 혐오감을 느끼게 하거나 성적 언동 기타 요구 등에 대한 불응을 이유로 고용상의 불이익을 주는 것'이라고 정의된다. 특히 직장 내 성희롱은 남녀고용평등과 일·가정 양립 지원에 관한 법률 시행규칙에 따라 육체적 행위, 언어적 행위, 시각적 행위, 그 밖의 행위로 예시하고 있다. 구체적인 내용은 다음과 같다.

표 9-2 직장 내 성희롱 유형

구분	구체적인 행위(예시)
육체적 행위	• 입맞춤, 포옹 또는 뒤에서 껴안는 등의 신체적 접촉행위 • 가슴, 엉덩이 등 특정 신체부위를 만지는 행위 • 안마나 애무를 강요하는 행위
언어적 행위	• 음란한 농담을 하거나 음탕하고 상스러운 이야기를 하는 행위 • 외모에 대한 성적인 비유나 평가를 하는 행위 • 성적인 사실관계를 묻거나, 성적인 내용의 정보를 의도적으로 유포하는 행위 • 성적인 관계를 강요하거나 회유하는 행위 • 회식자리에서 술을 따르도록 강요하는 행위
시각적 행위	• 음란한 사진, 그림, 낙서, 출판물 등을 게시하거나 보여주는 행위 • 직접 또는 팩스나 컴퓨터 등을 통하여 음란한 편지, 사진, 그림 등을 보내는 행위 • 성과 관련된 자신의 특정 신체부위를 고의적으로 노출하거나 만지는 행위
기타	• 사회통념상 성적 굴욕감 또는 혐오감을 유발하는 것으로 인정되는 언어나 행동

5. 성착취물과 성매매

1) 성착취물

아동청소년의 성보호에 관한 법률에서는 아동청소년의 보호를 위해 관련 법령을 강화하고 그동안 음란물로 사용되던 용어를 '아동・청소년성착취물'이라는 용어를 도입하여 범죄의 흉악성을 표출하였다. 아동청소년의 성보호에 관한 법률에서는 성착취물의 개념을 다음과 같이 정의하고 있다(아동・청소년의 성보호에 관한 법률 제2조 제5항).

"아동・청소년성착취물"이란 아동・청소년 또는 아동・청소년으로 명백하게 인식될 수 있는 사람이나 표현물이 등장하여 제4호[3] 각 목의 어느 하나에 해당하는 행위를 하거나 그 밖의 성적 행위를 하는 내용을 표현하는 것으로서 필름・비디오물・게임물 또는 컴퓨터나 그 밖의 통신매체를 통한 화상・영상 등의 형태로 된 것을 말한다.

대부분의 성착취물은 성착취영상이 주류를 이루며 그 내용 또한 성욕을 자극하거나 흥분시키고 일반적인 사람들의 정상적인 성적 수치심을 유발하며 선량한 성적 관념에 반하는 것을 말한다. 이러한 성착취물은 노출이 심하고 노골적인 성행위 장면이 담긴 사진, 잡지, 비디오, 만화, 그림, 소설 등을 컴퓨터를 이용해 볼 수 있도록 한 것이나 프로그램을 파일로 전환하여 제작한 것 등이 해당된다. 성착취물의 형태에 따른 종류에는 다음과 같은 것들이 있다(교육부, 2015).

---

3) 제4호의 내용 : "아동・청소년의 성을 사는 행위"란 아동・청소년, 아동・청소년의 성(性)을 사는 행위를 알선한 자 또는 아동・청소년을 실질적으로 보호・감독하는 자 등에게 금품이나 그 밖의 재산상 이익, 직무・편의제공 등 대가를 제공하거나 약속하고 다음 각 목의 어느 하나에 해당하는 행위를 아동・청소년을 대상으로 하거나 아동・청소년으로 하여금 하게 하는 것을 말한다. (1) 성교 행위, (2) 구강・항문 등 신체의 일부나 도구를 이용한 유사 성교 행위, (3) 신체의 전부 또는 일부를 접촉・노출하는 행위로서 일반인의 성적 수치심이나 혐오감을 일으키는 행위, (4) 자위 행위

(1) 성착취물의 형태

① 사진

사진 형태는 성착취물의 양도 많을 뿐만 아니라 청소년이 가장 쉽게 접촉할 수 있다. 주로 성행위 장면이나 나체 등의 사진을 스캔을 통해 이미지 파일로 변환하여 제작하는 것이 가장 일반적이다. 최근에 새로운 문제로 부각되는 것은 이미지 편집을 통하여 합성 제작하는 인기 연예인의 누드사진이다. 때로는 매우 정교한 편집기술을 활용하여 실제 사진을 변환한 것으로 착각을 일으킬 정도의 파일이 있다. 이런 경우는 명예훼손죄도 성립될 수 있다.

② 만화

만화 형태의 성착취물은 아동 또는 청소년을 성적 유희의 대상으로 하여 구체적 묘사를 하거나 집단 성행위, 수간 등 변태적인 성행위, 근친상간을 주제로 시각화시켜 그려진 것이다. 성착취 만화 정보는 미니홈페이지, 블로그, 카페, 트위터, 페이스북 등에 쉽게 유통되고 있거나 빠른 속도로 폭넓게 공유할 수 있어 청소년들의 건전한 정서 함양에 심각한 악영향을 끼칠 우려가 있다.

③ 소설

소설 형태의 성착취물은 일반 소설에서 다루지 못하는 내용을 거침없이 다루고 있으며, 문학성이나 예술성보다는 성적 호기심으로 일관된 글이 대부분이다. 하나의 장르 중 야오이물은 변종으로서 팬픽은 여성들에게 의해 쓰이고 여성들에 의해 읽힌다는 점에 주목하여 여성들이 남성들의 사랑 이야기인 팬픽의 판타지에 열광하는 이유를 설명한다. 팬픽 작가들의 부분은 중·고등학교 여학생들로 구성되어 있으며 야오이[4]는 성행위를 주로 다룬 것이므로 팬픽도 그 내용이 빠질 수 없는 것으로 보인다. 팬픽 속의 동성애는 그저 성행위를 하는 것으로밖에 느껴지지 않으며 중·고등학교 여학생

4) 야오이는 '주로 여성들이 창작하고 여성들이 즐기는 남성 동성애물(BL)'이다. 전문 자가군들이 만드는 경우와 동인들이 만들어내는 경우가 있는데, 전자의 경우는 완전창작이고 후자의 경우는 대개 팬 픽션의 형태로 제작된다.

이 썼다고는 믿을 수 없을 정도로 적나라한 동성 간의 성관계를 묘사하거나 노골적인 표현이 많아 야설이라고 불리기도 한다.

④ 동영상

성착취동영상은 야한 동영상을 줄임말로 '야동', 몰래카메라의 줄임말인 '몰카' 등의 유행어로도 불리며 급속하게 확산되고 있다. 비디오테이프나 CD롬 등의 유형물로 비교적 파급 효과가 제한적이던 성착취 동영상물의 파급범위가 정보기술의 발달과 더불어 무제한적으로 늘어나게 된 것이다. 특히 일부 미니홈페이지에서는 방문자나 댓글이 많을 경우 포인트 획득을 통해 홈페이지를 꾸미는 데 필요한 아이템을 제공하는 등 다양한 혜택을 주기도 한다. 이를 위해 운영자 스스로 방문자 수를 늘리기 위해 선정적인 정보를 게시하는 등의 부작용도 있다. 또한 타인이 운영하는 홈페이지나 블로그, 카페, 트위터, 페이스북 등의 정보를 쉽게 옮겨 올 수 있는 '퍼오기' 기능을 통해 성착취 동영상이 빠른 속도로 폭넓게 확산되고 있다.

⑤ 채팅

채팅의 기능은 상대방의 목소리를 듣지 않고 조용히 의사교환을 하거나 대화 중에 필요한 자료를 동시에 주고받을 뿐만 아니라 기술의 발전과 함께 채팅 방식이 글에서 화상과 메신저로 다양화되었다. 최근에는 이러한 채팅이 점차 일반화되면서 여러 가지 역기능이 나타나고 있다. 익명성으로 인한 모욕이나 명예 훼손의 발생은 동일하지만 그 피해가 직접적이고 동시적이다. 예컨대 성착취 채팅활동에서는 불건전한 게시물이나 불건전한 제목으로 화면을 도배한다거나, 욕설 및 저속한 언어의 사용, 성착취물 게시 및 성착취 행위 등이 나타나고 있고, 화상 채팅의 경우 이용자가 성착취동영상 정보 등을 유통시키거나 화상 카메라를 이용하여 자신의 특정 신체 부위를 직접 보여주기도 한다. 단순히 성착취 사이트에 게시된 자료를 보는 데서 그치지 않고 자신의 몸을 보여주는 형식의 채팅도 활발히 이루어지고 있다. 특히 문제로 지적되고 있는 것은 채팅을 이용하여 원조교제를 제의하거나 알선하는 등 대화 내용이 야하고 폭력으로 흐르는 경우에서 끝나지 않고 오프라인의 만남으로 이어진다는 것이다. 이로 인해 청소년 성매매나 성폭력, 성추행, 사기 등 심각한 범죄로까지 이어지는 사례가 점차 많아지고 있다.

(2) 성착취물의 영향

성착취물이 보여주는 성행동과 성지식은 젊은이들에게 결코 긍정적이지 않다. 왜곡된 시각으로 성을 바라보게 하는 원인이 되고, 성착취물에 등장하는 여성들에 대한 시각이 부정적으로 변하여 여성을 폄하하는 경향성을 나타내기도 한다. 성착취물이 청소년들에게 미치는 영향을 구체적으로 제시하면 다음과 같다.

첫째, 성폭력과 성범죄를 증가시키는 원인이 되고 있다. 성착취물에는 가시적 폭력에서부터 은유적 폭력, 언어폭력, 정신적 폭력 등 다양한 폭력이 포함되어 있어서 청소년들이 이를 보고 학습하게 되어 각종 성범죄가 증가하는 요인이 되고 있다.

둘째, 여성에 대한 가치 저하와 차별의 양상을 보인다. 성착취물에 등장하는 사람들이 대부분 남자에 비해 여성을 훨씬 어리고 창녀나 비서 같은 멸시적인 존재로 등장시키는 반면, 남자는 포주, 보스 등과 같은 여성을 지배하는 존재로 등장시켜 청소년들이 여성을 비하하는 가치를 갖도록 하고 있다.

셋째, 성적 표현에 대한 둔감화 현상을 형성시킨다. 성착취물의 시청이나 중독을 통해 타인의 부적절한 성적 표현에 대해 반복적이고 습관적인 시청을 통해 둔감해지도록 유도해 내는 경향이 있다.

넷째, 도덕적 타락을 유도한다. 성착취물에 등장하는 폭력적인 성에 대해 관용적으로 수용하도록 함으로써 도덕적 타락을 유도해 내고 있다.

다섯째, 청소년들로부터 성착취물 중독과 모방 범죄로 이어질 가능성이 높다. 청소년들이 성착취물에 자주 접촉하게 되어 성에 대한 왜곡된 인식을 갖게 되고 성착취물에 대한 중독 성향을 보일 가능성이 높아지며 특히, 성충동이 증가하여 모방 범죄로 이어질 가능성이 높아지고 있다.

2) 성매매

성매매란 일정한 대가를 주고받기로 하고 성교나 이에 준하는 행위를 하는 일로 불특정인을 상대로 금품이나 그 밖의 재산상의 이익을 얻기 위해 성행위, 유사 성교행위 등의 성적 서비스를 제공하는 것을 말한다. 성매매는 성 매수자와 성 매도자 간에 이루어지는 거래인데 성 매수자는 대가를 주는 쪽을 일컫고 성 매도자는 대가를 받는 쪽을 일컫는다. 성 매도자는 성 매수자의 성적 쾌감을 극대화시키기 위해 성 매수자에게 수동적으로 자신의 몸을 맡기기도 하고 자신의 몸을 활용하여 적극적으로 성 매수자의 성감대를 자극하는 행위를 하기도 한다.

성매매는 몸과 성적행위를 얻기 위해 돈뿐 아니라 음식, 잠자리, 재화 등을 제공하는 행위도 성매매에 해당한다. 성매매 과정에서 거래되는 것은 성교행위뿐만 아니라 성적인 대화, 스킨십 등의 성행동과 폭력적인 요구가 포함된다. 이러한 성매매는 단순히 돈을 매개로 한 교환이 아니라 당사자의 인격과 몸을 사고파는 행위로 인권침해라는 사실을 인식해야 한다.

(1) 청소년 성매매

최근 들어 청소년 성매매가 증가하는 추세에 있다. 이러한 추세는 각종 정보매체의 발달과 함께 가족붕괴현상에 따른 청소년들의 가출이 증가한 것이 하나의 요인이 되고 있다. 즉, 가출청소년이 모두 성매매에 유입되는 것은 아니지만 성매매 유입 청소년은 대부분 가출한 상태의 청소년들이다. 청소년들은 성매매가 돈을 쉽게 벌 수 있다고 생각하고 달콤한 문구로 유혹하는 각종 전단지와 성인들의 유인책에 말려 의심을 갖지 않고 성매매에 동참하는 경우가 많다. 이렇게 해서 성매매에 유입된 여자 청소년들의 경우에는 자신의 성을 거래 가능한 자원으로 인식한다. 따라서 이들은 스마트기기의 발달에 맞추어 성매수 상대자를 선택할 수 있고 대부분 일대일로 이루어져 비밀을 유지할 수 있다고 생각하여 성매매에 참여하게 되며 이와 같은 청소년들의 성매매가 증가하고 있어 사회문제가 되고 있다.

(2) 성매매와 성 상품화

성 상품화란 성적으로 구별되는 특징을 이용하여 판매의 대상으로 삼아 이익을 추구하는 것을 말한다. 성 상품화는 크게 직접적 성 상품화와 간접적 성 상품화로 구분할 수 있다. 직접적 성 상품화는 성매매, 성착취물의 판매 등이 있고, 간접적 성 상품화로는 여성그룹 가수의 선정적인 안무, 성적 매력을 어필하는 여성모델 등이다.

성매매란 불특정인을 대상으로 금품이나 그 밖에 재산상의 이익을 받거나 받기로 약속하고 성교 행위, 유사성교행위를 하거나 그 상대방이 되는 것을 말한다. 성매매는 인류가 존재해 온 이래로 어떤 형태로든지 간에 존재해 왔다. 그리스에서도 성매매가 사회적으로 묵인되었고 화산폭발로 멸망한 폼페이에서는 성매매를 공개적으로 했던 장소가 지금도 남아있다. 성매매가 종교적인 의시에 사용되면서 성매매 여성과 남성이 성전에서 공공적으로 성행위를 한 역사도 있다. 요즘은 인터넷의 발달로 성매매가 성인 남성, 성인 여성 사이에 음성적으로 활발하게 이루어지고 있는 실정이며 이는 청소년들에게도 영향을 미치고 있다(성교육교재편찬위원회, 2016). 성매매와 관련하여 남성들이 성을 매수하는 동기를 조사한 결과를 요약하여 제시하면 다음과 같다.

표 9-3 남성들의 성 매수 동기

동기	구체적인 내용
성 접대를 위해	• 성 접대문화의 산물 • 음성적인 퇴폐문화
스트레스 해소	• 독신 남성들의 일상의 일환 • 성적인 스트레스를 풀기 위함
기념 의식	• 군대 입대 전의 의식 • 관습적으로 전해오는 의식의 일환
유희와 오락	• 책임감 없는 성관계를 즐김 • 욕구와 호기심의 충족을 위함
성 기술 테스트	• 다양한 성 기술을 시험함 • 변태적인 성적 기교의 일환

동기	구체적인 내용
아내에 대한 적개심	• 부부 싸움 후 아내에 대한 적개심 • 서로 별거하는 경우의 보상 차원
권태기 돌파	• 부부 권태기 돌파의 일환 • 자신의 성기능 확인

(3) 성매매와 성 상품화에 따른 대처법

청소년들이 성매매에 빠지게 되는 이유에 대해서는 두 가지 모델이 있다. 첫 번째는 또래 집단의 네트워크 결과로 성매매에 휘말려 든다는 것이다. 대부분 청소년들이 성매매에 연루되는 것은 빈곤과 같은 개인적 경험 즉 정서적인 취약성, 열악한 생활환경 등이 성매매에 빠지게 되는 요인이 된다. 두 번째의 요인은 청소년을 학대하는 성인들에 의해서 청소년들은 성매매에 길들여져 성매매에 참여하게 된다는 것이다. 이것은 청소년들은 자신을 학대하는 성인에 대해 자신이 그 사람을 사랑하고 있다고 인식하고 그 사람과 사랑에 빠져 있다고 인식을 한다. 그래서 그들은 자신도 모르게 자신을 학대하는 성인에 의해 성매매자로 길들여진다.

어떠한 상황에서 시작되고 어떠한 상황에 놓여 있든 간에 성매매에 빠진다는 것은 청소년들의 미래와 꿈을 잃는 것이다. 이러한 피해를 줄여나가기 위해서는 청소년들에게 적절한 대처방안을 마련해 주어야 한다. 성매매, 성 상품화에 따른 대처방법으로는 다음과 같은 점을 들 수 있다.

첫째, 점차 저연령화되고 만성화되어가고 있는 장기 가출청소년에 대한 예방과 교육이 필요하다.

둘째, 청소년을 상품화하는 범죄를 강력하게 단속하고 규제하여야 한다.

셋째, 성적 거래를 당연하게 여기는 왜곡된 성문화에 대한 인식의 전환이 필요하다.

넷째, 청소년의 노동시장 진입의 장벽과 취약한 경제 개념 해결을 위한 사회적 보호 장치가 필요하다.

다섯째, 청소년의 비행에 대한 사회적 인식의 전환과 비행청소년들에 대한 사회 구성원들의 적극적인 지원이 필요하다.

성매매와 성 상품화 문제는 단순히 법적 제도 장치만으로 해결될 수 있는 것이 아니다. 우리 사회의 성에 대한 바른 인식과 올바른 성문화 없이는 해결하기 어려운 문제이다. 즉, 그릇된 성의식, 잘못된 성에 대한 질서와 가치관을 바로잡지 않고서는 근원적인 문제해결이 될 수가 없다.

우리 사회의 성에 대한 올바른 질서를 확립하기 위해서는 성을 단순히 쾌락적인 것으로만 볼 것이 아니라 하나의 인격체로 인식하고 전인적인 인간 완성을 위한 인격적인 성으로서의 의미를 살릴 때 우리 사회의 건전한 성문화가 정립될 것이다.

제3부

사회적 차원의 가족과 젠더

제10장 일과 젠더[1)]

1. 여성의 사회참여와 일

1) 남성중심의 노동문화

우리나라 근로자들이 연평균 근로시간은 2021년을 기준으로 보면 1,915시간으로 OECD 회원국 38개국 중에서 멕시코(2,128시간), 코스타리카(2,073시간), 콜롬비아(1,964시간), 칠레(1,916시간)에 이어 5위를 차지하고 있다.[2)] 이는 OECD 국가의 연평균 근로시간인 1,716시간에 비해 199시간이나 일을 많이 하고 있다. 특히 통계자료에 나타난 결과를 보면 우리나라보다 상위에 랭크된 국가들은 모두 중남미 국가들로 이들 나라의 경제규모(GDP)나 1인당 국민소득(GNI)을 보면 우리나라보다 현저히 낮은 국가들이다. 이러한 사실은 우리나라 국민들이 1인당 국민소득에 비추어 볼 때 과도하게 일을 많이 하고 있다는 사실을 말해주는 것이다.

우리나라는 2000년부터 근로시간의 단축을 위해 부단히 노력해왔다. 우리나라의 연평균 근로시간은 2000년 2,512시간을 기록한 이후 20여 년간 꾸준히 감소추세에 있다. 2010년에는 연평균 근로시간이 2,193시간으로 단축되었고, 2021년에는 1,915시간으로 단축되었다. 하지만 OECD 연평균 근로

1) 이규은 · 장상필(2021). pp. 84-108의 내용을 재구성하였음
2) 경제협력개발기구(2021). 2021년 OECD 및 세계은행 통계자료.

시간보다 아직도 우리나라 근로자들이 더 많은 일을 하고 있는 것으로 나타났다. 이러한 장시간 근로는 낮은 생산성으로 근로의 질을 저하시킬 뿐만 아니라, 일자리 기회의 축소, 나아가 출산과 양육병행의 어려움을 유발하는 요인이 된다. 이러한 점에서 근로시간이 길다는 것은 사회지표상으로도 부정적인 평가를 받게 되며 특히 여성 근로자에게는 육아나 가사노동 등 일과 가족의 책임을 병행해야 한다는 점에서 기업의 엄격한 근로상황을 받아들이기 어렵다. 이러한 환경은 기업 내 고용 관행에 있어서 여성 근로자들의 노동력이 제한을 받을 수밖에 없고 여성 근로자들의 노동환경을 어렵게 만든다.

우리 사회는 이미 남성중심의 노동문화가 자리 잡은 지 오래다. 우리나라 직장인들의 근로시간을 줄이고 남성과 여성이 평등한 노동문화를 이루기 위한 정부와 노동계, 경영계 등 사회 전반에 걸친 노력과 변화가 절실히 요구된다.

표 10-1 OECD 국가별 연평균 근로시간

순위	국가	연평균 근로시간	1인당 국민소득(GNI)
1	멕시코	2,128	$ 9,380
2	코스타리카	2,073	$ 12,310
3	콜롬비아	1,964	$ 6,160
4	칠레	1,916	$ 15,000
5	한국	1,915	$ 34,980

※ 출처 : 경제협력개발기구(2021).

2) 불평등한 남녀 임금격차

우리나라는 OECD 국가 중에서 남녀 임금 격차 1위라는 불평등한 현실에 놓여 있다. 이는 노동시장에서 나타난 대표적인 젠더 불평등 사례이다. 남녀 간의 불평등한 임금격차라는 사회적 문제를 해결하지 않고서는 삶의 질 개선이라는 과업은 달성하기 어렵다

OECD가 분석한 결과에 의하면 우리나라의 성별 임금 격차 비율은 34%

에 이른다. 이는 OECD 평균 격차인 13%보다 무려 21%나 높은 수치이다. 이러한 통계가 말해주는 것은 한국의 노동시장은 남성에 비해 여성이 상대적으로 낮은 임금과 취약한 경력으로 많은 여성들이 일을 포기하고 있다는 의미이다. 상당수의 여성들이 비정규직으로 일하고 있어 낮은 임금을 받고 있음을 의미하며 이러한 요인이 여성이 일을 포기하게 하는 원인이 되고 있다. 많은 여성들이 지니고 있는 개인의 역량을 우리 사회가 최대한 활용하지 못하고 있다는 것이다. 뿐만 아니라 아이를 낳은 여성은 노동시장에서 빠져나가고, 설령 경력이 단절됐다가 노동시장에 복귀한다고 하더라도 저임금 일자리나 비정규직으로 일자리를 얻어 낮은 임금에 시달리고 있는 사람들이 다수다.

OECD는 남녀 성별에 따른 임금격차를 줄이기 위해서는 급여를 결정하는 요인에 대한 투명성을 높여 나갈 것을 권유하고 있다. 우리사회가 다양한 측면에서 성별 임금 격차를 줄이기 위한 노력을 실천해 나가지 않으면 안된다. 남녀 간의 임금 불일치에 대한 원인을 분석하여 이를 개선해 나가려는 노력이 지속적으로 추진되어야 할 것이다.

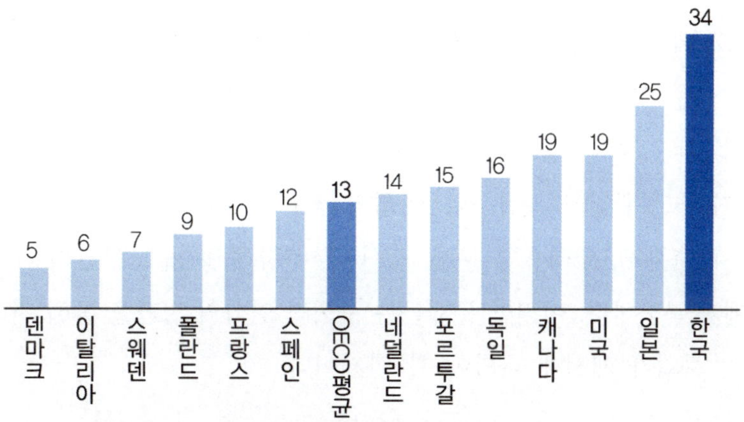

※ 출처 : 시사저널(http://www.sisajournal.com)

그림 10-1 성별에 따른 임금격차

3) 불리한 여성 취업

우리 사회에 남녀평등에 대한 인식이 변화하면서 여성의 사회진출에 대한 여건이 나아지고 있지만 아직도 여성이 남성에 비해 취업에 있어서 다음과 같은 점에서 불리한 상황에 놓여 있다(이규은, 2019).

첫째, 직업의식에 대한 인식문제를 지적하고 있다. 아직도 우리사회에서는 여성들의 직업의식에 대해 부정적으로 바라보는 시각이 있다. 일부 여성들의 직업에 대한 인식이 직업인으로서의 확고한 삶의 방식보다는 직업을 부업의 일종으로 인식하는 경향이 있다는 것이다.

둘째, 일의 연속성(連續性) 문제이다. 대졸 여성의 평균 연령은 23세이고, 결혼 평균연령은 30세 초반이다. 결혼 후 직장생활을 계속하기가 어렵다고 본다면 여성이 결혼까지의 근무 기간은 고작 7~8년에 불과하여 직장생활에서 직무에 대한 여성의 연속성 문제를 지적하고 있다.

셋째, 여성의 경우 전공계열(專攻系列)이 제한적이라는 점이다. 일반적으로 여학생의 경우에는 대부분 어학, 인문계, 사회, 예체능, 사범계에 치중되어 있어 남학생의 공학계열, 경상계열의 경우와 대조적이다. 그러다 보니 취업에 있어서도 제한된 전공분야에서 여성끼리 경쟁해야 하는 불리한 점이 있다.

넷째, 근무 시 제한사항이 많다는 점이다. 여성의 경우 출장, 교제, 노사관계 협상, 야근, 특근 등의 근무사항에 있어서 많은 부분이 제한적이다.

다섯째, 노무관리가 복잡하다. 여성의 경우 산전과 산후 문제, 육아기 근로시간 단축문제, 생리휴가 문제, 출산 후 부당해고 등 노무관리상 인사관리 문제가 복잡하다. 이러한 문제들은 사회적 인식의 전환을 통해 지속적으로 우리 사회가 개선해 나가야 할 과제이다.

4) 일 · 가정 양립을 위한 사회제도

우리 사회에는 아직도 사라지지 않은 전통 사회의 성 역할 고정관념이 남아 있다. 이로 인하여 직장에 다니는 여성이 직장생활과 자녀 양육 및 가사노동으로 과중한 역할부담과 역할갈등을 경험하고 있는 경우가 많다. 특히 최근 들어 증가하고 있는 맞벌이 부부의 직장생활과 가정생활의 균형 유지, 즉 일과 가정의 양립을 위한 많은 노력이 요구되고 있다. 이러한 일과 가정의 양립을 위한 과중한 부담은 여성들의 출산 기피로 이어지고 있고, 그러한 문제가 우리 사회의 저출산 문제로 나타나고 있다. 따라서 일과 가정의 양립을 위한 국가 차원의 다양한 지원과 제도마련이 이루어져야 한다.

일과 가정의 양립을 위해서는 무엇보다도 일과 생활의 균형(WLB : Work-Life Balance)이 필요하다. 즉, 우리의 삶을 구성하는 두 가지 큰 축인 일과 일 이외의 영역(가족, 여가, 자기계발 및 교육, 커뮤니티 활동, 인간관계) 간의 균형을 유지해 나가는 것을 말한다. 여기서 말하는 균형이란 일과 생활이 동일한 무게를 가져야 한다는 의미가 아니라 개인이 느끼는 신체와 정신의 안정성 등 심리적 균형을 의미한다. 일과 생활의 균형은 삶에서 일과 일 이외의 생활을 조화롭고 균형 있게 만들어감으로써 삶의 만족도를 높이고 이를 통해 효율적인 삶을 살아가기 위한 것이다. 최근 들어 일과 생활 간의 갈등이나 조화가 개인의 생활뿐만 아니라 가족, 동료, 조직성과에까지 영향을 미친다는 연구결과들이 등장함에 따라 일과 생활의 균형이라는 주제가 중요한 사회적 관심사가 되고 있다. 뿐만 아니라 삶에 대한 만족도를 높이기 위해 다양한 일과 가정 양립을 위한 다양한 프로그램이 개발되고 있다. 현재 기업 내에서 시행되고 있는 WLB 프로그램으로는 다음과 같은 것들이 있다(정영애, 2022).

첫째, 탄력적 근무제도로 유연 시간제, 시간근무제, 직무공유제, 재택근무제, 시차 출근제 등 노동시간과 장소를 융통성 있게 조절하는 제도들이 도입되고 있다.

둘째, 근로자에 대한 교육과 상담, 가사조력자나 보모 알선 등 전문인력 소개 서비스 등 근로자 지원제도 등이 있다.

셋째, 자녀양육 및 교육지원제도로 출산휴가나 육아휴가, 보육시설 직접운영 및 보육서비스 이용 지원, 자녀 학습지원 프로그램 운영 등이 운영된다.

넷째, 가족간호휴가, 노인보호제도 및 간병인 알선 서비스 지원, 가족지원 관련 정보 및 법률정보 등 정보소개 서비스, 카페테리아식 복리후생제도 도입 등 부양가족지원제도 등이 있다.

또한 최근에는 「남녀 고용 평등과 일 · 가정 양립 지원에 관한 법률」이 제정되어 일 · 가정 양립을 위한 다양한 제도가 도입되어 시행되고 있다. 「남녀 고용 평등과 일 · 가정 양립 지원에 관한 법률」에서 규정하고 있는 일과 가정 양립을 위한 구체적인 제도 내용은 다음과 같다.

첫째, 육아휴직은 근로자의 육아부담을 해소하고 계속 근로를 지원함으로써 근로자의 생활 안정 및 고용안정을 도모하는 한편, 기업의 숙련인력 확보를 지원하는 제도이다.

둘째, 출산 전후 휴가 제도로 임신 중이거나 출산한 여성 근로자는 출산 전후로 90일간의 휴가를 받을 수 있도록 규정하고 있다. 90일의 휴가 기간에는 전액의 급여가 지급된다.

셋째, 배우자 출산휴가 제도로 아내가 출산한 경우 근로자인 남편에게 최소 3일에서 5일까지 휴가를 부여하도록 하고 있다. 이때 최초 3일의 휴가는 반드시 유급휴가로 시행하도록 하고 있다.

넷째, 육아휴직제도로 만 8세 이하의 초등학교 취학 전 자녀를 둔 근로자는 자녀를 양육하기 위하여 1년 이내의 기간으로 육아휴직을 신청할 수 있도록 하고 있다.

다섯째, 가족 돌봄 휴직제도로 가족(부모, 자녀, 배우자, 배우자의 부모)이 질병, 사고, 노령으로 인해 돌봄이 필요한 근로자는 연간 최대 90일 동안 무급 휴가를 신청할 수 있도록 하고 있다.

여섯째, 육아기 근로시간 단축 제도로 만 8세 이하의 초등학교 취학 전 자녀를 둔 근로자로서 근로 기간이 6개월 이상자라면 근로시간을 주당 15시간 이상 35시간 범위 내에서 근로시간을 단축할 수 있도록 하고 있다.

5) 여성주의의 등장

우리 사회는 전통적으로 가족 내의 인간관계가 남성우위를 바탕으로 이루어져 남성과 여성이 동등한 관계를 형성하지 못하고 있으며 남녀 차별적 규범과 가치관이 아직도 사회 곳곳에 잔재되어 있다. 이러한 관념은 우리 사회 안에 있는 다양한 법과 제도를 통해 여성의 삶을 억압하고 구속을 가하는 형태로 나타난다. 여성주의는 이러한 우리 사회 곳곳에서 드러나고 있는 남녀불평등의 문제에 도전하면서 등장하였다. 특히 여성의 삶이 생물학적인 남녀의 차이에서 오는 문제보다 사회적·심리적 조건에 따라 다양한 불이익이 주어진다는 상황에 도전하면서 여성의 지위 향상을 위한 운동이 전개되기에 이른 것이다. 즉, 현실적으로 드러나는 여성의 문제를 남성과 여성의 차별 해소로 접근한 것이다. 이러한 여성주의는 자유주의 여성운동으로 여성의 법적 불평등과 여성의 참정권 확보에 중점을 두고 19세기 후반에 등장했다.

프랑스 철학자 보부아르(Beauvoir)는 "여자는 태어나는 것이 아니라 만들어진다"라고 하였다. 여성주의에서 생물학적인 성인 섹스(sex)와 사회적으로 구축된 성 젠더(gender)를 구분하는 것도 이러한 사회적 성에 대한 인식이 확산되면서 나타난 현상이다. 남녀 사이의 차이는 일부 신체 구조적인 특성을 제외하고는 사실상 역사적·사회적인 영향에 의해 형성된 산물이다. 이러한 영향에 의해 남녀 사이의 불평등한 관계가 형성되고 성이 남녀 사이의 단순한 구별이 아닌 차별을 만들어 낸 것이다. 따라서 남녀사이의 차별을 만들어 낸 것은 성이 아닌 성별이다. 여성에 대한 온갖 관념과 요구가 자연에 근거한 당연한 것이라는 생각에서 벗어날 때 우리는 무엇이 잘못되었는지를 말할 수 있고 다른 삶, 다른 세상에 대한 꿈을 꿀 수 있다. 여성주의는 이러한 관점에서 출발하여 성차별의 원인과 구조를 분석하고 불평등한 여성사회로부터 벗어날 수 있는 방안을 모색함으로써 여성운동에 이론적 기반을 제공하게 되었다(허혜경·박인숙, 2020).

여성주의는 여성의 문화적 불평등, 성적 규범과 여성의 사회적 역할의 확대, 문화 페미니즘의 부흥 등을 주장하는 여성운동으로 1995년 북경 여성대회에서 핵심 강령으로 채택했던 '성주류화(gender mainstreaming)'[3]에 목표를

3) 여성이 사회의 주류 영역에 참여하여 의사결정권을 획득하는 형태로 사회체계가 바뀌는 현상을 말한다. 성 주류화는 정부와 모든 주체는 모든 정책 및 프로그램의 결정과 실행 평가의 각 수준에서 양성 차별과 양성에 미치는 영향을 분석하여 여성과 남성 모두의 이해와 경험을 반영하여

두고 있다. 성주류화는 “주류가 여성을 배제하는 방식을 문제 삼으며 여성을 주류에 덧붙이기보다 여성을 배제하는 ‘주류’ 사회의 남성중심성 자체를 변화”하는 것에 목적을 둔 것이다. 이러한 여성주의는 단지 남성과의 동등한 권리를 향유하는 것을 넘어서 성폭력이나 호주제 등 독자적인 여성 의제 등을 대표로 한 법제도의 개선 운동을 통해 구조적 차별을 시정하는 것을 목표로 하고 있다.

생각해보기 | 페미니스트(feminist)의 의미

페미니스트를 단순하게 보면 여권 신장 또는 남녀평등을 주장하는 사람이나 여성을 숭배하는 사람, 또는 여자에게 친절한 남자를 의미한다. 그러나 좀 더 학문적으로 바라보게 되면, 페미니스트는 1960년대와 1970년대의 정치·사회적 변화와 함께 여성과 성의 전통적인 개념에 도전하기 시작하면서 생겨났다. 페미니스트의 이론적 특징은 ‘여성의 역사적·심리적·성적·인종적 경험’을 단지 학문적으로서가 아니라 “어떻게 페미니즘이 권력의 근원이 될 수 있는가?”의 지표로서 기술하고 있다.

여기서 말하는 페미니즘은 여성 억압의 원인과 상태를 기술하고 여성해방을 궁극적 목표로 하는 운동이나 이론을 말한다. 페미니즘은 ‘여성의 특질을 갖추고 있는 것’이라는 뜻을 지닌 라틴어 ‘페미나(Femina)’에서 파생된 말이다. 즉, 성차별적이고 남성 중심적인 시각 때문에 여성이 억압받는 현실에 저항하는 여성해방 이데올로기를 뜻한다.

이런 이유로 페미니스트 이론과 사회학 가에 긴장이 있어 왔다. 특히 페미니즘은 많은 사회학이 남성의 관점을 진술하면서 남성의 사회학이 되어 왔다는 사실에 도전했다. 그러나 페미니스트 이론은 그 자체가 항상 사회학의 테두리 안에서 있기 때문에 노동사회학, 가족사회학, 계급과 사회계층에 대한 분석을 포함해 많은 영역에서 사회학적 관점의 중요한 재구성에 기여하고 있다.

※ 출처: 허혜경·박인숙(2020). 현대사회와 젠더. p. 173.

야 한다는 것을 주요 개념으로 하고 있다. 1985년 케냐 나이로비에서 열린 제3차 세계여성대회에서 처음 제창되었고 중국 베이징에서 열린 제4차 세계여성대회에서 주요 의제로 다뤄졌으며 베이징 행동강령(Beijing Platform for Action: BPoA)의 기반이 되었다.

2. 남성을 보는 관점

1) 남성으로 살아간다는 것

남성들은 친구들과 모여서 삼삼오오 그룹을 형성하여 모여 다니는 것을 좋아하는 반면, 여성들은 단짝 친구를 만들어 함께 다니기를 좋아한다. 바로 남성들의 무리 습성, 조직습성을 보여주는 단적인 예이다. 세상을 지배했던 남성들은 대부분 무리의 힘을 활용하였다. 무리의 힘을 이용하여 많은 영토를 정복하였고, 무리를 형성하여 조직을 만드는 것에 대한 중요성을 그들은 일찍부터 깨달았다. 남성들은 조직을 통해서 발전하고 조직 안에서 성장할 수 있었던 것이다.

남성으로 산다는 것은 어떤 의미일까? 갈수록 팍팍한 세상살이 속에 힘들어도 힘들다고 말 못 하고 사는 것이 남자들의 속마음일 것이다. 우리나라 40대 중년 남성을 대상으로 실시한 설문 조사에 의하면 한국에서 남성으로 살아가면서 가장 힘든 때가 언제인지에 대한 질문에 응답자의 50%가 '가장으로서의 의무와 임무만 요구될 때'라고 응답하여 가장 높게 나타났고, '승진, 출세해야만 인정받는 사회 분위기'에 48%, '생계를 위해 지겨운 일상을 반복할 때' 43%, '내가 원하지 않아도 억지로 술 마셔야 할 때' 31%, '아내의 바가지와 잔소리를 들을 때' 24% 순으로 나타났다.[4)]

'남성으로 산다는 것' 우리사회가 남성에게 부여한 역할과 책무로 인해 우리사회가 사회문화적으로 인식시켜 온 성역할에 의해 결코 쉬운 길을 살아가고 있다고 보기 어렵다. 이러한 고난으로부터 벗어나기 위해서는 인간의 의식구조를 바꿀 필요가 있는데, 쉬운 일이 아니다. 인간을 바꾸기 위해서는 시간을 달리 쓰거나 사는 곳을 바꾸거나 새로운 사람을 만나는 것만이 가능한 일이라고 하는데 그 어느 것도 쉬운 것이 아니다.

일반적으로 남성은 급변하는 사회문화적 환경 속에서 보수적이고 전통적

---

4) 변상규(2020). 한국에서 중년 남자로 살아간다는 것. 변상규 교수의 열린 연구실. (https://blog.naver.com/jesusbyun/222109196428. 2020.10.07)

인 성역할을 유지하면서 경제적으로 가족을 책임지고 정서적으로 나약한 모습을 보이지 말아야 한다는 압박감 속에 생활한다. 가부장적인 남성주의가 약화되고 양성평등에 대한 정서가 확대되는 사회적 분위기 속에서 한국 남자들은 남자다워야 한다는 압박을 받고 성장한다. 이런 중년 남성은 내면화된 전통적인 남성상으로 인해 가족, 친구, 그리고 직장 동료와의 관계에서 긴장을 유발하고 역할갈등을 불러일으킬 수 있다. 이와 같은 성역할 갈등은 삶의 질과 정신건강에 부정적인 영향을 주는 것으로 나타났다(최태산 · 박혜경, 2011). 그럼에도 불구하고 자신의 부정적인 감정을 이야기하거나 문제가 생겼을 때 상담 등 외부 전문가의 도움을 받는 것을 꺼리는 등 정서적인 측면에서도 부적응적인 모습을 보인다(최효진, 2010; Bennett, 2007). 이는 도움을 요청하는 것이 이들에게는 자신이 스스로 문제를 해결하지 못했다는 것에 대한 낙인이며 약함이나 무능함을 인정하는 것으로 여겨지기 때문이다. 한국의 남성들은 아이들과 정서적 관계의 기초를 놓아야 할 30, 40대 초반에 야근과 출장이 많아서 자녀와의 친밀한 관계를 형성하지 못하고, 그로 인해 중년에 손님과 같은 위치에서 무기력함, 쓸쓸함, 초라함, 소외 냉담을 느낄 수 있다. 이로 인해 심각한 '관계장애'를 호소하는 40대 중년 남성들도 증가하고 있다.

관계장애란 부부 관계, 자녀 관계, 직장에서의 사회적 관계 등에 어려움을 느끼고 소외감과 불안감에 시달리는 현상으로 급격한 세대교체와 기존 권위와 질서의 붕괴 그리고 사회가치가 혼돈양상을 보이면서 한국의 남성들이 겪기 시작한 일종의 '화병'이다. 이러한 현상에서 우리나라 중년기 남성들에게는 가족생활이 정신건강에 영향을 미치는 가장 중요한 사회적 맥락이라는 사실을 알 수 있다. 우리 사회의 강한 가족주의 가치로 인해서 가족의 문제에 대해 더욱 심리적으로 허약해지는 가능성을 고려해야 한다(고도심리상담연구소, 2019).

2) 남성의 특성

현대사회와 같이 경쟁이 심한 사회 속에서 남성과 여성의 실패에 대한 이유는 다를 수 있다. 흔히 여성들은 자신의 실패에 대해 여성에 대한 사회적 차별이 원인이라고 그 이유를 말한다. 하지만 남성은 다르다. 사회적 차별이 이유가 될 수 없기 때문이다. 남성은 실패의 탓을 자신의 무능력으로 돌릴 수밖에 없다. 그렇기 때문에 남성은 경쟁에서 성공에 대한 집착이 유난히 강하다. 이러한 사회에서의 경험 때문에 남성은 다음과 같은 특성을 지니고 있다(허혜경 · 박인숙, 2020).

첫째, 남성은 자기중심적이다. 남성은 자기에게 주어진 일을 스스로의 힘으로 수행할 수 있음을 남에게 과시하는 것이 자신의 과제라고 생각한다. 따라서 이 과정에서 남성은 자신의 노력을 최대한 동원하지만 이것만으로 충분하지 않을 때는 타인을 이용하거나 지배해서라도 이 과제를 달성하였음을 보여주고자 한다. 그러한 까닭에 남성은 자기중심적이 될 수밖에 없다.

둘째, 남성은 많은 상처를 갖고 있다. 경쟁의 세계에 살고 있기 때문에 승리의 기쁨만 누리는 것이 아니라 패배의 쓰라림도 함께 안고 살아가고 있으며 나아가 실패에 대한 불안감을 늘 갖고 있다. 하지만 강하고 굳건해야 한다는 남성다움 때문에 이런 상처를 잘 드러내지도 못한다.

셋째, 남성은 자기를 감춘다. 자신의 약점을 감추고 언제나 강하고 능력 있는 모습만 보여야 하기 때문에 자기를 쉽게 들어내지 않고 다른 남성과는 어느 정도 거리를 둔다. 이 과정에서 때로는 남성은 자기를 과장하거나 허세를 부리기도 하는데, 이것 역시 남성의 자기 감추기의 한 방식이다. 여성은 아름다움, 미적 감각의 향유과정에서 소외되고 객체화되고 수단화되었다면 남성은 아름다움과 미적 감각 그 자체로부터 소외되었다. 그래서 오히려 이들을 긍정적으로 이해할 필요가 있다.

넷째, 남성은 영원한 미숙아라고 할 수 있다. 남성은 끝없는 직업적 · 사회적 · 금전적 성공이라는 채울 수 없는 욕망의 숙제를 안고 살아간다. 그 결과 자신의 삶에 스스로 만족해하는 성숙된 남성이 많지 않다. 이러한 자신에 대한 불만 혹은 열등감이 남성의 폭력성과 공격성 혹은 권위주의의 원인이 되기도 한다.

다섯째, 남성은 선택적 지각을 하는 경향성이 강하다. 남성과의 일상적 대화 속에서 전달된 의사가 경시되거나 무시되는 경향이 있다. 이는 남성의 선택적 지각과 무관하지 않다. 남성의 선택적 지각에 해당되지 않는 의사전달은 귀로 들어서 입으로 새어 나올 뿐이다. 의사전달에 대한 내용을 입으로 확인했다고 해서 명확한 전달이 이루어졌다고 보기 어렵다. 명확한 의사전달은 귀로 들어서 입으로 나오는 것이 아니라, 뇌에 각인되는 것이어야 한다. 그러기 위해서는 시선 대 시선을 통한 대화가 필수적이다. 전달하고자 하는 내용에 대한 선택적 지각이 명확하게 이루어지도록 해야 한다.

3) 남성학의 등장

우리나라에 남성학이 알려진 것은 1960년대이다. 우리나라의 남성운동은 서구에서 등장한 안티페미니즘 성향의 남성 운동과는 달리 사회가 규정하는 남성 규범에 대해 비판하는 것이었다. 이러한 남성운동은 우리 사회가 남성의 의무로 강조한 남성성에 대한 저항운동이었다. 그래서 남성도 눈물을 흘릴 수 있어야 한다는 것을 강조하며 사회가 규정하는 젠더 규범을 비판하면서 남성학자와 남성운동가가 등장하기 시작하였다. 이들은 우리 사회에서 이혼에 대한 인식의 전환을 주장하였고, 이혼은 남성에게 불행을 주고 그동안 주목받지 못한 남성의 육아에 대해서도 관심을 갖게 되었으며, 이혼도 자유롭게 할 수 있어야 한다고 주장하였다.

남성학(男性學)은 페미니즘(feminism)과 여성학에 자극되어 1990년대에 본격적으로 등장한 새로운 학문영역이다. 남성학을 지지하고 실현하고자 노력하는 남성주의(매스큘리즘, masculism)자들의 관심을 받고 있는 분야이다. 즉, 남성에 대한 편견, 폭력과 차별을 타파하고 남성의 권리를 보호하고 진정한 남성성에 대해 탐구하는 것을 목표로 하는 이데올로기이다. 남성의 인권 향상을 내세우는 남성주의자(매스큘리스트, Masculist)는 '매스큘리즘'을 지지하고 실천하는 사람이다.[5]

사회 전반에 걸쳐 페미니즘 운동이 확산되면서 매스큘리스트들이 증가하

5) 매스큘리즘(Masculism)은 남성학과 남성운동을 아우르는 말로 인간적이고 바람직한 남성상을 추구하는 운동 혹은 학문을 말한다. 이러한 매스큘리즘의 등장은 젠더 문제를 남성의 시각에서 주체적으로 해석하고자 하는 노력을 배경으로 하고 있다.

고 우리 사회가 규정하고 있는 가부장적 굴레에서 벗어나고자 하는 남성들의 해방운동이 일어나게 된 것이다. 매스큘리스트들은 여성들이 선망하는 '남성다움'에 구속되지 않기 위해 매스큘리즘을 통해 1990년대부터 남성 해방운동의 싹을 틔우기 시작했다

오늘날 우리 사회는 이러한 사회변화와 함께 남녀 모두가 사회가 규정하고 있는 질서를 거부하고 개인의 자유와 진정한 자아를 찾아가고 있다. 진정한 자아를 찾는 일은 우리 사회 개인주의의 확산이라는 또 다른 사회의 변화 모습을 추구해 가고 있다.

하지만 남성학에서 주장하는 바와 같이 모든 남성이 가부장적 문화나 남성중심 가족제도의 수혜자는 아니다. 오히려 남성들이 여성들보다도 더 큰 피해를 입고 있는 피해자 일 수도 있다. 동성애자이거나 독신 남성, 편부 가정 등에서 살아가는 남성의 경우에는 가부장적 문화의 피해자일 수 있다. 오히려 이들이 남성해방 운동을 적극적으로 펼쳐나가고 싶을지도 모른다. 이러한 점에서 앞으로 남성학은 이들의 입장을 대변할 수 있는 다양한 정책과 대안을 제시해야 할 것이다.

3. 남성과 일

1) 남성과 관계형성

맥코비(M. Maccoby)의 주장에 따르면 전형적인 여성의 대화기법은 협동과 자기주장이라는 두 가지 목적을 가지지만 남성의 대화에서는 주로 자기주장의 목적만 추구한다는 것이다. 타인과 관계를 맺는 방식은 아동기에 시작되는데 여자아이의 대화는 개인적인 주요 사건을 중심으로 시작되는 반면, 남자아이의 대화는 집단적 활동중심의 사건으로 시작된다. 개인 간의 상호작용은 관계를 형성하고 유지하는 데 기여하므로 오랫동안 확립된 남성의 대화유형은 남성 주변의 여성 그리고 다른 남성과의 사회적 관계의 성격에

영향을 준다(허혜경 · 박인숙, 2020). 전통적으로 남성성은 관계형성과 관련되어 있다. 즉, 남성성의 특성이 어떤 것이냐에 따라 그에 적절한 성향에 맞춰 관계가 형성된다.

일반적으로 남성은 정서적 표현을 삼가고 공감에 관심을 갖지 않는 성향을 보인다. 남성의 경우 일이나 의식과 같은 사회적 구조 속에서 상호 간에 연대해 나가면서 정서적으로 가까워지고 싶어 한다. 하지만 여성의 경우에는 일이나 의식에 있어서 비교적 덜 구조적이기를 바라며 상호 간에 관계를 위한 것보다는 관계 그 자체를 위한 것에 보다 더 잘 적응하는 경향이 있다. 그래서 남성들의 경우에는 운동을 하거나 음주를 즐기는 등의 다양한 방법을 통해 고독으로부터 벗어나고자 노력하지만 남성들의 진정한 모습은 스스로를 감춤으로써 나타나는 고독을 맞이하게 된다. 일반적으로 여성보다 남성들이 관계형성에 있어서 더 큰 외로움을 느낀다.

남성들의 관계형성에 있어서 또 다른 특성은 자신을 드러내는 일에 소극적이라는 점이다. 전통적으로 남성성에 높은 가치를 지니고 있는 남성의 경우에는 자기노출을 피하는 경향이 있다. 이러한 남성들의 경우 자신이 지니고 있는 문제 사태와 직면한 상황에서조차 자신의 능력에만 의지하는 경향을 보인다. 이런 남성들은 자신이 가고자 하는 길을 잃어 헤매고 있는 경우에도 다른 사람에게 길을 묻는 데 주저하는 성향을 보이는데, 이는 연약한 남성성을 방어하기 위한 하나의 방법이다. 이와 같은 남성의 관계형성에 대한 인식에도 불구하고 전통적인 우리사회의 가족제도에는 가부장적 위계제도가 존재해 왔다. 이러한 가부장제도 또한 남성성의 특성과 무관하지 않다. 가부장제도는 가족구성원에 대한 남성 즉, 가부장의 지배를 지지하는 체계로 남성들 간의 위계관계와 남성에 의한 여성지배로 관계가 형성되는 것을 말한다. 가부장적 사회는 권력의 기초가 되는 다양한 권력 자원의 접근이 남성에게 유리한 제도이며 결과적으로는 남성이 권력화된 사회이다. 이러한 가부장제도는 국가나 부의 형성과정과 긴밀한 관계를 형성한다. 가부장제도의 내용, 범위, 형태, 억압의 정도는 역사적 과정을 거치면서 다양한 방식으로 사회구성원이나 기타 사회제도와 관계를 형성하면서 영향력을 행사해 왔다(정영애 · 장화경, 2012). 이러한 가부장적 제도는 남성들이 억압을 통해 그들의 정서적 삶을 관리하고 이해하도록 사회화된 것과 무관하지 않다. 일상생활에서 남성이 감정을 이해하고 다루고 표현하는 데 어려움을 겪는 것 또한 사회화의 영향이라는 측면을 무시할 수 없다.

2) 남성성과 성별 이원체계

오늘날 대부분의 사회에서는 남성성에 대해 많은 관심을 가지고 있다. 특히 남성성은 남성학 분야에서 관심이 집중된 영역이다. 남성학은 1970년대 미국에서부터 시작된 남성운동을 계기로 등장한 학문분야로 페미니즘에서는 다루지 않았던 구체적인 남성성에 대한 관심이 그 출발점이다. 남성학에서는 '남성의 성역할이란 무엇이고 남성의 성역할은 남성으로 하여금 어떤 경험을 하게 했으며 아버지들의 삶은 어떠했고, 남성문제는 무엇인지, 남성성의 변천과정은 어떤 과정을 거쳤는지 등과 같은 문제를 복합적으로 고려한다.

전통사회에서 남성은 가족의 생계를 지키기 위해 생산노동을 책임져 왔으며 군인으로서의 책무를 다하는 국가적 의무를 통해 여성을 보호하고 사회구성원들의 생명과 재산을 지키는 책무를 수행해 왔다. 이는 남성의 강인한 체력과 근력의 특성을 활용한 것이지만 남성성을 바탕으로 한 성별 이원체계의 시작이다. 즉, 남성은 남성다워야 하고 여성은 여성다워야 한다는 믿음을 배경으로 하고 있다. 이러한 성별 이원체계는 여성보다 남성에게 더 많은 이익을 보장해 주는 것이며 남성 우월주의적 관행을 정당화시키는 체계이기도 하다. 본래 성별 이원체계의 출발은 남성과 여성 간에 발생하는 생물학적 차이를 기초로 형성되었으나 사회가 다변화되고 복잡화되면서 성별체계를 다양화하려는 변화가 시도되고 있다. 남성들은 이러한 성별 이원체계를 지키려는 성향이 강한 반면, 여성들은 이를 다양화하려는 변화를 시도하고 있다. 하지만 자유주의를 주장하는 남성주의자들은 성별 이원체계가 남성에게 가하는 성적 억압의 원인이 되었다고 주장한다. 체력과 근력이 생산성과 직결되는 수렵농경사회에서는 남성이 이러한 성역할을 떠맡는 것이 당연했지만 오늘날과 같은 산업사회에서 남성만이 가족의 부양과 보호를 책임져야 하는 것은 남성의 성역할이 잘못된 방향으로 고착된 것이라는 주장이다. 남성에게 지금까지도 가족의 부양과 보호를 책임져야 한다는 성역할을 요구하는 것은 여성들이 남성의 전통적인 성역할을 당연시하면서 나타난 결과라고 이해한다.

최근 들어 페미니즘(Feminism)의 영향으로 여성들의 사회 진출이 확대되고 남녀 문제에 대한 여성들의 목소리가 거세지면서 남성들 역시 자신들에게 주어진 성역할에 대해 의문을 가지게 되었다. 그동안 젠더문제와 관련해 방관적인 입장을 취해왔던 남성들은 젠더 문제를 남성의 시각에서 주체적으로 해석하고자 노력하게 되었으며 이러한 시도가 매스큘리즘(Masculism)[6]이 등장하게 되는 배경이 되었다. 매스큘리즘(Masculism)의 활동과 함께 여성의 많은 역할들이 남성들로부터 '보호받아야 할 권리'에서 '수행해야 할 책무'로 변모하는 양상을 보이고 있다. 매스큘리즘(Masculism)에서는 성별 이원체계에 대해 많은 분야에서 다른 의견을 제시하고 있는데 대표적인 사례가 징병제이다. 즉, 남성 징병제가 전통적인 성별 이원체계에 바탕을 둔 '성차별'에 해당한다고 주장한다. 양성평등사회에서 특정한 성(性)을 가진 사람들이 병역과 같은 국가적 의무를 담당하는 것은 바람직하지 않다는 주장이다. 오히려 남성만이 병역의무를 담당해야 하는 상황이 온다면 남성들은 곧 '성차별에 의한 피해자'가 될 수밖에 없다고 주장한다.

성별 이원체계에 있어서 여성성이 끊임없이 남성성에 의한 긍정적인 또는 부정적인 확인을 필요로 하는 것과 마찬가지로 남성성 또한 여성성과의 관련 없이는 생각할 수도 존재할 수도 없는 것이다. 그동안 성별 이원체계에서 여성은 남성의 강인한 체력과 근력을 바탕으로 안위를 보호받고 생계를 부양받아 왔다. 따라서 남녀는 주체와 타자의 관계가 아니라 서로가 끊임없이 서로를 상대하며 이익을 주고받은 호혜적 관계 내지는 쌍무적 관계

---

6) 남성주의(男性主義, 영어: masculism, 또는 masculinism)는 남성에 대한 편견, 폭력과 차별을 타파하고 남성의 권리를 보호하고 진정한 남성성에 대해 탐구하는 것을 목표로 하는 이데올로기이다. '매스큘리스트'는 이러한 '매스큘리즘'을 지지하고 실천하는 사람이다.

에 있어 왔다. 남성주의자들이 바라보는 성별 이원체계는 이와 같은 여성의 수혜자성, 남성 고정관념에 대한 여성의 가해자성에 대한 관점을 성별 이원체계를 통해 남성성을 조망해볼 것을 요구하고 있다.

3) 남성과 직업

남성들은 아동기부터 일을 위한 사회화의 대상이 된다. 아동기부터 직업에 대한 꿈을 키우고 성인기가 되면 꿈꾸던 직업을 성취하고자 노력한다. 일반적으로 남자아이는 생의 초기에 수입이 많은 직업을 갖는 것이 남성다운 것이라는 생각을 갖게 된다. 그리하여 경쟁, 과업성취, 독립이라는 남성적 가치는 다양한 장면의 직업 환경에서 잘 적응하여 기능을 발휘하는데 적합한 태도를 준비시킨다. 남성적 가치는 궁극적으로 직업적 지위에 달려있다고 해도 과언이 아니다. 우리 문화에서 남성이 단지 사춘기를 지났다고 해서 어른이 되는 것이 아니라 남성으로서의 경제적 힘이 없다면 남성이 될 수 없는 것이다. 남성의 성공은 승진, 좋은 직업, 많은 수입에 의해 정의되기도 한다. 남성 집단과 여성 집단 각각에서 직업의 가치와 관련된 상당한 다양성이 있지만 여성은 서비스를 제공하는 방향으로 사회화되는 경향이 있다(허혜경 · 박인숙, 2020).

일반적으로 남성은 집단의식으로 일을 하는 성향이 있다. 따라서 남성의 경우에는 그가 향유하는 사회적 지위와 경제적 힘이 명확하다. 뿐만 아니라 그동안 우리 사회에서 남성이 여성에 비해 직업적 차별에 있어서 비교적 자유롭기 때문에 남성들은 자신이 원하는 직업적 분야와 지위 획득에 유리한 위치에 놓여 있었다. 많은 여성들이 '유리 천장'이라는 진입장벽에 막혀 높은 관리직으로 나아가는 것이 불가능했던 시간에 남성들은 '유리 승강기'를 이용하여 상대적으로 쉽게 높은 관리직에 오를 수 있었으니 직업영역에서도 남성의 상대적 우월성이 존재했다.

직업에 대한 의미는 개인의 특성이나 욕구에 따라 달라질 수 있다. 즉, 직업은 단순히 생계를 유지하기 위한 생업의 수단으로서의 기능만이 아니다.

직업과 일을 통해서 남성들은 사회활동의 일역으로 참여하여 무엇인가 사회에 기여하고 있다는 인식을 하게 되고 이러한 기여를 통해서 사회적 역할의 일역을 수행하고 공헌한다. 따라서 직업은 개인적인 수준에서의 수행뿐만 아니라 사회적 구조나 조직에서 기능적 역할을 수행하는 과정이다.

일반적으로 직업은 세 가지 수준에서 그 의미를 부여하는데, 첫째는 생계적 의미로서의 직업이고, 둘째는 사회적 역할분담으로서의 직업이며, 셋째는 개성발휘를 통한 자아실현으로서의 직업이다. 이러한 직업의 세 측면과 관련하여 남성들은 개개인에 따라 어느 측면에 직업의 중점을 부여할 것인지를 결정한다. 즉, 어떤 경우에는 생업으로서의 직업적 측면에 중점을 두고, 어떤 경우에는 사회적 기여 측면에 중점을 두기도 하며, 어떤 경우에는 자아실현으로서의 직업에 중점을 두기도 한다. 또한 경우에 따라서는 세 가지 측면 가운데 어느 하나 또는 두 가지 측면을 완전히 도외시 하고 있는 직업도 있을 수 있다. 경우에 따라서는 이 세 가지 측면이 부조화를 이루어서 직업을 영속적으로 영위하기가 어려운 문제에 봉착할 수도 있다.

직업의 세 가지 측면은 자신이 한 번 선택한 내용이 영속적인 요소로 자리 잡는 것은 아니다. 개인적 상황이나 경우에 따라 또는 시간이 흐르면서 자신의 가치관의 변화에 따라 변화하는 가변적인 것이다. 중요한 것은 남성들이 자신의 적성이나 이상에 맞는 직업을 찾아가고 그러한 직업 활동을 통해서 자신의 삶 속에서 경제적인 안정은 물론, 사회적인 기여와 자아실현을 성취하면서 행복하게 참된 자신의 삶을 추구하는 것이다(이규은, 2019).

4. 가사노동과 젠더

1) 여성노동의 장애요인

우리 사회 노동현장에서는 고도의 숙련이 요구되는 고생산성 직종에 대한 여성 진출이 여러 가지 요인에 의해 제한되고 있다. 여성의 직업분야는 대체로 인적자본이 크게 필요치 않고 이직과 재취업이 비교적 용이한 미숙련 분야, 단순직종 분야, 저임금 분야에 집중되어 있다. 이러한 까닭에 성별 직종 분리현상이 나타나고 있으며 노동시장에서는 보이지 않는 성별 차별과 함께 성별 임금격차가 존재하는 것이 현실이다.

현대사회에서 여성노동은 점점 증가추세에 있지만, 한국여성노동의 경제활동에 대한 참여율은 지속적인 증가에도 불구하고 아직도 낮은 수준에 있다. 여성노동의 경제활동에 대한 참여율은 그 나라의 경제성장률과 삶의 질의 향상을 나타내 주는 지표가 되고 있다. 이러한 부분은 여성 개인뿐만 아니라 국가경쟁력 제고 측면에서 매우 중요하다고 볼 수 있다. 한국의 경우 여성들이 취업하고자 하는 의지가 높음에도 불구하고, 여성노동의 경제활동에 대한 참여율이 저조하다는 것은 우리사회의 큰 문제가 아닐 수 없다(노병일 외, 2022). 이러한 문제는 남성에 비해서 여성노동자의 경제활동에 대한 참여율이 낮은 데다가 경제활동에 참여하는 여성들조차도 전문직이나 관리직 등 장기적인 커리어를 전망할 수 있는 직종에 종사하는 경우가 소수인 점 등은 문제점으로 지적되고 있다. 따라서 우리나라의 고용시장이 가진 구조적 측면과 연관시켜 볼 때, 여성노동의 경제활동은 어려운 현실임을 알 수 있다(한운옥, 2020).

오늘날 우리 사회에서 여성들이 노동시장에서 겪고 있는 불평등 문제로 다음과 같은 점을 지적할 수 있다.

첫째, 경제활동 참가율에 있어서 남성과 여성의 비율이 큰 폭의 격차를 보이고 있다. 우리나라 남성과 여성의 경제활동 참여율을 비교한 통계자료에 따르면 남성과 여성 간의 격차가 20% 가까이 벌어지고 있는 것으로 나타났다.[7] 이러한 현상은 남성과 여성 간의 불평등한 근로조건을 보여주는 단적인 예라 할 수 있다.

둘째, 여성경제활동 참가자 중 남성보다 여성이 비정규직 비율이 높다. 남성보다 여성의 비정규직 참여율이 높아 많은 여성이 고용불안을 경험하

7) 2020년 서울의 성별 취업현황을 보면 서울시민 중 남성의 71.9%, 여성의 54.1%가 직업을 가지고 있는 것으로 나타나 성별에 따른 남성과 여성의 취업격차는 17.8%인 것으로 나타났다(시니어 타임즈(www.seniortimes.co.kr). (2020.1.11.)

고 있다.

셋째, 여성의 일은 저임금의 직종에 제한되는 경향이 뚜렷하다. 서울의 여성 노동자 가운데 '저임금 노동자' 비율이 27.5%로 밝혀져 저임금의 여성 노동자가 남성(9.6%)보다 3배가량 높은 것으로 나타났다.[8)]

넷째, 여성 임금은 남성 임금의 약 60% 수준으로 OECD 회원국 중 임금 격차가 가장 큰 것으로 나타났다.

이처럼 대부분의 OECD 국가와 달리 우리나라 여성들의 경우에는 결혼이나 출산으로 육아기를 보내는 여성의 경력단절 현상이 뚜렷하고, 재취업시 단절 이전의 경력이 유지되지 못하여 비정규직과 저임금에 시달리고 있는 경우가 많다. 특히 가족구성과 함께 가구 형태의 변형으로 인하여 여성들의 1인 가구가 증가하였으며, 여성가구주도 늘어나고 있다. 또한 청년여성들의 혼인 기피와 늦은 결혼으로 인하여 저출산의 흐름도 나타나고 있다. 여성의 임신과 출산이라는 생애사적 특성으로 인하여 노동시장으로 진입하기 어려운 부분을 제도적으로 지원하여야 하나, 현실은 그렇지 못한 실정이다. 비정규직, 저임금 등 여성의 성차별적 구조 역시 노동시장에 있어서 본격적으로 가시화되고 있고 디지털 시대로 인하여 노동시장은 새로운 변화에 직면해 있다(박선영, 2020).

2) 가사노동의 가치

가사노동은 주부가 가정을 위해 가정 안팎에서 수행되는 여러 가지 일들로 요리, 세탁, 청소 외에도 노인과 환자 돌보기, 친척 방문, 관공서 일보기, 은행, 학교에서의 일 처리 등을 말한다. 하루 중 주부가 일하는 가사노동 시간은 나라마다 큰 차이가 있는데, 우리나라의 경우 전업주부가 가족을 위해 일하는 시간은 하루 평균 10시간 이상, 취업주부의 경우에는 5~6시간이 소요되는 것으로 나타났다. 가사노동은 다른 노동과 달리 유일하게 근로자에게 직접적으로 금전적인 보상을 해주지 않는 노동이다. 그래서 가사노동을

8) 시니어 타임즈(www.seniortimes.co.kr). (2020.1.11.)

무보수 노동으로 인식하게 되고 주부의 노동은 일하는 것이 아니라 쉬는 것으로 인식하게 되어 가사노동에 대한 부정적 허위의식을 갖게 하였다. 그렇다면 이러한 가사노동이 갖는 가치는 얼마나 될까? 아동 돌봄이나 청소, 음식 준비 등 가사노동이 창출하는 가치를 조사한 결과 2019년 기준으로 명목 국내총생산(GDP)의 25%에 달하는 것으로 밝혀졌다. 통계청이 발표한 자료에 따르면 무급 가사노동의 가치가 490조 9000억 원에 이르는 것으로 나타났으며, 가사노동을 금액으로 산출해 보면 여성 1인당 1,380만 원 상당의 노동을 하는 것으로 나타났다. 반면, 남성은 1인당 521만 원에 해당하는 가사노동을 하고 있는 것으로 나타나, 여성이 남성의 2.6배에 이르는 가사노동을 담당하고 있는 것으로 밝혀졌다(통계청, 2020).[9] 우리 사회 가사노동에 대한 남성들의 참여가 확대되고 있지만 아직도 가사노동에 대한 여성의 비중이 높고, 남녀 간의 격차가 큰 것이다.

우리가 하는 일 중에서 '노동'이 아닌 것이 있을까? 가정에서 가족을 위해 대가 없이 일하는 가사노동이나 고객을 응대하며 감정을 소모하는 감정 노동까지 그 종류도 다양하다. 노동의 가치를 단순히 임금을 받기 위한 활동으로 한정 지어서는 지금 우리의 노동을 더는 설명할 수 없다. 돈을 버는 것만이 '노동'이라는 생각은 우리가 자발적으로 하는 일에 포함된 성취감과 만족감을 설명해주지 못한다. 인간 활동을 포괄하는 새로운 '노동자상'을 생각해 볼 필요가 있다. '노동'이 지닌 가치를 다시 생각해야 한다. 그래야 비로소 '노동자'라는 말 뒤에 가려진 사람을 바로 볼 수 있을 것이다(정정엽, 2022).

가사노동에 대한 권익을 보호하기 위해 '가사근로자법(가사근로자의 고용개선에 관한 법률)'이 시행되기 시작하였다. 이를 계기로 가사노동에 대한 중요성과 가사노동에 대한 노동자로서의 권익에 대해 생각해보는 계기가 되길 바란다. 가사노동에 대한 대전환이 이루어지길 기대한다.

9) 통계청(2020). 가계생산 위성계정.

생각해보기 | 가사노동의 가치

식당에서 음식 주문을 하거나 가사노동을 하시는 아주머니를 우리는 흔히 이모로 부른다. 어머니를 닮아서일까 이모가 왠지 더 친근하게 느껴진다. 어머니는 집안 가사뿐만 아니라 이웃집의 청소와 빨래 식사를 도와주는 일을 하셨는데 시골 동네에서는 밥하는 어머니란 뜻으로 식모로 불렸다. 도시에서는 파출부 가정부라는 호칭으로 통했다. 가정 형편상 가사노동으로 내몰린 여성 직업군을 폄하한 사회 분위기를 반영하듯 근로기준법 적용대상에서 제외시켰다.

올해 6월부터 가사근로자 권익보호를 위하여 가사근로자법(가사근로자의 고용개선에 관한 법률)이 시행되었다. 가사근로자의 근로조건과 가사서비스 기관의 인증 등을 법률로 정하여 가사근로자의 고용안정과 근로조건 향상을 목적으로 한다. 1953년 근로기준법에서 제외된 후 69년 만에 가사노동이 제도권 속으로 들어왔다. 그동안 가사서비스를 제공받기 위해서는 직업소개소에 소개받거나 당사자 간의 직거래를 이용하여 왔으나 가사근로자법 시행으로 정부의 인증업체를 통해 구인할 수 있게 되어 선택의 폭이 넓어졌다. 정부 인증업체 등록 조건은 민법 상법상 설립된 법인이어야 하며 가사근로자를 유급근로자로 고용한 경험이 일정 기간 있는 경우 인증업체로 등록할 수 있으며 공급자와 이용자의 이해관계가 다를 경우 정부 중재도 가능해진다.

정부는 가정에서 발생되는 개별적 문제를 회사와 회사 개인과 개인의 민사관계로 보고 개입하지 않는 것이 원칙이었으나 시대 변화에 맞게 정부가 가정의 문턱을 넘었다. 가사서비스 인정 범위는 세탁서비스, 노인요양시설, 어린이집은 가사서비스에 해당되지 않고 가정 내에서 청소, 세탁, 주방일과 가구 구성원의 보호 양육 등 가정생활의 유지 및 관리에 필요한 업무에만 해당된다.

가사노동자는 인증업체에 고용되어 연차수당 및 퇴직금 등 근로기준법 노동관계법을 적용받고 사회보험 및 산업재해 등의 인적 물적 피해에 대한 보호를 받을 수 있으며 인증업체는 범죄경력조회 등 가사근로자 채용조건을 강화하여 능력 있고 평이 좋은 직원을 채용하여 가사근로 시장의 질을 높일 수 있다.

직업소개소는 폐지되지 않고 기존처럼 인력 중개 역할이 가능하며 인증업체 조건을 충족하면 정부의 인증이 가능하지만 직원을 직접 고용하여야 하며 노동조합이 설립되면 사용자의 권리와 직원 복지에 대한 법적인 책임과 의무가 동시에 부여된다.

법률로 정하는 제반 요건이 강화되면 인건비 상승이 이용자의 부담으로 이어져 인증등록업체보다는 직업소개소 및 당사자 직거래를 선호할 수 있고 맞벌이 부부의 경우에는 아이 돌봄에 있어 이용료가 증가하더라도 안전하고 질 좋은 서비스를 제공받기를 원하는 수요의 양면성이 존재한다. 인증업체와 직업소개소 가사노동자와 가사서비스를 제공받는 이용자가 바라보는 관점과 우려가 각각 다르지만 부족한 부분은 시행 과정에서 보완하고 개선하여 뒤늦게 출발한 가사노동 인증제도가 서비스 표준화 등을 통해 목적에 맞게 순항하기를 바란다.

가사노동의 가치는 식모에서 가사전문직까지 여성 노동이 걸어온 69년의 고달픈 인생 여정에서 이제야 결실을 맺게 되었다. 어머니의 위대한 승리를 자축하기 위해 어머니를 닮은 이모도 초대해야겠다.

※ 출처 : 정교헌(2022). 가사노동의 가치. 인천일보 노동칼럼(2022.8.18.)

제11장 젠더와 다양한 가족

최근 들어 우리 사회에는 다양한 형태의 가족이 등장하고 있다. 한부모가족, 재혼 가족, 비동거 가족, 입양 가족, 조손 가족, 무자녀 가족, 다문화 가족 등 새로운 가족형태의 출현과 함께 가족형태도 다양화되고 있다. 이와 같은 가족 형태의 다양화 현상은 그동안 전통적인 가족형태에서 보여 왔던 남성과 여성의 역할과는 전혀 다른 삶의 모습을 요구하고 있다. 이런 삶의 모습의 변화는 젠더문제와 직결되어 있다는 점에서 가족의 변화에 주목하지 않을 수 없다.

1. 가족 형태의 변화

산업화를 거치면서 우리 사회는 전통적인 가족형태였던 대가족에서 벗어나 새로운 형태의 핵가족이 주류를 이루는 사회를 맞이하게 되었다. 핵가족이란 혼인으로 맺어진 부부와 그들의 미혼 자녀로 구성된 가족으로 산업화 시대에 가장 적합한 가족유형으로 인식되어 왔다. 이러한 핵가족은 혼인으로 형성되지만, 자녀가 성장하여 혼인으로 독립하게 됨으로써 가정의 규모가 축소되고, 부부가 사망하고 나면 소멸되는 과정을 거치게 된다. 따라서 핵가족은 영구적인 계승과정이 없고 단지 일회성으로 형성과 소멸의 과정을 거치게 되어 가계계승에 대한 관념이 없다는 문제점을 지니고 있다. 뿐만 아니라, 이러한 핵가족의 증가는 노인부양과 청소년문제 등의 가족문제와도 깊은 관련성을 지니고 있어 가족과 관련한 다양한 변화를 요구하게 되었다.

1) 가족생애주기의 변화

정신분석학자 융(Carl Gustav Jung)은 사람들이 40세를 전후로 중년기 위기(Midlife Crisis)를 맞이하게 되는데, 이는 이전에 자신이 가치를 두었던 삶의 목표와 진행되는 삶의 과정에 의문을 제기하면서 시작된다고 보았다. 이런 중년기 위기 증상과 유사한 것으로 중년기 후반에 나타나기 시작하는 것으로 '빈둥지 증후군(empty nest syndrome)'이 있다. '빈둥지 증후군'은 자녀들이 성장해 부모의 곁을 떠난 시기에 중년 주부들이 느끼는 허전한 심리를 말한다. 그런데 최근 들어 우리 사회에 '빈 둥지 증후군'의 기간이 지나치게 길어지고 있다는 점이 하나의 사회문제로 대두되기 시작했다. 출산율의 저하로 예전과는 달리 자녀를 하나만 낳는 가정이 많아지면서 자녀 결혼이라는 책무를 끝내는 시기가 점점 빨라지고 있기 때문이다. 이와 같은 가족생애주기의 변화는 부부만이 즐길 수 있는 시간을 확보하는 일이 가족생활의 주요한 요소로 등장하게 하였으며 조기 은퇴나 황혼이혼과 같은 것이 주요한 가족문제로 대두되게 하였다.

2) 가족구조의 변화

전통적인 가족구조와는 달리 최근 들어 우리 사회에는 개인의 삶이 존중되고 우선시 되는 시대를 맞이하게 되었다. 결혼생활에서 개인의 삶이 존중되지 않는 상황이 되면 대부분의 사람들은 가족이라는 집단보다는 개인의 삶을 위한 이혼을 택하게 되고 그러한 결과로 한부모가족이 늘어나는 추세이다. 뿐만 아니라 일하는 여성의 증가로 맞벌이 부부가 많아지고 있고, 국제결혼이 일반화되면서 다문화 가정도 증가하는 추세이다. 이러한 변화 모습이 다양한 가족구조를 나타내게 되었고, 이런 가족구조가 자녀들의 정서 발달에 영향을 미치고 있다는 점에 주목하지 않을 수 없다.

(1) 이혼 가정과 자녀

이혼율이 증가하면서 이혼 가정의 자녀도 증가하고 있다. 이혼 가족의 경우에는 경제적인 문제, 자녀 양육 문제, 대인관계 문제 등에 있어서 어려움을 겪고 있는 것으로 알려졌다. 이혼 후 자녀들은 대부분 어머니와 함께 사는 경우가 많아 여성의 일자리 고용이 불안정하면서 소득이 없어 빈곤가정의 문제로 이어지는 것으로 나타났다. 이혼 가정의 자녀 중 어머니와 함께 사는 남자의 경우에는 성장과정에서 남성모델의 부재로 고통을 받고 있고 학교에서는 학교생활에 잘 적응하지 못하여 비행을 저지르는 등 여러 가지 문제를 야기하는 것으로 나타났다. 이혼 후 어머니와 함께 사는 여자의 경우에는 어머니의 존재와 지원으로 부모의 이혼에 비교적 적응을 잘 하는 것으로 나타났다. 대부분 이혼 가정의 자녀들은 모두 어머니보다는 아버지를 더 많이 원망하는 것으로 나타났으며, 아버지에 대한 분노는 딸의 경우 특히 더 심한 것으로 알려지고 있다.

(2) 편부모 가정과 자녀

부모의 이별이나 사별을 맞이하게 될 경우에는 편부모(偏父母) 가정에서 자라게 된다. 최근 들어 이러한 편부나 편모의 가정에서 자라는 아동의 수가 많아졌다. 편부나 편모의 경우 재혼율을 보면 편부인 남성의 재혼율이 편모인 여성의 재혼율보다 훨씬 높은 것으로 나타났다.

편모 가정의 경우에 가장 큰 어려움은 경제적인 문제인 것으로 밝혀졌다. 편모 가정의 경우 대부분이 생계를 유지하기가 곤란하여 절반 이상이 절대 빈곤수준 이하의 생활을 경험하게 된다. 편부모와 함께 살아가는 만큼 자녀들은 가족의 의사결정에 적극적으로 참여하고, 자신의 미래 생활에 대해서는 자발적이고 독립적인 태도를 갖고 있다. 편부모 가정의 자녀들은 여성이 직업을 갖는 것에 대해 대체로 긍정적이고, 가정 내 성역할에 대해서도 보다 융통성 있는 태도를 지니고 있다. 편모에 대한 딸들의 인식은 어머니를 경제적, 사회적으로 독립을 성취한 긍정적인 역할모델로 바라보는 경향이 높다.

(3) 재혼 가정과 자녀

이혼의 증가와 함께 재혼도 증가하고 있으며 재혼의 형태도 다양해지고 있다. 우리나라는 대부분이 계모가족을 이루고 있는데, 재혼으로 인해 발생하게 되는 친척이나 전 배우자처럼 부모와 관계된 사람들이 너무 많아 자녀의 입장에서는 무거운 부담이 될 수 있다

재혼가정의 어려움으로는 부부관계·자녀관계·친족관계의 문제를 들 수 있는데, 이들의 관계에 따른 적응문제가 해결되지 않을 경우에는 음주, 성문제, 비행 등과 같은 자녀들의 부정적인 반응이 나타나기도 한다. 재혼부부에게서 가장 큰 문제가 되는 것은 전혼 배우자와의 관계에 관한 것이다. 특히 전혼 배우자와의 사이에서 출생한 자녀가 있을 경우에는 자녀에게 상당한 부담감을 가져다준다. 뿐만 아니라, 재혼 후 자녀와의 관계에도 여러 가지 문제가 발생하게 되는데, 계부모로서의 역할 갈등을 겪는 문제, 재혼가족 자녀에 대한 주위의 편견과 사회적인 낙인의 문제, 호적이나 부모와 다른 성씨 등의 문제, 계부모와의 성적인 위험성의 문제, 계자녀의 친부모와 친척들이 자녀양육에 간섭하는 문제, 계자녀와 친자녀들 사이의 갈등문제 등이 있다.

이러한 어려움을 겪고 있는 재혼가정과 자녀를 위한 지원 방안으로는 재혼가족의 내적 안정성을 높일 수 있는 다양한 프로그램의 개발과 보급이 이루어져야 한다, 또한 이혼가정에 대한 사회적 인식의 변화와 함께 재혼가족의 자녀들에 대한 자존감 향상 방안을 모색해 나가야 한다.

(4) 맞벌이 가정

여성의 사회진출이 확대되면서 맞벌이 부부는 젊은이들에서 흔히 볼 수 있는 현상이다. 그만큼 직업시장에서 여성의 비율이 증가하고 있다는 사실

이다. 맞벌이 부부의 가정에서 여성들의 사회진출이라는 측면에서는 긍정적이지만, 자녀들의 측면에서는 집에서 혼자 많은 시간을 보내면서 외로움과 고립감을 느끼게 된다는 부정적인 측면도 없지 않다. 집에서 혼자 보내는 자녀들의 외로운 시간은 자연스럽게 인터넷에 접하게 되고, 이러한 현상은 부모와 함께 시간을 보낼 때에도 영향을 받아 부모와 친밀한 관계를 만들어 가기에 어려움이 생긴다. 이러한 문제로 부모와 자녀 간의 대화가 줄고 애정이 사라지는 등 다양한 자녀문제의 요인으로 작용하고 있다.

오늘날 세계적으로 경제활동에 참여하고 있는 여성의 비율은 약 40%에 이르고 있으며, 이러한 비율은 앞으로 계속 증가할 추세이다. 맞벌이 부부를 하게 되면 무엇보다도 경제적인 측면에서 도움이 된다는 장점을 가지고 있다. 뿐만 아니라, 남편과 아내가 맞벌이를 하게 되므로 부부간에 동등한 관계가 유지되며 여성의 자아존중감과 통합감이 증진된다는 장점을 가지고 있다. 남편과 아내가 일과 가족역할 모두에 있어서 남녀를 따지지 않고 직분을 다하고 성숙해질 가능성이 높은 것이 맞벌이 부부의 커다란 장점이다.

하지만 맞벌이 부부의 경우에는 직장생활과 가정생활을 모두 소화해 내기에 어려움이 많고 시간과 에너지가 부족할 뿐만 아니라, 일과 가족역할 간의 갈등 문제, 자녀 양육문제 등에 있어서 어려움이 많다.

맞벌이 가족에게서 가장 중요한 것은 자녀와 함께 보내는 시간이 얼마나 많은가 하는 것보다는 부모가 자녀와 함께 어떻게 시간을 보내느냐 하는 것이 더 중요하다. 즉, 부모가 자녀와 함께 하는 시간을 갖는 것에 있어서 양적인 측면보다는 질적인 측면이 우선적으로 고려되어야 한다.

(5) 다문화 가정

최근 들어 국내 체류 결혼이민자들이 급격히 증가하면서 우리 사회에 다문화가정이 증가하고 있다. 이는 세계적으로 일반화 되고 있는 국가 간 인구 이동의 일상화, 보편화 되면서 세계는 이주의 시대를 맞이하고 있는 것과 무관치 않다.

다문화 가정 자녀의 경우 언어발달을 포함하여 사회적응의 어려움이 점차 사회문제화되고 있다. 따라서 다문화 가정의 자녀와 외국인 어머니 간의 의사소통을 지원할 수 있는 다양한 방안 마련과 함께 이중언어 문제를 해결해 나갈 수 있는 근본적인 언어교육의 활성화가 이루어져야 한다. 한국인의 다문화 가정에 대한 인식의 전환도 필요하다. 한국사회의 다문화 현상이 확대되어 감에도 불구하고 일반인들의 다문화 가정에 대한 편견과 차별이 계속적으로 이루어진다면 이는 우리 사회의 심각한 문제로 대두될 것이다. 따라서 다문화 가정과 자녀문제를 해결하기 위해서는 다문화 특성에 맞추어 일반인들을 대상으로 하는 이해교육과 배려문화가 확산될 수 있도록 해야 할 것이다. 또한 다양성의 차이를 가치 있는 것으로 수용할 수 있는 정책과 교육이 선행되어야 할 것이다.

3) 가족가치관의 변화

전통사회에서의 가족가치관은 효 사상과 가부장제를 바탕으로 가족 중심주의 가치를 기본으로 하였다. 이러한 가치관은 사회변화와 함께 변모해 왔으며, 전통사회의 가부장 중심 문화가 약화되고 양성평등 의식이 확산됨에 따라 가족 가치관도 변화하였다. 오늘날 우리 사회의 가족에 대한 가치관은 수평적이고 민주적인 관계를 바탕으로 자율과 평등, 개인 중심주의에 가치를 두고 있다.

하지만 이러한 가족에 대한 가치관은 산업화의 진행과 함께 직업중심의 잦은 지리적 이동, 개인주의 확산, 변화하는 경제 환경, 자유로운 선택보장 등은 결혼과 가족에 대한 가치관을 빠르게 변화시켰다, 결혼과 가족에 대한 가치관이 변하면서 혼인율은 지속적으로 감소하고 있는 반면, 이혼율은 고공행진을 계속하고 있는데, 이러한 저혼인, 고이혼 현상은 "결혼은 꼭 해야 한다"는 인식과 "이혼은 절대 하면 안 된다"는 인식이 모두 낮아지고 있는 것과 관련이 깊다. 또한 혼전동거나 독신, 국제결혼에 대한 수용성도 높아졌으며, 결혼하면 반드시 자녀를 가져야 한다는 과거의 의식과 달리 무자녀 가족을 선택하는 사람도 증가하고 있는 추세이다, 노부모부양에 대해서는 장남이나 가족이 부양해야 한다는 의식이 낮아지고, 사회나 국가와 함께 부양해야 한다는 의식이 높아지고 있다(정현숙 외, 2021).

가족 가치관은 가족에 대해 다양한 측면에서 일반적으로 바람직하다고 생각하는 신념으로 어떠한 가족가치관을 지니고 있느냐의 문제는 가족의 생활 방식이나 가족 구성원의 역할 등에 많은 영향을 미친다. 가족가치관의 변화 내용을 요약하여 제시하면 다음과 같다.

표 11-1 가족가치관의 변화

구분	과거	오늘날
가족관계	가부장의 리더십 효 사상을 기저에 둠 구성원 간 수직적인 관계 가부장 중심의 의사결정	가족구성원 간의 수평적인 관계 자유롭고 민주적인 가족관계 가족구성원 모두가 의사결정에 참여
결혼	결혼은 누구나 해야 하는 것 결혼은 집안과 집안의 결합 결혼의 적령기가 비교적 낮았음	결혼은 필수가 아닌 선택이라는 인식이 확산 이혼이나 재혼에 대해 허용적 결혼의 적령기가 점차 높아지고 있음
가족의 규모와 위치	대규모 가족형태 같은 집안끼리 촌락을 형성	핵가족 가족형태 집안은 가족 거주 조건과 무관함
자녀	집안을 계승하는 역할 수행 노후에 부모 부양의 의무를 짐 남아선호사상이 강했음 자녀를 노동력으로 인식 다자녀를 선호함	남아선호사상이 약화됨 출산에서 자녀의 성별에 구애받지 않음 자녀 출산도 선택의 문제 무자녀 가족의 등장 한자녀 가정이 늘어남
가족구성원의 역할	가정 내에서 자녀를 양육함 부모의 노인부양은 가족구성원의 책무 집안일은 여성이 담당함	남성의 자녀 양육 참여 확산 가사노동에 대한 가족구성원의 협조 가족구성원의 역할분담
가족의 형태	부모와 자녀로 이루어진 단일 형태 동성동본 가정 불가 단일민족의 특성을 가족에서도 중시함	다양한 가족형태의 등장 커플가족, 동거가족, 그룹홈가족 등 동성동본은 가족구성에 제약을 받지 않음

4) 혼인구조의 불안정성

가족구조의 변화와 관련하여 안정적이지 못한 혼인구조를 지적하지 않을 수 없다. 많은 사람들은 결혼을 통해 안정적인 가정생활을 추구하지만 결혼을 통해 형성된 가족이 결코 안정적이지 않다는 점이다. 물론 그렇게 인식하는 요인으로 가족가치보다 개인의 성취를 보다 더 우위에 두고 있기 때문이라는 점을 지적하지 않을 수 없다. 이러한 측면은 정상적인 부부의 가족에서보다 한부모가족에서 오히려 위기를 극복하기 위한 강한 결속력이나 소속감, 상호의존성을 확인할 수 있기 때문이다.

혼인구조의 불안정성에 대한 또 다른 요인으로 혼인의 감소와 이혼의 증가 현상을 들 수 있다. 이는 점점 더 많은 여성들이 결혼제도에 들어가는 것을 기피할 뿐만 아니라 이혼 제기도 늘고 있기 때문이다. 결혼과 이혼은 가치관의 변화뿐만 아니라 경제적 요인의 영향을 민감하게 받는 사회현상 중 하나이다. 혼인저하의 현상 뒤에는 젊은 세대의 고용 불안정과 교육기간의 연장, 결혼과 가족에 대한 가치관의 변화 등의 요인들이 복합적으로 연결되어 있다. 미혼자들은 부모와 함께 거주하기도 하나 독립하여 독신가구를 이루거나, 제도적인 결혼의 대안으로써 동거양식을 선택하기도 한다(정현숙 외, 2021).

불안정한 가족이 발생하는 것은 주로 혼인관계의 해체에서 비롯되지만, 가족의 불안정성을 야기하는 요인은 가족의 내외부적 요인에 의한다. 이혼, 재혼, 빈곤, 강제이주 등으로 인하여 불안정한 가족이 발생한다. 우리 사회가 처한 가족의 현실을 직시하면서 다양한 가족문제의 해결을 통해 안정적인 가정의 자리를 찾아갈 수 있도록 해야 할 것이다.

2. 부모됨의 다양화

부모됨이란 성인기의 주요한 발달과업 중의 하나로 인간의 발달과정에서 자녀를 출산하여 양육하는 등의 부모역할을 수행하게 되는 것을 말한다. 일반적으로는 부모됨은 임신과 출산을 통해 이루어지지만 넓은 의미에서 부모가 될 것을 계획하고 준비하는 것까지를 포함한다. 인간의 발달과업에서 부모가 된다는 것은 쉬운 것만은 아니다. 하나의 인격체가 잘 성장할 수 있도록 보살피고 존중하는 가운데서 자신의 삶과 부부관계 등의 여러 측면에 있어서 삶의 위기를 맞이하기도 하고, 자신의 성품을 새롭게 조직하고 통합할 수 있는 기회가 되기도 한다.

1) 전통적 관점에서의 부모됨

전통적인 가족구조에서는 성인이 되면 누구나 결혼을 통해 새로운 가족을 형성하고, 자녀를 출산함으로써 부모가 되는 것을 당연한 삶의 과정으로 보았다. 이처럼 부모가 되는 것을 인간에게 주어진 운명으로 여기고, 가족을 이루어 생활하는 것을 전통사회에서는 그 무엇보다도 중요하게 여기고 강조하였다. 전통사회를 살아온 사람들이 전통적 관점에서 바라본 부모됨의 인식은 다음의 몇 가지로 요약할 수 있다.

첫째, 전통사회에서는 부모됨을 성인기의 자연스러운 행동이라고 보았다. 부모가 되는 것은 성인기에 기대되는 자연스러운 행동이며 누구나 수행해야 할 과업으로 인식하였다. 오히려 자녀가 없다는 것이 사회적으로 가치가 없는 존재라고 인식하였다.

둘째, 부모됨은 전통사회에서 모든 이에게 부여된 도덕적 의무였다. 성인이 되면 누구나 부모가 되는 것을 당연시 여기고, 출산하지 않는 것은 종교적 권위를 거부한 것으로 인식하고 비도덕적인 것이라고 여겼다.

셋째, 전통사회에서 부모가 된다는 것은 책임감 있는 행동으로 여겼다. 전통사회의 문화를 계승하는 일은 출산으로부터 시작된다. 누군가가 자신들의 문화를 배우고 익혀서 후대에 전수해야 할 전수자가 필요한데, 그것은 바로 출산으로부터 시작되는 것으로 인식하였다, 따라서 부모됨은 다음 세대를 출산하는 것으로, 이는 시민의 의무이고 사회에 공헌하는 책임감 있는 행동으로 여겼다.

넷째, 부모됨을 성적 유능감과 연계하였다. 자녀 출산은 부부생활의 결과이고, 성적 유능감의 표출로 인식하였다. 자녀를 낳아 부모가 됨으로써 성적 유능감을 인정받게 되었다. 하지만 자녀를 낳지 못하는 무자녀인 경우에는 성을 거부하는 것으로 여겨 성인으로서의 존재감을 인정받지 못하였다.

다섯째, 전통사회에서는 자녀를 출산하여 부모가 됨으로써 만족스러운 결혼생활을 하고 있다는 사실을 인정받을 수 있었다. 전통사회에서는 자녀를 출산하는 일이 곧 결혼을 완성시키는 일이라고 보았다. 뿐만 아니라 자녀출산이 부부간의 관계를 향상시키고 이혼을 방지하는 역할을 하는 것으로 인식하였다.

여섯째, 전통사회에서 부모됨은 정서적 안정감을 얻는 것이라고 보았다. 부모됨은 자녀를 통해 사회적으로 성숙한 존재로 인정받게 되어 정서적 안정감을 얻을 수 있다고 보았다. 전통사회에서는 정서적으로 안정감을 가지나 무자녀인 성인의 경우에는 오히려 사회적으로 미성숙한 존재로 보았다. 부모됨을 통해 정서적 안정감을 찾았을 때 비로소 성인대열에 합류했다고 인정하는 것이 사회구성원들의 일반적인 생각이었다.

2) 현대사회에서의 부모됨

현대사회에서는 전통사회와는 달리 부모됨이 다양화되고 있다. 부모가 된다는 것을 단순히 자녀출산으로만 보는 것이 아니라, 그 누구라도 지지적 관계를 형성하면서 적응적이고 성숙된 삶을 살아갈 수 있는 관계가 확립된다면 새로운 부모됨의 관계로 인식하고 있다. 이러한 현상은 사회계층, 교육수준, 가치관 등의 개인특성에 따라 다양해지고 있으며, 그 대상 또한 개성적이다. 우리사회가 결혼을 필수가 아닌 선택이라는 관점에서 바라보면서 출산의 기회가 줄어들고, 자녀출산을 통한 부모됨이 어려워지면서 나타난 현상이다. 거기에 더하여 사회 환경의 변화, 즉 초혼연령의 상승, 다양한 가치관의 혼재, 여성의 경제활동 증가, 피임이나 출산 관련 의학기술 및 지식의 발전으로 인한 변화 등도 오늘날 부모됨의 현상을 변화시키는 요인이 되었다.

최근에는 온라인을 통한 또래 양육모 자조모임이 10대 양육모에게 중요한 지지요인이 되고 있고, 다양한 지지 체계를 통합적으로 포함하여 운영하는 복지프로그램이 제공되는 등 부모됨의 다양화를 적극적으로 돕고 있다. 따라서 오늘날 우리 사회에서는 부모됨이라는 의미를 단순히 자녀출산을 통한 것만으로 한정할 것이 아니라, 자신의 삶과 새로운 가족을 만나 적응하면서 부자관계를 인정하고 지지적 관계를 확립한다면 현대사회에서의 부모됨 관계라고 보아야 할 것이다, 오늘날을 살아가는 많은 젊은이들이 자신의 삶에 만족하는 것에 부모됨의 의의를 두고 있고, 이러한 삶에 대해 낙관적으로 평가하고 있다는 점에 주목할 필요가 있다.

3) 부모됨의 가족 사례

오늘날의 부자관계는 혈연으로 맺은 관계가 아니라고 하더라도 얼마든지 부사관계를 유지 빌진시키 나갈 수 있다. 다양한 기족관계에서 혈연관게가 아닌 부모됨 사례를 발견할 수 있기 때문이다. 우리 사회가 다양화, 다변화됨에 따라 부모됨도 다양화되고 있다. 부모됨의 가족 사례로는 입양가족, 조손가족, 그룹홈가족, 반려동물가족 등이 있다.

(1) 입양 가족

입양가족은 혈연관계와 상관없이 인위적으로 친자 관계를 맺는 가족형태이다. 전통적인 사회에서는 자녀를 낳지 못할 경우 가문의 대를 잇고 집안의 제사를 주관하도록 하기 위해 아들을 입양하는 경우가 있었지만, 최근에는 가계의 계승을 위한 것이라기보다는 아동을 보호하기 위해서 입양이 이루어지는 경우가 많다. 입양은 양부모가 될 사람과 양자가 될 사람이 양친자 관계를 맺는 신분행위이다. 이러한 관계를 맺어줄 업무를 담당하는 기관이 설립되어 우리나라에서도 국내뿐만이 아니라 해외를 통한 입양사업도 활성화되어 있다. 입양과 대치되는 개념으로 파양이 있는데, 파양은 양친자 관계를 해소하는 것을 말한다. 파양은 입양아에게 엄청난 정신적 충격을 주는 것으로 알려져 있어 이를 예방하기 위해서는 입양에 앞서 철저한 준비와 교육이 필요하다.

자녀를 입양한 후에는 입양가족 안에서 양부모와 양자는 정서적 유대와 친밀감을 공유하며, 소속감과 사회적 인정을 받는 일이 중요하다. 입양가족은 아동의 복지를 위해 선택된 가족유형으로 아동을 위한 안전과 보호, 정서적 소속감을 제공할 수 있다는 데 매우 큰 장점을 가진다. 반면 입양가족의 어려움으로는 입양아의 경우 원가족 분리에서 오는 애착문제, 친부모와 양부모 사이의 갈등, 유전학적 당혹감 등을 경험할 수 있으며, 입양부모의 경우 부모 역할에 대한 불안감, 생물학적 연결성이 없는 데서 오는 불안감, 아동이 친부모에게 돌아가지 않을까 하는 두려움 등을 경험할 수 있다(정현숙 외, 2021).

애플의 CEO였던 스티브 잡스도 입양이 된 가족이라는 사실은 잘 알려진 바이다. 잡스의 친부모는 잡스가 태어날 당시 대학원생이어서 아이를 키울 형편이 되지 않자 생후 몇 주 만에 양부모에게 잡스를 입양시킨 것으로 알려져 있다. 양부모 역시 그리 넉넉한 형편은 아니었지만 그들은 아들의 꿈을 위해 이사까지 갈 정도로 헌신적으로 스티브 잡스를 키웠으며, 오늘날 그가 있기까지 헌신적인 삶을 살아왔다고 한다.

(2) 조손 가족

이혼의 증가와 경제난으로 인해 조부모가 부모를 대신하여 손자녀를 양육하는 경우가 늘고 있다. 부모 없이 할아버지 혹은 할머니와 손자녀가 함께 거주하는 가족 형태를 조손 가족이라고 한다. 조손 가족은 부모의 이혼이나 재혼, 사별 또는 부모의 취업이나 자녀의 학업 등의 이유로 인해 조부모와 손자녀가 함께 살아가는 가족형태이다. 즉, 자녀가 부모로부터 직접 양육을 받을 수 없는 상황에서 부모와 떨어져 조부모에게 양육되는 가족을 지칭하는 말이다. 조손 가족은 조손 세대, 조손 가구 등으로도 표현된다.

최근 들어 전통적인 가족기능의 약화와 가족 간 유대관계가 소홀해지면서 조손 가족의 수가 크게 증가하고 있다. 조손 가족의 경우 부모의 이혼으로 인한 조손 가구의 비율이 가장 높고, 불가피하게 손자녀를 조부모가 양육해야 하는 경우가 상당하다. 부모와 떨어져 살아가는 아동은 대부분 분리불안이라는 어려움을 경험하게 되는데, 조손 가족의 경우에는 어떤 원인에 의해 조손 가족이 되었든지 간에 시설아동에 비해 부모와 분리된 느낌을 덜 받는 것이 일반적이다. 조부모와의 친밀감과 유대감 속에 정서적으로 안정된 상태에서 생활하기 때문에 손자녀의 사회적 적응력도 높은 것으로 보인다.

일반적으로 노인은 신체적으로 허약하고 사회적인 관계가 제한적이며 경제적으로 취약한 특성을 지닌다. 이미 자녀양육에서 벗어난 상황에 성인 자녀를 대신하여 손자녀를 책임져야 하는 조부모는 양육부담과 본인의 노화로 인한 어려움에 직면하게 된다. 뿐만 아니라 손자녀의 양육비도 만만치 않아 경제적으로 큰 부담이 되고, 손자녀 양육으로 인하여 우울한 심리적 상태를 유발하기도 한다, 할아버지, 할머니와 함께 살아가는 조손 가족은 윗세대의 지혜와 연륜을 할아버지, 할머니로부터 전수받을 수 있고 가족 간의 유대감을 느낄 수 있다는 장점이 있지만, 경제적인 어려움, 손자녀의 보살핌으로 인한 일상생활의 제약, 손자녀 양육의 부담감, 건강 문제 등은 조손 가족에서 해결해야 할 시급한 문제이다.

(3) 그룹홈 가족

그룹홈은 가정의 보호가 필요한 요보호아동 및 청소년을 위한 가족생활 공동체이다. 그룹홈은 복지관이나 청소년 아동복지시설과는 달리 일반가정과 유사한 소규모의 거주시설로 아동보호와 양육이 목적인 대안가족의 한 형태로 혈연관계가 아닌 사람들이 함께 거주하는 가족공동체이다. 그룹홈에는 영아부터 청소년까지 다양한 연령층이 함께 살아가는 가족형태를 유지하며 아픔이 있는 아동과 청소년에게 안전한 생활공간을 제공하고 치유의 장을 운영하는 대안적 가족형태이다.

그룹홈은 요보호아동에게 대리부모와의 관계를 통해서 정서적 회복과 사회적 적응을 도와준다. 대리부모가 아동에게 안정감과 애착을 적절하게 제공하는 경우 '심리적 부모'로서 아동의 건강한 성장과 발달에 도움을 줄 수 있다. 또한 그룹홈은 다양한 연령층의 또래들로 구성되므로 비혈연 형제자매 관계 속에서 서로 경쟁도 하고 돌보아주기도 하면서 역동적 상호작용을 경험할 수 있다(정현숙 외, 2021).

그룹홈에는 1개소에 2~3명의 사회복지사가 교대근무를 통해 24시간 상주하고 있어 부모로서의 역할을 수행한다. 사회복지시설이 아닌 주거공간의 개념으로 도입된 그룹홈은 대상자가 거주공간에서 만이 아니라 학교와 지역사회에서도 잘 적응해 생활하고 스스로의 삶을 찾아 자립해 나갈 수 있도록 다양한 교육과 지원이 이루어져야 한다.

(4) 반려동물 가족(펫밀리, Petmily)

애완동물을 가족처럼 생각하여 아끼고 사랑하며 기르는 가정을 가리켜 '펫밀리(Petmily)'라고 한다. 펫밀리는 반려동물을 의미하는 'pet'과 가족을 의미하는 'family'의 합성어로 만들어진 용어인데, 반려동물을 단순히 애완동물이라는 차원을 넘어서 가족의 일원으로 여기고 사랑하는 사람들을 가리켜 지칭하는 말이다. 펫밀리는 애완동물과의 교감을 통해 심리적 안정감과 친밀감을 나누는 가족과 같은 관계인 동시에 가족으로 인정받는 동반자적 존재이다. 이러한 인식은 가족이란 두 명 이상의 사람으로 구성되어야 한다는 가족에 대한 기존개념에 반하는 개념이다. 즉, 가족의 구성은 사람들로만 이루어지는 것이 아니라 개나 고양이와 같은 동물과도 이루어질 수 있다는 완전히 다른 개념으로 해석하고 있다.

최근에 와서는 사람이 아닌 개나 고양이와 같은 동물도 가족의 일원으로 포함하는 경향으로 변화하고 있다. 즉, 가족의 범주를 보다 더 넓게 해석하고 받아들이는 변화로 볼 수 있다.

반려동물을 사랑하는 사람들은 반려동물과의 신체접촉을 통해 위안과 우정, 교감, 정서적 안정을 경험할 뿐만 아니라, 우울이나 외로움을 감소시켜 주어 주관적 행복감이 증가한다고 말하고 있다(최선화 외, 2018)고 하니, 반려동물을 가족구성원으로 해석하는 것도 이해가 되는 측면이 있다.

반려동물가족의 등장은 가족에 대한 범주의 확대를 넘어서고 있다. 브라질의 상파울루에서는 출근하면서 반려동물을 어린이집처럼 놀이방에 맡기고, 퇴근하면서 집으로 데려가는 방식으로 운영하는 반려견 놀이방이 성행 중이라고 한다. 그뿐만이 아니라, 반려견을 위한 음식산업, 반려견과 함께 하는 미용실 등이 각광을 받고 있어 반려동물과 관련한 산업분야가 급성장을 이루고 있다고 한다. 이러한 변화에 맞춰 최근에는 반려동물을 의미하는 'Pet'과 경제를 의미하는 'Economy'가 합해진 '펫코노미(Petconomy)'라는 용어가 등장하여 반려동물과 관련된 시장 또는 산업을 의미하는 용어로 사용되고 있다.

3. 부모역할과 젠더

결혼과 출산을 통해 자녀를 갖게 되면 부모는 자녀를 양육하고 보호해야 할 책무를 갖게 된다. 부모는 자녀의 성장에 따라 그에 적합한 신체적, 사회적, 정서적, 인지적 발달에 영향을 미치는 환경적 요인을 제공해 주어야 하는데, 그것이 바로 자녀에게 해야 할 가장 중요한 부모의 역할이다. 이러한 환경을 제공함에 있어서 가장 중요한 것은 부모와 자녀 간의 유대감이다. 부모와 자녀 간의 유대감은 자녀의 인성발달에 기반이 될 뿐만 아니라 인간관계에 있어서도 중요한 신뢰감을 형성하는 데 기초가 된다. 자녀는 부모의 행동이나 태도를 모방함으로써 인간관계에 관한 대인기술을 익히고, 부모는 자녀가 사회에 적응할 수 있도록 도와주는 역할을 수행해야 한다.

1) 부모의 발달적 역할

부모의 역할을 수행함에 있어서 부모는 무엇보다도 자녀의 능력에 대해 신뢰하고 대하하는 태도가 중요하다. 부모는 자녀와의 깊은 신뢰감을 유지하는 것도 중요하지만, 올바른 언어 모델로서의 역할도 다해야 한다. 또한 부모는 가족 내에서의 원만한 관계를 통해 자녀의 눈높이에 맞는 애정과 엄격함을 조화롭게 결합하여 자녀의 의지력과 인내심 육성에도 관심을 가져야 한다. 이처럼 미래를 살아갈 자녀에게는 세상이 던지는 어떠한 어려운 문제에도 스스로 도전하여 해결해 나갈 수 있는 강인함도 지니도록 해야 하는 등 다양한 요인의 육성과 통제에 관심을 가져야 한다.

부모의 역할은 자녀가 성장함에 따라 계속적으로 변하는데, 자녀가 영아기, 유아기, 아동기, 청소년기일 때 바람직한 부모의 역할이 각각 다르다. 이러한 발달 차에 따른 부모의 역할에 대해 갈린스키(Galinsky, 1987)는 부모의 역할 수행 단계를 6단계로 구분하여 제시하고 자녀의 성장에 따른 발달과업을 수행해 나갈 것을 제시하고 있다.

갈린스키(Galinsky)는 자녀가 성장해 감에 따라 부모도 성장해 간다고 보았다. 즉, 부모와 자녀는 공동성장의 과정을 거치므로 자녀의 문제는 곧 부모의 문제이며, 부모에게 결정적인 책임이 있다고 보았다.

표 11-2 갈린스키의 부모 역할 수행 6단계

단계	구분	발달특성 및 부모의 역할수행 과업
1단계	이미지 형성기	• 자녀출생 이전 • 임신의 수용, 부모기 준비, 출산 준비
2단계	양육단계	• 자녀출생 후 생후 2년의 시기 • 애착형성이 주요과업
3단계	권위적 단계	• 만 2~5세까지 학령 전기 • 자율과 책임의 양면성 사이에서 부모로서의 권위 형성 • 책임감과 권위를 받아들이는 것이 주요과업
4단계	설명단계	• 만 5세~초등학교 시기, 자녀에게 세상을 설명해 주는 것이 주요과업 • 판단기회제공, 기술과 정보를 접할 기회제공 • 부모가 자녀의 끊임없는 질문에 응답하는 과정과 기술 습득 • 부모의 세계관과 가족의 가치를 자녀에게 전달해주는 설명
5단계	상호의존 단계	• 청년기 자녀 • 새로운 결속 형성, 자녀를 독립된 인격체로 인정 • 상호의존적 관계
6단계	떠나보내는 단계	• 부모가 자녀를 독립시킴 • 떠나보내야 함을 준비하고 수용하며 적응 • 부모의 권위를 자녀에게 이양

부모의 역할은 흔히 말하는 사회적 역할과는 달리 다음과 같은 점에서 독특한 특성을 지니고 있다.

첫째, 부모의 역할은 하고 싶지 않거나 하는 것이 싫다고 거부할 수 있는 것이 아니라는 점이다. 임신과 출산을 통해 태어난 자녀에 대해 부모의 역할을 포기한다는 것은 불가능한 일이다. 자신의 요구와 달리 거부할 수 없는 책무와 역할이 부여된다.

둘째, 자녀 양육에서 여성이 남성보다 더 중요한 역할을 수행하는 것은 여성이 자녀의 양육을 책임져야 한다는 우리 사회의 성역할 고정관념에서 기인한다. 자녀의 양육에 대한 책임은 여성과 남성으로 분류되는 것이 아니다. 부모가 공동으로 양육하여야 할 무한 책임이 부여되는 것이다.

셋째, 부모 역할은 어떻게 수행해야 하는지에 대한 구체적이고 실질적인 교육을 받지 못한 채 받아들여야 하는 것이다. 자녀양육에 대한 구체적인 내용이나 수행방법에 대한 교육이나 훈련을 받지 못하고 받아들여야 하므로 많은 시행착오와 어려움을 겪게 되는 부분이다.

2) 부모됨의 의미와 관점

부모가 된다는 것은 인간의 발달과정에서 자녀를 출산하여 양육하는 등의 부모역할을 수행한다는 것을 의미한다. 우리가 부모가 된다는 것은 임신과 출산을 통해서 이루어지는 일이지만, 실질적으로는 출산 이전부터 자녀를 계획하고 준비하는 과정에서부터 시작된다고 해야 할 것이다. 부모됨은 성인기의 중요한 발달과업 중의 하나로, 자녀를 낳아 잘 성장할 수 있도록 돕는 역할을 수행함으로써 보람을 얻는 일이기도 하지만 부모 자신 또한 자녀를 통해서 성인으로서의 성숙을 경험하게 된다.

자녀가 성장하여 성인이 되면 결혼을 하고 결혼한 부부가 자녀를 갖는 것은 당연한 일로 여겨져 왔으나, 오늘날에 와서는 여성의 취업이나 경제적 이유 등으로 출산을 연장하거나 기피하는 경우도 늘고 있다. 가족 형성에 필수적인 결혼과 자녀 출산이 이제는 필수가 아닌 선택의 대상이 되었다.

이제는 부모됨의 의미도 과거와 달리 다음의 몇 가지 관점에서 특징을 지니고 있다.

첫째, 부모됨이 성인기 역할로 당연시되기보다 점점 개인의 선택사항이 되어가고 있다. 피임기술의 발전으로 언제, 몇 명의 자녀를 가질 것인가의 결정을 전적으로 개인이 조절할 수 있게 되었다.

둘째, 과거보다 부모가 되는 시기가 늦어지고 있으며, 적은 수의 자녀를 가진다. 이는 개인의 자아성취에 대한 욕구가 강해지고 교육기간이 길어져 취업과 결혼 등의 성인기 역할에 늦게 입문하게 된 것이 이유이다.

셋째, 저출산의 추세에도 불구하고 아동발달에 대한 지식이 많아진 예비부모들은 자녀출산과 양육에 대해 과거보다 더 많은 책임과 부담을 느끼게 되었다.

넷째, 부모됨의 선행조건으로 혼인이 전제되어야 한다는 절대규범이 흔들리면서 결혼제도에 진입하지 않고도 부모됨을 선택하는 사람들이 등장하고 있다. 예컨대 미혼 싱글맘이나 동거커플의 자녀출산, 동성애커플의 자녀입양 등이 그것이다.

다섯째, 맞벌이 부부의 급증으로 부모의 공동양육이 불가피해졌다.

이와 같이 오늘날의 부모됨은 과거에 비해 선택적이며 자율적이고 아동중심적으로 변화되고 있다(정현숙 외, 2021).

자녀가 성장할수록 부모됨의 역할은 더욱 어려움에 빠지게 된다. 부모는 모든 자녀가 원하는 것을 뒤에서 도와주는 사람이면서 동시에 자녀가 성공하도록 앞에서 이끄는 사람이기도 하다.

바람직한 부모는 내가 주고 싶고 줄 수 있는 것을 주는 것이 아니라, 자녀에게 꼭 필요하고 자녀가 받고 싶어 하는 것을 많이 생각하고 베풀어주는 부모이다. 따라서 자녀의 성장기에 따른 적합한 지도 단계와 절차가 필요하다.

자녀가 아동기를 맞이하게 되면 부모의 중요한 역할은 자녀에게 세상을 단계에 맞게 해석해 주는 일이다. 이 과정에서 자녀에게 긍정적인 자아개념을 형성해 나가도록 해야 하며 올바른 사회적 가치를 정립할 수 있도록 해야 한다. 이 시기가 되면 부모와 자녀 간의 상호작용은 신체적인 것에서 심리적인 것으로 전환해야 한다. 타인과의 많은 접촉을 통해 바른 인간관계를 형성해 나가도록 해야 하며 적절한 과제 수행을 통해 성취감을 경험할 수 있도록 해야 한다. 자녀에게 문제가 발생할 때에는 무엇보다도 먼저 부모는 아동의 지지자로서의 역할을 수행해야 한다. 자녀를 적극적으로 지지해 주는 일에는 부모가 가장 먼저 나서야 한다.

모든 일을 자율적으로 수행하도록 하되 주어진 과제를 잘 수행하여 완결했을 때에는 충분한 칭찬과 격려가 수반되도록 하는 일도 게을리해서는 안 된다. 책임만을 강조하고 칭찬과 격려에 야박할 경우에는 생활적응에 어려움이 수반될 수 있으므로 책임과 칭찬이 균형을 이룰 수 있도록 보살펴주어야 한다.

생각해보기 | 부모됨의 의미

부모가 된다는 것은 단순히 아이를 잉태하여 낳는 것만으로 그치지 않는다. 낳는 것보다 더 중요한 일은 태어난 아이가 한 인간으로서 자기에게 주어진 삶을 잘 살아낼 수 있도록 도와주는 일이다.

우리는 흔히 이 일을 아이를 기른다고 표현한다. '낳는 일'과 '기르는 일'을 하는 사람을 말한다. 그렇다면 자녀를 기르기 위해 부모는 무엇을 해야 하는가? 바람직한 부모 역할은 무엇인가? 개인의 가치관에 따라 차이가 있을 수 있겠지만 교육학자들이 공통적으로 제시하는 것은 '사랑하기'와 '가르치기'이다.

대부분의 부모들은 자녀를 사랑한다. 눈에 넣어도 아프지 않을 만큼 사랑한다. 그러나 사랑하는 것만으로는 부족하다. 자녀가 사랑받는다고 느낄 수 있게 한발 더 나아가야 한다.

가정은 교육의 장소이며 부모는 가장 확실한 교사이며 부모의 교육적 영향력은 어떤 교사보다 강력하다.

부모의 교육적 역할은 학교교육에서 주로 얻을 수 있는 지식이나 정보에 국한되기보다는 좀 더 포괄적인 것이다. 자신과 타인을 사랑할 줄 알고, 자신이 재미있게 할 수 있는 일로 개인의 성취를 이루는 동시에 사회에 공헌할 수 있도록 성숙한 민주시민을 길러내는 것이다.

부모는 자녀에게 최초의 교사, 마지막 교사, 평생 담임교사이다. 한 명의 학생을 온 열정을 바쳐 평생 지도할 수 있는 교사는 오직 부모밖에 없다. 고귀한 생명과 다양한 가능성을 가지고 태어난 한 아이의 부모가 된다는 것은 옷깃을 여미게 하는 엄숙하고 거룩한 일이다.

우리가 아이들에게 남겨줄 수 있는 두 가지 영원한 것이 있다. 하나는 뿌리이고, 또 하나는 날개이다. - 밴 크로포드 -

※ 출처 : https://cafedaum.net/starkid220.com(2022.12.12.)

제12장 젠더와 가족정책

가족은 개인의 발달과 성장에 있어서 중요한 환경을 제공하는 가장 기본적인 사회집단으로서 개인들의 육체적 복지와 함께 가장 깊은 정서적 욕구를 충족시키며 자녀들의 사회화를 위한 역할을 수행해 왔다. 그러나 오늘날 가족은 산업화와 도시화를 거치면서 가치관의 변화로 가족형태나 가족관계에 있어서 다양한 변화를 가져왔다. 이러한 변화는 새로운 가족정책을 요구하고 있다.

1. 가족정책의 개념과 필요성

1) 가족정책의 개념

가족정책에 대한 정의는 시대의 흐름에 따라 학자들의 정의에 다소 차이가 있다. 일반적인 정의로는 가족정책이란 '가족을 대상으로 하는 국가의 모든 정책'이라고 말할 수 있다. 이러한 정의는 국가가 가족을 대상으로 가족을 위하여 실시하는 모든 활동으로 일반적이고 통일적이며 총합적인 관점에서 가족생활을 유지·발전시키기 위해 도입되는 모든 시책을 가리키는 것으로 본다. 가족정책이란 본래 개인의 사적 영역에서 중요한 부분을 차지하는 가족의 문제를 국가 차원에서 해결하고자 마련한 정책이다. 즉, 가족정책이란 넓은 의미에서는 정부가 가족을 대상으로 가족을 위해 행하는 모든 활동이라고 볼 수 있다.

가족정책에 대한 국내 학자들의 정의를 살펴보면 박귀영 외(2020)는 '가족을 위하여 광범위하게 합의된 일련의 목표를 정부와 사회기관이 계획적으로 형성한 프로그램과 정책을 통해 실현하는 것'이라고 정의하고 있다. 이와는 달리 유계숙 외(2008)는 가족정책이란 '국가의 주도하에 가족, 시장, 지역사회가 함께 일련의 과정을 통하여 다양한 형태의 가족들을 대상으로 가족형성, 부양, 양육, 돌봄 등 가족단위의 기능과 역량을 강화하고 평등한 가족관계를 조성하기 위하여 행하는 모든 활동'이라고 정의하고 있다. 이와는 달리 조희금(2013)은 가족정책이란 '가족에 대한 예방적 접근이라는 관점을 가지고 사회의 구조적인 문제에 대해 제도적, 환경적, 거시적으로 접근하는 것'이라고 정의하였다.

가족정책에 대한 국외 학자들의 정의를 살펴보면 짐머만(Zimmerman, 2001)은 가족정책을 '한 사회에서 가족이 직면할 수 있는 여러 가지 문제들을 해결하기 위한 각각의 정책들의 합'이라고 정의하였다. 짐머만은 이러한 정의와 함께 각각의 가족정책들은 서로 상호작용을 이루며, 사회 내에서 가족이 경험하게 되는 여러 문제에서 가족정책이 시작된다고 보았으며, 이러한 문제들의 범주가 가족정책의 영역이 된다는 점을 강조하였다(도미향 외, 2019). 이 밖에도 캐머먼과 칸(Kammerman & Kahn, 1978)은 '정부가 가족을 대상으로 그리고 가족을 위하여 행하는 모든 활동'이라고 정의하였고, 뮈르달(Myrdal, 2016)은 '가족정책이란 사회정책의 다른 표현'이라고 정의하였다.

이러한 학자들의 내용을 종합해보면 가족정책은 가족구성원의 안정과 복지를 강화하고 가족생활과 관련된 삶의 질을 높이기 위하여 국가가 직간접적으로 영향을 미치는 정책이라고 요약할 수 있다. 가족정책의 등장은 사회환경의 변화 속에서 전통적으로 유지해 왔던 가족 단위에서 수행되어 왔던 역할과 기능이 한계에 부딪히면서 국가가 이를 강화해 나가기 위해 직간접적으로 정부가 가족을 위해 행하는 모든 행위라고 볼 수 있다.

2) 가족정책의 필요성

급변하는 사회변화 속에서 우리나라의 가족정책도 새로운 변화를 요구하는 시점에 와 있다. 우리 사회에서 급속히 진행되고 있는 가족형태나 가족관계의 변화는 새로운 가족정책의 필요성을 예고하고 있다. 지금까지 우리 사회에서는 핵가족이나 확대가족을 포함한 전형적인 가족형태를 중심으로 가족의 필요성을 정당시해왔다. 가족은 매우 중요한 사회적 기관으로 여겨져 신성시되어 왔으므로 가족의 필요성과 기능이 당연시되었다. 즉, 가족은 가족구성원을 가장 잘 보살피는 곳으로 여겨졌다. 따라서 개별가족에서 발생하는 문제는 전적으로 가족의 책임으로 간주되었던 것이다. 그 과정에서 정부의 책임이나 역할은 큰 문제에만 개입하는 것으로 인식되었다. 이러한 맥락에서 보면 그동안 우리 사회의 넓은 안목에서 가족정책을 평가하고 새로운 방향에 대해 논의하는 노력이 거의 없었던 것은 당연한 결과이기도 하다(박주형·최덕경, 2018). 오늘날과 같은 사회변화 속에서 건강한 가정으로 유지 발전하기 위해서는 가족의 형태나 특성이 고려된 가족정책이 마련되어야 한다. 가족정책의 필요성을 가족의 변화 측면과 사회의 변화 측면으로 구분하여 제시하면 다음과 같다(이주연·정옥희, 2014).

(1) 가족의 변화와 가족 부양기능의 변화

오늘날 사회에서 가족의 기능은 변화하고 있으나 시대가 변화해도 가족의 보호 및 부양기능은 가장 중요한 기능의 하나로 존속해 왔다. 캐머먼(Kammerman)은 자녀출산 기능과 아동양육 기능, 노인부양 기능에 있어서 가족은 여전히 일차적인 단위로 존속할 것이라고 지적하고 있으며 특히 가족의 기초, 고유기능은 변하지 않을 것이라고 설명하고 있다. 우리 사회에서는 가족의 주된 기능을 아동양육과 노인부양으로 보는 경향이 강한데, 이를 위한 직접적 서비스 제공자는 여성이었다. 하지만 오늘날 우리 사회에서 가족구조와 가치관은 급격하게 변화하고 있으며 여성의 인내, 양보, 자기희생을 기반으로 하여 가족구성원의 다양한 욕구를 해결하려는 전통적 방식은 오늘날 가족 내부에서 많은 긴장과 갈등을 야기하고 있다. 따라서 이러한 가족의 변화에 따라 새로운 포괄적 가족정책이 필요하게 되었다.

(2) 사회변화와 가족정책의 변화

가족정책을 이해하기 위해서는 가족과 관련하여 우리 사회는 어떻게 변화하고 있고, 어떤 방향으로 변화가 진행되고 있는가를 살펴볼 필요가 있다. 이는 사회의 변화에 따라 가족정책이 변화할 필요가 있기 때문이다. 대표적인 우리 사회의 변화모습과 가족정책의 변화방향을 요약하여 표로 제시하면 다음과 같다.

표 12-1 사회변화에 따른 가족정책의 변화 방향

사회변화	가족정책의 변화
가족구조의 단순화	• 평균가구원 수 감소 • 1인 가구 증가 • 단순화되는 가족구조에 적합한 가족정책 발굴
여성의 경제활동 증대와 가족 돌봄 기능의 약화가 지속	• 여성의 취업 확대 • 맞벌이 가족의 증가 • 돌봄 기능의 약화 • 남성의 가사노동 시간 증대 • 가족기능의 약화
빈곤가족의 증가	• 빈곤의 악순환과 대물림 • 드림 스타트 운동의 진행 • 빈곤을 예방하고 빈곤가족의 자립 자활 증대 • 가족정책의 강화
자녀양육부담의 증가	• 자녀양육 책임의식 변화 • 양육에 대한 부담감으로 저출산 확대 • 출산율을 높이기 위한 다양한 정책 마련
이혼율 증가와 출산율 저하	• 이혼율의 증가에 따른 한 부모 가정의 아동 증가 • 출산아동의 감소와 저출산율에 대한 대응 마련

3) 젠더 관점에서 본 가족정책

가족정책은 젠더 문제와 깊은 관련성을 지니고 있다. 산업화시대에 일반화되었던 '남성은 일터에서 여성은 가정에서'라는 인식은 오늘날 여성의 사회진출 확대와 함께 전혀 다른 사회적 상황으로 변모하여 받아들이기 어렵게 되었다.

전통적인 가족형태에서 벗어나 핵가족화가 일반화되면서 전통사회에 부여되었던 가족의 의무로부터 해방은 되었으나, 확대가족의 경제적 보장과 사회적 지원은 상실되었다. 따라서 오늘날 전통가족에서 볼 수 있었던 가족 간의 상부상조하는 복지적 기능을 대체할 다양한 가족복지정책이 필요하게 되었다. 즉 여성의 사회진출 확대에 맞춰 가족복지를 요구하게 되었고, 가족복지는 과거 가족이 수행했던 전통적 기능을 유지 · 보완 · 대치하기 위한 노력이라고 볼 수 있다. 가족정책은 부모의 역할의무를 수행하기 위한 능력을 강화시키는 노력이고, 어머니가 수행해야 할 자녀 양육과 가정관리 기능을 보완하기 위한 것이며 가족문제를 예방하고 해결하기 위한 것이다.

수혜자에게 실질적인 도움이 될 수 있는 가족정책이 되기 위해서는 현재 우리사회에서 가족이 직면하고 있는 문제를 가장 잘 드러낼 수 있어야 한다. 우리사회 가족문제의 핵심은 '공 · 사 영역의 분리'이므로 가족정책의 목적 역시 '공 · 사 영역의 통합'에 맞추어져야 한다. 이러한 접근은 그동안 시장영역과 가족영역으로 구분하고 가족정책을 가족영역 내로 국한함으로써 상대적으로 소홀히 다루어졌던 사회보장과 관련된 정책을 가족정책의 관점에서 재검토하게 함으로써 가족정책의 범위를 확대하는 한편, 사회정책 전반을 가족정책의 영역에서 다룰 수 있게 한다(정영애 · 장화경, 2012). 우리나라 가족정책을 공적영역을 대표하는 시장영역과 사적영역을 대표하는 가족영역으로 구분하여 범주화하면 다음과 같다.

표 12-2 시장 · 가족 영역 중심의 가족정책 범주화

분류	조건의 보장	결과의 보장
시장영역 (노동권)	보육의 사회화(공보육 강화) 방과후 프로그램 노동시간 선택제도	소득공제제도 사회보험(국민연금, 건강보험 등) 퇴직연금 노인요양보험
가족영역 (부모권)	육아휴직제도 부모보험제도 출산전후 휴가제도 부모 출산휴가 주부수당, 주부연금 출산수당, 출산비용지원 아동(가족)수당 한부모가족수당	공적부조(국민기초생활보장제도) 경로연금 교통수당

※ 출처 : 정영애 · 장화경(2012). 가족과 젠더. 서울: 교문사. p. 223.

2. 가족정책의 패러다임과 시각

1) 가족정책의 패러다임

우리 사회의 가족정책은 패러다임의 전환을 맞이하고 있다. 초기의 가족정책은 가족 내에서 전통적 성역할에 따른 분업을 장려하고 노동자의 재생산 영역에 대한 보호에 중점을 두었다. 이 시기에는 가부장적인 이념이 가족정책의 바탕을 이루었으나 가족이 사회구성원을 통해 지속적으로 인력을 공급하고 노동력의 재생산 기능을 충실하게 수행해 왔다.

최근 들어 가족정책은 사회와 경제의 흐름에 신속히 대응하고 개인주의적 가치관과 확산에 적응하는 데 중점을 두고 있다. 다양화, 탈 제도화, 개별화, 개성화로 대변할 수 있는 '포스터 모던(post-modem) 가족'의 개념이 탄생하였다. 이러한 인식은 가족복지 정책의 대상과 범위를 확대하여 가족이라는 개념도 결혼, 출산, 입양에 의해 형성된 제도 외에 이혼, 동거, 재혼, 한 부모, 계부모 가족까지를 포함하게 되었다. 일반적으로 가족정책을 바라보는 관점

은 다음의 세 가지로 구분하여 생각할 수 있다(이주연 · 정옥희, 2014).

첫째, 가족정책은 여성이 가족 내에서 담당할 것으로 예측되는 즉, 전통적으로 기대되는 일에 대해서 어떻게 지원해 줄 것인가와 관련된다. 양육과 보육자로서 여성에 대한 인식이 어떠한가에 따라 가족정책의 방향도 달라질 수 있다.

둘째, 국가는 사회에서 여성이 경제활동자로서 활동하는 문제에 대해 어떻게 생각하고 있는가에 해당하는 것이다. 이는 여성의 노동권과 관련된 것으로 여성의 노동권 보장을 위한 다양한 정책들이 도입되어야 할 것이다.

셋째, 국가는 가족법의 대상을 누구로 정하고 있는가와 관련된 것이다. 가족정책의 대상자를 법적으로 결혼한 부부, 실제 혼인 관계에 있는 자, 동성커플 등의 문제와 관련된다. 즉, 전통적인 가족개념을 고수할 것인지, 아니면 새로운 관점으로 바라보는 가족의 개념으로 바라볼 것인지에 관한 것으로 가족정책의 패러다임을 구분할 수 있다.

2) 가족정책의 영역

가족정책의 영역은 크게 명시적 가족정책(explit family policy)과 묵시적(암묵적) 가족정책(implict family policy)으로 구분한다. 명시적 가족정책이란 가족이나 가족구성원을 직접적인 대상으로 하는 정책으로 가족을 대상으로 한 네 가지 즉, 가족의 형성, 경제적 부양, 자녀양육, 가족 돌봄 정책이 명시적으로 나타나는 것을 말한다. 명시적 가족정책은 정책의 목적을 가족에 두고 추진한다는 점이 특징적이다. 따라서 명시적 가족정책은 가족을 위한 목적과 목표가 명확히 제시되고 정부 또는 행정기관이 특정한 기획과 정책을 행할 때 그것이 가족에게 분명하게 관계되는 것으로 가족에 대한 분명한 합의를 전제로 한다. 이러한 정책은 대부분 가족을 위한 의도적인 정책이다. 입양서비스 정책이나 탁아정책, 가족계획, 가족수당 등이 이에 해당된다.

묵시적 가족정책이란 정책의 집행이 간접적으로 가족에게 영향을 미치도록 하는 정책 수행방법이다. 즉, 다른 정책에 의해 수행되지만 간접적인 결과로 가족에게 정책적 영향을 미치는 것을 말한다. 묵시적 정책은 암묵적

정책이라고도 하는데, 다른 정책에서 취해진 조치들이 가족에게 영향을 미치는 것이기 때문에 비록 가족정책이 의도적으로 만들어진 것은 아니라고 할지라도 결과적으로 가족에게 영향을 미치는 정책을 말한다. 조세정책, 주택정책, 연금정책 등이 이에 해당된다. 종종 묵시적 가족정책을 사회통제의 수단으로 사용하는 경우도 발생하여 사회문제화되기도 한다.

표 12-3 가족정책의 영역

구분	의미	정책사례
명시적 가족정책	• 가족이나 가족구성원을 직접적인 대상으로 하는 정책 • 정부가 특정한 기획과 정책을 행할 때 그것이 가족에게 분명하게 관여하는 것 • 가족정책의 목표라는 승인을 얻을 수 있는 것	탁아서비스, 아동복지 서비스, 가족상담, 생활부조, 가족계획, 가족 조세혜택, 주택정책 등
묵시적 가족정책	• 가족에 대해 관여하고 있는 기획 또는 정책으로서 성립되는 것 • 정부나 행정기관이 행하는 활동이 간접적으로 가족을 위해 사회적 중요성을 가지는 것	공장설치의 위치에 관한 정책, 도로와 건물의 배치에 관한 정책, 관세조정, 이민정책 등

3. 가족정책의 시각

가족정책은 가족에게 미치는 효과와 영향력이 고려되어야 한다. 다시 말해서 국가의 사회정책을 가족정책의 시각에서 바라보는 것도 필요하다. 가족정책은 가족복지정책을 결정하고 정책에 대한 결과를 평가하는 전반적인 범주로 사용하는 정책이기 때문이다.

가족정책에 대한 시각은 가족복지를 어떻게 바라보느냐와 관련이 있다. 가족복지와 국가의 책무와의 관련성을 바탕으로 국가 개입의 정당성을 주장하는 시각과 그렇지 않은 시각 등으로 구분되는데, 일반적으로 이러한 시각을 자유주의적 시각, 진보적 시각, 여권론적 시각 등으로 구분한다.

1) 자유주의적 시각

자유주의적 시각은 보수적인 관점에서 가족정책을 바라보는 보수주의적 시각이다. 즉, 정부의 가족정책은 국민들을 오히려 힘들게 할 뿐 도움이 되지 않으니 국가의 개입을 최소화하여야 한다는 관점이다. 가족정책을 빌미로 가족을 통제하는 가족에 대한 정부의 족쇄를 풀어 줌으로써 오히려 가족이 마음대로 할 수 있고, 자유를 부여받을 수 있게 된다는 것이다. 머레이(Murry, 1984)는 정부의 가족정책이 수혜자들의 자율성과 자강력을 키우기 보다는 나라의 원조에 의존하는 수동적인 사람으로 만들었다고 주장하였다. 따라서 자유로운 가족정책의 중요성을 강조하면서 국민의 빈곤율을 높이기 위해서는 자유주의적 시각에서 가족정책을 전개할 것을 주장하였다. 결국 이와 같은 가족정책에 대한 자유주의적 시각은 가족정책은 복지를 통해 최소한의 현상 유지를 위한 전략이어야 한다는 생각이다.

2) 진보적 시각

사회변화에 맞춰 가족구조가 변화하고 있다. 다양한 형태의 가족이 등장하고 다양한 유형의 가족이 새롭게 나타나고 있다. 이러한 가족구조의 변화는 가족이 사라지거나 붕괴하는 것이 아니라 발전하고 있는 것이다. 가족은 여전히 우리사회의 중요한 기본집단이며 사회를 이루는 가장 기본적인 단위이자 우리 삶과 가장 가까운 사회 집단이다. 다만 사회의 변화에 따라 가치관 및 생활양식의 변화로 이혼 가족, 재혼 가족, 한 부모 가족, 무자녀 가족, 조손 가족, 다문화 가족 등 다양한 형태의 가족이 나타나고 있는 것이다. 어떠한 형태의 가족이라고 하더라도 가족은 일차적이고 친밀한 관계라는 사실은 변함이 없다. 따라서 국가는 가족정책을 수립하고 실천함에 있어서 변화하는 가족의 욕구에 맞춰 다양한 형태의 가족을 인정하고 각자의 형편과 선호에 따라 그에 맞는 가족이 선택될 수 있도록 하여야 한다. 이처럼 국가의 가족정책은 개인의 욕구에 맞춰 공평하게 분배하는 정책이 필요하다고 보는 시각이 진보적 시각이다. 이러한 진보적 시각에서의 가족정책은 여성의 경제적 자립을 위해서 남성이 가사노동과 육아를 공동으로 책임져야 한다는 것이 대표적인 예시이다.

3) 여권론적 시각

여권론적 시각은 여성의 인권적 시각으로 바라본 가족정책으로 전통적 가족의 역할인 재생산 기능을 보호하는 데 중점을 둔 관점의 주장이다. 여권론적 시각도 진보주의적 시각의 하나로 국가가 가족에 대해 적극적으로 개입해야 한다는 것을 전제로 하는 가족정책의 시각이라는 점에서는 공통적이다. 다만, 여권론적 시각에서는 기존의 가족정책, 예를 들면 출산 보호주의, 부계 중심의 온정주의 등이 가부장제 관념이 반영된 성차별적인 속성을 지니고 있다고 판단한다. 즉, 기혼여성이 남성으로부터 경제적 지원을 받을 것을 가정하여 여성에게 자녀보호의 책임을 주장하고 있다고 비판한다. 가족정책의 시각에 따른 분류를 요약하여 표로 제시하면 다음과 같다.

표 12-4 가족정책의 시각에 따른 분류

구분	특성
보수적(자유주의적) 시각	전통적 가족의 유지 강조, 다른 형태의 가족은 다소 병리적으로 간주하는 경향
진보적 시각	변화하는 가족의 요구에 대응해서 가족정책을 수립해 나갈 필요가 있다는 입장, 아동의 권리와 성인의 권리를 균형 있게 접근하는 정책 추구
여권론적 시각	기존의 가족정책이 추산보호주의, 부계중심의 온정주의, 가부장제적 인식을 반영한다는 비판적 시각하에서 여성들에게 진정한 선택과 평등을 제공하는 방식 그리고 가족과 사회 모두에서 성평등을 실현할 수 있는 방향으로 재정립되어야 한다고 주장

4. 우리나라 가족정책의 방향과 발전 방안

1) 우리나라 가족정책의 방향

우리나라는 현재 가족을 둘러싼 지각변동을 경험하고 있다. 특히 저출산과 관련된 가족정책에는 근본적인 경제·사회·문화적인 측면에 원인이 존재하고 있다. 여성의 학력 및 사회경제적 지위가 상승하고 독립성이 커짐에 따라 혼인연령이 상승하고 혼인율이 저하되는 한편, 출산과 육아에 따른 직간접비용이 증가하면서 출산율이 저하되었다. 또한 출산과 육아에 따른 간접비용, 즉 기회비용은 여성의 경제적 기회가 많을수록, 교육수준이 높을수록, 그리고 산업화와 지식정보화가 될수록 커졌다. 직접 비용 역시 지식정보사회로 이행하면서 교육 등 인적자본이 중요해지고 그 결과 자녀의 교육비 부담이 커지므로 증가할 수밖에 없었다. 뿐만 아니라 우리 사회구성원들의 가치관 변화 또한 출산율 감소에 중대한 영향을 주었다. 출산에 직접적인 영향을 미쳤던 남아선호사상이 크게 약화되고 양성평등적 자녀관이 확대됨에 따라 다자녀관에서 소자녀관으로 전환되었다. 출산율 또한 가족이나 사회적 책무로 생각하기보다는 개인적 선택으로 생각하는 경향이 강해졌다. 만혼화의 진전과 함께 증가된 독신자 비율 역시 결혼과 출산이 강하게 결부되어 있는 한국적 상황에서 출산율 하락에 큰 영향을 미치는 요인이 되고 있다. 이러한 가치관의 변화는 후기산업사회에서 여성의 삶의 질이 개선되지 못하고 있기 때문에 강화된다. 엄마가 되는 '기쁨'보다는 '부담'이 훨씬 큰 중압감으로 느껴지는 사회에서 출산에 대해 긍정적인 태도를 갖기는 어렵다. 따라서 세계 최저 수준의 낮은 출산율, 급속하게 늙어가는 사회와 함께 증가하는 노인 부양의 부담, 이혼 증가로 인한 한부모 가정의 증가, 맞벌이 가구의 증가로 인한 아동 돌봄 부담의 증가 등 가족을 둘러싼 변화는 심각한 사회문제가 되어 우리 앞에 놓이게 되었다. 어떤 이들은 이러한 현상을 가족의 '위기'로 인식하면서 가족의 '회복'을 주장하고, 다른 이들은 사회변동이라는 큰 틀에서 진행되고 있는 근대적 변화로 인식하면서 가족의 '변화와 다양성에 대한 인정'을 주장한다(백승훈, 2011).

이 밖에도 우리사회는 산업화, 도시화, 서구화 등의 영향으로 급격한 사회변동을 경험해 왔다. 변화하는 환경 속에서 가족이라는 구성은 끊임없이 도전과 시련을 맞으며 위기에 직면하고 있다. 가족구조의 축소와 분화, 가족기능의 약화, 개인주의적 가치관의 확산, 성역할 변화, 양성평등에의 부적응, 가정폭력의 증가, 가족해체의 증가 등 변화요인도 다양하다. 특히 다른 사회와 달리 한국사회는 유교에 기초한 전통적인 가치와 규범이 뿌리 깊게 유지되고 있었던 관계로 가족환경의 변화가 가족가치관을 비롯하여 개인의 다양한 가치관, 그에 따른 행위, 나아가 사회 전반에 미치는 영향은 지대할 수밖에 없다. 그렇지만 경제적 위기상황하에서 가족의 기본적 기능인 경제적·정서적 기능의 약화와 관련된 사회문제가 급격히 증가되고 있음에도 불구하고 가족정책은 요보호 가족에 대한 최소한의 사후적 치료에 초점을 맞추고 있을 뿐 가족 자체를 강화하고 문제발생을 사전에 차단하기 위한 사회적 노력은 극히 미흡한 실정이다. 이러한 비판을 직시하고 '가족'을 중요시하는 세계적 흐름에 동참하여 우리나라 가족이 안고 있는 다양한 문제에 대응하기 위해 우리나라에서도 '건강가정기본법'을 제정하여 적용하고 있다. 이는 가족을 단위로 하고 가정을 대상으로 한 거시적 및 미시적 정책을 체계적으로 추진하기 위한 것으로 판단된다(김승권, 2004). 이처럼 우리나라의 가족정책은 앞으로도 가족 단위를 중심으로 한 미시적 가족정책의 추진과 함께 거시적인 측면에서 가족의 기능을 활성화할 수 있는 방향으로 추진되어야 할 것이다.

2) 우리나라 가족정책의 쟁점

가족정책은 사회 환경의 변화와 관련성을 지니고 있다. 우리 사회 구성원들은 누구나 가족에 속하고 있고 성, 연령, 계층에 따라 가족정책에 대한 요구도 다양하다. 한 국가의 가족정책은 인구정책 및 이에 대한 반응, 경제정책, 사회복지정책 그리고 남녀평등 및 인권개념 등과 깊은 상호관계 속에서 다루어져야 한다.

지금까지 우리나라의 가족정책은 요보호대상자를 중심으로 선별주의적 프로그램을 도입하여 선 가정, 후 사회보장제도를 통해 가족 스스로의 복지 기능을 강화하고 요보호자의 발생을 예방함으로써 요구가 발생할 때 가족을 우선 보호하고 최종적으로 사회보장을 한다는 방향이었다(변화순, 2004). 이와 같은 우리나라의 가족정책이 오늘날 변화하는 가족에 대한 이해 속에서 이루어지지 않는다면 점차 증가하는 가족문제에 대한 예방과 해결에 있어서 적절한 정책적 대응을 하지 못하게 될 것이다. 이제는 우리 사회의 맥락에서 가족의 변화를 이해하고 우리 사회의 가족문화를 고려하여 가족문제를 예방하고 해결할 수 있는 국가적이고도 정책적인 자원의 개입이 준비되어야 할 것이다. 그렇다면 우리나라 가족정책에 있어서 쟁점이 되고 있는 문제는 무엇일까? 관점에 따라 가족정책에 대한 인식에는 다소 차이가 있겠지만 모든 이들의 관점은 수혜자들에게 얼마나 효율적이고 실질적인 도움이 되는 정책인가에 있을 것이다. 우리나라 가족정책의 쟁점사항에 대해 장혜경(2005)은 다음과 같은 네 가지 관점을 지적하고 있다.

첫째, 여성의 경제활동 참가율의 증가와 함께 여성이 주로 담당해 온 가족 내 양육 및 부양(돌봄) 기능의 공백이 증가하게 되는데, 이에 대한 사회적 지원 방안은 무엇인가?

둘째, 이혼을 비롯한 여성 한부모(모자)가족의 증가는 가족빈곤을 심화시키고 있는데 빈곤의 여성화방지 대책으로는 무엇이 있는가?

셋째, 급격한 출산율 감소는 여성의 노동시장 참여와 관계가 있으며 실효성 있는 여성·가족친화적 정책을 필요로 하고 있는데, 과연 가족친화적 정책으로는 무엇이 있는가?

넷째, 가족형태의 다양화와 가족가치관의 변화 및 정서적 유대의 약화는 가족의 다양성 인정과 평등한 가족문화 정착을 위한 법제도정비를 요구하고 있는데 이에 대한 대책은 무엇인가?

이상에서 살펴본 가족정책에 대한 쟁점과 더불어 가족정책의 주요 내용을 분류하여 표로 제시하면 다음과 같다.

표 12-5 가족정책의 분류와 주요 내용

분류	가족정책의 주요 내용	
	가족단위의 정책	가족원 및 가족유형을 고려한 정책
소득보장정책	• 사회보험(국민연금, 산재보험, 고용보험) • 공적부조(기초생활보장제도) • 조세(소득세 공제) • 수당	• 노인대상(경로연금, 고용지원, 경로우대) • 한부모가정 • 소년소녀가정 • 고용관련정책
주거보장정책	• 저소득 가정을 위한 주거정책(영구임대주택사업)	• 한부모가정(주거비지원, 보호시설) • 노인(재가목적/입주보호목적)
양육 및 부양지원정책		• 자녀양육지원(영유아보육정책) • 육아휴직제도, 한부모가정, 자녀양육지원 • 노인부양지원(재가노인복지서비스)
의료보장정책	• 국민건강보험제도 • 의료보호제도	• 의료비지원(한부모가정, 소년소녀가정) • 노인대상(노인건강진단제도, 치매) • 신고상담센터, 방문간호서비스
가정생활 문화정책	• 여가정책, 자원봉사활동, 가정의례, 소비관련정책	• 아동, 청소년, 여성, 노인 등
가족보호정책	• 가정폭력 예방 및 피해자 보호 정책	• 아동대상(아동학대 예방 및 피해자 보호 정책)
기타 가족정책	• 민간부문의 서비스 프로그램	• 한부모가정 • 노인 • 아동/소년소녀가정

※ 출처 : 김승권(2004). p. 10.

3) 우리나라 가족정책의 발전 방안

가족을 둘러싼 사회적·개인적 환경은 지속적으로 변화할 것이다. 우리 사회는 구조적 측면에서 다양한 형태로 나타날 모든 가족을 안정시키고 기능을 강화해 나가야 한다. 아울러 가족정책의 발전 방안으로 다양한 가족문제의 발생을 예방하기 위한 체계를 갖추고 발생된 가족문제를 적극적으로 치료하여 건강한 가족을 유지하도록 해나가야 한다. 우리나라 가족정책의 발전 방안에 대해 김승권(2004)은 두 가지 관점을 제시하고 있다. 첫째는 가족친화적 사회환경에서의 건강한 가정생활의 영위에 관한 문제이고, 둘째는 급격한 사회변동에의 적응을 위한 가족의 기능 강화, 가족친화적 복지환경에서의 건강한 가정생활 보장, 양성평등한 가정생활을 추구하는 문제이다. 이러한 두 가지 목적을 달성하기 위해서는 다음과 같은 점이 해결되어야 한다는 점을 강조하고 있다.

첫째, 가족단위의 복지 전달체계를 구축해야 한다. 가족단위의 복지체계를 구축하기 위해서는 가족정책의 장단기 계획을 수립하고 효율적인 전달체계를 마련해야 한다. 이를 위해서는 가족복지서비스의 공급 주체를 다원화하여 불합리한 행정체계를 적극적으로 개선함으로써 서비스의 효율화를 극대화할 수 있다.

둘째, 가족친화적 복지환경 조성에 따른 가족의 안정도모와 함께 가족복지를 실현해 나가야 한다. 가족복지의 구현에 있어서 보편적, 예방적 가족복지서비스를 강화해 나가야 하며 궁극적으로는 자립하는 가족이 구현되도록 해야 한다. 가족을 단지 복지의 수혜 대상으로만 취급하는 것이 아니라 가족 스스로 복지의 공급자가 될 수 있도록 자립지원을 강화하는 등 일상적 복지, 생활복지의 필요성이 강조되어야 한다.

셋째, 다양한 가족 기능과 역할을 증대하는 정책을 강화해 나가야 한다. 기존의 저소득층 가족, 한부모가족 및 미혼모가족에 대한 지원을 지속적으로 확대해야 할 뿐만 아니라 향후 증가하게 될 다양한 가족형태에 적절한 복지정책이 요구된다. 또한 가족해체의 예방과 가족기능의 강화를 위한 제도마련도 필요하다.

넷째, 선예방・후치료 중심의 가족복지서비스를 강화해 나가야 한다. 가족복지서비스는 전체 가족원의 안녕과 행복을 증진하기 위한 환경을 조성하여 제공하여야 한다. 또한 자녀양육의 적정한 수준을 보장하여 모든 아동이 교육과 보호에서 제외되지 않도록 한다. 그러기 위해서는 선예방・후치료 중심의 가족복지서비스를 강화해 나가야 한다.

5. 가족친화정책과 젠더

1) 가족친화정책의 개념

가족친화정책은 다양한 욕구들을 충족시켜주기 위한 제도적 장치로 기업이 지원하는 제도로서 근로자들이 직장과 가정에서 요구받는 일과 가족에 대한 역할과 책임을 조화시키기 위한 것이다(전성준, 2016). 따라서 가족친화정책이란 직장과 가정 내 조직 구성원이 맡아야 하는 의무와 책임을 다하는 데 있어 균형적으로 이행하게끔 도와주는 제도를 말한다. 가족친화정책은 기존 직무만족의 개념이 갖는 가정 내 삶과 직장 안에서의 개인사적인 영역까지 확장한 것으로 본다. 이에 따라 가족친화정책은 조직과 조직 구성원의 욕구를 만족시켜 주는 것으로 이들 두 가지의 욕구가 균형을 이룰 때 조직의 생산성은 극대화된다고 본다(Romzek, 1991).

이와 같은 가족친화정책은 가족의 기능을 강화하는 효과가 있으며 가족 내 만족도 향상에도 도움이 된다. 보통 국가적 차원에서 시행하는 경우가 대부분이지만, 기업, 회사 등에서도 이를 준수하여 시행하기도 한다.

가족친화정책은 가족의 중요성을 인식하고 가족의 약화된 기능을 회복하는 데 도움이 된다. 가족은 사회를 이루는 가장 기본적인 구성 집단으로 가족으로부터 국력이 나온다고 할 수 있을 만큼 사회의 기초역량으로 가장 중요한 사회집단이다. 뿐만 아니라 가족은 기본적인 인적자원의 생산은 물론, 사회의 건강한 가치교육으로 대변되는 일차적인 사회화가 이루어지는 곳이다. 따라서 사회집단의 역량을 강화하기 위해서는 가족친화정책을 통해 가족의 기능을 강화하는 방안 마련이 필요하다.

가족친화정책의 예시로는 연차 및 휴가 제도, 가족 돌봄 및 특별휴가, 유연근무제도, 일과 가정이 양립할 수 있는 조화로운 직장 분위기를 확산, 가정생활에 맞추어 일을 할 수 있는 여유를 제공하는 것 등이 해당된다.

2) 가족친화정책의 제도

가족친화정책은 정부가 운영하고 제공하며 공무원 개인을 비롯한 가족들 건강을 위해 있다. 가사휴직, 질병휴직, 출산휴가, 병가 등이 있고 공무원연금관리공단이 주는 장해급여 지급 및 공무상 요양비 등도 이에 해당된다. 가족친화정책의 유형으로는 휴직 및 휴가제도, 근무제도, 맞춤형 복지제도로 구분되며, 그 내용을 요약하여 제시하면 다음과 같다(김승권, 2004).

(1) 휴직 및 휴가제도

출산과 자녀양육이 직장여성들에게 경제활동 참여와 자기능력계발에 중대한 장애요인으로 작용하고 있다. 특히 출산과 육아로 인한 여성 경제활동 참여의 중단과 유보 현상은 엄청난 사회경제적 손실의 요인이 되고 있다. 이에 따라 적절한 시기에 육아휴직을 통해 육아문제를 해결할 수 있도록 휴직 및 휴가제도가 도입되었다. 특히 육아휴직은 여성만의 전유물이 아니라는 점에서 남성에게도 육아휴직의 기회를 동일하게 부여하고 있다. 맞벌이 시대에 가정의 업무와 직장의 업무가 어느 한 사람만의 것이 아니다. 마찬가지로 사회에서의 육아형태 역시 여성의 업무만이 아닌 만큼, 남성의 적극적인 참여와 협조가 필요하다.

(2) 근무제도

유연성을 지닌 근무형태로 시간근무제, 주 4일 근무제, 시차출퇴근제, 시간제근무제, 스마트워크근무제, 근무시간선택제 등이 도입되었다. 이러한 근무형태를 가리켜 유연근무제(flexible work arrangement)라고 한다. 유연성의 의미는 업무일정의 유연성으로 탄력시간제, 집중근무제, 교대근무제 등과 같이 근무시간만 확정이고 업무일정이나 출퇴근 시간을 융통성을 가지고 운영하는 것을 말한다. 업무량에 대한 유연성을 위해 근무공유제나 시간근무제처럼 근무시간을 통째로 융통성 있게 운영할 수도 있다. 즉, 재택근무와 같은 업무장소의 유연성도 이에 포함된다. 유연근무제의 유형과 개념을 요약하여 표로 제시하면 다음과 같다.

표 12-6 유연근무제의 유형

유형	세부형태	개념
시간제	시테크제	주 40시간보다 짧은 근무
탄력제	주 4일 근무제	주 4일 근무제도에 따른 휴일 보강
	시차출퇴근제	1일 8시간 근무체제 유지
	시간선택제 근무	1일 4시간부터 12시간 근무
원격제	스마트워크근무	별도 사무실 근무(자택 인근 SWC 등)
	근무장소선택제	특정한 근무장소를 정하지 않은 정보통신망 근무

(3) 맞춤형 복지제도

전통적으로 복리후생제도는 정책적 판단에 따라 복지항목을 선택할 뿐, 직원들의 요구나 선호는 받아들이지 않는 형태를 갖고 있다. 맞춤형 복지제도는 이러한 전통적인 복지제도의 개념에서 벗어나 종업원 개개인의 본인이 처한 상황이나 환경, 선호도에 따라 자신의 의지에 의해 복리후생 혜택을 선택하는 제도를 말한다. 맞춤형 복지제도는 개인 단위의 근무시간, 부양가족의 수 등에 의해 복지예산을 일정하게 배분하며 개인의 필요와 욕구에 따라 배정된 복지예산 범위 내에서 복지 서비스를 자율적으로 선택하는 제도이다. 이러한 복지제도는 행정능률을 높일 뿐만 아니라 근무환경과 구성원의 동기부여를 통해 직원들의 업무 집중도 및 충실성을 높이는 데 도움이 된다. 맞춤형 복지제도는 다음의 네 가지 특성을 지니고 있다.

첫째, 맞춤형 복지제도는 개별적인 복지제도이다.
둘째, 맞춤형 복지제도는 유연한 복지제도이다.
셋째, 맞춤형 복지제도는 참여적 복지제도이다.
넷째, 맞춤형 복지제도는 복지제도를 통해 얻는 효과를 강조하는 제도이다.

맞춤형 복지제도는 사전에 설계되어 제공되는 복지혜택 중에서 본인의 선호와 필요에 따라 개별적으로 부여된 복지점수를 써서 적절한 복지혜택을 고르는 제도이다. 전통적인 복지제도의 획일적인 복지 프로그램에서 새로운 재정의 추가투입은 최소화하고 개인의 욕구와 삶의 양식에 따라 원하는 것만 골라 필요한 만큼 선택하는 효과적인 복지수혜제도이다. 맞춤형 복지제도의 확대를 통해 생산성을 높여 나가야 할 것이다.

생각해보기 | 가족친화기업이 될 수 있는 방법 열 가지

유니세프 웹사이트에서 기업을 향한 메시지로 가족친화기업이 될 수 있는 열 가지 방법에 대해 제시하였다. 가족친화기업이란 듣기에만 좋은 것이 아니다. 유니세프는 가족친화기업이 될 수 있는 방법을 설명하면서 가족친화기업이 사회 전반에 걸쳐 실질적으로 중대한 영향을 끼치고 있다는 사실을 잘 설명하고 있다.

격무로 인해 부모들이 신생아와 보내는 시간을 충분히 갖지 못하는 것은 비단 우리나라만의 일이 아니라 전 세계적인 상황이다. 부모가 된 직원들이 자녀들과 만족스러운 첫 출발을 할 수 있도록 시간과 지원을 해 주어야 한다. 유니세프는 기업이 끼칠 수 있는 영향력을 다음의 열 가지로 제안하고 있다.

첫 번째, 엄마인 여성이 차별받지 않아야 한다. 출산, 육아, 가족들을 챙겨야 한다는 이유로 월급이나 근무조건, 승진기회 등에서 부당한 대우를 받지 않도록 기업은 할 수 있다.

두 번째, 최소 6개월의 유급 출산휴가를 줄 수 있다. 사람의 인생에서 가족이 함께 보내야 하는 시간이 가장 필요한 때 기업은 이 여건을 만들어 줄 수 있다.

세 번째, 수유가 직장에서 가능하도록 할 수 있다. 수유할 시간을 유급으로 하고, 수유실도 갖추고, 유축기도 구비할 수 있다.

네 번째, 적절한 비용으로 양질의 탁아시설을 사용할 수 있도록 지원할 수 있다. 훌륭한 조기교육을 받고 신생아들의 잠재력이 최대한 계발되도록 할 수 있다.

다섯 번째, 탄력적인 근무시간을 허용할 수 있다. 재택근무 정책이나 유사한 근무환경을 채택할 수 있다.

여섯 번째, 법으로 정해진 기준치를 뛰어넘는 근무환경을 구축할 수 있다. 가족들이 경제적 어려움을 겪지 않도록 급여를 줄 수 있다.

일곱 번째, 이주 노동자들이나 계절노동자들이 처한 어려움을 해결해 줄 수 있다. 가족들과 이사하는 과정을 지원할 수 있고, 정부와 협력해서 이주노동자들이 적합한 신분을 갖고 기초필수 사항들을 해결하도록 할 수 있다.

여덟 번째, 직원들이 바람직한 부모역할을 할 수 있도록 지원할 수 있다. 신생아의 발달과정이 중요하다는 것을 이해하도록 트레이닝이나 캠페인을 펼칠 수 있다.

아홉 번째, 가족친화정책에 파트너 기관들도 참여하도록 할 수 있다.

열 번째, SNS 등을 통해 소비자들과 고객들이 신생아의 발달과정이 중요하다고 이해하도록 도울 수 있다.

기업이 가족친화적인 정책을 취함으로써 얻을 수 있는 혜택은 어떤 점이 있을까요? 직원들의 생산성이 높아질 것이다. 훌륭한 인적자원들을 채용할 수 있을 뿐만 아니라 동기부여도 할 수 있고, 이직률을 낮출 수도 있다. 가족친화정책은 직원들에게도 가족들에게도 그리고 우리 사회도 이롭게 한다.

※ 출처 : https://www.unicef.org/early-childood-development/10-ways-companies-can-be-more-family-friendly (2022.12.12.)

제13장 젠더와 가족 관련법

국가는 가족보호를 목적으로 하는 다양한 법령을 명시적으로 선언함으로써 가족정책을 정당화한다. 이러한 가족정책은 우리나라 법의 최상위 법령이라고 할 수 있는 헌법에 근거하여 만들어진다. 우리나라 헌법에서는 제36조 제1항에서 "혼인과 가족생활은 개인의 존엄성과 양성의 평등을 기초로 성립되고 유지되어야 하며, 국가는 이를 보장한다."라고 명시하고 있으며, 동법 제2항에서는 "국가는 모성의 보호를 위하여 노력하여야 한다."라고 명문화하고 있어 가족보호에 대한 국가의 의무를 명확하게 제시하고 있다. 가족과 관련된 법령으로 가족법, 가족관계등록법, 건강가정기본법, 저출산·고령사회기본법, 다문화가정지원법, 한부모가족지원법, 남녀고용평등과 일·가정 양립 지원에 관한 법률, 영유아보육법, 아이돌봄지원법 등에 대한 내용을 살펴보면 다음과 같다.

1. 우리나라 가족법

1) 가족법의 개념

가족법은 가족의 범위와 구조를 한정함으로써 친족구조 내에서의 가족의 정체성을 법제화하고 친족의 공동생활과 공동생활에 기초한 재산의 승계관계를 규율한 법령이다. 따라서 가족법은 혼인관계, 친자관계, 친족관계를 규율대상으로 한다. 우리나라에서는 민법 가운데에서 제4편 '친족'과 제5편 '상속'을 하나로 묶어서 '가족법'이라고 한다. 즉, 가족법은 친족법과 상속법으로 나누어지며 그래서 가족법을 다른 말로 '친자 · 상속법'이라고 부르기도 한다. 오늘날 서구사회에서는 혼인관계와 친자관계를 제외한 친족관계는 거의 규율대상이 되지 않고 있다. 하지만 우리나라는 아직도 친족관계에 대한 의식이 많이 남아 있다. 대한민국 민법이 광범위한 친족범위를 법률적으로 인정하고, 가족의 범위를 규정하고 있는 것은 이 때문이라 할 수 있다. 가족법은 사회의 도덕적 규제에 관한 것이며 가족의 정체성이라고 할 수 있는 신분에 관한 법적 규정을 주요 내용으로 하고 있다. 특히 가족법 중에서 친족법은 친족의 정의와 범위 등을 규율하고 있으며 혼인법, 친자법, 후견법[1], 부양법[2], 호주승계법 등으로 구성되어 있다. 상속법은 재산상속과 유언, 유류분에 관한 규정을 하고 있다. 실질적인 의미의 가족법은 민법의 친족법, 상속법 외에 「가족관계 등록에 관한 법률」, 가사소송법, 입양특례법 등이 있다.

---

1) 사무처리 능력이 부족하거나 결여된 사람을 위하여 특정인에게 그의 재산관리, 법률행위 대리 내지 신상감호를 맡기는 제도를 말한다. 후견을 하는 사람을 '후견인'이라 하고, 후견을 받는 사람을 '피후견인'이라고 하며 법제에 따라 후견제도의 내용은 천차만별이다. 현행법의 후견은 크게 미성년후견과 (광의의) 성년후견(법에서는 "성년후견 등"이라고 표현한다)으로 나뉜다. 법제에서는 행위능력제도와 후견제도를 연계시키고 있으므로, 성년후견 개시심판이나 한정후견 개시심판은 사건본인의 행위능력을 제한하는(능력자를 제한능력자로 만드는) 재판상 처분의 성질도 갖는다.

2) 부모나 자녀 등 일정한 소득이 있는 가족에게 '부양의무'를 부과하는 것과 관련된 법제로 민법 제974조 직계혈족 간 부양의무에 관한 규정, 민법 제977조는 '부양의 정도 또는 방법에 관하여 당사자 간에 협정이 없는 때에는 법원은 당사자의 청구에 의하여 부양을 받을 자의 생활 정도와 부양의무자의 자력 기타 제반사정을 참작하여 이를 정한다'라고 규정하고 있다. 국가로부터 기초생활보장수급을 받기 위해서는 아무리 경제적으로 어려움이 있다고 해도 부양의무자가 없다는 사실을 입증해야 하는데 이로 인하여 실제 직계가족으로부터 부양을 받지 못하고 있을지라도 직계가족인 부양의무자의 소득이 일정 기준을 넘으면 수급자격을 제한해 복지 사각지대를 양산한다는 지적을 받고 있다. 현행 국민기초생활보장법상 부양의무자는 '수급권자의 1촌 직계혈족 및 그 배우자', 수급권자의 부모와 자녀, 그 배우자를 말한다.

2) 가족법의 변천과정

우리나라 가족법은 1958년에 제정 · 공포되어 1960년 1월 1일부터 시행되었다. 제정 당시에는 우리나라 가족제도가 가부장적 사고방식에 기반을 두고 있어서 대가족 제도 하에서의 가족윤리와 규범이 현대사회에서도 지켜져야 한다는 점을 체계화한 것이다. 이 당시의 가족법에서는 호주제도, 친족제도, 혼인관계와 관련한 가족의 형성과 승계 등을 중심으로 가부장적 대가족이나 부계혈통 우선주의, 혈연중심 가족 등을 강조하였다. 그 후 여성계의 남녀평등에 어긋나는 조항에 대한 수정과 사회변화에 따른 여권신장의 조항 추가 등 지속적인 개정 요구로 1962년 1차 개정, 1977년 2차 개정, 1990년 3차 개정, 2005년 4차 개정, 2007년 5차 개정을 비롯하여 여러 차례 개정을 실시하였다. 이러한 수차례의 개정에 따라 가족법은 자유주의적 평등이념의 도입으로 가족제도의 가부장적 성격이 점차적으로 약화되는 변화가 이루어졌다. 가족법의 개정에 따른 주요 내용은 다음과 같다.

(1) 제1차 가족법 개정 내용(1962년 개정)

- 대가족 제도가 개인의 자유로운 활동을 위축시킬 뿐만 아니라 사회 전체의 발전을 저해하므로 부부중심의 소가족 제도로 전환
- 본인 또는 호주의 의사에 의해 이루어졌던 임의분가와 강제분가제도 외에 차남 이하의 아들이 결혼하면 자동적으로 분가하는 법정분가제도 신설
- 결혼을 분가의 기점으로 파악함으로써 가족생활에서 대가족 제도의 제도적 규정이 사라지고 개인주의와 근대적 핵가족을 허용하는 법적 기초를 마련

(2) 제2차 가족법 개정 내용(1977년 개정)

- 가족법 개정 10개 항목을 결정하고 '세계여성의 해'인 1975년에 국회에 개정인을 제출

- 혼인 가능 연령을 남성 18세, 여성 16세로 하고 남녀 모두 만 20세 이상이면 부모의 동의 없이 혼인할 수 있도록 하는 결혼 자유권 보장
- 부부재산권과 관련하여 부부 일방이 결혼 전부터 소유한 고유재산과 결혼 중 자신의 명의로 취득한 재산을 각각 특유재산으로 인정하는 '부부별산제' 신설
- 자녀에 대한 친권을 아버지만 가능했던 조항을 부모의 친권공동행사주의로 전환
- 법정상속에서 '유류분제도'[3] 신설
- 여성의 상속분을 남성의 1/2에서 균분상속으로 변경
- 누구의 소유인지 분명치 않은 재산은 부부의 공동소유로 봄
- 협의이혼도 법원을 거치도록 규정

(3) 제3차 가족법 개정 내용(1990년 개정)

- 친족범위를 부계·모계, 남편·아내 쪽을 평등하게 하였는데, 구체적으로는 친족범위를 8촌 이내 부계혈족, 4촌 이내 모계혈족에서 부계·모계 동일하게 8촌으로 변경
- 결혼으로 인한 인척범위를 남편은 8촌까지 아내는 부모로 국한했던 것을 남편과 아내 모두 동일하게 4촌까지로 규정
- 이혼 배우자의 재산분할청구권 신설
- 호주상속제도를 폐지하고 임의적 호주승계제도 신설
- 호주에게 고유의 상속분에 50%를 가산하던 것을 다른 상속자들과 동일한 균분상속으로 전환
- 혼인법에서 부부는 남편의 주소나 거소에 동거하도록 한 것을 부부의 협의 결정으로 전환

---

3) 남은 유족들의 생계를 보장하기 위해 유언이 있었더라도 유족들이 일정 액수의 재산을 받을 수 있도록 규정한 것을 말한다. 유류분은 상속인을 위하여 법률상 유보된 상속재산의 일정 부분을 뜻하는데, 피상속인은 아무리 자기 재산이라 하더라도 유류분을 침해해서까지 처분할 수 없다. 따라서 피상속인이 유언으로 상속재산 전부를 제3자에게 처분했을 때, 상속인은 유류분 제도에 따라 피상속인에게 재산을 무상으로 받은 자를 상대로 유류분의 반환을 청구할 수 있다.

- 남편이 부담하던 생활비를 부부가 공동으로 부담하도록 함
- 부양의 의미에서 여성의 가사노동도 부양활동에 포함
- 결혼생활 비용은 부부가 공동부담
- 이혼부부의 자녀양육 규정을 조정하고 이혼한 어머니도 친권자가 될 수 있도록 함
- 배우자 일방이 다른 일방에게 재산분할을 청구할 수 있는 '재산분할청구권'을 신설함

(4) 제4차 가족법 개정 내용(2005년 개정)

- 호주제도를 폐지하여 호주에 관한 규정과 호주제도를 전제로 한 규정을 삭제하여 가족의 개념을 부부중심으로 재편
- 동성동본금혼제도에서 근친혼금지제도로 변경하여 혼인을 할 수 없는 근친의 범위는 8촌 이내의 혈족(친양자의 입양 전의 생가혈족 포함), 6촌 이내의 혈족의 배우자, 배우자의 6촌 이내의 혈족, 4촌 이내 혈족의 배우자의 인척이나 인척이었던 자, 6촌 이내의 양부모계 혈족이었던 자와 4촌 이내의 양부모계 인척이었던 자 등으로 변경
- 여성에 대한 재혼 금지기간 6개월 제도를 폐지
- 혼인취소 청구권자의 범위 변경
- 부모의 동의 없는 미성년자의 혼인취소청구권의 소멸시기를 '성년'에서 '20세'로 변경
- 혼인의 취소의 경우에도 이혼 시 자녀에 대한 양육책임(제837조)과 자녀에 대한 면접교섭권(제837의2)에 관한 규정을 준용하도록 함
- 이혼 시 자녀의 양육에 관한 사항, 면접교섭에 대하여 부부간에 협의가 이루어지지 않은 경우 당사자 청구 또는 법원의 직권으로 양육, 면접교섭에 대한 처분을 할 수 있도록 함
- 친생부인(親生否認)의 소송은 남편뿐만 아니라, 아내도 제기할 수 있게 인정하고 제소기간을 친생부인 사유를 안 날로부터 2년 이내로 연장
- 아버지의 독점적인 친생부인권을 부정하고 어머니에게도 친생부인권을

인정하여 가부장적인 성격을 철폐하고 자녀의 복리를 도모함

- 친양자입양제도[4]를 신설하여 계약형 양자에서 신고형 양자로 전환
- 자녀의 성과 본도 변경할 수 있도록 하였고 부모가 혼인신고 시 모의 성과 본을 따르도록 협의할 수 있고 자의 복리를 위하여 자의 성과 본을 변경할 필요가 있을 때에는 법원의 허가를 받아 변경할 수 있도록 개정

(5) 제5차 가족법 개정 내용(2007년 개정)

- 남녀의 약혼 연령 및 혼인적령에 관하여 남녀 모두 18세로 조정
- 이혼 숙려기간[5] 도입과 협의이혼 시 자녀 양육사항 및 친권자 지정 합의를 의무화하도록 규정
- 협의이혼 시에 자녀양육 사항 및 친권자 지정 합의 의무화
- 부모에게만 면접교섭권을 인정하고 있어서 자녀는 면접교섭권의 객체로 인식되는 문제가 있어, 자녀에게도 면접교섭권 인정

(6) 제5차 가족법 개정 이후(2011~2014년)

① 2011년 가족법 개정에서는

- 한정치산, 금치산제도를 폐지하고 그 대신 능동적이고 적극적인 사회복지시스템인 성년후견, 한정후견, 특정후견제도를 도입하여 이 제도를 필요로 하는 사람들에 대한 보호 강화(2013년 7월 1일 시행)
- 제한능력자인 성년후견을 받는 사람의 능력을 확대하여 법률행위 중 일용품의 구입 등 일상생활에 필요한 행위 등의 경우 후견인의 동의 없이도 일정한 행위를 할 수 있도록 하고, 이를 유효한 법률행위로 인정

---

4) 친양자 입양이란 자녀의 복리를 위하여 양자를 혼인 중의 자녀로 인정하는 제도이다. 친양자로 입양되면 친권자가 새로 형성되며, 성과 본도 양아버지의 성과 본을 따르도록 하였다.

5) 협의이혼 당사자는 일정 기간이 경과한 후에 가정법원에서 이혼의사 확인을 받아야 이혼이 가능하도록 한 제도

- 친족회를 폐지하고 그 대신 가정법원이 사안에 따라 후견감독인을 개별적으로 선임할 수 있도록 함
- 성년후견제도는 거래의 안전을 보호하고, 제3자를 보호하기 위하여 성년후견 등에 관한 사항을 등기하여 공시하도록 함

② 2012년 가족법 개정에서는

- 미성년자 입양에 대한 가정법원의 허가제 도입과 부모의 동의 없이 양자가 될 수 있는 방안 마련
- 친양자 입양의 가능 연령을 15세 미만에서 연령제한을 완화하여 친양자가 될 사람이 미성년자이면 친양자 입양을 할 수 있도록 함.

③ 2014년 가족법 개정에서는

- 상당히 의미 있는 개정이 이루어졌는데 친권의 일시정지제도나 친권의 일부 제한 제도 도입
- 친권자의 동의에 갈음하는 법원의 재판제도 신설
- 부모의 친권남용으로 자녀의 복리를 해지는 상황이 발생하여 이를 예방하기 위한 다양한 제도 도입, 신설함

2. 가족관계등록법

1) 가족관계등록법의 의의

우리나라의 호주제는 2005년 3월 2일 헌법재판소가 호주제 헌법 불합치 결정을 내리고, 2005년 3월 2일 민법 개정안이 국회를 통과하면서 폐지되었다. 이에 따라 2007년 5월 17일 「가족관계의 등록 등에 관한 법률」이 제정되고, 2008년 1월 1일부터 신분등록제인 기본 가족별 편제방식의 가족관계등록법이 도입되었다. 이로써 '1인 1적제(1人 1籍制)'를 바탕으로 하는 '국적 및 가족관계등록부'가 시행되게 되었다. 가족관계등록법은 국민의 출생·혼인·사망 등 가족관계의 발생 및 변동사항에 관한 등록과 그 증명에 관한

사항을 규정한 법령이다. 이 법령의 주요 내용은 호적은 호주를 중심으로 가(家) 단위로 작성되었지만, 이 법은 가족 구성원 한 사람마다 별도의 가족관계등록부가 작성되도록 하였다. 증명서는 증명 목적에 따라 가족관계증명서, 기본증명서, 혼인관계증명서, 입양관계증명서, 친양자입양관계증명서의 다섯 종류로 나누어 증명해 줌으로써 개인정보 보호를 강화하였다.

가족관계등록법에서는 호주제에서 자녀에게 아버지의 성과 본을 강제하던 부성(父姓) 강제규정을 완화하여 자녀의 성씨는 부부간의 합의로 정할 수 있도록 하였다. 또한 친양자제도[6]의 경우에는 입양한 자녀의 복리를 위해 양자에게 혼인 중의 친생자와 동일한 법적 지위를 부여하도록 하였다. 따라서 친양자로 입양되면 친생부모와의 친족 및 상속관계는 모두 종료되고 양부모와 법률상 친자관계를 새롭게 형성하며, 성과 본도 양부의 성과 본으로 변경할 수 있도록 하였다. 자녀의 복리를 위하여 아버지나 어머니 또는 자녀가 청구하면 법원의 허가를 받아 자녀의 성과 본도 변경할 수 있도록 하였는데, 이러한 변경 허용은 이혼이나 재혼으로 인한 자녀의 문제를 개선하기 위한 것이다. 이혼한 여성은 독립적으로 새로운 신분증명서를 만들 수 있다. 뿐만 아니라 자녀를 자신의 신분증명서에 올릴 수도 있다. 호주제에서는 이혼 후 자녀를 모의 호적에 입적시킬 수 없고 재혼을 하더라도 전남편의 성을 따르도록 하였으나 가족관계등록법에서는 재혼여성은 재혼 배우자와 함께 신규 신분증명서를 만들어 전 남편과의 사이에서 출산한 자녀를 올릴 수 있도록 하였다. 가족관계 등록사무는 국가가 관장하고 관장하는 기관은 대법원으로 정하였다. 하지만 기존의 호적법 체계와의 연계를 고려하여 등록사무 처리에 관한 권한을 시·구·읍·면의 장에게 위임하였다. 따라서 국적 변동사항이 있는 경우에는 국적업무의 관장기관인 법무부장관이 국적 변동자의 등록기준지 시·구·읍·면장에게 이를 직접 통보하여 가족관계등록부에 국적 변동에 따른 가족관계에 관한 사항을 기재할 수 있도록 하였다. 가족관계 등록과 관련하여 법률에서 정하는 사유가 아닌 다른 사유로 등록전산정보자료를 이용하거나 타인에게 제공하는 등 등록사무를 위반

6) 친양자란 양친과 양자를 친생부모와 자녀관계로 인정하며 양친의 성과 본을 따를 수 있게 하는 제도를 말한다.

한 경우에는 3년 이하의 징역 또는 일천만 원 이하의 벌금에 처하도록 하였으며, 거짓으로 신고한 사람은 일 년 이하의 징역 또는 300만 원 이하의 벌금에 처하도록 하고 있다. 이러한 가족제도의 변화는 현실적인 생활단위 중심의 가족범위를 법적 차원에서 인정했다는 데 의미가 있다. 또한 가족의 관계나 범위에 있어서도 제도보다는 가족 구성원 간의 우애적 관계를 우선시했다는 점과 비정형 가족에 대한 편견이나 불이익을 해소하기 위해 노력했다는 점에서 바람직하다 할 것이다. 이러한 변화는 민주적이고 양성평등적인 가족제도의 틀을 마련했다는 데 의의가 있다 할 것이다.

2) 가족관계등록법의 주요 내용

가족관계등록법은 국민의 출생, 혼인, 사망 등 가족관계의 발생과 변동에 관한 사항을 등록하고 증명하는 것에 관한 사항을 규정하는 데 그 목적이 있다. 따라서 가족관계등록법은 개인의 존엄과 양성평등의 이념을 구현하고 다양한 가족형태를 보호하며, 개인의 신분정보 보호와 정확한 신분관계를 공시할 수 있도록 하는 데 초점이 맞추어져 있다. 가족관계등록법에서 제시하고 있는 주요 내용은 다음과 같다.

표 13-1 가족관계등록법의 주요 내용

구분	주요 내용
편제	• 개인별 가족관계등록부로 편제한다. • 호주를 기준으로 한 가(家) 단위 편제에서 국민 개인별 등록기준지에 따른 가족등록부 편제로 변경되었다.
등록사무	• 가족관계 등록사무는 국가사무화되었다. • 국가사무화로 대법원이 관장하고 등록사무 처리에 관한 권한을 시 · 구 · 읍 · 면의 장에게 위임하였다. • 사무처리에 드는 비용은 국가가 부담한다.
전산정보 처리관리	• 전산정보처리는 시스템으로 관리한다. • 사무의 전산화에 따라 각종 가족관계의 취득, 발생, 변동사항에 대한 입력과 처리 및 관리는 전산정보처리 시스템으로 관리한다.
국적 변동사항 관리	• 국적 변동사항 관리는 신고제에서 통보제로 전환한다. • 법무부장관이 국적 변동자의 등록기준지 시 · 구 · 읍 · 면장에게 변동사항을 통보하여 가족관계등록부에 국민의 국적 변동에 따른 가족관계 사항을 기재하고 관리하도록 한다.
자녀의 성과 본	• 출생한 자녀가 어머니의 성과 본을 따르기로 한 경우에는 혼인신고서에 그 내용을 기재한 후 부모의 협의서를 첨부하도록 한다.
입양제도	• 친양자 입양제도가 도입되었다. • 친양자 입양 증명은 친양자가 성년이 되어 신청하는 경우 등 한정적으로 인정한다. • 친양자를 입양하려는 사람은 친양자 입양재판의 확정일로부터 1개월 이내에 재판서의 등본 및 확정증명서를 첨부하여 신고하도록 한다.
증명서 발급	• 목적별로 증명서를 다양화하였다. • 증명하려는 목적에 따라 증명서를 발급받을 수 있다. • 증명서 교부신청은 원칙적으로 본인 또는 본인의 배우자, 직계혈족, 형제자매에 한정하였다.

가족관계등록법에서는 증명 목적에 따라 가족관계증명서, 기본증명서, 혼인관계증명서, 입양관계증명서, 친양자입양관계 증명서의 다섯 종류로 나누어 목적별로 증명서를 발급한다. 가족관계등록법에서 규정하고 있는 목적별 증명서의 기본 성격과 기재사항은 다음과 같다.

표 13-2 목적별 증명서의 기본 성격과 기재사항

구분	기본 성격	기재사항
가족관계 증명서	• 가족관계 중에서 본인의 부모, 배우자, 자녀의 이름, 생년월일 등 가족관계 사항을 기재 • 형제자매 관계는 나타나지 않음	• 본인의 등록기준지 · 성명 · 성별 · 본 · 출생연원일 및 주민등록번호 • 부모의 성명 · 성별 · 본 · 출생연월일 및 주민등록번호(입양의 경우 양부모를 부모로 기록한다. 다만, 단독입양한 양부가 친생모와 혼인관계에 있는 때에는 양부와 친생모를, 단독입양한 양모가 친생부와 혼인관계에 있는 때에는 양모와 친생부를 각각 부모로 기록한다) • 배우자, 생존한 현재의 혼인 중의 자녀의 성명 · 성별 · 본 · 출생연월일 및 주민등록번호
기본증명서	• 기본적 신분사항에 관한 증명	• 본인의 등록기준지 · 성명 · 성별 · 본 · 출생연월일 및 주민등록번호 • 본인의 출생, 사망, 국적 상실에 관한 사항
혼인관계 증명서	• 혼인 및 이혼에 관한 증명	• 본인의 등록기준지 · 성명 · 성별 · 본 · 출생연월일 및 주민등록번호 • 배우자의 성명 · 성별 · 본 · 출생연월일 및 주민등록번호
입양관계 증명서	• 입양 사실에 관한 증명	• 본인의 등록기준지 · 성명 · 성별 · 본 · 출생연월일 및 주민등록번호 • 친생부모 · 양부모 또는 양자의 성명 · 성별 · 본 · 출생연월일 및 주민등록번호 • 현재의 입양에 관한 사항
친양자 입양관계 증명서	• 친양자 관계 증명	• 본인의 등록기준지 · 성명 · 성별 · 본 · 출생연월일 및 주민등록번호 • 친생부모 · 양부모 또는 친양자의 성명 · 성별 · 본 · 출생연월일 및 주민등록번호 • 현재의 친양자 입양에 관한 사항

3. 건강가정기본법

1) 건강가정기본법의 도입 배경과 목적

건강가정기본법의 등장은 사회문제로 대두되고 있는 우리 사회의 출산율 저하와 급속한 이혼율의 증가로 가족의 불안전성이 증가하고 있고, 이로 인해 발생하는 가족의 부양기능 약화가 그 원인이다. 특히 이러한 상황에서 국가가 가족지원의 책임을 방치하고 있었다는 점과 현행 가족지원의 범위가 지나치게 협소하고 제한적이어서 문제해결에 도움이 되지 않는다는 점이 법 제정의 동기가 되었다. 따라서 정부에서는 건강가정기본법의 제정을 통해 가족지원에 대한 제도적 틀을 마련하고 지역사회 차원의 가족지원서비스에 대한 접근성과 충분성, 적절성을 마련하고자 하였다. 건강가정기본법은 건강한 가정생활의 영위와 가족의 유지 및 발전을 위한 국민의 권리와 의무, 국가 및 지방자치단체의 책임 등을 명백히 하고, 가정문제의 적절한 해결방안을 강구하며 가족 구성원의 복지 증진에 이바지할 수 있는 지원정책을 강화함으로써 건강가정 구현에 기여하는 것을 목적으로 제정되었다. 국가와 지방자치단체는 출산과 육아의 사회적 책임을 인식하고 모성보호와 태아의 건강보장 등 적절한 출산환경을 조성하는 데 적극적으로 지원해야 한다. 또 가정이 원활한 기능을 수행하도록 가족 구성원의 정신적·신체적 건강과 소득보장 등 경제생활의 안정, 안정된 주거생활 등을 지원해야 한다. 뿐만 아니라 자녀양육의 지원을 강화하고, 가족의 건강 증진, 가족부양의 지원, 민주적이고 양성평등한 가족관계의 증진 등에도 힘써야 한다. 이 밖에도 가사, 육아, 산후조리, 간병 등을 돕는 가정봉사원을 지원할 수 있는 방안을 강구하여야 할 것이다. 건강가정기본법에서는 중앙과 특별시·광역시·도 및 시·군·구에 건강가정지원센터를 두고 전문가로서 건강가정사를 두도록 하고 있다. 이 법의 시행을 위한 조직으로는 건강가정에 관한 주요 시책을 심의하기 위해 국무총리에 소속되는 중앙건강가정정책위원회와 건강가정실무기획단을 두도록 하고 있고, 특별시·광역시·도에는 건강가정위원회를 설치하도록 하였다. 보건복지부장관은 5년마다 가정의 자립증진 대책 등이 포함된 건강가정기본계획을 세우도록 하고 중앙행정기관장 및 시·도지사는 매년 기본계획에 따라 시행계획을 세워 시행하도록 하고 있다(정영애·장화경, 2012).

또한 가정의 원활한 기능 수행을 위해 가족 구성원의 정신적·신체적 건강 지원, 소득보장 등 경제생활의 안정, 안정된 주거생활 등을 지원해야 한다는 것도 법령에서 규정하고 있다. 건강가정기본법에서 가정과 관련된 용어를 다음과 같이 정의하고 있다. 흔히 사용하는 가족에 대해 '가족'이란 '혼인·혈연·입양으로 이루어진 사회의 기본 단위'라고 정의하고 있고, '가정'이란 '가족 구성원이 생계 또는 주거를 함께하는 생활공동체로서 구성원의 일상적인 부양·양육·보호·교육 등이 이루어지는 생활단위'라고 정의하였다. 또한 '건강가정'이란 '가족 구성원의 욕구가 충족되고 인간다운 삶이 보장되는 가정'으로 정의하고 있다. '건강가정사업'에 대해서도 정의하고 있는데 '건강가정사업'이란 '건강가정을 저해하는 문제의 발생을 예방하고 해결하기 위한 여러 가지 조치와 가정기능을 강화하기 위한 사업'이라고 정의하였다. 건강가정기본법에서는 자녀양육으로 인한 부담을 완화하고 아동의 행복추구권을 보장하기 위해 보육 및 방과 후 서비스, 양성이 평등한 육아휴직제 등의 정책을 적극적으로 확대 시행하도록 명문화하였고, 가정폭력이 있는 가정의 경우 가정폭력 피해자와 피해자 가족에 대한 개입에 있어 전문가의 체계적인 개입과 서비스가 이루어지도록 하였다. 국가 및 지방자치단체에서는 가정문제의 예방·상담 및 치료, 건강가정의 유지를 위한 프로그램의 개발, 가족문화운동의 전개, 가정 관련 정보 및 자료제공 등을 위하여 건강가정지원센터를 설치·운영해야 하고, 이 법령에 따른 센터가 아닌 경우에는 건강가정지원센터 또는 이와 유사한 명칭을 사용하지 못하도록 하였으며, 이를 위반한 자에게는 300만 원 이하의 과태료를 부과하도록 규정하고 있다. 건강가정기본법에 담긴 내용을 개략적으로 요약하여 제시하면 다음과 같다.

표 13-3 건강가정기본법령의 개요

구분	내용
필요성	• 저출산, 고령화에 따른 가족유지 및 사회발전의 저해현상 발생 • 이혼, 실직 등으로 가족해체 현상 증가
목표	• 건강한 가정생활 영위 • 가정의 유지와 발전
기본 방향	• 가정기능 강화 • 다양한 형태의 가족의 욕구 충족 • 가정의 잠재력 개발 • 가정과 사회의 통합 • 가족공동체 문화 조성
가정정책 수립요구	• 가정문제의 적절한 해결책 제시 • 가족원의 복지증진 및 정책수립
의무규정	• 국가, 지방자치단체, 가족의 책임과 의무부여

건강가정기본법이 2003년 8월 27일 입법예고되어 2005년 1월 1일 시행되기까지의 제정과정은 다음과 같다. 관련 법령은 2004년 2월 9일 법률 제7166호로 제정된 이후 일부 내용이 개정되어 오늘에 이르고 있다.

표 13-4 건강가정기본법의 제작 과정

일시	경과
2003. 08. 27.	건강가정육성기본법안 입법예고(보건복지부공고 제2003-97호
2003. 12. 29.	건강가정기본법 국회 통과
2004. 02. 09.	건강가정기본법 공포(제7166호)
2004. 12. 31.	건강가정기본법 시행령, 시행규칙 제정
2005. 01. 01.	건강가정기본법 시행
2005. 03. 24.	정부조직법 개정(법률 제7413호), 여성가족부로 이관

2) 건강가정기본법의 주요 내용

건강가정기본법은 제1장 총칙, 제2장 건강가정정책, 제3장 건강가정사업, 제4장 건강가정전담조직 등 전문 37조와 부칙으로 이루어져 있다. 법령의 주요 내용을 요약하면 다음과 같다.

첫째, 가정의 달과 가정의 날을 지정한다. 가정의 중요성을 고취하고 건강가정을 위한 개인, 가정, 사회가 적극적으로 참여하는 분위기를 조성하기 위해 매년 5월을 가정의 달로 정하고, 5월 15일을 가정의 날로 지정하였다.

둘째, 중앙건강가정정책위원회를 설치한다. 건강가정 기본계획 수립 및 시행 등 건강가정에 관한 주요 시책을 심의하기 위하여 국무총리 소속으로 중앙건강가정정책위원회를 두도록 하였다.

셋째, 건강가정기본계획을 수립하고 시행한다. 보건복지부장관은 5년마다 건강가정 기본계획을 수립하고, 관계 중앙행정기관의 장 및 시·도지사는 기본계획에 따라 건강가정 시행계획을 수립하고 시행하도록 하였다.

넷째, 가족 실태조사를 실시한다. 국가와 지방자치단체는 개인과 가족의 생활실태를 파악하고, 건강가정 구현 및 가정문제 예방 등을 위한 서비스의 욕구와 수요를 파악하기 위하여 매 5년마다 가족 실태조사를 실시하도록 하였다.

다섯째, 이혼 조정의 내실화를 기하고, 이혼에 따른 제반 지원서비스를 제공한다. 국가와 지방자치단체는 이혼하고자 하는 부부가 이혼 전 상담을 받도록 하여 이혼 조정을 내실화할 수 있도록 하고, 이혼의 의사가 확고한 가족에 대하여 이들 가족이 자녀양육, 재산, 정서 등의 제반 문제를 준비할 수 있도록 지원서비스를 제공하도록 하였다.

3) 건강가정기본법의 의의와 기대효과

건강가정기본법의 제정은 국가가 변화하고 있는 가족의 현실을 인식하고, 가족의 복리증진을 위하여 적극적으로 개입하여 지원하고자 했다는 측면에서 그 의의를 찾을 수 있다. 가족의 불안전성이 증가하고 있음에도 불구하고 국가가 가족지원의 책임을 방치하고 있었던 과거와 달리 가족을 사적인 영역이 아닌 공적인 영역으로 인식하면서 요보호 가족의 지원을 넘어 전체 가족의 복지 증진을 도모하고자 했다는 점과 가족 관련법을 통합할 수 있는 전체적인 기본 원칙을 세우고자 했다는 점에서 그 의의를 찾을 수 있다.

뿐만 아니라 건강가정기본법의 도입은 가정을 단위로 통합적 가정정책과 관련 서비스를 제공할 수 있는 행정적·제도적 기틀을 마련하게 되었고, 가족에 대한 패러다임이 사전적·예방적 접근방식으로 전환되었으며, 문제가정, 결핍가정, 요보호가정뿐 아니라 다양한 형태의 모든 가정을 대상으로 한 포괄적 서비스 제공의 토대를 마련하여 국가가 적극적으로 지원할 수 있는 기반을 마련하였다는 데 의의가 있다. 이와 같은 건강가정기본법 제정은 우리 사회에 다음과 같은 효과를 가져올 것으로 기대된다.

첫째, 가정의 역량과 잠재력 개발을 통한 가정의 자립을 가능하게 할 것이다. 개인, 가정, 국가, 사회의 분담과 협력을 통해 개별 가정의 잠재력을 향상키고 자립을 가능하게 할 것이다. 이와 같은 가정의 자립은 가정이 단순히 국가의 지원을 받기만 하는 수동적인 존재가 아니라 사회와 상호작용하는 능동적인 존재라는 것을 인식하게 되는 의식의 전환을 가져올 것이다.

둘째, 민주적이고 양성평등한 가족가치의 구현에 도움이 될 것이다. 건강가정기본법의 기본 정신인 민주적 가정 형성, 양성평등한 가족가치의 실현 및 역할분담, 직장과 가정의 양립, 가사노동의 정당한 가치평가, 가족생활 운영에 대한 전 가족원의 참여 등이 실현되어 민주적 가치 구현에 도움이 될 것이다.

셋째, 사회통합에 도움이 될 것이다. '복지'뿐 아니라 안정, 평등, 존중, 주체성, 삶의 질 향상 등 다양한 가치를 포괄하고 가족 간 연대, 가족공동체 문화 형성을 통한 지역사회와의 연대를 지향한다는 점에서 건강가정기본법은 사회적 통합에 기여하게 될 것이다.

넷째, 가정생활의 교육과 문화의 가치를 중요하게 여기는 계기가 될 것이다. 건강가정기본법의 시행은 가정문제의 예방과 질적인 향상을 위한 교육, 참여, 나눔, 더불어 사는 삶을 위한 가정생활 문화를 중요하게 여기는 계기를 마련해 줄 것이다.

다섯째, 사회적 비용이 감소할 것이다. 가정문제에 대한 사전적·예방적 접근은 장기적으로 지속적인 효과를 창출해 낼 것이다. 가정에 대한 예방적 차원의 제도적 접근을 통하여 가정문제의 발생을 사전에 차단함으로써 사회자본으로서의 가정의 기능을 보장할 수 있게 되고 장기적으로는 사회적 비용이 감소하는 효과를 가져오게 될 것이다.

이 밖에도 건강가정기본법의 발전적인 방안으로 건강가정사업을 수행하는 전문인력의 자격과 역할, 양성과 배출 등을 명확히 할 필요가 있다. 이러한 제도장치의 마련을 위해서는 제도화의 조건 등을 담은 시행령 및 시행규칙을 제시함으로써 가정생활에 대한 전문적 교육을 받은 전문가의 양성과 배출, 전문기관의 보급 등을 구체화할 수 있을 것이다

4. 저출산 · 고령사회기본법

저출산고령사회기본법은 국가의 지속적인 발전을 위한 인구구성의 균형과 질적 향상을 실현하고, 국민이 건강하고 안정된 노후생활을 할 수 있게 함을 기본 이념으로 제정되었다. 저출산 및 인구의 고령화에 따른 변화에 대응하는 저출산·고령사회정책의 기본 방향과 그 수립 및 추진체계에 관한 사항을 규정함으로써 국가의 경쟁력을 높이고 국민의 삶의 질 향상과 국가의 지속적인 발전에 이바지함을 목적으로 제정된 법령이다.

1) 법의 제정 또는 개정 연도

2005년 5월 제정하여, 동년 9월부터 시행되고 있다.

2) 법의 목적

저출산 고령사회정책의 기본 방향을 수립하고, 이를 통해 국가의 경쟁력을 높이고, 국민의 삶의 질을 향상시키며, 국가의 지속적인 발전에 이바지하는 것을 목적으로 한다.

3) 법의 주요 내용

보건복지부장관은 저출산 대책과 고령사회정책의 기본 방향을 설정하고 중요 정책을 심의하는 저출산고령사회위원회를 두며, 5년마다 저출산·고령사회 기본계획을 세우고 이를 시행하도록 규정하고 있다.

4) 책임주체 및 적용대상자

저출산·고령사회기본법은 원활한 사업 수행을 위해 국가 및 지방자치단체의 책무와 국민의 책무를 규정하고 있다. 국가 및 지방자치단체의 책무로써 국가는 종합적인 저출산·고령사회 정책을 수립·시행하고 지방자치단체는 국가의 저출산·고령사회정책에 맞추어 지역의 사회·경제적 실정에 부합하는 저출산·고령사회정책을 시행해야 한다. 또한 국가 및 지방자치단체는 다른 법률의 규정에 의하여 중장기 계획 및 연도별 시행계획 등 주요 정책을 수립하는 경우 저출산·고령사회 기본계획을 고려해야 한다(동법 제4조).

국민은 출산 및 육아의사회적 중요성과 인구의 고령화에 따른 변화를 인식하고, 국가 및 지방자치단체가 시행하는 저출산·고령사회정책에 적극 참여하고 협력해야 한다. 국민은 가정 및 지역사회의 일원으로 상호연대를 강화하고, 각자의 노후생활을 건강하고 충실하게 영위할 수 있도록 노력해야 한다(동법 제5조)는 점을 제시하고 있다(임정문 외, 2018).

5) 저출산 · 고령사회 정책의 기본 방향

저출산 · 고령사회 기본법은 저출산 · 고령사회정책의 기본방향을 두 가지로 제시하고 있는데, 저출산 대책과 고령사회정책으로 구분할 수 있다.

저출산 대책의 내용으로는 인구정책(동법 제7조)과 인구교육(동법 제7조의 2), 자녀의 출산과 보육 등(동법 제8조), 모자보건의 증진 등(동법 제9조), 경제적 부담의 경감(동법 제9조) 등이 있다.

고령사회대책을 위한 내용으로는 첫째, 고용과 소득보장(동법 제11조) 둘째, 건강증진과 의료제공(동법 제12조) 셋째, 생활환경과 안전보장(동법 제13조) 넷째, 여가문화 및 사회활동의 장려(동법 제14조) 다섯째, 평생교육과 정보화(동법 제15조), 이에 따른 노후설계(동법 제15조의2) 여섯째, 취약계층 노인 등에 대한 지원(동법 제16조) 일곱째, 가족관계와 세대 간 이해증진(동법 제17조) 여덟째, 경제와 산업 등의 발전을 위한 시책(동법 제18조) 아홉째, 고령친화적 산업의 육성(동법 제19조) 등이 있으며 국가 및 지방자치단체는 이를 위해 필요한 시책을 강구해야 한다고 규정하고 있다(임정문 외, 2018).

5. 다문화가족지원법

다문화사회로의 전환은 최근 우리 사회가 직면하고 있는 가장 대표적인 사회현상의 하나이다. '다문화가족'이란 결혼이민자와 국적법의 규정에 따라 대한민국 국적을 취득한 자로 이루어진 가족을 말하는데, 2000년대 이후 우리 사회는 국제결혼의 증가로 다문화가족이 증가하고 있다. 따라서 국가와 지방자치단체는 다문화 가족 구성원이 안정적인 가족생활을 영위할 수 있도록 필요한 제도와 여건을 조성하고 이를 위한 시책을 수립 · 시행해야 한다. 또한 국가와 지방자치단체는 결혼이민자 등이 대한민국에서 생활하는 데 필요한 기본적 정보를 제공하고, 사회적응교육과 직업교육 · 훈련 및 언어소통 능력 향상을 위한 한국어교육 등을 받을 수 있도록 필요한 지원을 해야 한다.

1) 법의 제정 또는 개정 연도

2008년 3월에 제정되어 동년 9월부터 시행되고 있다.

2) 법의 목적

다문화 가족 구성원이 안정적인 가족생활을 영위할 수 있도록 함으로써 이들의 삶의 질 향상과 사회통합에 이바지하는 것을 목적으로 한다.

3) 법의 주요 내용

여성가족부장관은 다문화 가족의 현황 및 실태파악을 위한 실태조사를 3년마다 실시하고, 이들을 위한 각종 지원을 하며, 이를 위해 다문화가족 지원센터를 지정 운영한다. 또 다문화가족지원정책 기본계획을 수립하여 시행하고 있다. 다문화가족지원법의 주요내용은 다음의 다섯 가지로 요약할 수 있다.

(1) 다문화 가족의 범위

다문화가족지원법 제2조에서는 다문화가족에 대해 다음과 같이 정의하고 있다.

- 첫째, 「재한외국인 처우 기본법」 제2조 제3호의 결혼이민자와 「국적법」 제2조부터 제4조까지의 규정에 따라 대한민국 국적을 취득한 자로 이루어진 가족
- 둘째, 「국적법」 제3조 및 제4조에 따라 대한민국 국적을 취득한 자와 같은 법 제2조부터 제4조까지의 규정에 따라 대한민국 국적을 취득한 자로 이루어진 가족

"결혼이민자 등"이라고 하는 것은 다문화가족의 구성원으로서 「재한외국인 처우 기본법」에 의한 결혼이민자, 「국적법」에 따른 귀화허가를 받은 자를 말한다(동법 제2조).

(2) 생활정보 제공 및 교육지원

국가와 지방자치단체는 다문화 가족이 대한민국에서 생활하는데 필요한 기본적인 정보(아동과 청소년에 대한 학습 및 생활지도 관련 정보를 포함)를 제공하고 사회적응교육과 직업교육, 직업훈련 및 언어소통능력을 향상시킬 수 있는 한국어교육 등을 지원할 수 있다.

(3) 평등한 가족관계 유지 및 가족폭력에 대한 보호지원

국가와 지방자치단체는 다문화가족이 민주적이고 평등한 가족관계를 유지해 나갈 수 있도록 가족상담, 부모교육, 부부교육, 가족생활교육 등의 기회를 제공하고 전문적인 서비스가 제공받을 수 있도록 노력해야 한다(동법 제7조).

(4) 다문화가족지원센터 및 민간단체 등의 지원

국가와 지방자치단체는 다문화가족의 지원을 위한 관련 기관(다문화가족지원센터 등)을 설치하여 운영할 수 있으며, 또는 지원센터의 설치와 운영을 대통령령으로 정하는 법인이나 단체에 위탁할 수 있다. 다문화가족지원센터에는 다문화가족에 대한 교육이나 상담 등의 업무를 수행할 수 있는 전문인력을 갖추어야 하며, 국가와 지방자치단체는 이를 예산의 범위 안에서 운영에 필요한 비용의 전부 또는 일부를 보조할 수 있다.

6. 한부모가족지원법

'한부모가족'이란 모자 가족 또는 부자 가족을 말하며, 18세 미만 자녀와 한부모로 구성된 가족에게 지원을 하기 위해 만들어진 법령이다. 한부모가족의 지원대상이 되면 보호대상자 또는 그 친족이나 그 밖의 이해 관계인은 복지급여를 관할 특별자치도지사·시장·군수·구청장에게 신청할 수 있도록 하였다. 국가나 지방자치단체는 생계비·아동교육지원비·아동양육비, 그 밖에 대통령령으로 정하는 비용 등의 복지급여를 지급하기 위한 것이다.

1) 법의 제정 또는 개정 연도

1989년 4월에 제정되어, 7월부터 시행한 모자복지법을 2002년 12월 모부자복지법으로 개정, 2003년 3월부터 시행, 그 후 다시 2007년 10월 한부모가족지원법으로 개정하여, 2008년 1월부터 시행되고 있다.

2) 법의 목적

한부모가족이 건강하고 문화적인 생활을 영위할 수 있도록 함으로써 한부모가족의 생활안정과 복지증진에 이바지하는 것을 목적으로 한다.

3) 법의 주요 내용

이 법에 따른 보호대상자를 규정하고, 한부모가족에게 지원되는 복지의 내용을 밝히고, 모자보호시설 등 12개의 한부모가족복지 시설에 대해 규정하고 있다.

4) 복지의 내용과 시행

(1) 복지급여대상자의 보호기관과 급여대상자

한부모가족지원법 제12조 제2항의 규정에 의한 복지급여대상자의 보호기간은 1년 단위로 하여 보호대상자 또는 그 친족, 그 밖의 이해관계인은 제12조의 규정에 의한 복지급여를 관할시장·군수·구청장에게 신청할 수 있다.

국가 또는 지방자치단체는 동법 제11조의 규정에 의한 복지급여의 신청이 있을 때에는 생계비, 아동교육지원비, 아동양육비, 그리고 기타 대통령령이 정하는 비용 등의 복지급여를 시행하여야 한다. 다만, 이 법에 의한 보호대상자와 국민기초생활보장법 등 다른 법령에 의하여 보호를 받고 있는 때에는 그 범위 안에서 이 법에 의한 급여를 하지 아니한다.

아동양육비를 지급할 때 미혼모 또는 미혼부가 5세 이하의 아동을 양육하는 경우에는 예산의 범위 안에서 추가적인 복지급여를 실시할 수 있다. 이 경우 미혼모 또는 미혼부가 자녀를 양육하지 아니하고 미혼모 또는 미혼부 직계존속이 양육하는 경우에도 추가적인 복지급여를 실시할 수 있다. 또 동법에 따른 보호대상자의 신청이 있으면 예산 범위 안에서 직업훈련비와 훈련 기간 중 생계비를 추가적으로 지급할 수 있다(동법 제12조 제3항).

(2) 생활 안정 및 자립 촉진 복지자금 대여

국가 또는 지방자치단체는 한부모가족의 생활 안정과 자립을 촉진하기 위하여 사업에 필요한 자금, 아동교육비, 의료비, 주택자금, 그리고 그 밖에 대통령령이 정하는 한부모가족의 복지를 위하여 필요한 자금 등을 대여할 수 있다(동법 제13조).

(3) 고용촉진과 주거안정 방법

국가 또는 지방자치단체는 한부모가족의 모 또는 부와 아동의 고용을 촉진하기 위하여 적합한 직업훈련의 실시와 취업 알선에 노력하여야 하고(동법 제14조), 국가 또는 지방자치단체는 각종 사업에 한부모가족의 모 또는 부와 아동이 우선 고용되도록 노력하여야 한다. 국가 또는 지방자치단체가 운영하는 공공시설의 장은 그 공공시설 안에서 각종 매점 및 시설의 설치를 허가하는 경우 이를 한부모가족 또는 한부모가족복지단체에 우선적으로 허가할 수 있다(동법 제15조)고 법령에서 밝히고 있다(정황순, 2018).

7. 남녀고용평등과 일·가정 양립 지원에 관한 법률

고용과 여성의 직업능력 개발 및 향상을 위해 모든 직업능력 개발훈련에서 남녀에게 평등한 기회를 보장하고 모성보호와 여성고용을 촉진하여 남녀고용평등을 실현함과 동시에 근로자의 일과 가정의 양립할 수 있도록 지원함으로써 국민의 삶의 질 향상에 이바지하기 위해 제정된 법률이다.

1) 법의 제정 또는 개정 연도

1987년 12월 남녀고용평등법 제정하여 1988년 4월부터 시행하였으며, 2007년 12월 「남녀고용평등과 일·가정 양립지원에 관한 법률」로 개정하여 2008년 6월부터 개정된 법령이 시행되고 있다.

2) 법의 목적

대한민국 헌법의 평등이념에 따라 고용에서 남녀의 평등한 기회와 대우를 보장하고 모성보호와 여성고용을 촉진하여 남녀고용평등을 실현함과 아울러 근로자의 일과 가정의 양립을 지원함으로써 모든 국민의 삶의 질 향상에 이바지함을 목적으로 하고 있다.

3) 법의 주요 내용

남녀고용평등법의 주요 내용에 일·가정 양립지원에 관한 내용인 육아휴직제도 등 근로자의 육아지원에 대한 것, 직장보육시설의 설치, 그리고 근로자의 가족 돌봄을 위한 지원 등과 일·가정 양립 지원을 위한 기반조성을 더하여 규정하고 있다.

8. 영유아보육법

영·유아를 보호하고 교육함으로써 건강한 사회 구성원으로 육성하는 동시에 보호자의 경제적·사회적 활동을 보장하여 가정복지 증진에 기여할 목적으로 제정된 법률이다. 이 법에서는 국가나 지방자치단체는 일정 소득 이하 가구의 자녀 등의 보육비용의 전부 또는 일부를 부담해야 하며, 보육시설이나 유치원을 이용하지 않은 영유아에 대해 연령과 보호자의 경제적 수준을 고려하여 양육에 필요한 비용을 지원하도록 하고 있다.

1) 법의 제정 또는 개정 연도

1991년 1월 제정된 후 증가하는 보육수요에 대응하고 보육서비스의 질을 향상시키고자 여러 차례 개정작업이 이루어졌다.

2) 법의 목적

이 법은 영유아의 심신을 보호하고 건전하게 교육하여 건강한 사회구성원으로 육성함과 아울러 보호자의 경제적·사회적 활동이 원활하게 이루어지도록 함으로써 영유아 및 가정의 복지 증진에 이바지함을 목적으로 하고 있다.

3) 법의 주요 내용

6세 미만의 취학 전 아동인 영유아를 건강하고 안전하게 보호 양육하고 영유아의 발달 특성에 맞는 교육을 제공하는 어린이집 및 가정양육 지원에 관한 사회복지 서비스를 받을 수 있도록, 어린이집의 설치와 운영, 보육교사의 자격 등에 관해 규정하고 있다.

4) 육아종합지원센터

육아종합지원센터는 영유아에게 일시 보육서비스를 제공하거나 보육에 관한 정보의 수집·제공 및 상담을 위하여 보건복지부장관은 중앙육아종합지원센터를, 특별시장·광역시장·특별자치시장·도지사·특별자치시·도지사 및 시장·군수·구청장은 지방육아종합지원센터를 설치·운영해야 한다고 규정하고 있다. 이 경우 필요하다고 인정하는 경우에는 영아·장애아보육 등에 관한 육아종합지원센터를 별도로 설치·운영 할 수 있다. "중앙육아종합지원센터와 지방육아종합지원센터에는 육아종합지원센터의 장과 보육에 관한 정보를 제공하는 보육전문요원 및 보육교직원의 정서적·심리적 상담 등의 업무를 하는 상담전문요원 등을 두며, 육아종합지원센터의 설치·운영 및 기능, 육아종합지원센터의 장과 보육전문요원 및 상담전문요원의 자격 및 직무 등에 필요한 사항은 대통령령으로 정한다(동법 제7조)."라고 규정하고 있다(임정문 외, 2018).

9. 아이돌봄지원법

부모의 다양한 자녀 양육 수요를 충족시킬 수 있는 가정 내 개별 돌봄서비스를 활성화하기 위하여 일정 수준 이상의 돌봄인력과 서비스 질을 관리하기 위한 법적 체계를 구축하는 등의 내용으로 '아이돌봄지원법'이 제정됨에 따라 보육교사, 유치원교사, 초중등교사 및 의료인을 아이돌보미의 자격을 가진 사람으로 정하는 등 법률에서 위임된 사항과 그 시행에 필요한 사항을 정하기 위한 것이다.

1) 법의 제정 또는 개정 연도

2012년 2월 1일 제정한 후 2012년 8월 2일부터 시행되고 있다.

2) 법의 목적

건강가정지원센터에서 실시하고 있는 '아이돌보미' 서비스의 법적 근거를 마련한 건강가정기본법의 개정에 따라 이의 구체적인 내용을 담고 있으며 법의 목적은 가정의 아이돌봄을 지원하여 아이의 복지증진 및 보호자의 일·가정 양립을 통한 가족 구성원의 삶의 질 향상과 양육친화적인 사회환경을 조성하는 것을 목적으로 하고 있다.

3) 법의 주요 내용

아이돌보미의 직무, 자격, 교육 등에 관한 내용과 아이돌보미 서비스 제공기관의 지정 등에 관한 내용, 공동육아나눔터의 운영에 대한 아동친화적인 사회환경의 조성, 아이돌봄서비스 비용의 지원 및 이들의 지도, 감독 등에 대한 내용을 포함하고 있다.

4) 아이돌봄서비스 비용의 지원

아이돌봄지원법에서는 보호자에 대한 아이돌봄서비스의 안내 등에 대한 규정을 동법 제12조에서 규정하고 있다. 즉, "시 · 도지사 · 시장 · 군수 · 구청장은 서비스의 질을 보장하기 위하여 서비스의 내용, 시설 · 인력 현황자료 및 서비스 기관지정 취소 이력 등을 서비스 기관의 장으로부터 제출받아 아이의 보호자에게 안내하여야 한다."라고 규정하고 있다. 또한 국가와 지방자치단체는 일정소득 이하 가구의 아이돌봄서비스 비용의 전부 또는 일부를 지원할 수 있도록 하고 있으며, "비용은 가구의 소득수준과 거주 지역 및 부모의 취업 등을 고려하여 차등지원 할 수 있다(동법 제20조)"라고 명시하고 있다.

이에 따라 보호자는 아이돌봄서비스 비용을 지원 신청할 수 있으며, 신청할 때에는 해당 법령에 따른 금융정보, 신용정보, 보험정보의 자료 또는 정보의 제공에 대한 보호자 및 그 가구원의 동의 서면을 함께 제출하도록 하고 있다.

참고문헌

강경화(2018). 성인대상 알코올 중독 예방 조기개입의 단기효과: 예비연구. 한국콘텐츠학회논문지, 18(11), 550-561.

강대석(2006). 성과 사랑에 관한 철학적 담론. 서울: 영한.

강문정・박인숙・박효정・배경의・서순림・안옥희(2014). 대학생의 성 건강. 서울: 수문사.

강이수・신경아・박기남(2015). 여성과 일: 일터에서 평등을 찾다. 경기: 동녘.

고도심리상담염구소(2019). 한국 중년기 남성의 특징. http://www.godocenter.com.

고미경(2002). 여성 가장의 자립지원 방안. 신라대학교 사회정책대학원 석사학위 논문.

교육과학기술부・보건복지부(2013). 3~5세 누리과정 해설서.

권석만(1997). 인간관계 심리학. 서울: 학지사.

______(1997). 이상심리와 심리치료. 현대 심리학의 이해. 서울: 학문사.

______(2008). 젊은이를 위한 인간과계 심리학. 서울: 학지사.

길원평・도명술・이명진・이세일・임완기・정병갑(2014). 동성애 과연 타고나는 것일까?. 서울: 라온누리.

김동식・정옥년・장상필(2002). 교수설계 이론의 탐구. 서울: 도서출판 원미사.

김 명・고승덕・김혜경(2007). 학교보건교육의 이해와 적용. 서울 : 동문사.

김수경 외(2011). 결혼준비교육 프로그램. 서울: 도서출판 신정.

김순택 외(1983). 현대교육의 이해. 서울: 교육과학사.

김승권(2004). 한국 가족정책의 동향과 발전방향. 보건복지포럼. pp. 6-32.

김양희 외(2012). 결혼과 가족. 경기: 양서원.

김연옥・박혜영(2005). 성학대 피해 아동과 청소년 어떻게 도울 것인가?. 서울: 도서출판 하나의학사.

김영화・최영진(2013). 오늘의 청소년 그들은 누구인가?. 서울: 정민사.

김영희・김경미・조주영・황종귀(2013). 결혼과 가족. 경기: 양서원.

김요완(2013). 성상담과 성교육. 서울: 교문사.

김융미・서선희・옥경희・정혜정(2013). 결혼과 가족의 의미. 경기: 양서원.

김은영・이규은(2012). 인간관계론. 서울: 동문사.

김인식・최호성・최병옥(2002). 수업설계의 원리와 모형 적용. 서울: 교육과학사.

김정옥(2001). 청년 성교육. 서울: 양서원.

김태현 · 이성희(1996). **결혼과 사회**. 서울: 성신여자대학교출판부.

김하나(2010). 청소년 성폭력에 대한 대처 방안. 원광대학교 교육대학원 석사학위논문.

김한균(2013). 청소년 강간 범죄 10년 새 2배. 이데일리 뉴스(2013.12.2).

김호권 · 이돈희 · 이홍우(1982). **현대 교육과정론**. 서울: 교육출판사.

김혜원 · 이해경(2013). **함께 배우는 성**. 서울: 학지사.

김희은(2002). 민주시민교육 시범커리큘럼과 일반시범 연수자료 개발. 민주화운동기념사업회.

나은영(2013). **행복 소통의 심리**. 서울: 커뮤니케이션북스.

노병일 · 노미향 · 장혜숙 · 조현철(2022). **가족과 젠더**. 경기: 양성원.

류보순 · 김가영(2013). **보건학의 이해**. 서울: 동문사.

마누엘 스미스(2016). **죄책감 없이 거절하는 용기**. 서울: 이다미디어.

문희경(2010). **성희롱의 이해**. 서울: 교육과학사.

미래가족연구회(2011). **결혼과 가족**. 경기: 양서원.

민병배 · 남기숙(2000). **의존성 성격장애와 회피성 성격장애**. 서울: 학지사.

민성길(2019). **성 사랑 가정**. 서울: 광연재.

손승남 · 김권욱 · 이수진(2017). **인성교육**. 서울: 학지사.

손애리 · 이호진(2009). **새로 쓰는 성교육**. 서울: 퍼시픽북스.

박귀영 · 김정옥 · 백경숙 · 유가효 · 조희금 · 홍계옥 · 홍상욱(2017). **가족과 젠더**. 경기: 양서원.

박미은 · 신희정 · 이혜경 · 이미림(2017). **가족복지론**. 경기: 공동체.

박범혁 · 김경미 · 김혜숙 · 조주영 · 황종귀(2009). **성과 윤리**. 서울: 동문사.

박병호(2020). 성공 결혼 7가지 습관. (http://cafe.daum.net/sermon119/1EMQ/94)

박영원(2007). 중학교 보건교사의 성교육 실태와 개선방안에 관한 연구. 중앙대학교 대학원 석사학위논문.

박선영(2020). 경력단절여성의 경제활동 촉진에서 여성의 경제활동 촉진으로. **월간한국노총**, 564, 16-17.

박인숙(2020). **연애와 결혼**. 서울: 동문사.

박재순 · 염순교(2015). 미혼 여성의 자아실현, 양성평등의식과 결혼관 간의 구조적 관계 분석. **한국자료분석학회지**, 17(3), pp. 1633-1651.

박주현 · 최덕경(2013). **가족과 젠더**. 서울: 창지사.

박주형 · 최덕경(2018). **가족과 젠더**. 서울: 창지사.

박태형(2006). **가족생활주기와 가족치료**. 서울: 학지사.

배애성(2011). **유아 성교육**. 서울: 다음세대.

백승훈(2011). 한국 가족정책의 형성과 변화-제도 변화를 중심으로. 동양대학교 대학원 박사학위논문.

변상규(2020). 한국에서 중년 남자로 살아간다는 것. 변상규 교수의 열린 연구실.

https://blog.naver.com/jesusbyun/222109196428.

변화순(2004). 한국가족정책에 관한 연구. 여성연구, 33, pp. 5-42.

변회정(2004). 초등학교 체육과의 성교육 내용체계와 실태 분석. 서울교육대학교 교육대학원 석사학위논문.

성교육교재편찬위원회(2016). 성・사랑・가정. 서울: 한국성과학연구협의회.

송정아(2006). 행복한 결혼 위기의 결혼. 서울: 태영출판사.

송효진・박순복(2013). 가족관계의 등록 등에 관한 법률 시행 5년–평가 및 개선점. 서울: 한국여성정책연구원.

신기철・신용철(2000). 우리말 큰 사전. 서울: 삼성출판사.

신용두 외(2017). 다음세대를 위한 부모교육. 서울: 학지사.

신현기 외(2013). 특수아를 위한 활동하며 배우는 성교육. 서울: 학지사.

안양희・백희정・함옥경・김미원・이인숙・이소영・한숙정・이보영(2013). 보건교육학. 서울: 현문사.

안창선・김현옥(1998). 학교 성교육. 서울: 교육과학사.

오유진(2007). 청소년 성문제의 분석과 돌봄 방안. 목원대학교 신학대학원 석사학위논문.

옥선화・정민자・고선주(2000). 결혼과 가족. 서울: 도서출판 하우.

유광찬(1998). 교수 방법과 교과. 서울: 교육과학사.

유계숙・장혜경・전혜정・김윤정・민성혜・박은미・안재희・장보현・한지숙(2008). 가족정책론. 서울: 시그마프레스.

유성호(2003). 노년의 사랑과 성. 서울: 미래를 위하여.

윤가현(2006). 성문화와 심리. 서울: 학지사.

윤명길(2021). 결혼과 가족. 경기: 양성원.

이경식(2014). 부모로 산다는 것. 서울: 알에이치코리아.

이규은(2006). 교육과정과 수업에 대한 이해. 서울: 경안기획.

______(2016). 성교육 표준안 연수자료. 울산대학교 평생교육원.

______(2018). 성, 사랑, 성교육 그리고 가족. 서울: 공동체.

______(2019). 자기계발과 직업. 서울: 동문사.

이규은・장상필(2017). 인성과 삶. 경기: 공동체.

____________(2020). 인성과 대학생활. 서울: 동문사.

____________(2021). 성과 결혼. 서울: 동문사.

이기숙 외(2016). 가족과 문화. 서울: 창지사.

이덕남(2004). 10년 일찍 늙는 법, 10년 늦게 늙는 법. 서울: 나무와 숲.

이명숙 역(2004). 결혼은 길등이다. 서울: 미션월드라이브러리.

이미경・허은주・김민혜정・장다혜・최선영・권김현영(2013). 성폭력에 맞서다. 서울: 한울.

이성희・한희선(2009). 여성과 가족. 서울: 파란마음.

이신영 · 박선영(2015). 가족복지론. 경기: 공동체.

이 양(2006). 심리학으로 본 기. 서울: 교육과학사.

이 열(2020). 한 · 중 청년들의 '결혼과' 비교연구. 부산외국어대학교 대학원, 석사학위논문.

이영분(2005). 가계도-사정과 개입. 서울: 학지사.

이영분 · 김유숙 · 정혜정 · 최선형 · 박정희(2011). 가계도 사정과 개입. 서울: 학지사.

이영찬(2005). 성차와 성역할 사회화-현대사회와 여성. 우리사회문화학회.

이원숙(2004). 가족복지론. 서울: 학지사.

이정선(2001). 좋은 수업 기반. 전라남도교육연수원. 전남연수 2001-38.

이정숙(2007). 대한민국 30대를 위한 자기주장 기술. 서울: 한국경제신문사.

이재림 · 옥선화 · 이경희(2002). 이성교제에서의 남녀차이 이해 증진 프로그램 개발 및 평가. 한국가정관리학회지, 20(5).

이주연 · 정옥희(2014). 가족과 젠더. 서울: 태영출판사.

이지원 · 오연주 · 윤미숙(2014). 여성과 사회. 경기: 공동체.

이호배 · 김학윤 · 김도일(2011). 호킨스의 소비자 행동론. 서울: 지필미디어.

이해경 · 방기연(2011). 부모 교사가 함께하는 성교육과 상담. 경기: 양서원.

____________(2016). 청소년을 위한 성교육과 상담 이론과 실제. 경기: 양서원.

이홍우(1990). 교육과정탐구. 서울: 박영사.

임성문 · 이주성 · 김윤주 · 최국환 · 안형근 · 육성필(2004). 심리상담의 과정과 기법. 서울: 시그마프레스.

임안나(2005). 한국남성과 결혼한 필리핀 여성의 가족관계와 초국가적 연망. 서울대학교 대학원 석사학위논문.

임장남(2008). 노인 성교육 프로그램의 이론과 실제. 서울: 대왕사.

임정문 · 김숙경 · 나작균 · 이승현 · 한현지(2018). 가족복지론. 서울: 동문사.

임정빈 · 정혜정(2000). 성역할과 여성. 서울: 학지사.

장영란 외(1999). 성과 사랑 그리고 욕망에 관한 철학적 성찰. 서울: 서광사.

정황순 · 박주현 · 김준환(2018). 가족복지론. 서울: 창지사.

장혜경(2005). 한국 가족정책의 쟁점과 정책 방향.

전성준(2016). 가족친화정책 및 일과 삶의 균형과 조직몰입 간 관계에서 사회적 지지의 조절효과에 관한 연구. 국민대학교 대학원 박사학위논문.

전영주 · 황경란 · 송정숙 · 이복숙 · 염은서 · 주국희 · 배운민 · 김명화(2021). 결혼과 가족. 서울: 도서출판 신정.

전용호(2008). 인간행동과 사회 환경. 서울: 학문사닷컴.

정민자 외(2005). 성상담 · 교육 이론과 실제. 서울: 대왕사.

정아란 · 유정희(2014). 대학생을 위한 행복한 성과 결혼. 경기: 공동체.

정연택(2007). 가족정책의 국제비교-동아시아와 남유럽 복지 체제 비교의 시각에서. 사회복지연구, 34(가을), 79-106.

정영애 · 장화경(2012). **가족과 젠더**. 서울: 교문사.

정정엽(2022). 노동자를 바로 보기 위해. 희망시민연대공평세상(2022.6.12.).

정현숙 · 유계숙(2001). **가족관계**. 서울: 도서출판 신정.

정현숙 · 유계숙 · 최연실(2003). **결혼학**. 서울: 도서출판 신정.

정현숙 · 공미혜 · 전영주 · 조은숙 · 정혜정(2021). **가족과 젠더**. 서울: 신정.

정현영(2006). 다문화 가족 자녀의 학교생활 적응에 영향을 미치는 요인에 관한 연구: 아시아 여성과 한국남성의 이중문화 가정자녀를 중심으로. 숭실대학교 대학원 석사학위논문.

정혜선 외(2014). **학생 성교육 강화 연구보고서**. 서울: 가톨릭대학교 산학협력단.

________(2015). 2015 개정교육과정 시안 개발 연구(Ⅱ). 한국교육과정평가원.

정혜정 · 공미혜 · 전영주 · 정현숙(2017). **가족과 젠더**. 서울: 도서출판 신정.

정희원(2007). 노인성 프로그램을 통한 성인식 변화에 관한 연구. 단국대학교 행정법무대학원 석사학위논문.

정희진(2010). **성폭력을 다시 쓴다**. 서울: 한울.

조미영(2008). **성과 가족**. 서울: 유풍출판사.

조성봉(2020). **아직 결혼하지 않은 당신에게**. 서울: 생명의말씀사.

조성자 · 손선옥(2003). **유아들의 성교육을 위한 지침서**. 서울: 창지사.

조아미 · 박선영 · 유우경 · 이정민 · 진영선 · 박은혁 · 정재민 · 선필호 · 김소희(2011). **성교육의 이론과 실제**. 서울: 학지사.

조아미 · 한영희 · 지수연 · 조승희 · 조선경(2013). **성교육의 이론과 실제**. 서울: 정민사.

조일형(2011) 성범죄 예방 정책의 효과분석. 성균관대학교 국정관리대학원 석사학위논문.

조희금(2013). **건강가정론**. 서울: 신정출판사.

조흥식 · 김인숙 · 김혜란 · 김혜련 · 신은주(2010). **가족복지론**. 서울: 학지사.

진재열 · 강창희 · 장은숙(2015). **결혼과 성**. 서울: 형설출판사.

채규만(2012). **성행동 심리학**. 서울: 학지사.

천성문 · 남정현 · 김정남 · 전은주 · 곽미용(2013). **성 심리의 이해**. 경기: 양서원.

천재교육(2017). 천재학습백과(koc.chunjae.co.kr).

최규련(2011). **가족관계론**. 경기: 공동체.

최명구 · 김누리(2015). **청소년의 이해**. 서울: 학지사.

최민수(2001). **부모와 교사를 위한 영유아 건강과 안전**. 서울: 학지사.

최선화(2005). **여성복지론**. 서울: 학현사.

최선화 · 공미혜 · 전영주 · 최희경(2018). **변화하는 사회의 가족복지**. 서울: 학지사.

최선화 · 오영란(2009). **여성복지론**. 경기: 공동체.

최순영(2016). **성과 사랑의 심리학**. 서울: 다사랑.

최윤정(2005). 정신분열병 환자의 성인식 변화를 위한 성교육 프로그램의 효과성 연구.

숭실대학교 대학원 석사학위논문.

최진수(2010). 청소년 성문제에 대한 성경적 입장과 교회적 대안. 대신대학교 신학대학원 석사학위논문.

최태산・박혜경(2011). 중년 남성이 지각한 자기의식과 성역할 스트레스가 중년의 위기에 미치는 영향. **한국상담학회**, 12(3), 931-944.

하재청・유태형・노영복・김병기(1992). **성의 과학**. 서울: 아카데미서적.

하혜숙・정환욱(2015). **청소년 성교육과 성상담**. 서울: 한국방송통신대학교 출판문화원.

학교도서관저널 도서추천위원회(2014). **성과 사랑 365**. 서울: 학교도서관저널.

한국성폭력상담소(2005). **섹슈얼리티 강의**. 서울: 동녘.

한상철(2014). **청소년학**. 서울: 학지사.

한운옥(2020). 경력단절 여성의 재취업욕구가 취업준비 행동에 미치는 영향. 숙명여자대학교 대학원 박사학위논문.

한희선・김영주・이경하・임우연・태희원(2014). **여성, 젠더, 사회**. 경기: 공동체.

허혜경・박인숙(2010). **사회변동과 성역할**. 서울: 도서출판 문음사.

____________(2020). **현대사회와 젠더**. 서울: 동문사.

허혜경・박인숙・김혜수(2020). **현대사회와 가정**. 서울: 동문사.

홍근혜(2008). 독서치료가 중학생의 성 태도와 성역할 정체감에 미치는 영향에 관한 연구. 성균관대학교 교육대학원 석사학위논문.

홍정미(2009). 다문화 가정 자녀의 학교생활 적응에 영향을 미치는 생태체계 변인. 숙명여자대학교 대학원 박사학위논문.

황희경 역(2007). **가족에 미쳐라**. 서울: 휴먼하우스.

Bem, S. L.(1974). The measurement of psychological androgyny. *Journal of Counseling and Clinical Psychology, 42*, 155-162.

______(1981). Gender schema theory: A cognitive account of sex typing. *Psychological Review, 4*, 345-364.

Burgess, E. W. & Locke, H. J.(1953). T*he family: From institution to companionship*. New York: American Book Company.

DeFrain, J.(2003). “Global perspective on strong families.” Building family strengths international conference proceeding book, June(2003): 12-14.

Erich From(2000). *The Art of Loving*. New York: Continuum International Publishing Group.

Fehr, B.(1988). Prototype of analysis of the concepts of love and commitment. *Journal of Personality and Social Psychology, 55*(4), 557-579.

Frable, D. E. S.(1989). Sex typing and gender ideology: Two facets of the individual’s ideology that go together. *Journal of Personality and Social Psychology, 56*, 95-108.

Gottman, Jhon M.(1994). *Why Marriages Succeed or Fail: what you can learn from the breakthrough research to make your marriage last*. New York: Simon & Schuster.

Hawkins, Del I., & Mothers Baugh, David L.(2011). Consumer Behavior. Jiphil Media.

Ken Sande(2004). *The Peacemaker: A Biblical Guide to Resolving Personal Conflict*. Baker Book House.

Knox, D., & Schacht, C.(1999). *Choices in Relationships-An Introduction to Marriage and the Family*. London: Westminster John Knox Press.

Levi-Strauss Claude(1958). *Anthropologie structurale, Plon*. 구조인류학(김진욱 역, 종로서적. 1983).

Mahler, M., F., & Bergman, A.(1975). *The Psychological Birth of Buman Infant*. New York: Basic Books.

McGoldric M., Gerson R., & Shellen berger S.(2005). *Genograms: Assessment and Intervention*. W. W. Norton Professional Books.

Murdock, R. James(1975). Lucan's fatalistic view of history: an interpretation. 서양사론 15, 한국서양사학회. pp. 77-91.

Myrdal, K. G.(2016). *The Equality issue in world development*. New Classic Booklet 1.

Olson, D. H.(1993). Circumplex model of marital and family systems. In F. Wals(Ed.), *Normal family Processes*(2nd Ed.). New York: Guilford Press.

Olson, D. H., & Defrain, J.(1994). *Marriage and the Family: Diversity and Strengths*. Mayfield Pub. co. 411.456

O'Neil, J. M.(1981). Patterns of gender role conflict and strain: Sexism and fear of femininity in men's lives. *Personnel and Guidance Journal*, 60, 203-210.

Rathus, R., & Boughn, C.(1994). *AIDS-What every student needs to know*, 3-4.

Rathus, Nevid & Fichner-Rathus(1998). *Essential of Human sexuality*, p. 59.

Reiss, I. L.(1971). Toward a Sociology of hetro sexual love relationship. *Marriage and Family living, 22*, 139-145.

_______(1989). Journey Into Sexuality. Englewood Cliffs, NJ: Prentice Hall.

Romzek, B. S.(1991). The effects of public service recognition, jobsecurity and staff reductions on drganization alinvolvement. *Public Administration Review, 45*, 282-292.

Rubin, Z.(1973). *Liking and Loving: An Invitation Social Psychology*. NY: Holt Rinehart and Winston.

Spence, J. T.(1993). Gender-related traits and gender ideology: Evidence for amulti-factorial theory. *Journal of Personality and Social Psychology, 64*, 624-635.

Sprock, Blashfield & Smith(1990). National field trial of the DSM-Ⅲ-R diagnostic criteria for self-defeating personality disorder. *American Journal of Psycbiatry, 146*, 1561-1567.

Strong, B., & De Vault, C.(1994). *Human Sexuality*. Mountain View, CA: Mayfield.
Sugar, M.(1990). *Atypical adolescence and Sexuality*. New York: W. W. Norton.

저자소개

■ **이규은**

공주교육대학교 졸업
고려대학교 교육대학원 교육학 석사
인하대학교 대학원 교육학 박사
중국 연변대학교 객원교수
한국학교보건학회 회장
현) 동서울대학교 사회복지학과 교수

저서) 성, 사랑, 성교육 그리고 가족
교육과 자기계발
성과 결혼
인간관계론
인간행동과 사회환경
사회복지실천기술론
삶 깨달음 그리고 행복 등 다수

■ **박용오**

연세대학교 사회복지학 학사 및 석사
연세대학교 가양4종합사회복지관 부관장
한국사회복지지협의회(공공기관) 본부장
한국사회서비스관리원(준정부기관) 원장
한국사회복지사협회(법정단체) 사무총장
사단법인 사회복지법제학회 부회장
경기사회복지공동모금회 배분위원회 위원장
사회복지사 1급 국가시험 출제위원
현) 서정대학교 사회복지상담학과 교수

저서) 자원봉사론(2020, 지식공동체)
건강가정론(2022, 양서원)
사회복지현장실습(2022, 양서원)
지역사회복지론(2022, 동문사)
현대사회의 사회문제(2022, 동문사)
사회복지학개론(2023, 신정)
평생교육현장실습(2024, 신정)
사회복지법제와 실천(2024, 동문사) 등 다수

가족과 젠더 개정판

초 판 1쇄 발행 / 2023년 2월 25일
개정판 1쇄 발행 / 2024년 8월 5일

•

공저자 / 이규은 · 박용오
발행인 / 이 중 수
발행처 / **동 문 사**

•

서울특별시 서대문구 홍제원 1길 12
(홍제동 137-8)
Tel: 02)736-3718(대), 736-3710, 3720
Fax: 02)736-3719
등록번호: 1974.04.27 제9-17호
가격: 24,000원

•

ISBN: 979-11-6328-561-8 (93330)
E-mail: dong736@naver.com
www.dongmunsa.com